Georg Schreyögg/Jörg Sydow (Hrsg.)

Emotionen und Management

# Managementforschung

Hrsg.: Georg Schreyögg, Peter Conrad und Jörg Sydow
Mitbegründet von Wolfgang H. Staehle (†)

Die Bände 1 bis 9 sind im Verlag de Gruyter erschienen,
ab Band 10 erscheinen die Bände im Gabler Verlag.
Eine Aufstellung der bereits erschienenen Bände finden Sie am
Ende dieses Bandes.

Georg Schreyögg/Jörg Sydow (Hrsg.)

# Emotionen und Management

Managementforschung 11

GABLER

Westdeutscher Verlag

Die Deutsche Bibliothek – CIP-Einheitsaufnahme
Ein Titeldatensatz für diese Publikation ist bei
Der Deutschen Bibliothek erhältlich.

**Prof. Dr. Georg Schreyögg**, Institut für Management,
Fachbereich Wirtschaftswissenschaft, Freie Universität Berlin, 14195 Berlin

**Prof. Dr. Jörg Sydow**, Institut für Allgemeine Betriebswirtschaftslehre,
Fachbereich Wirtschaftswissenschaft, Freie Universität Berlin, 14195 Berlin

1. Auflage Mai 2001



Lektorat: Ulrike Lörcher

Der Gabler Verlag ist ein Unternehmen der Fachverlagsgruppe BertelsmannSpringer.

www.gabler.de



Gedruckt auf säurefreiem und chlorfrei gebleichtem Papier.

Umschlaggestaltung: Ulrike Weigel, www.CorporateDesignGroup.de

ISSN 1615-6005
ISBN-13: 978-3-409-11804-0 e-ISBN-13: 978-3-322-89161-7
DOI: 10.1007/978-3-322-89161-7

# Zur „Managementforschung“

Ziel der „Managementforschung“ ist es, einen Überblick über den aktuellen Stand und Ergebnisse der Forschung zu Managementproblemen zu geben; zugleich soll sie ein Diskussionsforum für neue Trends und Strömungen sein. Die „Managementforschung“ richtet sich an Forscher und Studierende der Wirtschafts- und Sozialwissenschaften sowie an wissenschaftlich interessierte Praktiker und Managementtrainer.

Die „Managementforschung“ ist am Institut für Management der Freien Universität Berlin entstanden und erscheint seit 1991 jährlich. Sie wird von Georg Schreyögg, Peter Conrad und Jörg Sydow herausgegeben (Gründungs-Mitherausgeber Wolfgang H. Staehle †). Der Schwerpunkt liegt auf innovativen Forschungsbeiträgen zu zentralen Gebieten des Managements. Neben anerkannten Fachvertretern haben auch qualifizierte Nachwuchswissenschaftler die Gelegenheit, zu aktuellen Fragen Stellung zu nehmen. Disziplinäre Offenheit ist Programm; sie wird bei der Akquisition, Begutachtung und Auswahl geeigneter Beiträge unterstützt. Dem Herausgeberbeirat gehören zur Zeit an:



Die Manuskripte werden einem anonymen „doppelt blinden“ Begutachtungsprozess unterzogen. Regelmäßig sind an der Begutachtung eines Beitrages Vertreter unterschiedlicher Disziplinen beteiligt. Auf der Grundlage der Gutachten wird über die Akzeptanz sowie über Art und Umfang der gewünschten Überarbeitung des Manuskriptes entschieden. Jeder Band der „Managementforschung“ ist somit das Ergebnis einer engen Kooperation zwischen Autoren, Beiräten und Herausgebern.

# Vorwort

Emotionen galten jahrzehntelang als Feind der Rationalität: Vorgesetzte, die emotional wurden, machten einen schweren Fehler; Entscheidungsprozessen, in die Emotionen eindrangen, durfte man nicht trauen; Stellungnahmen, die als bloß emotional erkannt wurden, musste man nicht ernst nehmen, usw. Kurzum: Statt emotional gefärbt handelnder Menschen wünschte man sich streng sachlich agierende Organisationsmitglieder. Es war Max Weber, der in seinem Idealtypus der Bürokratie die Funktionslogik des streng sachlichen, emotionsfreien Organisationshandelns mit aller analytischer Schärfe aufgezeigt hat. Die Effizienz bürokratischer Organisation entwickele sich umso vollkommener, je mehr es ihr gelingt, „Liebe, Hass und alle rein persönlichen, überhaupt alle irrationalen, dem Kalkül sich entziehenden, Empfindungselemente aus der Erledigung der Amtsgeschäfte" auszuschließen. Weber spricht gar von einer notwendigen „Entmenschlichung" der modernen Organisation und versieht diese Entwicklung mit entsprechenden kulturpessimistischen Fußnoten.

Ganz in diesem Geiste hat auch die Managementlehre jahrzehntelang ein „sine ira et studio" gepredigt und Emotionen, sofern sie diese überhaupt beachtete, als Störfaktor betrachtet. Emotionen galt es dementsprechend, wenn schon nicht zu eliminieren, so doch zumindest unter Kontrolle zu halten.

Heute hat sich die Situation stark verändert. Die Grundeinstellung zu Emotionen im Allgemeinen und zu Emotionen in Organisationen im Besonderen ist wesentlich positiver geworden: Mitarbeiter möchten am Arbeitsplatz die Möglichkeit haben, emotionale Bedürfnisse zu erfüllen. Von Vorgesetzten wird erwartet, dass sie Verständnis und Wärme zeigen. Die Beraterbranche nimmt sich in ersten Schritten des Themas an, und zwischenzeitlich werden auch schon Trainings angeboten, um emotionale Kompetenzen zu schulen. Emotionalität gerät fast schon zu einem Wert an sich, die „emotionale Intelligenz" hat dazu das Stichwort gegeben. Entsprechend beginnt sich auch die Wissenschaft zu öffnen und Fragen der Emotionalität in Managementprozessen genauer nachzugehen.

Mit Band 11 der Managementforschung wird diese junge, aber international schon stark beachtete Entwicklung aufgegriffen und ein erster Überblick über Ansätze und Ergebnisse vermittelt. Die Resonanz auf den Call for Papers war überaus positiv. Das Spektrum der schließlich ausgewählten Beiträge ist breit, dennoch zeichnen sich im Wesentlichen zwei Forschungsfelder ab: Auf der einen Seite stehen Studien, die sich konzeptionell und/oder empirisch mit bestimmten Aspekten der Emotionalität, wie etwa Emotionsarbeit, Emotionsregulierung, Intuition, Spontaneität oder dem Verhältnis von Kognition und Emotion beschäftigen. Dem zweiten Forschungsfeld zuzurechnende Beiträge nehmen den klassischen Rationalitätsbegriff als Referenzebene und diskutieren aus dieser Perspektive im Sinne einer Differenzbildung die Ergebnisse der neueren Emotionsforschung. Genau nach diesen zwei Feldern ist auch der vorliegende Band gegliedert. Die ersten sechs der insgesamt neun Beiträge ordnen sich den Emotionsstudien mit allen ihren unterschiedlichen Domänen zu, während sich die zweite Gruppe der Beiträge der Entscheidungstheorie und dem Spannungsfeld von klassischer Entscheidungsrationalität und moderner Emotionsforschung widmet.

Den Auftakt macht der Beitrag von *Gertraude Krell* und *Richard Weiskopf*, der den Umgang mit Emotionalität, insbesondere aber Leidenschaften in Organisationen, zum Gegenstand hat. Der Beitrag stellt ungewöhnliche Fragen und hält darauf irritierende Antworten bereit. Der zweite Beitrag von *Tanja Eiselen* und *Ralph Sichler* stellt neuere psychologische Theorien der Emotion einander gegenüber und beleuchtet die daraus folgenden Konsequenzen für den Umgang von Emotionen in Organisationen. Im dritten Beitrag geht *Thomas Steger* empirisch dem Zusammenhang zwischen dem Gebrauch von Metaphern und Gefühlen nach; berichtet wird von einer Studie über ostdeutsche Führungskräfte. Spätestens seit dem Buch von A. Hochschild zum „managed heart" ist das Thema der Emotionsarbeit eines der zentralsten und auch am kontroversesten diskutierten Gegenstände der Emotionsforschung. *Daniela Rastetter* greift in ihrem Beitrag diese hochaktuelle Thematik aus der Sicht des Managements auf und zeigt Wege der betrieblichen Steuerung individueller Emotionen auf. Am meisten Aufmerksamkeit in der neueren Emotionsdebatte hat aber zweifellos das Buch „Emotionale Intelligenz" von D. Goleman gefunden. *Barbara Sieben* zeigt in ihrem Beitrag, dass die Rezeption dieses Bestsellers zu unkritisch erfolgt und dass sehr viel mehr Studien und eindeutigere Ergebnisse nötig wären, um solch' weitreichende Schlussfolgerungen ziehen zu können, wie dies dort geschieht. Den Abschluss der ersten Gruppe bildet der Beitrag von *Burkard Sievers*. Er behandelt den emotionsgeladenen Gebrauch von Kriegsmetaphern in der internen und externen Kommunikation von Unternehmen. Als Beispiel dient ihm der Volkswagenkonzern. Der Autor arbeitet zusätzlich die problematische Verbindung des Gebrauchs von Kriegsmetaphern mit der schwierigen Historie des Konzerns heraus.

Der zweiten Gruppe von Beiträgen, die sich mit der Entscheidungsrationalität beschäftigen, ist das Sammelreferat von *Michael Nippa* vorangestellt. Der Autor gibt einen Überblick über Studien, die sich mit Emotionen in Entscheidungsprozessen beschäftigen. *Egon Franck* und *Josef Zellner* diskutieren die irritierenden Konsequenzen der neueren Emotionsforschung (mit Schwerpunkt der neurologischen Forschung) für die Thesen und Theoreme der Neuen Institutionenökonomie. Den Abschluss bildet der Beitrag von *Günther Ortmann*, der im Anschluss an die Philosophie der Postmoderne aufzeigt, dass Emotionalität und (klassische) Rationalität immer schon ein sehr viel engeres Bündnis miteinander eingegangen sind oder besser eingehen mussten, als sie es selbst wahrhaben wollen. Die klassische Rationalität kann ohne die von ihr ausgeschlossene Emotionalität gar nicht funktionieren; sie hat sie deshalb immer schon zugleich, wenn auch auf spezielle Weise, als Funktionsvoraussetzung miteingeschlossen.

Die Gutachten für die eingereichten Beiträge wurden wiederum von den Mitgliedern des Herausgeberbeirates erstellt; ferner waren folgende externe Gutachter bereit, an dem Verfahren mitzuwirken:

- *Prof. Dr. Diether Gebert,* Berlin
- *Prof. Dr. Helmut Kasper,* Wien
- *Dipl.-Kfm. Jochen Koch,* Berlin
- *Prof. Dr. Johannes Lehner,* Linz
- *Prof. Dr. Wolfgang Mayrhofer,* Wien
- *Prof. Dr. Manfred Moldaschl,* Chemnitz
- *Prof. Dr. Günther Ortmann*, Hamburg
- *Prof. Dr. Margit Osterloh,* Zürich
- *Prof. Dr. Frank Schirmer,* Dresden
- *Prof. Dr. Horst Steinmann,* Erlangen-Nürnberg
- *Prof. Dr. Johannes Steyrer,* Wien

Ihnen allen, wie auch *Irmgard Hoemke* für die umsichtige redaktionelle Betreuung des Bandes und *Ulrike Lörcher* für die verlagsseitige Unterstützung, sei an dieser Stelle sehr herzlich gedankt.

Berlin-Dahlem, im März 2001 — Georg Schreyögg und Jörg Sydow

# Inhaltsverzeichnis

Gertraude Krell / Richard Weiskopf

# Leidenschaften als Organisationsproblem

De-Territorialisierung/Re-Territorialisierung; Emotionen; Gefühle; Leidenschaften; Machtformen und -wirkungen; Organisation; Poststrukturalismus

## Zusammenfassung

Leidenschaften sind starke Emotionen, die als zugleich zerstörerisch und schöpferisch empfunden werden. Es ist diese Gewaltigkeit einerseits und diese Ambivalenz oder gar Unentscheidbarkeit andererseits, die Leidenschaften zu einem Organisationsproblem macht. Inspiriert durch Foucaults „Die Ordnung der Dinge" rekonstruieren wir zunächst, wie im Prozess der „Ordnung der Gefühle" den Leidenschaften ihr nicht nur disziplinärer Platz zugewiesen wird – und wie sich dieser verändert. Weiterführend werden vier Strategien der „Organisation der Ströme" unterschieden und untersucht, wobei auf deren Machtformen und -wirkungen, auf das Wechsel- und Ergänzungsspiel von Be- und Entgrenzung, auf Ambivalenzen, paradoxe Effekte und „andere Orte" (Foucault) fokussiert wird. Aus diesen Analysen ergeben sich schließlich auch Anregungen und Implikationen für die – kritische – Managementforschung.

## Abstract

Passions are strong emotions which are at once destructive and creative. It is the power of passions on the one hand, combined with this ambivalence and even undecidability on the other which constitutes them as a problem of organization. Inspired by Michel Foucault's *Order of Things*, we first reconstruct the (not merely disciplinary) process through which passions are positioned in the „order of feelings". We then analyse different strategies for the „organization of streams". Here we focus on the forms and

Managementforschung 11 (2001), hrsg. von G. Schreyögg und J. Sydow,
Gabler-Verlag • Wiesbaden, S. 1-45

effects of power, on the process of imposing and removing limitations, and on ambivalences and paradoxical effects of these strategies. This leads to the consideration of „different spaces" (Foucault) which supplement the created order of passions. Finally, we ask what the implications of this analysis are for the discipline of critical management studies.

## Inhaltsübersicht



## 1 Einleitung: Annäherung und Verständnisgrundlagen[1]

Dass Leidenschaften Emotionen sind, die Menschen dazu bringen, alles andere zu *vergessen* und *Grenzen zu überschreiten*, wird schon im alltäglichen Sprachgebrauch deutlich: Man ist von Sinnen, verliert die Kontrolle, ist außer sich, vergisst sich usw. Von der Gewaltigkeit dieser Kräfte zeugen auch Metaphern wie *hingerissen sein*, *in einen Strudel bzw. Sog geraten* oder *überflutet werden*, *Feuer fangen* oder *brennen*. Diese Metaphern verdeutlichen zugleich die mit – der Bewertung von – Leidenschaften verbundene Ambivalenz. Wie Fluten oder Feuer erscheinen Leidenschaften als Energiespender bzw. Produktiv-Kräfte und zugleich als (Natur-)Katastrophen bzw. Destruktiv-Kräfte.

Schon Gefühle im Allgemeinen werden als ambivalent angesehen. Cheryl Benard und Edit Schlaffer (1987) machen darauf aufmerksam, dass dem Begriff *Gefühl* nicht ein Gegenpol, sondern zwei zugeordnet werden, zum einen *Verstand* und zum andern *Gefühllosigkeit*. Und damit „wird aus der ordentlichen Dialektik der Gegensätze eine verworrene Dreiecksgeschichte“ (S. 9): Betrachtet man die Pole Gefühl und Verstand, wird in der Regel das Gefühl mit einem Negativvorzeichen versehen, betrachtet man dagegen die Pole Gefühl und Gefühllosigkeit, erhält es ein Positivvorzeichen.

Für Leidenschaften als besondere Sorte von Gefühlen gilt diese Ambivalenz des Erlebens und Bewertens in besonderem Maße. Und es ist gerade diese Ambivalenz oder gar Unentscheidbarkeit, die – wie wir zeigen werden – die Leidenschaften zu einem Organisationsproblem macht. Organisation privilegiert das Kalkulierbare, Berechenbare, Vorhersehbare – demgegenüber werden die Leidenschaften häufig mit Impulsivität, Irrationalität, Unberechenbarkeit assoziiert. Das deshalb konflikthafte Verhältnis der Bürokratie als Prototyp rationaler Organisation zu den menschlichen Emotionen und Leidenschaften wurde vielfach thematisiert (vgl. z.B. Albrow 1992). Aber weil Organisation auf die Nutzbarmachung von Kräften zielt, erscheinen Leidenschaften nicht nur als Bedrohung, sondern auch als Ressource.

Unsere Analyse basiert auf einem Verständnis von Leidenschaften und von (deren) Organisation, das hier in der Einleitung zunächst geklärt werden soll. Diese Klärung dient sowohl der Annäherung an den Untersuchungsgegenstand als auch der Schaffung einer Verständigungsgrundlage.

Zunächst zu Leidenschaften: Unser Ziel ist es nicht, deren vermeintliches „Wesen“ zu ergründen, sondern Diskurse über sie zu untersuchen. Mit Michel Foucault gehen wir davon aus, dass Diskurse ihren Gegenstand konstituieren (vgl. Foucault 1981, S. 50) bzw. „als Praktiken zu behandeln (sind), die systematisch die Gegenstände bilden, von denen sie sprechen“ (S. 74). Dabei betrachten wir Diskurse aber nicht, wie der frühe archäologische Foucault als autonom, sondern folgen dem genealogischen Foucault und verstehen Diskurse „als Teil eines weiteren Macht- und Praxisfeldes“ (Dreyfus/Rabinow 1994, S. 232). Damit ist zugleich gesagt: Was unter Leidenschaften verstanden wird und wie Leidenschaften bewertet werden, ist bereits Produkt von (disziplinären) Organisationsprozessen.

Wie werden nun Leidenschaften charakterisiert? Niklas Luhmann (1999, S. 73 ff.) zeichnet in „Liebe als Passion“ nach, dass die Begriffe Leidenschaften oder Passionen ursprünglich für einen Gemüts- oder Seelenzustand standen, in dem man sich passiv (er)leidend statt aktiv handelnd erfährt. Erst seit der zweiten Hälfte des 17. Jahrhunderts wird Passion mit Aktivität verbunden. Dabei handelt es sich allerdings um eine Form von Aktivität, die man nicht zu begründen braucht und für die man nicht rechenschaftspflichtig ist – eben weil sie als passionelle Aktivität außerhalb des Bereichs rationaler Kontrolle liegt. Agnes Heller (1981, S. 148 ff.) stellt in ihrer „Theorie der Gefühle“ heraus, dass Leidenschaften mit einem *intensiven Wünschen bzw. Begehren* verbunden sind. Dieses intensive Begehren kann sich auf einen Menschen, eine Sache oder eine

Idee richten. Und: In das Engagement für das Objekt des Begehrens ist die *ganze Persönlichkeit involviert*. Wer von einer Leidenschaft getrieben ist, „verliert die Fähigkeit, in irgendetwas anderes auch involviert zu sein. (...) Die leidenschaftliche Gefühlsdisposition rottet uns jede nicht ihr zugehörige oder ihr widersprechende Gefühlsdisposition und Emotion aus" (S. 149). Wie auch schon bei Luhmann anklingt, wird den Leidenschaften zugeschrieben, die Fähigkeit zur reflexiven Distanzierung auszuschalten und – verbunden damit – auch die Fähigkeit zum verantwortlichen Handeln. „Leidenschaft (...) kennt dieser Auffassung zufolge keine Grenzen, sie fegt alles beiseite" (Walzer 1999, S. 66). Als Resultat ihrer „Expeditionen in die Niederungen der Leidenschaft" – so der Untertitel ihres Buches – gelangen Benard und Schlaffer (1987) zu dem Schluss, die Leidenschaften gehörten „schon eher ins Reich der Pathologien. Es wird getötet aus Leidenschaft, vernichtet und zerstört und getobt" (S. 10). Aber dennoch, so fahren sie fort, wird kaum jemand als völlig leidenschaftslos gelten wollen. Bei Heller (1981) ist das Gewicht etwas verschoben. Sie konzediert zunächst: „Zweifellos kann man den Leidenschaften die Größe nicht abstreiten. Jede Leidenschaft enthält etwas Großes, etwas Bedeutungsvolles" (S. 150). Aber weil sie alles andere in den Hintergrund drängt oder gar ausrottet, ist sie für Heller immer auch widersprüchlich und problematisch. Leidenschaft „macht einen blind" und „läßt einen mehr sehen". Und: Die Leidenschaft für Ideen, der *Enthusiasmus* „führt nicht selten zum Fanatismus" (S. 151). Mit andern Worten: Die Leidenschaften erscheinen als *pharmakon,* das zugleich das Gift wie auch das Heilmittel bezeichnet (vgl. Derrida 1995, 1997). Für eine erste Annäherung soll das genügen. Angeregt durch Michel Foucaults (1974) „Die Ordnung der Dinge" werden wir uns im zweiten Abschnitt unseres Beitrags ausführlicher mit den Diskursen über die Leidenschaften als Ordnungsversuchen im „Dschungel der Gefühle" (Benard/Schlaffer 1987) beschäftigen.

Nun zu Organisation: Auch wenn wir Organisation manchmal im institutionellen Sinn verwenden, gehen wir nicht von einer polaren Gegenüberstellung des Individuums (mit seinen Leidenschaften) und der Organisation aus. Vielmehr verstehen wir, und auch darin folgen wir Foucault, Organisieren als Prozess, im Zuge dessen – durch diskursive und nicht-diskursive Praktiken – Individuen und Organisationen überhaupt erst hervorgebracht werden (vgl. dazu auch Neuberger 2000). „Verfertigt" (Foucault 1976, S. 220) werden Individuen zum einen durch die objektivierenden Praktiken der Disziplinarmacht, die Foucault (1976) in „Überwachen und Strafen" untersucht, zum andern durch die subjektivierenden Praktiken wissenschaftlicher Diskurse (z.B. über Sexualität) und Praktiken (z.B. das Geständnis), die Gegenstand von „Der Wille zum Wissen" (Foucault 1983) sind. Die subjektivierenden Praktiken bezeichnet er später als „eine Machtform, die aus Individuen Subjekte macht" (Foucault 1994, S. 246) und zwar im doppelten Sinn von „vermittels Kontrolle und Abhängigkeit jemandem unterworfen sein und durch Bewußtsein und Selbsterkenntnis seiner eigenen Identität verhaftet sein" (ebd.). Um die Beziehungen zwischen Rationalisierung der Organisation[2] und Macht zu untersuchen, schlägt Foucault (1994, S. 245) vor, Rationalisierungsprozesse „nicht global zu betrachten, sondern den Vorgang in einzelnen Bereichen zu analysieren, deren jeder auf eine grundlegende Erfahrung verweist: Wahnsinn, Krankheit, Tod, Verbrechen usw."

Auch Leidenschaften können als ein solcher Bereich angesehen bzw. gewählt werden. Wir konzentrieren uns in diesem Beitrag auf diskursive und nicht-diskursive Praktiken, durch die Leidenschaften geordnet, klassifiziert, hierarchisiert, benennbar, kalkulierbar, berechenbar und nutzbar gemacht werden (sollen). Im zweiten Abschnitt „Die Ordnung der Gefühle" verfolgen wir einige Teilungs- und Durchdringungslinien, durch die den Leidenschaften ihr nicht nur disziplinärer Ort zugewiesen wird. Strukturgebend für den dritten Abschnitt „Die Organisation der Ströme" ist die Wassermetapher. Hier analysieren wir unterschiedliche Strategien, mittels derer die ambivalente Kraft der Leidenschaften in gewünschte Bahnen gebracht werden soll. *„Eindämmen und Trockenlegen"* thematisiert die Konstruktion der – bürokratischen – Organisation als leidenschaftsfreies Terrain, ein Diskurs, der sehr eng mit den Arbeiten Max Webers (vgl. z.B. 1922) verbunden ist. *„Kanalisieren"* bezeichnet die Umwandlung von Leidenschaften in Interessen, die Gegenstand einer Studie von Albert Hirschman (1987) ist. Unter *„Reinigen und Richten"* setzen wir uns exemplarisch mit dem Konzept der „Emotionalen Intelligenz" von Daniel Goleman (vgl. 1997) auseinander. Im Mittelpunkt von *„Überfluten und Mobilisieren"* stehen – ebenfalls exemplarisch – die Arbeiten von Tom Peters u.a. zur „Exzellenz", in denen der radikale Abbau von bürokratischen Regelungen als Bedingung für „Leistung aus Leidenschaft" (Peters/Austin 1985) erscheint. Anknüpfend an diese Unterscheidungen und Untersuchungen nehmen wir im vierten Abschnitt Verortungsversuche vor. Gegenstand dieses Abschnitts sind die zuvor dargestellten Strategien als be- und entgrenzende und die jeweils mitproduzierten paradoxen Effekte. Mit den zum Ende des vierten Abschnitts angesprochenen „anderen Orten" (Foucault 1998) leiten wir über zum fünften Abschnitt, in dem wir einige Implikationen für die kritische Managementforschung diskutieren, in deren Kontext unsere Analyse steht.

## 2 Die Ordnung der Gefühle

*„Die Wissenschaften tragen das ferne Projekt*
*einer erschöpfenden Ordnung stets mit sich:*
*sie zielen immer auf die Entdeckung*
*einfacher Elemente und*
*ihrer fortschreitenden Komposition ab"*
*(Foucault 1974, S. 111).*

In der Organisations- und Managementlehre ist es „The Management Theory Jungle" (Koontz 1961), der Ordnungsstrategien evoziert bzw. angesichts des wissenschaftlichen Verlangens nach der Ordnung der Dinge überhaupt erst als solcher erscheint. Hier geht es um den „Dschungel der Gefühle" (Benard/Schlaffer 1987).

Laut Foucault ist die Taxonomia als „Wissenschaft der Gliederungen und der Klassen" (Foucault 1974, S. 110) zuständig für die ordnende Behandlung der Empirizitäten, d.h. für deren „Anordnung in geordneten Tableaus von Identitäten und Unterschieden" (S. 107). Von der Taxonomia werden die Empirizitäten „bestätigt, festgesetzt, angeordnet und im Raum des Wissens für eventuelle Erkenntnisse und mögliche Wissenschaften aufgeteilt" (S. 272). Zur *Aufteilung auf die Wissenschaften* sei hier festgehalten, dass die Gefühle zunächst Gegenstand der Philosophie waren. Erst mit dem 19. Jahrhundert wurden sie der Psychologie als Grundlagenwissenschaft zugeteilt (vgl. Mayring 1992a, S. 11). Zwar beschäftigen sich heute auch andere Disziplinen mit den Gefühlen. Davon zeugen Bücher wie „Zur Philosophie der Gefühle" (Fink-Eitel/Lohmann 1993b), „Soziologie der Emotionen" (Gerhards 1988), „Emotion in Organizations" (Fineman 1993b) und last but not least dieser Band. Aber nur in der Psychologie existiert ein Teilgebiet „Emotionspsychologie".

Grundlage der Taxonomien ist nach Foucault (1974, S. 279 ff.) die „Organisation der Wesen". Deren Merkmale werden nicht mehr bloß beschrieben, sondern mit Funktionen verbunden und hierarchisiert. Mit anderen Worten: Der „Begriff der Organisation" beginnt als „Methode der Charakterisierung zu funktionieren. Er ordnet die Merkmale einander unter. Er verbindet sie mit Funktionen, teilt sie ebensowohl nach einer inneren wie externen und nicht weniger sichtbaren als unsichtbaren Architektur ein" (S. 285). Die Bildung von Tableaus ist konstitutiv auch für jene disziplinäre An-Ordnung, deren Entfaltung Foucault in „Überwachen und Strafen" genealogisch nachgezeichnet hat. Dort heißt es: „Die erste große Operation der Disziplin ist also die Errichtung von ‚lebenden Tableaus', die aus den unübersichtlichen, unnützen und gefährlichen Mengen geordnete Vielheiten machen. (...) Das Tableau ist im 18. Jahrhundert zugleich eine Machttechnik und ein Wissensverfahren. Es geht um die Organisation des Vielfältigen, das überschaut und gemeistert, dem eine ‚Ordnung' verliehen werden muß" (Foucault 1976, S. 190). Bei der Erstellung von Tableaus besteht demnach ein enger Zusammenhang zwischen der Aufteilung und der Analyse, zwischen der Kontrolle und dem Verständnis. Laut Foucault sind die Humanwissenschaften eng mit der Ausbreitung der Disziplinartechnologien verbunden (vgl. Dreyfus/Rabinow 1994, S. 191). Die Psychologie spielt dabei eine besonders wichtige Rolle. Von ihr erwartete man, wie Ute Osterkamp (1999) bemerkt, „die Bereitstellung von Wissen und Methoden, um die Gefühle bändigen bzw. in ‚konstruktive' Bahnen lenken zu können" (S. 9).

Deshalb beginnt die Suche nach Wegen, wie die zerstörerischen Leidenschaften unterdrückt und die schöpferischen Leidenschaften instrumentalisiert werden können, „ganz folgerichtig mit der detaillierten und unbefangenen Zergliederung der menschlichen Natur" (Hirschman 1987, S. 23). Mit anderen Worten: Um die Leidenschaften unter Kontrolle zu bringen, mussten und müssen sie zunächst einmal zum Gegenstand wissenschaftlich an-ordnender Analyse gemacht werden. Bei unserer Spurensuche haben wir folgende für das Organisieren von Leidenschaften bedeutsame Facetten dieser Disziplinierung gefunden.

Ein Ergebnis der „detaillierten und unbefangenen Zergliederung der menschlichen Natur“ (Hirschman) ist die *Lokalisierung* der Leidenschaften im menschlichen Körper. Während Platon in seiner Lehre von den drei Seelenteilen davon ausging, dass der Sitz der Vernunft der Kopf, der Sitz der Begierden der Unterleib und der Sitz des Zornes die Brust sei, wird in der Emotionspsychologie des 19. Jahrhunderts das Gehirn zum Sitz der Leidenschaften (vgl. Mayring 1992a, S. 24 und 20) erkoren. Der wissenschaftliche Fortschritt hat bewirkt, dass inzwischen noch exaktere Verortungen möglich sind: Gestützt auf Erkenntnisse der Neuropsychologie gibt der amerikanische Psychologe Daniel Goleman in seinem Buch über die „Emotionale Intelligenz“ bekannt, den „Sitz jeder Leidenschaft“ und damit das Zentrum des Glücks und der Gefahr identifiziert zu haben. Dieses Zentrum sei der „Mandelkern“, „ein mandelförmiges Gebilde oberhalb des Hirnstammes, nahe an der Unterseite des limbischen Ringes“ (Goleman 1997, S. 32), welches idealerweise durch „die Präfrontallappen als emotionaler Manager“ (S. 46) unter Kontrolle gehalten wird (zur Kritik vgl. den Beitrag von Barbara Sieben in diesem Band).

Derartig überwältigenden Erkenntnissen gegenüber eher bescheidene Erfolge zeitigt das beharrliche Ringen um eine *Definition von Emotionen*. Wie auch in Lehrbüchern zur Organisationstheorie (vgl. z.B. Morgan 1986, S. 340; Kieser 1993, S. 1) wird in der psychologischen Literatur gerne die Geschichte von den Blinden und dem Elefanten erzählt (vgl. Carlson/Hatfield 1992, zit. nach Schmidt-Atzert 1996, S. 18), um die Schwierigkeiten bei der Bestimmung schwer (er-)fassbarer Phänomene zu verdeutlichen.

Für die organisationale Nutzbarmachung von Emotionen besonders relevant scheinen uns zwei der bei Mayring (1992a) angeführten „Bestimmungsmerkmale“ (S. 55 ff.) zu sein. Erstens: „Fühlen heißt Berührtsein, *Involviertsein*“ (S. 56; Herv. i.O.). Hier werden Bezüge zu Konstrukten wie Involvement (vgl. z.B. Conrad 1988), transformationaler Führung (vgl. z.B. Bass/Steyrer 1995 und Abschnitt 3.4) oder emotionenorientierter Führung (vgl. Krell 1994, S. 38 ff.) sichtbar. Zweitens: „Gefühlsregungen *bedürfen keiner Zwecke jenseits des Erlebens*“ (Mayring 1992a, S. 57; Herv. i.O.). Hier lässt sich die Verbindung zur intrinsischen Motivation (s.u. Abschnitt 3.2) herstellen. Beide Merkmale sind bedeutsam für das Flow-Erlebnis (s.u. Abschnitt 3.3).

Kommen wir nun zu einem für die Untersuchung des Organisierens von Leidenschaften besonders bedeutsamen Aspekt: der *Klassifizierung der Gefühle*. Bemerkenswert ist zunächst, dass für das, was heute als „Gefühl“ oder „Emotion“ bezeichnet wird, in der Antike die Begriffe „pathos“, „pathé“, „passion“ oder „affect“ verwendet wurden (vgl. z.B. Craemer-Ruegenberg 1993, S. 20). Damals wurden „passion“ und „affect“ noch synonym verwendet. Erst mit dem Beginn der Neuzeit wurde die Unterscheidung von Leidenschaften und Affekten vorgenommen (vgl. Fink-Eitel/Lohmann 1993a, S. 7 f.). So differenziert z.B. Immanuel Kant (1983 [1798]) in seiner „Anthropologie in pragmatischer Hinsicht“ zwischen den eher temporären Affekten und den eher langfristigen Leidenschaften. Beide gehören ihm zufolge zu den „sinnlichen Begierden“, unterscheiden sich allerdings in ihrer Wirkungsweise: „Der Affekt wirkt wie ein Wasser, was den

Damm durchbricht; die Leidenschaft wie ein Strom, der sich in seinem Bette immer tiefer eingräbt“ (S. 193). Fast zweihundert Jahre später vergleicht ein Ordinarius für Psychiatrie zur Verdeutlichung der Unterscheidung zwischen beiden die Affekte mit „‚Wellen‘ im ‚Meer der Gefühle‘“ und die (Ver-)Stimmungen mit „Ebbe und Flut“ (Blankenburg 1993, S. 311). Beide Differenzierungen illustrieren nicht nur den Gebrauch der Wassermetapher, sondern auch die Bedrohlichkeit, die den Leidenschaften zugeschrieben wird (s.u.).

Auch in der heutigen Emotionspsychologie werden Gefühle klassifiziert. Zwar wird beklagt, weil es „eine Vielzahl von Bezeichnungen und unüberschaubar viele Ähnlichkeitsbezeichnungen zwischen ihnen“ gebe, sei es nicht leicht, „ein brauchbares Ordnungssystem zu finden“ (Schmidt-Atzert 1996, S. 87). Die damit verbundene Herausforderung wird dennoch angenommen. Es werden verschiedene „*Ordnungsstrategien*“ (Mayring 1992b, S. 131; Herv. durch uns) entwickelt, die auf die „Entdeckung einfacher Elemente und ihrer fortschreitenden Komposition“ (Foucault) zielen. Zwei gängige wollen wir hier skizzieren und untersuchen, welchen Platz sie den Leidenschaften einräumen bzw. zuweisen.

- Die erste ist der *Versuch, Basis- oder Primäremotionen zu bestimmen.* Als Vorbild für die Suche nach diesem „harten Kernbereich“ nennt Schmidt-Atzert (1996, S. 27) die Chemie mit ihrer Unterscheidung zwischen chemischen Elementen und aus ihnen zusammengesetzten Verbindungen. Eine ähnliche Analogie wählt Scherer (1983), der von einer „Palettentheorie der Emotionen“ spricht, weil aus wenigen Grundfarben viele Farbtöne zusammengemischt werden können. Als Elemente oder Grundfarben werden u.a. Ärger, Wut, Trauer, Freude, Liebe und Begierde genannt. Im Gegensatz zur Chemie und zur Farbenlehre ist es in der Emotionspsychologie jedoch nicht gelungen, sich auf allgemein anerkannte Grundelemente zu verständigen (vgl. Mayring 1992b, S. 132 f.). Festzuhalten ist jedoch: Leidenschaft taucht in keiner der dort zusammengestellten Auflistungen von Basisemotionen auf.
- Die zweite Ordnungsstrategie ist die *Aufstellung von Klassifikationssystemen auf empirischem Wege* (vgl. Schmidt-Atzert 1996, S. 87 ff.). Zu diesem Zweck wird einer „sprachkompetenten Probandenstichprobe“ ein „Pool von Emotionswörtern“ vorgelegt (Mayring 1992b, S. 136), verbunden mit der Aufforderung, diese nach ihrer Ähnlichkeit zu ordnen. Die Ergebnisse werden dann einer Clusteranalyse unterzogen. Ein Beispiel für diese Vorgehensweise ist „Ein Beitrag zur Taxonomie der Emotionswörter“ von Lothar Schmidt-Atzert und Walter Ströhm (1983). Auf Basis des Vergleichs mit anderen klassischen Studien werden von ihnen schließlich u.a. Ärger, Neid, Angst, sexuelle Erregung, Trauer, Scham und Freude als „eigenständige Emotionskategorien“ angesehen (S. 140).

Leidenschaften werden also erstens nicht als elementare Emotion gesehen und zweitens in unmittelbare Nachbarschaft zur (sexuellen) Erregung gesetzt.

Folgerichtig tauchen Leidenschaften in Psychologie-Lehrbüchern vor allem in Verbindung mit Liebe und Sexualität auf (vgl. z.B. Smith/Mackie 1995, S. 479 ff.) und manchmal auch mit Hass. Liebe und Hass gelten als starke Emotionen (vgl. z.B. James 1892, zit. nach Meyer et al. 1993, S. 93). *Hass* steht für das stärkste aller Feindseligkeitsgefühle. Die Verbindung zur Leidenschaft wird z.B. bei Lersch (1954 [1938]) deutlich, der herausstellt, dass wir uns mit unserer ganzen Existenz zur Vernichtung des verhassten Objekts aufgerufen fühlen (vgl. Mayring 1992b, S. 155). *Liebe* wird zur „Superpassion" bzw. zur „Quintessenz der Passionen schlechthin" (Luhmann 1999, S. 75). Zum Standardrepertoire von Lehrbüchern der Emotionspsychologie (vgl. z.B. Mayring 1992b, S. 139) und der Sozialpsychologie (vgl. z.B. Bierhoff 1993, S. 86 ff.) gehört die sogenannte „Dreieckstheorie der Liebe" (Sternberg 1986). Das Dreieck wird aus emotionaler Vertrautheit/Intimität, Verpflichtung/Bindung und Leidenschaft konstruiert. Leidenschaft wird hier als physische Attraktivität, physiologische Erregung und sexuelle Anziehung bestimmt. Ausschlaggebend für die Klassifizierung von (Liebes-)Beziehungen ist der Grad der Ausprägung der drei Komponenten. Aus der Fülle der damit eröffneten Kombinationsmöglichkeiten sollen hier nur einige exemplarisch herausgegriffen werden. Wenn nur die Leidenschaft hoch ausgeprägt ist, handelt es sich um „Verliebt sein" (Bierhoff 1993, S. 88). Der umgekehrte Fall, keine Leidenschaft (mehr), aber hohe Vertrautheit und Bindung, wird als „kameradschaftliche Liebe" bezeichnet. Im Falle einer hohen Ausprägung aller drei Komponenten handelt es sich um „erfüllte Liebe", die als „positiver Bezugspunkt" (ebd.) gilt.[3] Auch diese Taxonomie basiert demnach auf einer hierarchischen Differenzierung. Bemerkenswert ist, dass bei diesem ambitionierten „Projekt einer erschöpfenden Ordnung" (Foucault) nichts draußen bleiben darf.[4] Wenn keine der drei Variablen positiv ausgeprägt ist, handelt es sich entsprechend dieser Theorie bzw. dieses Modells um „Nicht-Liebe" (Bierhoff 1993, S. 88).

Zwischenergebnis: Im Zuge des Prozesses, den „Dschungel der Gefühle" in ein übersichtliches Tableau zu verwandeln, werden die Leidenschaften im psychologischen Diskurs *zum einen* begrifflich und klassifikatorisch ausgegrenzt. Der Begriff der Leidenschaft muss dem des Gefühls oder der Emotion weichen. Und: Bei keiner der skizzierten Ordnungsstrategien wird ihnen der Platz einer elementaren Emotion zugewiesen. *Zum anderen* findet ein Prozess statt, den man als Reservatsbildung bezeichnen kann: Leidenschaften werden dem Territorium der Liebe und innerhalb dessen dem der Sexualität zugeordnet. Und die gehören ins Privatleben und haben in – bürokratischen – Organisationen nichts zu suchen (s.u. Abschnitt 3.1).

Von fundamentaler Bedeutung für diese Ausgrenzung und Reservatsbildung ist die *hierarchische Differenzierung zwischen Emotion und Vernunft*. Den lichten Höhen von Rationalität/Verstand/Vernunft werden die Niederungen oder Sümpfe der Emotion/Passion/Leidenschaft gegenübergestellt. Besonders deutlich wird die Stigmatisierung der Emotionen bei Kant, der Leidenschaft negativ als jene „Neigung" definiert, „durch welche die Vernunft verhindert wird" (Kant 1983 [1798], S. 210) und sie zugleich pathologisiert: „Affekten und Leidenschaften unterworfen zu sein, ist wohl immer *Krankheit des Gemüts*, weil beides die Herrschaft der Vernunft ausschließt" (S. 192). Im Vergleich mit den Affekten gelten allerdings die Leidenschaften als die schlimmeren Krankheiten: „Der Affekt wirkt auf die Gesundheit wie ein Schlagfluß, die Leidenschaft wie eine

Schwindsucht oder Abzehrung. Er ist wie ein Rausch, den man ausschläft, obgleich Kopfweh darauf folgt, die Leidenschaft aber wie eine Krankheit aus verschlucktem Gift oder Verkrüppelung anzusehen, die einen inneren oder äußern Seelenarzt bedarf" (S. 193). Während den Affekten noch einige positive Funktionen zugeschrieben werden könnten (so wird etwa dem Zorn eine gewisse hygienische Bedeutung zuerkannt), seien die Leidenschaften „nicht bloß, wie die Affekten unglückliche Gemütsstimmungen, die mit vielen Übeln schwanger gehen, sondern auch ohne Ausnahme böse (...) nicht bloß pragmatisch verderblich, sondern auch moralisch verwerflich" (S. 211 f.). Sie seien „Krebsschäden für die reine praktische Vernunft und mehrenteils unheilbar: weil der Kranke nicht will geheilt sein und sich der Herrschaft des Grundsatzes entzieht, durch den dieses allein geschehen könnte" (S. 211).

Diese am Beispiel von Kant illustrierte, wertende Gegenüberstellung von Vernunft und Gefühl wird seit Ende des 18. Jahrhunderts mit einer Zuordnung zu den Geschlechtern verknüpft. Karin Hausen (1976) rekonstruiert in ihrem Beitrag „Die Polarisierung der Geschlechtscharaktere", der wesentliche Aspekte der Gender(ing)-Forschung vorwegnimmt, dass noch zu Beginn des 18. Jahrhunderts angenommen wurde, Frauen und Männer seien je nach Stand und Land ganz unterschiedlich. Erst im letzten Jahrhundert wurde das Bild vom emotionalen „weiblichen Geschlechtscharakter" entworfen und dem des rationalen „männlichen Geschlechtscharakters" gegenübergestellt (vgl. insbesondere S. 368 und 385). Diese Polarisierung betrachtet Hausen als „Spiegelung der Dissoziation von Erwerbs- und Familienleben" und arbeitet heraus, wie der Diskurs über die Geschlechtscharaktere sowohl Bedingung als auch Auswirkung der Zuordnung der Frau zum häuslichen bzw. familiären Bereich und der Zuordnung des Mannes zum beruflichen bzw. öffentlichen Bereich ist. In der Organisations- und Personalforschung gibt es inzwischen zahlreiche Arbeiten zur Bedeutung der Verkoppelungen Mann/Rationalität und Frau/Emotionalität für den Ausschluss von Frauen aus Arbeitsorganisationen bzw. für deren „Lokalisierung"[5] innerhalb dieser Organisationen (vgl. z.B. Ferguson 1984; Krell 1984; Hochschild 1990, S. 132 ff.; Gherardi 1995). Auch die Konsequenzen der wertenden Gegenüberstellung von Vernunft und Gefühl für die Ausgrenzung der Emotionen aus der Organisation (s.u. Abschnitt 3.1) – und zugleich der Organisationstheorie – sind in der Organisationsforschung thematisiert worden (vgl. z.B. Putnam/Mumby 1993; Kerfoot/Knights 1996; Kerfoot 2000).

Im Diskurs über Emotionen in Organisationen ist allerdings seit einiger Zeit ein Perspektivwechsel erkennbar. Die Ausgrenzung und Abwertung von Emotionen wird zunehmend in Frage gestellt bzw. überwunden. So ist z.B. in Stephen Finemans (1996) Beitrag „Emotion and Organizing" die antithetische Gegenüberstellung von Emotionalität einerseits und Rationalität oder Kognition andererseits – verbunden mit der Wertung „emotions *interfere* with rationality" – nur eine von drei möglichen Positionen. Die anderen beiden lauten, „(ii) that emotional processes can *serve* rationality; and more radically, (iii) that emotions and cognitions are inextricably *entwined*, that rationality is a myth" (S. 547; Herv. i.O.). Gibson Burrell (1992b) schreibt über das Organisieren von „(p)leasure (and some kindred notions such as desire, love, *jouissance* and play" (S. 66;

Herv. i.O.) und problematisiert eine bestimmte Form der Re-Sexualisierung bzw. Re-Erotisierung der Organisation(stheorie), die mit einer Instrumentalisierung menschlicher Leidenschaften verbunden ist. Während die Moderne Bürokratisierung und De-Sexualisierung hervorgebracht habe, diene „pleasure" in der Postmoderne nicht nur zum Verkauf von Waren, sondern werde selber zur Ware (S. 72 f.). Johannes Steyrer (1999) erklärt das seit einiger Zeit wieder verstärkte Interesse an charismatischer (und transformationaler, s.u. Abschnitt 3.4) Führung damit, dass sie eine Antwort versprechen auf die Frage „Wie können moderne Organisationen (...) wieder mit Leben, ja Emotion gefüllt werden?" (S. 146).[6] Diese Beispiele sollen hier genügen, um zu verdeutlichen, dass die Emotionen – und insbesondere die Leidenschaften – nicht mehr (nur) als Störfaktor für Organisationen gesehen, sondern als Produktions- bzw. Erfolgsfaktor für Individuen und Organisationen entdeckt werden (s.u. Abschnitte 3.3 und 3.4).

Diese Positionen markieren auch das Spannungsfeld, in dem die Strategien der Organisation der Ströme angesiedelt sind.

# 3 Die Organisation der Ströme

*„Das machtvolle Gebilde Flut*
*setzt die Leute in eine ambivalente Erregung:*
*es ist bedrohlich, aber auch attraktiv (...),*
*erregend und beängstigend zugleich"*
*Theweleit (1977, S. 290 u. 294).*

Wie schon einleitend erwähnt, wird im Zusammenhang mit Leidenschaften auch das Bild des Feuers gebraucht (z.B. auch von Hirschman 1987, S. 29). Häufiger gewählt wird jedoch das des Wassers. Beispiele für die Wasser-Metapher sind auch die im vorangehenden Abschnitt angeführten Passagen von Kant und Blankenburg. Wasser gilt in der Psychoanalyse als Symbol für das Chaos, das Unbewusste, die Emotionen (vgl. z.B. Wieland-Burston[7] 1989, S. 48 und 79). Und ebenso gängig ist – nicht nur in der Psychoanalyse – die Metapher der Flut. Von Klaus Theweleit (1977) stammt der Hinweis, die Flut sei so abstrakt, dass sie als Bild für ganz unterschiedliche Vorgänge tauge; „gemeinsam sein muß ihnen lediglich eine Art Grenzüberschreitung" (S. 293). Und er vergegenwärtigt uns mit der diesem Abschnitt vorangestellten Passage, dass die Flut ambivalent erlebt wird. Seitens der JungianerInnen wird ebenfalls betont, trotz einer in der heutigen Gesellschaft dominierenden Abwehrhaltung seien „zumindest die meisten von uns unbewußt (...) getrieben von einer geheimen Lust am Chaos, die wir auf vielfältige Weise zu befriedigen suchen" (Wieland-Burston 1989, S. 9).

Anknüpfend an die Wasser-Metapher und die mit ihr verbundene Ambivalenz werden wir nun vier Strategien des Organisierens der Leidenschaften unterscheiden und untersuchen. Auch hinsichtlich des Strategiebegriffs scheint uns eine (Er-)Klärung erforderlich: Anknüpfend an Foucaults „Analytik der Macht“ unterstellen wir keine „Strategen“ (oder „Strateginnen“) im Sinne eines „Generalstabs“ (Foucault 1983, S. 116), sondern wollen in „Begriffen der ‚Strategien‘ die Mechanismen entschlüsseln, die in Machtverhältnissen zum Zuge kommen“ (Foucault 1994, S. 259).

## 3.1 Eindämmen und Trockenlegen

Gegenstand dieses Abschnitts ist der Diskurs über die Bedrohung durch die alles überflutenden Ströme und das Organisieren von Leidenschaften durch Praktiken der Eindämmung und Trockenlegung.

In einer bestimmten Lesart der Freud'schen Psychoanalyse wird in diesem Zusammenhang auf die Beherrschung des Es bzw. der Triebe fokussiert. In „Das Unbehagen in der Kultur“ hat Freud sein Misstrauen gegenüber den „ozeanischen Gefühlen“ zum Ausdruck gebracht. Diese „ozeanischen Gefühle“, die den Menschen überfluten können und seine Grenzen gegenüber der Welt und dem anderen aufzulösen drohen, haben für ihn deutlich pathogene Züge.[8] „Die Pathologie lehrt uns eine große Anzahl von Zuständen kennen, in denen die Abgrenzung des Ichs gegen die Außenwelt unsicher wird, oder die Grenzen wirklich unrichtig gezogen werden“ (Freud 1972, S. 66 f.). Überflutungen durch ozeanische Gefühle werden hier als regressive Phänomene charakterisiert. Theweleit deutet deshalb die Formel des späten Freud „Wo Es war, soll Ich werden“ als ein „Programm der (...) Stillegung und Trockenlegung. Das zweite hat er sogar wörtlich formuliert, als er den Prozeß der Ich-Bildung, die Kulturarbeit, mit der Trockenlegung der Zuydersee verglich“ (Theweleit 1977, S. 325).

Ökonomische und soziologische Analysen verdeutlichen dagegen, dass es nicht (nur) um die Bändigung menschlicher Natur(gewalt) geht, sondern (auch) um historisch-gesellschaftliche Prozesse. Viele Autoren stellen hier eine Verbindung zur kapitalistischen Industrialisierung her. „Als das ökonomische Wachstum im 19. und 20. Jahrhundert Millionen Menschen entwurzelte, viele verarmen und einige wenige reich werden ließ, während (...) die moderne Massengesellschaft entstand, wurde vielen Beobachtern klar, daß diejenigen, die von diesen gewaltsamen Veränderungen betroffen waren, sich früher oder später einmal ihren Leidenschaften überlassen könnten – nämlich Leidenschaften wie Wut, Angst und Empörung“ (Hirschman 1987, S. 134 f.). Aufständische Arbeitermassen werden von den faschistischen Männern, deren Diskurs Theweleit analysiert, in aufschlussreicher Weise als *rote Flut* beschrieben. Über dem Helden eines der Romane, die Theweleits Material bilden, schlägt eine „riesige *schmutzigrote* Welle (...) zusammen; er glaubt, darin zu ertrinken“ (Theweleit 1977, S. 294; Herv. durch uns). Das Wort „schmutzigrot“ verweist darauf, dass die Fluten, mit denen wir es hier zu tun haben, nicht aus reinem, klaren Wasser bestehen, sondern jede Menge Schmutz mit sich tragen, was der Ausgangspunkt der Strategie des Reinigens ist (vgl. dazu Abschnitt 3.3).

Aus der Sicht der Herrschenden bzw. der Sicht derer, die ihre (Vor-)Herrschaft verteidigen, sind es immer die widerständigen Beherrschten, die als bedrohliche „rote Flut“ erscheinen. „Die Leidenschaft ist mit den anderen verknüpft, mit der ‚blutgefärbten Flut‘, die aus den Tiefen steigt“ (Walzer 1999, S. 69), während für die eigene Position rationale oder moralisch begründete „Überzeugungen“ (ebd.) in Anspruch genommen werden. Allerdings werden im Diskurs über den Kapitalismus auch die Leidenschaften der Herrschenden problematisiert (vgl. Hirschman 1987). Auf der Seite der Kapitalisten ist dies die Geldgier. Auch wenn diese oft als Trieb bezeichnet wird (s.u.), ist sie doch ein gesellschaftliches Produkt bzw. hervorgebracht durch die ökonomische Entwicklung. Und beide Leidenschaften – die aufbegehrende und die gierende – galt und gilt es zu bekämpfen. Die Aufgabe besteht also darin, „die schlimmsten Äußerungen und die gefährlichsten Folgen der Leidenschaften notfalls mit Gewalt einzudämmen“ (Hirschman 1987, S. 23).

Mit Blick auf die Kapitalisten ist es Max Weber, der in der „Protestantischen Ethik“ nicht müde wird zu betonen, der Kapitalismus sei auf keinen Fall mit „schrankenlose(r) Erwerbsgier“ (Weber 1975 [1920], S. 12) oder „rein triebhafte(r) Habgier“ (S. 180) gleichzusetzen, sondern „mit der Bändigung, mindestens mit rationaler Temperierung, dieses irrationalen Triebes“ (S. 12).[9] Und das Mittel dazu ist die Erziehung zur asketischen Lebensführung. Der Kapitalist soll sich nicht auf seinem Reichtum ausruhen oder diesen gar genießen – mit der Konsequenz von „Müßigkeit[10] und Fleischeslust“ (S. 167) – sondern sein Kapital akkumulieren. Und das beste „Präventiv gegen all jene Anfechtungen, welche der Puritanismus unter dem Begriff ‚unclean life‘ zusammenfaßt“, ist bekanntlich die Arbeit (S. 168).

Letzteres gilt wiederum nicht nur für die Kapitalisten, sondern auch und insbesondere für die ArbeiterInnen. Wie ihnen die Leidenschaften aus- und die neue Arbeits- und Zeitdisziplin eingetrieben worden ist, ist ein oft geschriebenes Kapitel des Organisierens von Leidenschaften. Michel Foucault (1976, S. 173 ff.) fokussiert in seiner Untersuchung der Disziplin vor allem auf die Ökonomisierung der Körper. Er will diesen Prozess jedoch nicht auf den kapitalistischen Betrieb beschränkt sehen, sondern arbeitet die Gleichzeitigkeit und Strukturähnlichkeit dieser Prozesse in so unterschiedlichen Organisationen wie Militär,[11] Anstalt, Schule und Gefängnis heraus.

Disziplinierung durch Arbeit, das gilt schließlich in ganz besonderem Maße für jene Entwurzelten und Verarmten, die sich dazu hinreißen lassen, sich eines Verbrechens schuldig zu machen. Für sie ist – wie u.a. Foucault (1976) herausgearbeitet hat – das Gefängnis als Arbeitshaus Strafe und Erziehungsmittel zugleich. Foucault, der die Strafpraktiken als gesellschaftliche Funktion genealogisch zurückverfolgt, unterscheidet zwei Modelle der Organisation der Strafgewalt. Das erste Modell sah vor, die Ökonomie der Strafen in die „zerbrechliche Mechanik der Leidenschaften“ (S. 138) einzuschreiben, indem ein „System von Hemmzeichen“ (S. 133) gesellschaftlich zum Zirkulieren gebracht wird. Den (potenziellen) VerbrecherInnen sollten die üblen Folgen der Tat vergegenwärtigt werden, so dass allein der Gedanke an die Tat eindämmend wirkt und „das

Begehren, welches das Verbrechen anziehend macht" (S. 136) blockiert. In einer seiner Quellen heißt es dazu: „„Also müssen die gedachten Hemmnismittel ... unaufhörlich vor Augen schweben, wenn sie den starken Eindrücken der stürmenden Leidenschaften das Gleichgewicht halten sollen"" (S. 133; Auslassung i.O.). Im zweiten Modell, dem Kerkermodell, soll Arbeit als „Dressur" eine Routinisierung des Körperverhaltens und eine Gewöhnung an „tugendhaftes" Verhalten bewirken. Damit dient Arbeit als „Dressur" nicht nur der Bestrafung und Abschreckung, sondern auch der Produktion von „Maschinen-Individuen" (S. 311), deren gefährliche Leidenschaften in brauchbare (Arbeits-)Tugenden transformiert werden (sollen).

Der Ort, an dem schlussendlich alle angesprochenen Akteure zusammentreffen, ist der moderne kapitalistische Betrieb als Bürokratie. Die Bürokratie ist der Idealtypus des Terrains, das mittels Eindämmung gegen die Überflutung durch oder gegen die Einflüsse von Leidenschaften geschützt ist. Sie ist – im Idealfall – die Maschinen-Organisation schlechthin (vgl. auch Morgan 1986, S. 18 ff.). „Ein voll entwickelter bürokratischer Mechanismus verhält sich (...) wie eine Maschine" (Weber 1922, S. 660). Bürokratie bzw. bürokratische Herrschaft ist rational, weil sie berechenbar ist und berechenbar, weil sie rational ist. Sachliche Aufgabenerfüllung erfolgt „ohne Ansehen der Person" (S. 661). Der ideale Beamte waltet seines Amtes „ohne Haß und Leidenschaft, daher ohne ‚Liebe' und ‚Enthusiasmus'" (S. 129).

Moderne, rationale Organisation bzw. bürokratische Herrschaft wären – laut Weber (1922, S. 126; 1975, S. 16) – ohne die räumliche Trennung von Betrieb und Haushalt bzw. Wohnstätte nicht möglich gewesen. Damit der bürokratische Betrieb zum Ort der Rationalität werden kann, muss das Emotionale ausgegrenzt und in den Bereich von Familie und Haushalt verwiesen werden. Hier wird die Verbindung zur Ordnung der Gefühle (s.o. Abschnitt 2) deutlich: Familie und Haushalt und die dort an-geordneten Menschen weiblichen Geschlechts werden in diesem Diskurs dem Emotionalen, Sexuellen und Unberechenbaren zugeordnet, Betrieb und Bürokratie und die dort an-geordneten Menschen männlichen Geschlecht dem Rationalen und Berechenbaren. Leidenschaften und andere Gefühle werden also aus bürokratischen Organisationen ausgeschlossen und in die Familie bzw. in das Privatleben verbannt.

Dies betrifft insbesondere die Sexualität (vgl. z.B. Burrell 1992a [1984]; Rastetter 1994, 1999).[12] Wer liebt, wer eifersüchtig ist, wer sich sexuell angezogen fühlt oder eine sexuelle Beziehung hat, ist nicht in der Lage, ohne Ansehen der Person zu handeln. Das gilt nicht nur für die Außenbeziehungen der Organisationsmitglieder, sondern auch für deren Binnenbeziehungen. Und, nicht zu vergessen: Er oder sie ist auch nicht mit aller Kraft bei der Arbeit. Insofern verwundert es nicht, dass Industrialisierung und Bürokratisierung auf die „vollständige Ausmerzung von Sexualität aus den bürokratischen Strukturen" zielen oder zumindest darauf, „sexuelle Beziehungen innerhalb der Arbeitswelt zu eliminieren und in den privaten Bereich zurückzudrängen" (Burrell 1992a, S. 124 ff.). Daniela Rastetter (1994, S. 125 ff.) unterscheidet drei Mechanismen der Desexualisierung von Organisationen:

a) *(Heterosexualität vorausgesetzt) die Geschlechtertrennung*: Wenn es schon nicht gelingt, das Weibliche als das Emotionalisierte und Sexualisierte faktisch aus den Arbeitsorganisationen auszugrenzen, dann erscheint die Geschlechtertrennung auf dem Arbeitsmarkt und innerhalb der Organisation als Second Best-Lösung.
b) *Verbote und Strafen*: Diese richteten und richten sich nicht nur auf Heterosexualität, sondern auch auf Homosexualität und die „tausend abweichenden Sexualitäten" (Foucault 1983, S. 59).[13]
c) *Kontrolle der Zeit und des Körpers*: Auf die Arbeits- und Zeitdisziplin wurde oben schon eingegangen. Ergänzend sei angemerkt, dass zur Ökonomie des Körpers auch die Kleidung gehört. Graue Anzüge, Kostüme oder Kittel „sind das Gegenteil von Erotik" (Rastetter 1994, S. 136). Sie verhüllen Körperlichkeit und symbolisieren Sachlichkeit.

Wir haben hier zwar das Beispiel der Eindämmung der Sexualität gewählt, möchten aber noch einmal in Erinnerung rufen, dass auch Habgier oder Enthusiasmus, letztlich alle Leidenschaften, als für bürokratische Organisationen bedrohliche Ein-Flüsse angesehen werden, die es durch Dammbau abzuwehren gilt.

Eindämmung gilt allerdings als in zweifacher Hinsicht ambivalente bzw. problematische Strategie: *Erstens* wird, wo Dämme gegen die Flut gebaut werden, deren Kraft nicht verkleinert, sondern sie sammelt und vergrößert sich. Deshalb wächst nicht nur die Gefahr, sondern auch die Angst vor dem Dammbruch und der Überflutung durch noch gewaltigere Wassermassen. „Aller eingeengter Wunsch beginnt in zu engen Räumen gefährliche Strömungen zu bekommen; unter dem Drucke wachsenden Staus richtet sich das Interesse (...) auf Vorgänge wie Ausbrüche, Durchbrüche ..." (Theweleit 1977, S. 457). Ein Mittel zur Vorbeugung gegen den Dammbruch wird darin gesehen, den Fluten undramatische Auswege zu ermöglichen, d.h. geregelte Abflüsse zu schaffen und Versickerungsbecken zu bauen (dazu mehr unter Abschnitt 4.2). *Zweitens* steht Trockenlegung zwar für das Fruchtbarmachen von Land und damit für die Eliminierung von Wasser/Leidenschaft als Destruktivkraft, impliziert aber auch die Möglichkeit des Abschneidens von den vitalen Kräften. Damit es nicht austrocknet, sondern fruchtbar bleibt, braucht das Land Wasser als Produktivkraft. Wieland-Burston (1989, S. 74) schreibt metaphorisch zur Urkraft des Chaos: „Im unbezähmten Zustand kann sie gefährlich werden (Überflutung), wird jedoch angemessen mit ihr umgegangen, so erweist sie sich als fruchtbar (der Euphrat bewässert das Land und Marduks mythisches Ordnen der Urgewässer erzeugt das Universum). In einem konkreteren menschlichen Sinn ist das Chaos all das, was undifferenziert oder unbewußt ist; oft sind es die Emotionen, deren negative Prägung von der Tatsache herrührt, daß sie abgelehnt werden. Doch sobald sie angenommen und gewürdigt werden können, bereichern sie den Menschen. Er kann seine einst unannehmbaren Emotionen dann begreifen und in sein Selbstbild integrieren. Auf diese Weise wird das Chaos fruchtbar; wir fühlen uns durch das ihm eigene Fließen und die ihm eigene Dynamik belebt". Während diese Passage mehr auf Selbstorganisation zielt, thematisiert Bert Brecht in den Flüchtlingsgesprächen *Fremdorganisation* bzw. „Governmentality", wenn er für das Regieren die Metapher des Fluss-Regulierens verwendet. Gemeinsam ist beiden Passagen, dass auch Brecht die Trockenlegung kritisiert, wenn er „unter gutem Regieren (...) nicht den Dammbau versteht, (auch nicht den Durchstich), vielmehr das Einebnen von Hindernissen, (das) den Flüssen das Fließen ermöglicht ..." (zit. nach Theweleit 1977, S. 491).

Der bei aller Unterschiedlichkeit gemeinsame Nenner der folgenden Strategien ist, dass sie im Unterschied zu der zuvor thematisierten das Fließen des Begehrens bzw. der Leidenschaften nicht blockieren, sondern ermöglichen sollen – dies jedoch nicht im Sinne eines *Ungehemmt-Fließen-Dürfens* sondern im Sinne eines *Reguliert-Fließen-Müssens.*

## 3.2 Kanalisieren

Kanalisieren steht für jene Strategie des Organisierens von Leidenschaften, die diese nicht durch Dammbau ausgrenzt oder eindämmt, sondern die Ströme in geregelte Bahnen lenkt. Es geht also darum, „die Leidenschaften, statt sie einfach zu unterdrücken, auf irgendeine Weise für andere Zwecke einzuspannen und nutzbar zu machen" (Hirschman 1987, S. 24). Dies steht im Mittelpunkt von Hirschmans „Leidenschaften und Interessen". Er zeichnet nach, wie zunächst versucht wird, Leidenschaften zu kontrollieren, indem sie gegeneinander ausgespielt werden, damit sie sich wechselseitig neutralisieren (S. 28 ff.). Die Idee war, dass „eine Gruppe von Leidenschaften, die bislang verschiedentlich als Gier, Habsucht oder Gewinnsucht bekannt waren, nutzbringend eingesetzt werden könnten, um andere wie Ehrgeiz, Machtgier oder sexuelle Begierde zu bekämpfen oder zu zügeln" (S. 49). Dazu musste man wissen, „welchen Leidenschaften typischerweise die Rolle der Bezähmer zukam und welche hingegen die wirklich ‚wilden' Leidenschaften waren, die der Zähmung bedurften" (S. 39). Schließlich sollten die wilden und gefährlichen Leidenschaften durch die Interessen kanalisiert werden. Als Vorzüge einer Welt, die nicht von den Leidenschaften, sondern von den Interessen regiert wird, nennt Hirschman „Voraussagbarkeit und Beständigkeit" (S. 57). Für unsere Untersuchung besonders bedeutsam ist, welches „unschuldige" Interesse den gefährlichen Leidenschaften gegenübergestellt wird (vgl. S. 65 ff.). Es ist das Interesse am Gelderwerb – auch charakterisiert als „ruhige Leidenschaft" (S. 72).

Hirschmans Analyse entspricht in bemerkenswerter Weise der Theweleits. Dieser schreibt: „Keinesfalls durfte man die Wünsche (...) *ziellos* fließen lassen. (...) *Ziele* mußten her, die Wünsche gerichtet werden." Seiner Auffassung nach waren die „neuen Herrn am Fließen der Wünsche insoweit interessiert, wie es (...) das Fließen des Geldstroms verstärkte" (Theweleit 1977, S. 344; Herv. i.O.). Und: „Gelenkte Ströme: in die Fabriken, in die Kanzleien, durch den Schweißstrom zum Geldstrom" (S. 447). Für die Codierung der Wünsche auf den Gelderwerb – hier kann ein weiter oben entwickelter Strang wieder aufgenommen und eingewoben werden – spielt wiederum die Institutionalisierung der bürgerlichen Familie eine wichtige Rolle. Theweleit verdeutlicht, wie die Kleinfamilie zu einer „inneren Grenze der frühbürgerlichen Gesellschaft (wird), die garantiert, daß das ‚Ich', das sie erzeugt, die Welt als eine Angelegenheit von Zwecken ansieht, als Schauplatz der Verwirklichung festgelegter Interessen. (...) Wenn Vater ein Geschäftsmann ist und Mutter eine gute Agentin seiner Absichten (...), dann wird der Sohn, wenn er von fremden Küsten hört, lernen, nicht zu fragen, ob dort das Leben schön sei, sondern was sich da holen läßt" (S. 395 f.). Und bei Vater wird das Interesse am Gelderwerb als „ruhige Leidenschaft" durch die ihm zugeordnete Rolle als Familienernährer stabilisiert.

Wie Leidenschaften durch materielle Interessen gezähmt werden, lässt sich sehr anschaulich an Bruno Freys (1990) Untersuchung der Wirkungen des Lösegelds für Gefangene verdeutlichen. Ein von Leidenschaft getriebener Krieger will nur eins: den Feind vernichten. Oder, im Fall der Gefangennahme, bewirken Hass und Fanatismus eine „unmenschliche" Behandlung der Gefangenen. Schon Norbert Elias (1942, S. 267) hat in diesem Zusammenhang auf die affektdämpfende Wirkung des Geldes verwiesen. Dieser Spur folgend weist Frey (1990, S. 112) akribisch nach, dass ein In-Aussicht-Stellen von Lösegeld die Wahrscheinlichkeit erhöht, dass Feinde gefangen genommen werden und nicht getötet. Ebenso werden Gefangene um so schonender und pfleglicher behandelt, je höher die erwartete Summe ist. In späteren Veröffentlichungen verwendet Frey diese Untersuchung bezeichnenderweise zur Illustration der Bändigung der Effekte unerwünschter intrinsischer Motivation durch extrinsische Motivierung. Die Wirkungen des Lösegelds für Gefangene werden als Beleg dafür angeführt, dass „extrinsische Motivation (...) disziplinierend auf überbordende Emotionalität wirken" kann (Frey/Osterloh 1997, S. 312; vgl. auch Frey 1997, S. 97). Extrinsische Motivierung diszipliniert also nicht nur die Faulen, Unbewegten, Unmotivierten, sondern auch die Leidenschaftlichen, Fanatischen, Übermotivierten.

Am Verhältnis extrinsischer Motivierung zu intrinsischer Motivation lässt sich aber zugleich die Ambivalenz dieser Strategie verdeutlichen. Zwar können einerseits laut Bruno Frey und Margit Osterloh (1977, S. 313) Belohnungen die (gewünschte, brauchbare) intrinsische Motivation überhaupt erst erzeugen. Auf diesen Effekt setzten z.B. jene Sozialreformer, die für die Entlohnung der in den Gefängnissen zur Arbeit Verpflichteten plädierten. Durch den Lohn sollte „Liebe zur Arbeit" aufkommen (Foucault 1976, S. 312). Andererseits betonen zeitgenössische VertreterInnen des Managementdiskurses aber vor allem den „Korrumpierungseffekt der extrinsischen Motivation" (Deci 1975), von Frey und Osterloh (1997) als „Verdrängungs-Effekt" bezeichnet. In unserer Metaphorik: Wo der Geld-, Belohnungs- oder auch Bestrafungsstrom fließt, wird die Flut der Leidenschaften bzw. der zweckgerichtete Enthusiasmus verdrängt und zugleich die Angst vor dem Verlust einer nutzbaren Ressource gesteigert. Auch dafür wird bei Frey das Militär als Beispiel herangezogen. Er zitiert hier den Militärstrategen und Historiker Liddell Hart, der nach fünfundzwanzigjähriger Beschäftigung mit dem Kriegshandwerk zu dem Ergebnis kommt, dass das Prinzip der Zwangsrekrutierung „fundamental ineffizient ist. (...) Effizienz beruht auf Begeisterung" (Frey 1997, S. 85).

Wir wollen uns hier einem anderen Beispiel zuwenden, nämlich dem der Wissenschaft. In „Wissenschaft als Beruf" zeichnet Max Weber (1967 [1919]) ein Bild des Wissenschaftlers, das dem des Berufsbeamten, der im Zusammenhang mit der Bürokratie charakterisiert wird (s.o. Abschnitt 3.1), diametral entgegensteht. In Anlehnung an die Dreieckstheorie der Liebe könnte man hier von einer Dreieckstheorie der Wissenschaft sprechen, bestehend aus „harter Arbeit", „Eingebung" und „Leidenschaft". Bezüglich der Leidenschaft formuliert Weber ausgesprochen normativ: „Und wer also nicht die Fähigkeit besitzt, sich einmal sozusagen Scheuklappen anzuziehen und sich hineinzusteigern in die Vorstellung, daß das Schicksal seiner Seele davon abhängt: ob er diese, gerade diese Korrektur an dieser Stelle dieser Handschrift richtig macht, der bleibe der Wissenschaft nur ja fern. Niemals wird er in sich das Durchmachen, was man das ‚Erlebnis' der Wissenschaft nennen kann. Ohne diesen seltsamen, von jedem Draußenstehenden belächelten Rausch, diese Leidenschaft (...) hat einer den Beruf zur Wissenschaft nicht und tue etwas anderes. Denn nichts ist für den Menschen als Menschen etwas wert, was er nicht aus Leidenschaft tun kann" (S. 12). Leidenschaft und Arbeit zusammen locken zwar die Eingebung, können sie aber nicht erzwingen. Weber betont schließlich, dass die Eingebung in der Wissenschaft keine geringere Rolle spiele als in der Kunst. „Beide sind: Rausch (im Sinne von Platons ‚Mania') und ‚Eingebung'" (S. 14).

Auch das ist – die beständige Wiederholung ist dem Gegenstand geschuldet – ambivalent. Es ist kein Zufall, dass Wissenschaftler, die in ihrer Besessenheit sich selbst und/oder andere zerstören, den Stoff für Romane und Filme abgeben. „Fast immer sind es Wissenschaftler, die die Grenze nach ‚innen' überschreiten und dort die Entdeckung machen müssen, daß sie zu weit gegangen sind (...), lauter Wissenschaftler (...), die daran zugrunde gehen, daß sie sich auf den Wissens- und Entdeckungsstrom, der weit trägt, einlassen" (Theweleit 1977, S. 334 f.). Aber selbst wenn nicht solche Transgressionen vor unseren Augen heraufbeschworen werden, bleibt doch die Gefahr, dass jene leidenschaftlichen ForscherInnen, die aus Wiss-Begierde den Dingen auf den Grund gehen wollen, sich zu wenig auf den sicht- und bewertbaren Output hin orientieren.

In solchen Fällen kann die gleiche Disziplinartechnologie Abhilfe schaffen, die auch die weniger Leidenschaftlichen und Arbeitssamen disziplinieren soll: extrinsische Motivierung durch die uns derzeit überflutenden Evaluationen, nach deren Ergebnissen schon jetzt finanzielle Ressourcen zugeteilt werden, und die in nicht ferner Zukunft auch mit Leistungszulagen verkoppelt werden sollen. Diese „Prüfungen" verbinden laut Foucault (1976, S. 238) „Überwachung" und „Normalisierung". Überwacht wird durch den Zwang zur Meldung der Projekte und Publikationen und deren Bewertung durch dazu eingesetzte Kommissionen. So entsteht ein „umfassender, minutiöser Dokumentationsapparat (...) (als) wichtiger Bestandteil des Machtwachstums" (Dreyfus/Rabinow 1994, S. 190). Jene Form von „normierender Sanktion", die Foucault (1976, S. 230) als „Mikro-Justiz" bezeichnet, bedeutet hier zunächst: Wer nicht genug Output vorzuweisen hat, bekommt auch keine Punkte und als Sanktionen keine Mittel oder auch eine Erhöhung der Lehrverpflichtung. Normalisierung bedeutet aber noch mehr. Die Kriterien und Prozeduren der Prüfung wirken in mehrfacher Hinsicht kanalisierend (vgl. dazu auch

Kieser 1998). Sie fördern nicht nur den Strom der wissenschaftlichen Produktion. Sie lenken ihn auch in bestimmte Bahnen. Bücher zu schreiben wird zu einem potenziellen Anachronismus, es müssen Aufsätze sein, und zwar in den einschlägigen – sprich „referierten" – Zeitschriften, am besten in den führenden amerikanischen Journals. Und um die Chancen zu erhöhen, dort angenommen zu werden, empfiehlt es sich, im Mainstream zu schwimmen. Nicht zu den hoch eingestuften Zeitschriften gehören in der Betriebswirtschaftslehre z.B. solche, die in erster Linie an ‚die Praxis' gerichtet sind (die wissenschaftliche Gemeinde schreibt also primär für sich selbst?) oder gar gewerkschaftliche oder feministische Zeitschriften. Wer sich aus Überzeugung oder gar Begeisterung für bestimmte Ideen dazu hinreißen lässt, für diese nicht einschlägigen Zeitschriften zu schreiben, dem oder der entstehen Opportunitätskosten in Form entgangener Punkte. Und am Ende wird es den ursprünglich intrinsisch Motivierten vielleicht so gehen, wie dem bei Frey und Osterloh (1997, S. 310) angeführten Kind, das den Mülleimer nur noch gegen Geld runterträgt. Sie orientieren all ihre Forschungs- und Publikationsaktivitäten an der Berechnung der Punkte, und damit an den materiellen Belohnungen, die sie einbringen. Leidenschaftliches Begehren nach Erkenntnis und nach deren Vermittlung zur Verbesserung menschlicher Praxis weicht dem Interesse an Punkten. Die Vehemenz, mit der allerorts die Diskussion darüber geführt wird, wofür es wie viele Punkte gibt, verdeutlicht allerdings, dass es sich hier keinesfalls um eine „ruhige Leidenschaft" handelt. Und dass hier mehr auf dem Spiel steht als die freiwillige häusliche Abfallentsorgung durch Kinder, zeigen die Erfahrungen und die kritische Diskussion in jenen Ländern, in denen die Praktiken der Umwandlung der Erkenntnisleidenschaft in das Interesse an der Maximierung hochbewerteten Outputs schon weiter fortgeschritten sind als hierzulande (vgl. z.B. Parker/Jerry 1995; Willmott 1995; Kieser 1998).

## 3.3 Reinigen und Richten

Gedanklicher Ausgangspunkt dieser Strategie ist einmal mehr die Ambivalenz der Leidenschaften: „Ein Leben ohne Leidenschaft wäre eine öde Wüste der Gleichgültigkeit, abgeschnitten vom Reichtum des Lebens selbst. Gewünscht ist, wie Aristoteles bemerkte, die *angemessene* Emotion (...). Werden Emotionen allzu sehr gedämpft, entstehen Langeweile und Distanz; geraten sie außer Kontrolle, sind sie allzu extrem und wollen sie nicht vergehen, so werden sie pathologisch". Und: „Unsere Leidenschaften besitzen, richtig angewandt, Weisheit (...). Sie können aber leicht entgleisen und allzu oft tun sie es. (...) Die Frage ist: Wie läßt sich Intelligenz in unsere Emotionen bringen (...)?"

Diese Passagen stammen aus Daniel Golemans (1997, S. 79; Herv. i.O. und 15) Buch „Emotionale Intelligenz", das sich seit einiger Zeit auch im Managementdiskurs großer Beliebtheit erfreut. Wir benutzen es hier exemplarisch und konzentrieren uns auf die Reinigungs- oder Filterfunktion, die bei ihm die Konstruktion der „Emotionalen Intelligenz" im Hinblick auf ein reguliertes Fließen der Leidenschaften übernimmt.

Als ungereinigter Strom sind die Leidenschaften gefährlich. „Vor dieser unberechenbaren Flut von Gefühlsausbrüchen und ihren bedauerlichen Folgen ist niemand sicher" (Goleman 1997, S. 10). Wir alle sind mit „einer steigenden Flut von Aggressionen" konfrontiert: „Teenager, die mit Waffen in die Schule kommen, Autounfälle, die in Schießereien enden, entlassene Angestellte, die aus Verärgerung ehemalige Kollegen umbringen" (S. 11). Auch Ehen sind von der Zerstörung durch „Überflutung" bedroht (S. 178 ff.). Überflutungen sind demnach eine Gefahr, und zwar sowohl für die einzelnen Menschen als auch für ein geordnetes, harmonisches Miteinander – sei es in privaten Beziehungen oder auch in den Teams der „Hochleistungsorganisationen".

Zur Prävention empfiehlt Goleman (1997, S. 14) „emotionale Hygiene". Das Reinigungsmittel wird „Emotionale Intelligenz" genannt. Diese – so die Botschaft – schützt sowohl vor *Überflutung* als auch vor *Austrocknung*. Sie ermöglicht einen gereinigten und gerichteten Fluss der Leidenschaften und Emotionen. Im Unterschied zur Variante der Eindämmung ist hier das Fließen erlaubt bzw. sogar gewünscht. Aber das, was fließt, muss zuvor gereinigt und gerichtet werden. Reinigen heißt hier, die als negativ oder zerstörerisch angesehenen Komponenten der Leidenschaft herauszufiltern, so dass nur die positiven und produktiven übrig bleiben. Emotionale Intelligenz soll dabei wie ein Filter wirken. Richten heißt, den Strom – wie beim Kanalisieren – auf bestimmte Ziele zu lenken. Insofern soll der ambivalente und unberechenbare Strom der Leidenschaften durch Emotionale Intelligenz in eine Quelle von Produktivität verwandelt werden.

Wie sieht nun jener Filter aus, der – wie eine Kläranlage – den Strom der Leidenschaften in eine Grundbedingung von emotionalem Wohlbefinden und Produktivität verwandeln soll und so in die „kontrollierten Kreisläufe der Ökonomie" (Foucault 1983, S. 138) einspeist? Emotionale Intelligenz als „übergeordnete Fähigkeit" besteht nach Goleman (1997) aus folgenden Fähigkeiten:

Zunächst die „*Impulskontrolle*" (S. 109 ff.): Darunter ist die Fähigkeit zu verstehen, „dem Impuls zu widerstehen, um einem Ziel zu dienen". Sie bildet „den Kern der emotionalen Selbstregulierung" (S. 111) und ist eine Voraussetzung dafür, dass Menschen „*durchsetzungsfähig*, *selbstbewußt* und besser in der Lage (sind), *mit den Frustrationen des Lebens fertig zu werden*" (S. 110; Herv. durch uns). Wer diese Fähigkeit zur Impulskontrolle nicht besitzt, ist ein problematischer Fall. Das zeigt nach Goleman eine Reihe von psychologischen Experimenten, in denen die Fähigkeit zur Impulskontrolle schon bei Kindern abgetestet wurde. „Diejenigen, die mit vier der Versuchung[14] widerstanden hatten, zeigten jetzt als Jugendliche größere soziale Kompetenz: sie waren durchsetzungsfähig, selbstbewußt und besser in der Lage, mit den Frustrationen des Lebens fertig zu werden. (...) Herausforderungen nahmen sie bereitwillig an und stellten sich ihnen, und selbst bei Schwierigkeiten gaben sie nicht auf; sie waren *selbstsicher* und *zuversichtlich*, *vertrauenswürdig* und *verläßlich*; sie ergriffen die Initiative und *stürzten sich in Projekte*" (S. 110; Herv. durch uns). Jenes Drittel der Kinder, das diese bemerkenswerte Gabe im Alter von vier Jahren nicht hatte, zeigte hingegen ein psychologisch „problematisches" Bild: „(S)ie schreckten vor sozialen Kontakten zurück, waren störrisch und unschlüssig; sie ließen sich von Frustrationen leicht umwerfen (...); sie neigten zu Eifersucht und Neid; auf Irritationen reagierten sie gereizt und provozierten dadurch Streitereien" (ebd.).

Eine zweite Komponente ist die Fähigkeit, *„fehlerhaftes Denken" und „üble Stimmungen" zu vermeiden* (S. 112 ff.). Dies zeige sich etwa bei der „Prüfungsangst". Wer vor einer bevorstehenden Prüfung die Situation richtig einschätzen kann und zudem die Fähigkeit besitzt, „üble Stimmungen" zu vermeiden, der hat einen „emotionalen Vorteil", der sich auch in bessern Prüfungsergebnissen auszahlt. Denn bekanntlich beeinträchtigen „unkontrollierte Emotionen (...) den Verstand" (S. 114). Damit korrespondieren auch *Fleiß* und die Fähigkeit, *hart zu arbeiten*. Dies zeige sich beispielsweise im überdurchschnittlichen Abschneiden asiatischer Schüler in amerikanischen Schulen und Universitäten: „(E)ine strenge kulturelle Arbeitsethik setzt sich um in höhere Motivation, Eifer und Beharrlichkeit – ein emotionaler Vorteil" (S. 108).[15]

Eine dritte Komponente ist das *„positive Denken"*, denn „(w)orauf es (...) ankommt, ist die Hoffnung und die Zuversicht" (S. 114). „Aus der Sicht der emotionalen Intelligenz bedeutet Hoffnung haben, einer erdrückenden Angst, einer defätistischen Haltung oder einer Depression angesichts schwerer Herausforderungen oder Rückschläge nicht nachzugeben" (S. 116).

Eine vierte Komponente ist schließlich der *„Optimismus"*. „Optimismus bedeutet, daß man, wie bei der Hoffnung, die feste Erwartung hat, daß sich trotz Rückschlägen und Enttäuschungen letztlich alles zum Besten wenden wird. (...) Und Optimismus zahlt sich im Leben aus, genau wie die eng mit ihm verwandte Hoffnung (es muß natürlich ein realistischer Optimismus sein – ein allzu naiver Optimismus kann verheerend sein)" (S. 117).

Das sind die Bestandteile jenes Filters, der gegen Überflutung, Überhitzung oder angstvolle Erstarrung zu schützen verspricht und durch den der Strom der Leidenschaften in einen gereinigten und wohltemperierten Fluss umgewandelt wird, der die Mühlen des Spätkapitalismus am Laufen hält.

Wenn die emotionale Hygiene erfolgreich war, wenn also der Filter Emotionale Intelligenz funktioniert, wird der Strom zu einem Hochleistungsstrom, denn dann sind die Menschen imstande, marktgängige bzw. verwertbare „Höchstleistungen" (S. 108) zu erbringen. Um dieses Zusammenfallen von „Emotionaler Intelligenz" und „Höchstleistung" zu untermauern, führt Goleman u.a. eine Untersuchung an, die bei einer Gruppe von Versicherungsvertretern durchgeführt wurde. Diese ergab: Optimistische Menschen verkaufen mehr als pessimistische: „Daß der Optimismus sich so stark im Verkaufserfolg niederschlägt, spricht dafür, daß er eine emotional intelligente Haltung ist" (S. 118). Die Emotionale Intelligenz entfaltet auch dann ihre reinigende Kraft, wenn „in der Hitze des Gefechts (...) die emotionale Erregung (...) hohe Wellen schlägt" (S. 188). Nach Goleman ist die emotionale Intelligenz nicht nur ein Mittel, um individuelle Höchstleistungen hervorzubringen. Da sie vor allem „jene Fähigkeiten, die den Menschen helfen, miteinander zu harmonieren" (S. 205), betrifft, ist sie auch eine Bedingung für gemeinschaftliches Arbeiten.

Die „*höchste Form von emotionaler Intelligenz*" ist nach Goleman (1997), sich „auf das Fließen einlassen zu können (...); Fließen ist vielleicht das Äußerste, wenn es darum geht, die *Emotionen in den Dienst der Leistung und des Lernens* zu stellen. Beim Fließen sind die Emotionen nicht bloß beherrscht und kanalisiert, sondern positiv, voller Spannung und auf die vorliegende Aufgabe ausgerichtet. Wer in der Langeweile der Depression oder der Erregung der Angst gefangen ist, der ist vom Fließen ausgeschlossen. Dabei ist das Fließen (oder ein sanfteres ‚Mikro-Fließen') eine Erfahrung, die fast jeder dann und wann macht, besonders wenn man Höchstleistungen vollbringt oder seine bisherigen Grenzen überschreitet. Es läßt sich vielleicht vergleichen mit einem ekstatischen Liebesakt, bei dem zwei zu einem fließend harmonischen Einen verschmelzen" (S. 120; Herv. durch uns).

Das Fließen („Flow-Erlebnis") ist zunächst von Mihaly Csikszentmihalyi (1993) beschrieben worden. Charakteristisch für die Flow-Erfahrung ist ihm zufolge, dass Handlung und Bewusstsein verschmelzen. Im Zustand des Flow ist der betroffene Mensch ganz bei der Sache. Er reflektiert nicht über die Handlung, über die Bedeutung seiner Handlung, über die möglichen Erfolge oder Misserfolge, über die Bewertung der Handlung durch andere etc. Vielmehr ist die Aufmerksamkeit vollkommen auf die vorliegende Aufgabe gerichtet. Es gibt keine Ablenkungen – alle „möglichen Störungsstimuli (werden) außerhalb des Aufmerksamkeitskreises gehalten" (S. 64). Im Zustand des Fließens gibt es auch kein „Selbst" bzw. kein reflektierendes (Selbst-)Bewusstsein. Im Gegenteil, das Individuum geht so voll in der jeweiligen Tätigkeit bzw. der Umgebung auf (sei dies beim Klettern, bei der Meditation, in der religiösen Erfahrung oder auch in bestimmten Arbeitssituationen), dass das Selbst, das sich in einem dualistischen Bewusstseinszustand als reflektierende Instanz zwischen uns und unser Tun schaltet, verschwindet bzw. sich auflöst. Es stellt sich das paradoxe Gefühl ein, mit der Umwelt verschmolzen zu sein, sie aber gleichzeitig zu kontrollieren. In der „künstlich eingegrenzten Realität einer Flow-Episode" (S. 71) gibt es keine Ambivalenzen und Unklarheiten, die irritierend wirken. Die Person ist keinen widersprüchlichen Handlungsanforderungen ausgesetzt. Die Ziele und die Mittel zur Erreichung dieser Ziele sind klar geordnet. Man weiß genau, was „richtig" oder „falsch", „gut" oder „schlecht" ist.

Während das Flow-Erlebnis für Csikszentmihalyi (1993, S. 180) eine ambivalente, ja „gefährliche Kraftquelle"[16] ist, erscheint es bei Goleman in gereinigter Form. Für ihn lässt sich Fließen „*nicht in Einklang bringen mit emotionalen Entgleisungen, bei denen limbische Aufwallungen den Rest des Gehirns mit Beschlag belegen*. Im Zustand des Fließens ist die Aufmerksamkeit entspannt und dennoch hochkonzentriert. (...) Das Fließen ist ein *Zustand ohne störende Emotionen*; das einzige, was man empfindet, ist ein unwiderstehliches, hochgradig motivierendes Gefühl *milder* Ekstase" (Goleman 1997, S. 121; Herv. durch uns). Von (Sucht-)Gefahr ist hier nicht mehr die Rede, ebensowenig wie von dem möglichen gesellschaftskritischen Impuls, den Csikszentmihalyi dem Flow-Erlebnis zuschreibt.[17] Es geht nur noch um Höchstleistung, und diese fällt mit dem Fließen als höchster Stufe der Emotionalen Intelligenz zusammen.

Jemand, der nicht in diesen Zustand des Fließens gelangen kann bzw. sich in einen solchen versetzen kann, ist also nach Ansicht von Goleman (1997) emotional unintelligent. Und umgekehrt zeichnet die so konstruierte Emotionale Intelligenz alle – sowohl beruflich wie privat – besonders erfolgreichen Menschen aus. Er kommt zu der überraschenden Erkenntnis, dass die besonders geschätzten Mitglieder in Hochleistungsorganisationen sich nicht (nur) durch einen überragenden Intelligenzquotienten (im herkömmlichen Sinne) auszeichnen, sondern durch ausgeprägte emotionale Fähigkeiten. Dies belegt er durch eine Studie über „die Spitzenleute bei den Bell Labs, der weltberühmten wissenschaftlichen Denkfabrik in der Nähe von Princeton" (S. 206). „(I)nnerhalb dieser Ansammlung von Talenten stechen einige als Stars hervor, während die übrigen nur Durchschnittliches leisten. Die Stars unterscheiden sich von den anderen nicht durch ihren akademischen IQ, sondern durch ihren *emotionalen* IQ.[18] Sie können sich selbst besser motivieren, und sie können ihre informellen Netzwerke besser in ad hoc-Teams verwandeln" (S. 207; Herv. i.O.).

Vergleichbar positive Wirkungen wie auf individueller Ebene werden der Emotionalen Intelligenz auch auf der Gruppenebene zugeschrieben. „Als das wichtigste Element der Gruppenintelligenz erweist sich nicht der durchschnittliche ‚IQ' im Sinne der akademischen Leistung, sondern im Sinne der emotionalen Intelligenz: Entscheidend für einen hohen Guppen-IQ ist die soziale Harmonie. *Es liegt an dieser Fähigkeit zur Harmonie*, wenn eine Gruppe unter sonst gleichen Bedingungen besonders talentiert, produktiv und erfolgreich ist, eine andere dagegen, deren Mitglieder in sonstiger Hinsicht genauso talentiert und befähigt sind, schlecht abschneidet" (Goleman 1997, S. 205; Herv. durch uns).

Für Goleman sind die Emotional Intelligenten also nicht nur zufriedener, glücklicher, ausgeglichener und individuell leistungsfähiger, sondern sie tragen durch ihre Fähigkeiten auch dazu bei, dass kollektives Fließen ermöglicht wird. In der Terminologie Foucaults handelt es sich hier um Machtausübung durch Subjektivierung. Der normierende Diskurs über „Emotionale Intelligenz" schreibt vor, wie wir zu sein haben, wenn wir nützliche und erfolgreiche Mitglieder von Organisationen und der Gesellschaft sein wollen – und verheißt zugleich, dass wir durch entsprechende Trainings lernen können und sollen, so zu werden (vgl. Goleman 1999, S. 24 und 292). Damit wird die Instanz der Prüfung nach innen verlegt. Die Prüfung wird zur „Selbstprüfung" (Foucault 1983, S. 30) und zielt darauf, an sich selbst zu arbeiten, um „emotional intelligent" zu werden. Der EI-Diskurs ist insofern auch ein gutes Beispiel dafür, wie der Diskurs seinen Gegenstand überhaupt erst hervorbringt (s.o. Abschnitt 1). Im vor-golemanschen Zeitalter gab es keine emotional (un-)intelligenten Menschen.

Im Unterschied zu Goleman, der die Fähigkeit, sich auf das Fließen einlassen zu können bzw. in den Zustand des Fließens einzutreten, auf eine individuelle Kompetenz reduziert, berücksichtigt Csikszentmihalyi (1993) auch die (sozialen und strukturellen) Bedingungen,[19] welche die Erfahrung des Flow ermöglichen oder auch verunmöglichen. Um in unserer Metapher zu bleiben: Csikszentmihalyi thematisiert auch die Bedeutung der Beschaffenheit des Flussbettes. Eine Voraussetzung für optimales Fließen ist, die Tätigkeit so zu strukturieren, dass weder eine Überbeanspruchung (Angst) noch eine Unterbeanspruchung (Langeweile) gegeben ist. Aus der Erkenntnis der Bedingungen für die „optimale Erfahrung" folgt für Csikszentmihalyi (1993, S. 203 ff.) eine „Politik der Freude" – eine Politik, die für ArbeitnehmerInnen und ArbeitgeberInnen gleichermaßen attraktiv klingt. ArbeitnehmerInnen erleben in ihrer Arbeit „Freude", ArbeitgeberInnen ersparen sich aufwendige Ausgaben:[20] „Um eine langweilige Situation in eine belohnende zu verwandeln, braucht es weder Geld noch Energie; es genügt eine symbolische Umstrukturierung der Situation" (ebd.).

Reinigen und Richten erscheint demnach als eine Strategie des Organisierens von Leidenschaften, die mit Blick auf die Individuen Höchstleistungen und Freude hervorbringt und mit Blick auf deren Zusammenleben und -arbeiten Harmonie und Ordnung. Eine Steigerungsform der „Politik der Freude", der wir uns im folgenden Abschnitt zuwenden, ist eine Politik der Begeisterung, von uns charakterisiert als Überfluten und Mobilisieren.

## 3.4 Überfluten und Mobilisieren

*„Everyday passion*
*is the stuff of excellence"*
*(Peters/Austin 1985, S. 417).*

Das exemplarische Material dieses Abschnitts bilden die Arbeiten von Tom Peters und dessen Ko-AutorInnen. Die Relevanz dieser Arbeiten lässt sich nicht nur an den Verkaufszahlen dieser Bücher ablesen, sondern auch an der Intensität der Diskussion, die mit ihnen verknüpft ist. Insofern als der Diskurs Wirklichkeit nicht abbildet, sondern produziert (s.o. Abschnitt 1), muss insbesondere das 1982 erschienene Buch „In Search of Excellence" von Tom Peters und Robert Waterman als ein diskursives Ereignis besonderer Art angesehen werden. Ian Colville, Robert Waterman und Karl Weick (1999) reflektieren in einem Artikel, der aus einem Symposium der American Academy of Management im Jahr 1995 hervorging, über den Erfolg dieses Buches „which set new publishing records when it first hit the bookstands in 1982. Some 16 years on and close to the millenium, *In Search of Excellence* (ISOE) (Peters/Waterman 1982) is still in print, still selling well and, ... has made accessible, and disseminated via some seven million copies, organizational theory which has subsequently impacted on practice" (Colville et al. 1999, S. 130). Hinzuzufügen ist, dass dieses Buch seitens der Organisations- und Personalforschung eine wahre Flut von (ideologie-)kritischen Auseinandersetzungen und Stellungnahmen evoziert hat (vgl. z.B. Wächter 1985; Willmott 1993; Krell 1994, S. 248 ff.). Der Schwerpunkt dieses Beitrags liegt unserem roten Faden folgend darauf, die Charakteristika, die Machtwirkungen und die Ambivalenz dieser Variante des Organisierens von Leidenschaften herauszuarbeiten.

Ausgangspunkt dieser Strategie des Organisierens der Ströme ist die Bürokratiekritik. Bürokratie als Idealtypus rationaler Organisation erscheint nicht mehr als schützender Damm, sondern als störendes Hindernis. Bürokratische Regeln und Normen, analytische Trennungen und Teilungen werden verantwortlich gemacht für die ‚Langeweile' und das Ressentiment, die sich vielfach in Organisationen breit machten. Bürokratische Organisation sei einerseits nicht geeignet, die angesichts der Dynamik des Wettbewerbs notwendige Flexibilität und Kreativität zu entwickeln. Außerdem würde sie die Motivation untergraben und der – bei Tom Peters und Nancy Austin (1986) zum Buchtitel avancierten – „Leistung aus Leidenschaft" entgegenstehen. Die „wichtigste Regel" lautet deshalb: „Den bürokratischen Saustall ausmisten!" (S. 362).

In „Liberation Management" hat Peters (1992) diese Vorstellung noch etwas weiter ausgeführt. Es ist eine Idee von Management, die sich als befreiend von allen Einschränkungen der Kreativität, des Engagements, der Begeisterung präsentiert. Nach Peters' eigener Einschätzung war „*Search*[21] (...) an out-and-out-attack on the excesses of the rational model" (S. xxxi). Nun, in den neunziger Jahren, gehe es um mehr: „Curiosity, initiative, and the exercise of imagination are in" (S. xxxii). Die neue Form des Managements „provides many people with a heavy dose of liberation, and god knows: it's disorganized" (S. 701). Im Chaos der Dis-Organisation seien „Thrill" und „Symbiosis" notwendig, um „Wow Factories" (ebd.) herzustellen, in denen die Beschäftigten in individuellen und kollektiven Begeisterungsstürmen die Konkurrenz aus dem Felde schlagen.

Max Weber war der Meinung, dass unter Bedingungen kapitalistisch-rationaler Organisation der Weg des Charismas „von einem stürmisch-emotionalen wirtschaftsfremden Leben zum langsamen Erstickungstod unter der Welt der materiellen Interessen" (Weber 1922, S. 761) vorgezeichnet sei. Eine organisationale Politik der Freude und Begeisterung scheint diesen Widerspruch aufzuheben bzw. zu einer paradoxen Synthese zusammenzuführen: Ein „stürmisch-emotionales Leben" ergänzt sich mit den materiellen Interessen auf geradezu wunderbare Weise. Wenn man Peters u.a. glauben darf, herrschen in den exzellenten Unternehmen „Jubel, Trubel, Heiterkeit" (Peters/Waterman 1984, S. 302) bzw. wird Leistung aus Leidenschaft zum „Abenteuer" (Peters/Austin 1986, S. 459). „Die Menschen fühlen sich beschwingt, weil etwas geklappt hat, und, wenn man sie läßt, beginnen sie, ihr Verhalten zu ändern. Und das veränderte Verhalten führt dann wieder zu guten Ergebnissen. Durch Erfolgserlebnisse ... begeistern sich die Mitglieder der Gruppe für ihr Ziel, sie strahlen Freude und Triumphgefühl aus ... Sie leben mit ihrer Aufgabe Tag und Nacht ... Eine Art Elitebewußtsein bildet sich heraus ... bei den Mitgliedern entsteht eine *ästhetische Motivation*" (Peters/Waterman 1984, S. 304; Auslassungen i.O.; Herv. durch uns).

Wie sollen nun die Leidenschaften im Sinne der „Passion for Excellence" zweckbezogen mobilisiert werden?

Ein wichtiges Prinzip, das zugleich der Mobilisierung wie auch der Kanalisierung der Leidenschaften dient, ist das Prinzip des *Wettbewerbs*. Nach Peters und Waterman zeichnen sich exzellente Unternehmen dadurch aus, dass sie von der bürokratischen Regulierung von Handlungen zu einer Regulierung über das Prinzip des (internen) Wettbewerbs übergehen. „Interner Wettbewerb anstelle eines formalen Vorschriften- und Ausschußwesens ist in den erfolgreichen Unternehmen allgegenwärtig" (Peters/Waterman 1984, S. 254).

Die damit verbundene Gefahr der Hervorbringung unerwünschter Leidenschaften (vgl. dazu auch Palaver 1998), die zu einem Reibungsverluste verursachenden Gegeneinander der Organisationsmitglieder führen könnte, soll durch das einigende Band der Firmenkultur gebannt werden. Die „exzellenten Unternehmen" schaffen eine „umfassende, beflügelnde, gemeinsam getragene Firmenkultur, ein geschlossenes Ganzes, innerhalb dessen hochmotivierte Mitarbeiter nach den richtigen Wegen suchen" (Peters/Waterman 1984, S. 77). Und diese „ausgeprägte Firmenkultur" lässt „nur eine Alternative (...): sich in diese Normen einzufügen oder auszuscheiden. Einen Mittelweg gibt es für die meisten Mitarbeiter (...) nicht" (S. 104). Um ein derart „geschlossenes Ganzes" zu schaffen, werden eine strikte Grenzziehung nach außen und eine Homogenisierung im Inneren propagiert (vgl. auch Krell 1994). Damit werden zugleich zwei Feindbilder bzw. Hassobjekte geschaffen, die negative Energien ableiten und positive mobilisieren sollen. Der äußere Feind sind die Konkurrenten, von Peters (1992) als „Todfeinde" konstruiert.[22] Der innere Feind ist der Sündenbock. In archaischen Gesellschaften wurde der Sündenbock ausgewählt und rituell geopfert. Die *Opferung des Sündenbocks* sollte nicht nur die Götter versöhnen und verhindern, die Gemeinschaft durch Streit und negative Leidenschaften wie Hass und Neid zu entzweien. Das Opfer dient dazu, „die Herzen zu vereinigen und die Ordnung herzustellen" (Girard 1992, S. 19). Im Inneren der Gemeinschaft sollen *Reinheit, Geordnetheit, Klarheit und Harmonie* erhalten werden, indem die negativen Leidenschaften wie Hass oder Wut auf den Sündenbock gelenkt werden. Insofern schützt das Opfer „die ganze Gemeinschaft vor ihrer eigenen Gewalt (...). Die Opferung zieht die überall vorhandenen Ansätze zu Zwistigkeiten auf das Opfer und zerstreut sie zugleich, indem sie sie teilweise beschwichtigt" (S. 18). Die Sündenböcke der Hochleistungsgemeinschaften sind jene Beschäftigten, die sich *nicht* mit leidenschaftlichem Engagement einbringen bzw. ein solches nicht zur Schau stellen. Sie „vergiften" die Atmosphäre und untergraben die Leistungsmoral. Peters und Waterman zitieren einen „exzellenten Unternehmer", der dieses Prinzip in einen praktischen Ratschlag umsetzt: „Seht zu, daß die Arbeit bei Ogilvy & Mather Spaß macht. (...) Jagt die Trübsalbläser zum Tempel hinaus!" (Peters/Waterman 1984, S. 334). Mit anderen Worten: Wer die Politik der Freude durch „Trübsalblasen" stört, wird zum Sündenbock gemacht und geopfert, indem er aus der Gemeinschaft verstoßen wird.

Der Sündenbock als das Andere drinnen und die Konkurrenz als das Andere draußen stehen für das, was – weil als anders, geheimnisvoll und gefährlich – als Bedrohung wahrgenommen wird. Das Schüren des kollektiven Hasses auf diese Anderen zielt auf die Freisetzung schöpferischer Energie, wobei die „Ansteckung" durch Leidenschaften im Kollektiv verstärkend wirkt. Zur Illustration ein Auszug aus einem Interview mit dem Fußballspieler Christian Ziege: „Wenn man eine gute Aktion hatte und das Publikum sofort aufspringt, setzt das neue Kräfte frei. Man gerät in eine Art Rausch und versucht alles, die Leute erneut in Begeisterung zu versetzen". Bei den Mary Kay Rallies, den Amerika-Meisterschaften im Hamburgerbraten und anderen „Technologien der Begeisterung" (Peters/Austin 1986, S. 312), die von den exzellenten Unternehmen eingesetzt werden, sind es die anderen MitarbeiterInnen, die – als internes Publikum und Konkurrenz zugleich – die HeldInnen zu Höchstleistungen anstacheln. Derartigen Massenansammlungen kommt nach Freud (1973, S. 27) die doppelte Funktion der „Affektsteigerung und Denkhemmung" zu.

Eine eindrucksvolle Illustration der Gefühlsmobilisierung durch *Ansteckung und Sündenbockprinzip* findet sich in George Orwells Roman „1984". Er beschreibt dort (vgl. Orwell 1976, S. 14 ff.) „Haß-Sendungen", in denen ein Abtrünniger und Verräter die Hauptrolle spielt, und die bei den ZuschauerInnen uno actu kollektive Wut hervorbringen und nach außen lenken sowie im Inneren ein ansteckendes Gefühl der Verbundenheit schaffen.

Die mittels der Technologie der Hasserzeugung hervorgebrachte kollektive Raserei gegen den Sündenbock dient auch der Produktion des „*intusgefühls*", jener „blinde(n), begeisterte(n) Hingabe" an den Großen Bruder, welche aber nur „ein völlig im *Engsoz* aufgegangener Mensch" (Orwell 1976, S. 277; Herv. i.O.) nachvollziehen könne. Dem entspricht im Managementdiskurs das „Passionate Commitment" bzw. eine „Passion for Excellence" (Peters/Austin 1985), dessen bzw. deren volle Bedeutung nur nachempfinden kann, wer vollkommen im Diskurs der Exzellenz aufgegangen ist.

Eine weitere Parallele der Orwell'schen Schilderung der Hervorbringung des Intusgefühls zum „Passionate Commitment" ist die Nutzung der Sprache.[23] Auch in den exzellenten Unternehmen wird zur Codierung von Gefühlen eine „Neusprache" eingeführt, die durch die „Erfindung neuer, hauptsächlich aber durch die Ausmerzung unerwünschter Worte" (Orwell 1976, S. 274) bestimmte Situationsdeutungen und Selbstwahrnehmungen hervorbringen soll: „Wir alle haben bestimmte Bezeichnungen für unsere Mitarbeiter oder für unsere Kunden. Nutzen wir aber auch alle die Gelegenheit, mit diesen Bezeichnungen ein neues und positives Verständnis zu signalisieren?" (Peters/Austin 1986, S. 330). Über die Sprache bzw. den organisationalen Diskurs soll Wirklichkeit und Empfindung konstituiert werden. So meiden z.B. die Exzellenten die Bezeichnung „Arbeitnehmer" und reden stattdessen von „Mitarbeitern", „Mitgliedern der Mannschaft", „Mitgliedern des Ensembles", „Partnern" oder „Kollegen" (Peters/Waterman 1984, S. 278; Peters/Austin 1986, S. 330). Und: „Ohne Scheu spricht man dort von der Unternehmensfamilie" (Peters/Austin 1986, S. 455).

Ein weiteres Rezept, um aus MitarbeiterInnen wie „Lieschen und Otto Müller Erfolgsmenschen" zu machen (Peters/Waterman 1984, S. 277) laute transformationale Führung bzw. Leadership statt Management.[24] Peters u.a. plädieren dafür, Begriffe wie „managen" oder „Management" aus dem Wortschatz zu streichen, „weil sich mit ihnen eher negative Assoziationen verbinden, etwa: Polizist, (...) sachlicher Analytiker, Neinsager, Urteilsverkünder. ‚Führen' hingegen sollte bedeuten, Energie freizusetzen, aufbauen, zu befreien und neue Ideen zu entwickeln“ (Peters/Austin 1986, S. 16). Und weil sie so fundamental ist, wird die Botschaft gleich mehrfach wiederholt: „‚Führung‘ bedeutet Verve, Leidenschaft, ja Besessenheit“ (S. 27). Führen heißt „animieren, Begeisterung zeigen und wecken (...)“ (S. 315, vgl. auch S. 345). Für gute Führung wichtig ist “Vision, Perspektive, Energie, Einfühlungsvermögen, Beharrlichkeit, Leidenschaft, Detailbesessenheit, eine genaue Vorstellung vom Ziel“ (S. 457). Wegen der entscheidenden Bedeutung dieser Fähigkeit für die Hervorbringung von Spitzenleistungen werden bei Hewlett Packard die Führungskräfte „ausdrücklich nach ihrer Fähigkeit ausgewählt, Begeisterung zu wecken“ (Peters/Waterman 1984, S. 112).

Und nicht zu vergessen: die *Hervorbringung von Champions*. Der „hochmotivierte ‚Champion‘“, der als „der potentielle Innovationsträger (...) (i)m Brennpunkt all der Aktivität und des scheinbaren Durcheinanders steht“, ist bei Peters und Waterman (1984, S. 237) der Prototyp des begeisterten Mitarbeiters: Der (Produkt-)Champion „ist der Enthusiast oder Fanatiker unter dem Fußvolk, den wir als Gegenbild des typischen Bürokraten beschrieben haben. Oft ist er ein egozentrischer, verschrobener Einzelgänger. Aber er *glaubt* an das Produkt, das er im Sinn hat“ (S. 244; Herv. i.O.). Nach Peters und Waterman sind die exzellenten Unternehmen „eigens so aufgebaut, daß sie Champions *hervorbringen*“ (S. 247; Herv. durch uns). Ihnen zufolge nutzen also die Exzellenten nicht nur vorhandene Leidenschaften, sondern bringen diese überhaupt erst hervor. Sind erst einmal die bürokratischen Dämme niedergerissen, dann sprudelt in den bereitgestellten „Genieschuppen“ (S. 247) die Kreativität; der „Entrepreneurial Spirit“ durchflutet die „Mannschaft“ und treibt diese zu „Spitzenleistungen“.

So sieht das Rezeptbuch (vgl. dazu auch Krell 1995) zur Überflutung und Mobilisierung von Peters u.a. aus. Auch hier handelt es sich, wie beim EI-Diskurs, um Machtausübung durch Subjektivierung, im Unterschied zu diesem ist jedoch in den „Wow Factories“ nicht milde, sondern *wilde Extase* angesagt. In gewisser Hinsicht entspricht das Versprechen der Befreiung von bürokratischen Hindernissen, die der Entwicklung der Organisation und ihrer Mitglieder im Wege stehen, Foucaults (1983, S. 107) Analyse der modernen subjektivierenden Macht, die um erträglich zu sein, „einen Teil ihrer selbst verschleiert (...). Ihr Durchsetzungserfolg entspricht ihrem Vermögen, ihre Mechanismen zu verbergen“ (vgl. dazu auch Dreyfus/Rabinow 1994, S. 160 ff.). Ein Stück weit verschleiert bzw. verborgen wird im Diskurs des „Liberation Management“ (Peters 1992), dass die Mitglieder der „Wow Factories“ nicht leidenschaftlich sein *dürfen*, sondern leidenschaftlich sein *müssen.* Auf das damit verbundene Paradoxon weist Slavoj Zizek hin: Spaß, Lust, Leidenschaft sind nicht nur erlaubt, sondern sie werden verordnet: Der „Gebrauch der Lust“ wird zum „unbedingten Über-Ich-Gebot“ (Zizek 1999, S. 194 f.). Freude im Leben und in der Arbeit (Organisation) werden zu einem Imperativ, über den Individuum und Organisation *verschmelzen* (vgl. auch Danzelot 1991, S. 251 ff.). Enthusiasmus ist hier nicht etwas, das sich spontan einstellt, sondern etwas, das durch „Technologien der Begeisterung“ oder „Leadership“ hervorgebracht wird – und an dem beständig gearbeitet werden muss. „Leistung aus Leidenschaft“ ist wie die unerfüllte Liebe, welche die Besessenen Anstrengungen unternehmen lässt, um die – nicht zu überbrückende – Kluft zwischen dem realen Zustand (der sich durch eine Ambivalenz von Gefühlszuständen auszeichnet) und dem idealen Zustand zu überwinden und sie so an eine Identität bindet und damit subjektiviert. „They may stop out for love, because of a *burning desire to be the best*, to make a difference, or perhaps, as a colleague recently explained, ‚Because the thought of being average scares the hell out of me'" (Peters/Austin 1985, S. 414; Herv. durch uns).

# 4 Verortungsversuche

## 4.1 Begrenzungen/Entgrenzungen

Organisieren heißt, in einem grundlegenden Sinne Grenzen zu ziehen bzw. zu setzen, anzuordnen, was dazu gehört und ‚drinnen' sein bzw. was nicht dazu gehört und daher ‚draußen' bleiben soll (vgl. Cooper 1990). Wir möchten hier die Aufmerksamkeit auf die Grenze als Prozess lenken und betrachten sie als eine „source of paradox and contradiction in social life" (Cooper 1990, S. 171). Vor diesem Hintergrund lassen sich die im dritten Abschnitt unseres Beitrags unterschiedenen Strategien des Organisierens von Leidenschaften als jeweils in unterschiedlichem Maße begrenzende und entgrenzende analysieren. Begrenzung und Entgrenzung werden allerdings nicht dualistisch entgegengesetzt, sondern als sich implizierend bzw. verschränkend gedacht (vgl. Deleuze/Guattari 1997a, S. 333; Foucault 1982).

Bei „Eindämmen und Trockenlegen" steht die Ausgrenzung der als bedrohlich empfundenen Leidenschaften aus der – bürokratischen – Organisation im Mittelpunkt. Den Strömen der Emotionen und Leidenschaften wird durch den Dammbau eine Grenze gesetzt, um unerwünschte Ein-Flüsse in die Organisation und emotionale Aus-Brüche der Organisationsmitglieder zu verhindern. Wie schon erwähnt, ist den anderen drei Strategien gemeinsam, dass die Ströme nicht durch „Frontal-Begrenzung" gänzlich gestoppt, sondern nutzbar gemacht werden. Bei „Kanalisieren" wird die Flut von außen gebändigt. Die Begrenzung durch extrinsische Motivierung sorgt dafür, dass die Ströme fließen, aber eben in bestimmten Bahnen. Bei „Reinigen und Richten" soll zunächst durch den (selbst-)reinigenden Filter der „Emotionalen Intelligenz" alles „Schmutzige" und „Destruktive" ausgegrenzt und dann das, was übrig bleibt, gerichtet werden. Mit Blick auf das Richten gibt es Gemeinsamkeiten und Unterschiede im Vergleich zum „Kanalisieren". Gemeinsam ist beiden Strategien die Regulation der Ströme. Der Unterschied besteht darin, dass der subjektivierende EI-Diskurs auf Selbststeuerung, der objektivierende Diskurs der extrinsischen Motivierung dagegen auf Fremdsteuerung fokussiert.

„Überfluten und Mobilisieren" erscheint auf den ersten Blick als Entgrenzung, weil bürokratische Grenzen niedergerissen bzw. Emotionen nicht länger ausgegrenzt werden, damit die öde Wüste der bürokratischen Organisation von Kreativität und leidenschaftlichem Engagement überflutet werden kann. Entgrenzung findet hier jedoch noch in einem anderen Sinn statt: Propagiert wird die Verschmelzung von Individuum und Organisation. In der kritischen Diskussion der Arbeiten von Peters u.a. ist immer wieder auf diesen Aspekt zur Inklusion des „ganzen Menschen" hingewiesen worden (vgl. z.B. Wächter 1985). Damit ist ein Perspektivenwechsel verbunden: Die Begrenzungen des Bürokratiemodells, das auf Partial-Integration beruht, erscheinen (auch) als Schutz des Personals vor einem weitergehenden Zugriff der Organisation. Mit anderen Worten: Die Entgrenzung sensu Peters u.a. ist ein Prozess der Ausweitung der territorialen Ansprüche und damit eine neue Grenzziehung. Und schließlich lassen sich hier auch die schon bekannten begrenzenden Komponenten erkennen: In den „Wow Factories" bzw. im Diskurs der „Exzellenz" dürfen die Ströme der Leidenschaft ebenfalls nicht ungehemmt fließen, sondern Leidenschaft wird als Energiequelle bzw. Produktionsfaktor mobilisiert bzw. ver-ordnet. Anders ausgedrückt handelt es sich um eine Strategie der *Entgrenzung,* die durch eine gegenläufige Bewegung der *Begrenzung* supplementiert wird, mittels derer die freigesetzten oder hervorgebrachten Energien zweckbezogen gebündelt und gerichtet werden – ein Prozess, den man mit Deleuze und Guattari als doppelte Bewegung der De-Territorialisierung und Re-Territorialisierung bezeichnen kann (vgl. Deleuze/Guattari 1997a, S. 332 und 177; 1997b; Theweleit 1977; 1978).[25]

## 4.2 Paradoxe Effekte und andere Orte

Wie schon erwähnt erzeugt jede Strategie paradoxe Effekte und ihren *„anderen Ort"* (Foucault 1998).[26] So wie eine Kette von Supplementen die gesetzte Regel ergänzt (aber auch unterminiert), so ergänzen „andere Orte" die durch die Grenze erzeugte Ordnung, bringen diese aber auch zuweilen aus dem Gleichgewicht und verhindern ein reibungsloses oder lineares Funktionieren.

Durch „Eindämmen" kann die Flut ansteigen – und damit auch die Gefahr des Dammbruchs. Dieser paradoxe Effekt der Begrenzung geht einher mit partieller Entgrenzung als Supplement. Unter „anderen Orten" verstehen wir hier Räume und/oder Zeiten, in denen die Norm der Gefühlsunterdrückung gelockert ist. Das Paradebeispiel dafür sind die Betriebsfeiern, bei denen das „Personal" bzw. die „Humanressource" menschlich sein darf. Hier werden die Zwänge gelockert, hier ist erlaubt – oder zumindest geduldet – was sonst verboten ist. Aber auch hier existiert jenes Paradoxon der Umkehrung, auf das wir oben schon mit Zizek (1999) hingewiesen haben. Gefühlsäußerungen sind in diesen Kontexten nicht nur gestattet, sondern sogar geboten. In einer bürokratischen Organisation wird „unter Sonderbedingungen, wie sie Betriebsfeste und -ausflüge darstellen, (...) emotionale Neutralität als unangemessen erlebt" (Vester 1991, S. 96). Dies erklärt auch das Unbehagen, das sich bei manchen Beteiligten oder Beobachtern solcher organisierter Social Events einstellt.

Gefordert sind Gefühle auch bei jenen Tätigkeiten, die als Emotionsarbeit bezeichnet werden, wie z.B. personbezogenen Dienstleistungen (vgl. dazu z.B. Hochschild 1990 und den Beitrag von Daniela Rastetter in diesem Band). Auch hier können paradoxe Effekte hervorgebracht werden. Aus der Burnout-Forschung wissen wir, dass gerade bei großem emotionalen Engagement, sei es freiwillig oder angeordnet, die Gefahr des „Ausbrennens“ besteht. „Wir haben immer wieder gefunden, daß ein Mensch einmal ‚entflammt‘ gewesen sein muß, um auszubrennen“ (Pines et al. 1983, S. 13). Deshalb schaffen sich die Beschäftigten oder schafft ihnen die Organisation zur Prävention Zeiten und Orte der Lockerung der Gefühlsnorm. „These sorts of compensatory, even cathartic, acts are permissible in the school staff room, behind the kitchen door of a restaurant, in a closed police car, in a doctor's rest room and so forth“ (Fineman 1996, S. 556; vgl. auch Fineman 1993a, S. 21 ff.). Hier vermischen sich partielle Entgrenzung und Begrenzung. Um Stress und Burnout als Folgen emotionaler (Über-)Beanspruchung vorzubeugen bzw. in Grenzen zu halten, werden Zeiten und Orte geschaffen, in denen die „GefühlsarbeiterInnen“ nicht auf der Bühne der Performance stehen und ihre Rolle spielen müssen. Zugleich kann man diese aber auch als Zeiten und Orte partieller Entgrenzung verstehen, weil sie ermöglichen, über die Kunden bzw. Klientel zu lästern oder zu schimpfen, also Gefühle ‚abzuleiten‘, die einer normgerechten Dienstleistung entgegenstehen.

Bei den „exzellenten“ Unternehmen im Sinne von Peters & Co. wird schließlich Leistung aus Leidenschaft zu einem Regime verdichtet, das den Beschäftigten eine Art Dauer-Karneval verordnet. „Jubel, Trubel, Heiterkeit“ (Peters/Waterman 1984, S. 302) sind angeordnet und vorgeschrieben. Es geht nicht mehr einfach darum, seinen „Job“ zu tun, sondern gefragt ist „ein ganz persönliches Engagement“ (Peters/Austin 1986, S. 459). Bemerkenswerterweise sprechen Peters und Austin selbst die mit Leistung aus Leidenschaft verbundenen Preise und Opfer an: „Wir haben beobachtet, daß die überwiegende Zahl der leidenschaftlichen Aktivisten, die alte Grenzen einreißen wollen, auf unzumutbar viel verzichten müssen (...). Wir haben eine ganze Reihe von Freunden, deren Ehen und Partnerschaften deshalb brachen, weil sie unablässig einem Traum hinterherjagten“ (S. 462). Während im Bürokratiemodell die für den Arbeitsalltag als störend angesehenen Gefühle und Leidenschaften in den Privatbereich ausgelagert werden (sollen), scheint es hier kein draußen mehr zu geben bzw. geben zu dürfen. Peters und Austin (1986) versichern zwar ihren LeserInnen (und sich?): „Daß aber eine Ehe aufgrund der Leidenschaften für Spitzenleistungen in die Brüche geht, darf nicht die Regel sein. Dieser Preis ist zu hoch“, beantworten aber im gleichen Atemzug die Frage, ob man beides haben könne, ein befriedigendes Berufs- und ein befriedigendes Privatleben, mit einem kategorischen „Nein“ (S. 463). Wie man die unterschiedlichen Bereiche dennoch vereinbaren kann, erläutern die beiden wenige Zeilen später auf erhellende Weise: Einen Ausweg bietet die Eliminierung des Privatlebens als ‚anderer Ort‘. Das kann man von „(e)inigen herausragende(n) Unternehmerpersönlichkeiten“, die „ihre Firmen mit aktiver Beteiligung ihrer Familienmitglieder aufgebaut" haben, lernen. Wenn „Ehemänner, Ehefrauen, Kinder oder Großeltern" in den entbehrungsreichen Kampf um die „Spitzenleistung" mit einbezogen werden, dann „ist die Grenze zwischen Liebe zur Arbeit und Liebe zur Familie fließend" (ebd.). Das ganze soziale Umfeld verwandelt sich in ein Team, das nur eines will: Spitzenleistung! Keineswegs handelt es sich dabei um ein Team, das sozial isoliert ist, sondern es pflegt durchaus auch den „persönlichen Kontakt mit anderen Menschen, *nämlich Kunden und Kollegen*" (S. 459; Herv. durch uns).

Den – vorläufigen? – Höhepunkt erreicht die Mobilisierung der Leidenschaften in der „Culture of Wow" (Peters 1992). Diese kann als kollektive Form der Besessenheit bzw. Besessenmachung verstanden werden, eine Form, die „die Leidenschaften zum Sieden bringt" (Bauman 1995, S. 199). Aber auch diese Form des Organisierens von Leidenschaften ist nicht ohne Nebenwirkungen. Das Burnout als ein möglicher Effekt wurde schon angesprochen. Am Siedepunkt angekommen, besteht die Gefahr, dass die durch künstliche Erhitzung zum Überschwang gebrachten Leidenschaften verdampfen. Mehr noch: Auf den Rausch des „Wow" können Ernüchterung, Katerstimmung und Ekel folgen. Eine sehr anschauliche Schilderung dieses Phänomens geben Heather Höpfl und Steve Linstead (1993, S. 82 f.) am Beispiel von Julie Madrell, einer einst leidenschaftlichen Parisienne-Aktivistin. Das Unternehmen Parisienne wird als typische „Culture of Wow" geschildert, die das Arsenal an Technologien der Begeisterung meisterlich beherrscht und zum Lebensmittelpunkt für die Mitglieder und deren Familien wird. Auch Julie Madrell beschreibt im Interview zunächst jene Verschmelzung, die Leistung aus Leidenschaft hervorbringt. Der Einstieg bei Parisienne erschien ihr als Verwirklichung ihrer Träume. Die Arbeit bzw. die Firma wurden zum Mittelpunkt ihres Lebens. „For the next two and a half years I committed my every waking hour to network marketing and outwardly my dreams were realized (...). The local newspaper ran a story under the headline, ‚The Sweet Smell of Success' *but for me it was all beginning to smell a little sour*" (S. 82; Herv. durch uns). Wir halten es nicht für unwahrscheinlich, dass Beschäftigte von einer zum „Stallgeruch"[27] verdichteten „Kundenorientierung" irgendwann die Nase voll haben können. Höpfl und Linstead interpretieren das, was Julie Madrell schildert, bemerkenswerterweise als ein In-der-Arbeit-Ertrinken. „In short she was *‚drowning' in her work.* (...) After two and a half years, in which she had achieved considerable success, she became desillusioned, that is, she could no longer sustain ‚the dream'. *The object of her excitement, the inspiration of her desire and appetites had become the source of dread, disgust, aversion*" (ebd.; Herv. durch uns).

Auch die verordnete Dauer-Begeisterung sucht sich vermutlich ihre ‚anderen Orte'. Der Logik der Ergänzung folgend könnten dies zum Beispiel Zeiten und Orte partieller Begrenzung (z.B. durch Dienst nach Vorschrift?) sein, für die jedoch in der Culture of Wow kein Platz vorgesehen ist. Angesichts des von der Intention her tendenziell grenzenlosen Zugriffs liegt es nahe, dass hier der andere Ort ein fiktiver bzw. imaginärer ist. Mit anderen Worten: Dieser andere Ort kann auch ein innerer Ort sein, der sich dem Zugriff entzieht und der eine Zone des Geheimnisses[28] bleibt. Dass sogar in den repressivsten und totalitärsten Organisationen ein Refugium existiert, das nicht erfassbar, kalkulierbar oder zweckdienlich mobilisierbar ist, bringt Winston, der Held in George Orwells Roman „1984“, zum Ausdruck: „Sie konnten die Gefühle eines Menschen nicht ändern; ja, man konnte sie nicht einmal selbst ändern, sogar wenn man es wollte. Sie konnten bis in die letzte Einzelheit alles aufdecken, was man getan, gesagt oder gedacht hatte. Aber die innerste Kammer des Herzens, deren Regungen sogar für einen selbst ein Geheimnis waren, blieb unbezwinglich“ (Orwell 1976, S. 154). Auch wenn sich diese Hoffnung in Orwells Roman nicht erfüllt, so weist sie auf den anderen Ort hin, der sich dem gestaltenden Zugriff entzieht.

# 5 Implikationen für die Managementforschung

Von der Managementforschung wird häufig die Erarbeitung von Techniken, Instrumenten und Verfahren erwartet, mittels derer praktische Probleme gelöst oder zumindest handhabbar gemacht werden können. Bei aller Berechtigung einer solchen Erwartung darf aber nicht übersehen werden, dass eine derartige Orientierung oft gerade eine vertiefte Einsicht in die Konstitution von Problemen, die Kontingenz von Problemdefinitionen und die Problematik von Problemlösungen verwehrt. Gregory Bateson (1992) thematisiert dies in einem ganz anderen Zusammenhang, der sich aber problemlos auf die Managementforschung übertragen lässt.

> „Als Ärzte hatten sie Ziele: dies und jenes zu heilen. Ihre Forschungsbemühungen konzentrierten sich daher (...) auf die kurzen Kausalketten, die sie mit Hilfe von Medikamenten oder anderen Eingriffen manipulieren konnten, um mehr oder weniger spezifische und identifizierbare Symptome zu korrigieren. Immer, wenn sie eine wirksame ‚Heilmethode‘ für etwas entdeckten, hörte die Forschung in diesem Bereich auf und die Aufmerksamkeit richtete sich auf etwas anderes. Wir können jetzt die Kinderlähmung verhüten, aber niemand weiß wesentlich mehr über die systemischen Aspekte dieser faszinierenden Krankheit. Die Forschung auf diesem Gebiet hat aufgehört oder wird bestenfalls darauf beschränkt, die Impfstoffe zu verbessern. Aber ein Haufen Tricks zur Heilung oder Verhütung einer Reihe von spezifischen Krankheiten ergibt keine umfassende Einsicht“ (Bateson 1992, S. 204).

Dieser Hinweis von Bateson scheint uns in Hinblick auf das Phänomen der Leidenschaften besonders bedenkenswert. Nicht nur, weil er auf die Verkürzung instrumenteller Sichtweisen aufmerksam macht und darauf hinweist, „daß eine bloß zweckorientierte Rationalität, die ohne Rücksicht auf Phänomene wie Kunst, Religion, Traum und ähnliches verfährt, notwendigerweise pathogen und lebenszerstörend ist“ (ebd.), sondern auch, weil die Erforschung des Phänomens der Leidenschaften in der Organisations- und Managementforschung gerade erst begonnen hat. Die wenigen Beiträge zu diesem Thema (vgl. z.B. Höpfl/Linstead 1993; Guillet de Monthoux 1994; Román 1994) lassen allerdings schon erkennen, dass zur Exploration dieses Phänomens sowohl alternative methodische Zugänge als auch alternative Quellen der Inspiration vonnöten sind. Sowohl Pierre Guillet de Monthoux (1994) als auch Lisa Román (1994) stützen ihre Analysen auf literarische Werke, in denen die komplexe Dynamik der Leidenschaften und ihrer organisationalen Kontextbedingungen einsichtig wird. Die Exploration von „anderen Orten", die Foucault (1974, S. 20; 1998, S. 178) auch „Heterotopien", nennt, könnte ebenfalls eine solche Quelle sein. Heterotopien sind das jeweils Andere der erzeugten Ordnung, deren Kehrseite oder Rückseite, die diese wie ein Schatten begleitet. Sie sind zugleich Konstitutionsbedingung wie auch Bedrohung dieser Ordnung. Eine systematische Beschreibung des Geschehens an solchen anderen Orten wäre die Aufgabe einer „*Heterotopologie*" (ebd.).[29] Dieser ginge es nicht darum, weitere Taxonomien oder Tableaus zu erstellen. Vielmehr würde eine solche Beschreibung zum einen deutlich werden lassen, welche Zumutungen und Versagungen in der normalisierten Ordnung als selbstverständlich unterstellt werden, und zum anderen vor Augen führen, dass es Alternativen zu dieser gibt, die einen Möglichkeitsraum eröffnen (vgl. auch Weiskopf 1999).

Den Rahmen sowohl für die hier vorgenommene Analyse als auch für die vorgeschlagenen Analysen bildet die kritische Managementforschung. Diese ist keineswegs ein homogenes Gebilde. Vielmehr bestehen heterogene Ansätze nebeneinander, die sich allerdings durch einige Verbindungslinien auszeichnen (vgl. z.B. Alvesson/Deetz 1999; Alvesson/Willmott 1995). Hugh Willmott (1997) etwa charakterisiert die kritische Managementforschung durch ihr „emanzipatorisches Erkenntnisinteresse". Dieses Erkenntnisinteresse (im Sinne von Habermas) schreibt er nicht nur kritischen Ansätzen zu, die durch die klassische Tradition der Kritik – etwa im Sinne von Marx, der Frankfurter Schule oder auch von Habermas – positioniert sind, sondern auch postmodernen bzw. poststrukturalistischen Ansätzen. Letztere haben unter anderem ein verstärktes Interesse für die „embodied quality of organizing" (Hassard et al. 2000, S. 12) hervorgebracht und wollen diese auf eine Weise problematisieren, „that counteracts the mainstream tendency to represent employees, managers and workers as bloodless designers or executors of organizational functions" (ebd.).

Wir haben uns in unseren Ausführungen auf Foucault und – weitgehend vermittelt über Theweleit – auch auf Deleuze und Guattari bezogen. Foucaults Position ist keineswegs leicht „dingfest" zu machen, nicht nur, weil er sie im Laufe seiner intellektuellen Karriere öfters revidiert, erweitert und situativen Umständen angepasst hat, sondern auch, weil sich das Verständnis der Kritik auch aus den aktuellen Problemlagen ergibt (vgl. dazu auch Lemke 1997). Eine in unserem Zusammenhang (und darüber hinausgehend) relevante Anregung aus den Arbeiten Foucaults wäre der Übergang von einer Problemlösungsorientierung zu einer „Problematisierung". Eine solche Orientierung bringt, wie oben schon erwähnt, mit sich, dass die Problemdefinitionen und die vorgeschlagenen „Lösungen" auf ihre Voraussetzungen und Folgen hin zu befragen wären. Um nur ein Beispiel zu nennen: Anknüpfend an die zum Ende des zweiten Abschnitts skizzierten Neuorientierungen hinsichtlich der Emotionen in Organisationen könnte man auch die strikte Grenzziehung zwischen Vernunft und Leidenschaften problematisieren (vgl. z.B. Walzer 1999, S. 88 ff.).

Für die hier eingenommene Position charakteristisch ist weiters, dass Kritik nicht im Namen einer höheren oder universellen „Wahrheit“ vorgetragen wird. Das bedeutet in unserem Zusammenhang, dass Kritik an den Strategien des Organisierens von Leidenschaften nicht im Namen von natürlichen, ursprünglichen oder authentischen Leidenschaften vorgebracht werden kann, indem in romantischer Weise „das souveräne Recht der passion“ (Nietzsche 1942, S. 345) eingeklagt wird. Nichts an den Leidenschaften ist „natürlich“, und sie können daher auch nicht einer „künstlichen“ Organisation gegenübergestellt werden. Vielmehr sind Leidenschaften, wie Gilles Deleuze und Félix Guattari (1997b, S. 552) anmerken, „Realisierungen des Begehrens, die in jedem Gefüge anders sind“. Als solche stehen sie nicht in Opposition zu Organisation, sondern sie *durchdringen* die komplexen und verworrenen Gefüge, die man Organisation(en) nennt. „Die Rationalität oder die Wirksamkeit eines Gefüges gibt es nur, weil es Passionen oder Leidenschaften gibt, mit denen es umgeht oder spielt, weil es verschiedene Arten von Begehren gibt, die es ebenso konstituieren wie es sie konstituiert“ (S. 551).

Eine Thematisierung der Leidenschaften im Rahmen der kritischen Managementforschung wirft auch Fragen auf, die den Problematisierungshorizont einer im engeren Sinne instrumentalistischen Managementforschung überschreiten und einer der „gouvernmentality“ verpflichteten Forschung möglicherweise auf den ersten Blick abwegig erscheinen. Ein Call for Papers für die 2001 stattfindende *Critical Management Studies Conference in Manchester*, in dem die „passion of organising“ zum Thema gemacht wird, deutet an, in welche Richtung weitere Forschungsbemühungen gehen könnten:

> „What we seek then are papers that re-introduce desire, passion, joy, pain, sacrifice, selflessness, the non-rational and unreasonable, laughter and humour as forces that motivate the human condition, that recognize organizational life as a lived and liveable experience rather than some flat, dull homogeneous existence that we merely endure before we die, a context in which quite literally ‚all human life is here‘“ (CMS 2001).

Dass in „Organisationen ... das Leben (tobt)“ (Küpper/Ortmann 1988, S. 7) ist spätestens seit der Erforschung der Mikropolitik geläufig. Das Leben tobt in Organisationen aber nicht nur, weil dort MikropolitikerInnen ihre offenen und verdeckten Schlachten schlagen, sondern *auch* weil sich dort (glücklicherweise) nur „begrenzt rationale“ Menschen begegnen, für die Organisationen ein auch emotional besetztes Terrain sind, die im Prozess des Organisierens ihre konstruierten, akzeptierten, zu- oder abgeschriebenen Identitäten bestätigt oder bedroht sehen und damit Hoffnungen, Ängste, Wünsche, Begehren und Begierden verknüpfen. Das verkompliziert diesen Prozess, lässt ihn scheitern und manchmal auch erst erfolgreich werden. „Die Leidenschaften an der Wurzel angreifen, heißt das Leben an der Wurzel angreifen“, das hat schon Nietzsche (1999 [1889], S. 83) erkannt. Diese An- oder Einsicht hat Deleuze in seiner Philosophie aufgegriffen und weiter entfaltet. Über das hier thematisierte Phänomen des Organisierens von Leidenschaften hinaus wirft die Deleuzianische Philosophie Fragen auf, die von fundamentaler Bedeutung für die Managementforschung sind. Die entscheidende kritische Frage lautet aus dieser Perspektive: „Trennt uns eine Existenzweise von dem, was wir können, vermindert sie also unser Tätigkeitsvermögen oder steigert sie es? Verschafft sie uns freudige oder traurige Leidenschaften? Regt sie uns zum Handeln an oder verdammt sie uns zur Passivität, zur Entsagung, zum schlechten Gewissen, zum Ressentiment?" (Balke 1998, S. 110). Im Kontext der Managementforschung hat insbesondere der Ansatz des Human Resource Management die Entfaltung menschlicher Potenziale auf seine Fahnen geschrieben. Ansatz und Anspruch wurden jedoch schon vielfach als eine neue Managementideologie kritisiert, die die Wirklichkeit einer intensivierten Ausbeutung des Personals ebenso wie die Herrschaftsansprüche des Managements verschleiert (vgl. z.B. Hart 1993; Legge 1995). Auf Deleuze gestützte Arbeiten (vgl. dazu auch Kappler/ Scheytt 1999; Chia 1999; Linstead 2000) könnten dazu beitragen, diese Kritik produktiv zu wenden, den erhobenen Anspruch ernst zu nehmen und zu radikalisieren, indem nach lebensbejahenden Formen der Organisation bzw. des Managements gefragt wird. Dass sowohl ein generelles Verbot als auch Gebot leidenschaftlichen Engagements der Organisationsmitglieder dem nicht entspricht, sollte unsere Analyse deutlich gemacht haben. Bleibt also die Frage: Lassen sich Organisations- und Managementformen denken und realisieren, die zur Entfaltung menschlicher Potenzialität und Produktivität beitragen, ohne Menschen auf Humanressourcen und Produktivität allein auf die Vergrößerung des ökonomisch bewertbaren Outputs zu reduzieren? Darauf hier eine abschließende Antwort geben zu wollen, wäre vermessen, die Frage in den Raum zu stellen, scheint uns allerdings berechtigt.

## Anmerkungen

1 Für Literaturhinweise und für Rückmeldungen zur ersten Fassung dieses Beitrags danken wir Elisabeth Brauner, Günther Ortmann, Wolfgang Palaver, Dietmar Regensburger, Barbara Sieben, Stefan Salzgeber, Tilo Wische sowie den GutachterInnen und den Herausgebern der Managementforschung.

2 Im Originaltext spricht Foucault (1994, S. 245) von der Rationalisierung der Gesellschaft oder der Kultur. Angesichts dessen, dass Organisationen immer *in* der Gesellschaft bzw. deren Verkörperungen sind (vgl. dazu auch Türk 1995), scheint uns die Ersetzung von Gesellschaft durch Organisation gerechtfertigt.

3 „Dieses Klassifikationssystem ist vor allem nützlich, weil es eine Reihe von Unterschieden in engen Beziehungen zwanglos darstellt. So werden Mögen, romantische Liebe und kameradschaftliche Liebe durch eine systematische Abstufung der den Beziehungen zugrundeliegenden drei Merkmale in überzeugender Weise voneinander abgehoben. Darüber hinaus werden Arten von Liebe abgeleitet, die weniger häufig in wissenschaftlichen Abhandlungen berücksichtigt werden (wie Verliebt sein ...) aber doch aus der alltäglichen Erfahrung und den Berichten der Presse bekannt sind" (Bierhoff 1993, S. 88).

4 In der Dialektik der Aufklärung, einer Untersuchung, die mit Foucaults „Überwachen und Strafen" und „Die Ordnung der Dinge" sehr viel gemeinsam hat, schreiben Horkheimer und Adorno (1971, S. 18): „Aufklärung ist die radikal gewordene mythische Angst. Die reine Immanenz des Positivismus, ihr letztes Produkt, ist nichts anderes als ein gleichsam universelles Tabu. Es darf überhaupt nichts mehr draußen sein, weil die bloße Vorstellung des Draußen die eigentliche Quelle der Angst ist."

5 Unter „Lokalisierung" versteht Foucault (1976, S. 183 ff.) eine Praktik der Disziplinarmacht, die jedem Platz ein Individuum und jedem Individuum einen Platz – und zugleich einen Rang – zuweist.

6 Anknüpfend an das skizzierte Gendering von Emotionen geht deren Aufwertung in der Führungsliteratur einher mit einer Propagierung der Vorteilhaftigkeit weiblicher Führung, die ausgesprochen diskussionsbedürftig ist (vgl. dazu Krell 1998).

7 Wieland-Burston ist Jungianerin.

8 Eine Ausnahme spricht Freud allerdings an: das Verliebtsein. „Nur in einem Zustand, einem außergewöhnlichen zwar, den man nicht als krankhaft verurteilen kann, wird es anders. Auf der Höhe der Verliebtheit droht die Grenze zwischen Ich und Objekt zu verschwimmen. Allen Zeugnissen der Sinne entgegen behauptet der Verliebte, daß Ich und Du eines seien, und ist bereit, sich, als ob es so wäre, zu benehmen" (Freud 1972, S. 66). Zur Kritik der dualistischen Sichtweise des Selbst in den Theorien Freuds aber auch Lacans (und in der Folge auch Giddens') vergleiche grundlegend Willmott (1986).

9 „Allerdings ist Kapitalismus identisch mit dem Streben nach Gewinn: im kontinuierlichen, rationalen kapitalistischen Betrieb" (Weber 1975 [1920], S. 12).

10 „Zeitvergeudung ist also die erste und prinzipiell schwerste aller Sünden" (ebd.).

11 Zur Disziplinierung der soldatischen Männer vgl. auch Theweleit (1977). Er beschreibt den Prozess der Panzerung, der Hervorbringung von „Härte und Permanenz der Körpergrenzen und psychischen Systeme" als die Errichtung eines Damms durch die „feindlichen Mächte" der Herrschenden (S. 332).

12 Die Ent-Sexualisierung von Organisationen findet ihre Entsprechung in der Ent-Sexualisierung der Organisationstheorie (vgl. z.B. Burell 1992a, S. 123; Rastetter 1994, S. 82).

13 Vgl. dazu das bei Burrell (1992a, S. 132) angeführte Beispiel. Um Missverständnissen vorzubeugen, muss an dieser Stelle hinzugefügt werden, dass sich Foucault (1983, S. 25 ff.) ausdrücklich von der Repressionshypothese abgrenzt.

14 Bei dem sog. Marshmallowtest bestand die Versuchung für die Vorschulkinder darin, ein Marshmallow sofort aufzuessen – anstatt zwanzig Minuten zu warten, um dann zur Belohnung zwei zu bekommen.

15 Dieser „emotionale Vorteil" resultiert daraus, „daß die Asiaten vierzig Prozent mehr Zeit für Hausarbeiten aufwenden als andere Schüler. (...) Wenn man nicht gut abschneidet, muß man eben abends länger lernen, und wenn man dann immer noch nicht gut abschneidet, muß man morgens früher aufstehen und lernen" (Goleman 1997, S. 108).

16 „Das (Flow-)Erlebnis kann soviel Freude machen, daß man davon abhängig wird. Das Alltagsleben erscheint daneben grau" (Csikszentmihalyi 1993, S. 178).

17 Csikszentmihalyi (1993, S. 208) weist im Zusammenhang mit seiner Analyse des Kletterns darauf hin, dass hier Erfahrungen entstehen können, die die „‚wirkliche'" Welt des Alltags bzw. der Arbeit als vergleichsweise „irrational" erscheinen lassen. „Die Kletterei wird zu einem Mikrokosmos, der als sinnvoller erlebt wird als die Alltagsrealität, welche von Selbstsucht, Zweckrationalität und Zufall beherrscht wird." Solche außeralltäglichen Erfahrungen haben zumindest das Potenzial, die Form und Strukturierung der „Hochleistungsorganisation" fragwürdig erscheinen zu lassen.

18 Der in Goleman (1999) zum EQ wird, in der deutschen Übersetzung gar zum „Erfolgsquotient" $EQ^2$.

19 Mitchell (1992) fragt nach den soziologischen Implikationen des Flow-Erlebnisses.

20 Darauf macht auch der Übersetzer des Werkes von Csikszentmihalyi aufmerksam: „Menschen können für sich selber, Arbeitgeber und Vorgesetzte können für ihre Mitarbeiter Arbeitsaufträge und Arbeitsplätze gestalten, die die Arbeit intrinsisch interessant machen (...). Dazu ist nur eines notwendig: daß (...) der Arbeiter wie sein Vorgesetzter lernen, auf den inneren Rhythmus des Tuns zu hören und seine natürliche Ordnung zu suchen" (Aebli 1993, S. 9).

21 Gemeint ist „In Search of Excellence"; hier zit. nach der deutschen Übersetzung von 1984.

22 Eine Radikalisierung dieses Bildes findet sich bei jenen Autoren, die die moderne Welt als eine „hypercompetitive" (D'Aveni 1994) konstruieren, in der Individuen wie Organisationen nur die Möglichkeit bleibt, den Konkurrenten „zu töten" oder selbst getötet zu werden. Zur Kritik vgl. auch Mark-Ungericht/Weiskopf (1999); Weiskopf/Mark-Ungericht (2000).

23 Vgl. dazu auch Willmott (1993) der diese Beobachtung zum Ausgangspunkt einer fundamentalen Kritik der Instrumentalisierung von Kultur bzw. „Unternehmenskultur" nimmt.

24 Die Unterscheidung von Managen und Führen korrespondiert mit der zwischen transaktionaler und transformationaler Führung (vgl. Bass/Steyrer 1995). Peters und Waterman propagieren die zuletzt Genannte als „eine Art von Führung, die auf dem Sinnstreben des Menschen aufbaut und ein gemeinsames Unternehmensziel schafft. Wir sind ziemlich sicher, daß praktisch jedes exzellente Unternehmen, das mit seiner Kultur den hier beschriebenen Bedürfnissen des ‚irrationalen Menschen' gerecht wird, irgendwo in seiner Geschichte durch transformierende Führung geprägt wurde" (Peters/Waterman 1984, S. 109 f.). Als wichtigste Aufgabe des transformationalen Führers gilt die Gestaltung von Wertvorstellungen und die Sinnvermittlung. Als Vorbild „weckt und verkörpert er ja das uns alle verbindende Streben nach Transzendenz" (S. 110). Transformationale Führer „wecken Emotionen" (S. 111). Transformationale Führung verspricht, dass die Ziele von Führer und Geführten „verschmelzen" (S. 111) bzw. eine „Symbiose zwischen Führer und Geführten" (S. 112) entsteht.

25 Deleuze und Guattari sehen genau in dieser doppelten Bewegung der De-Territorialisierung und Re-Territorialisierung ein Charakteristikum des modernen kapitalistischen Staates. „Wenn die Funktion des modernen Staates tatsächlich die Regulierung der codierten, de-territorialisierten Ströme ist, so besteht einer ihrer Hauptaspekte darin, zu re-territorialisieren, also zu verhindern, daß die decodierten Ströme aus allen Öffnungen der gesellschaftlichen Axiomatik fliehen" (Deleuze/Guattari 1997a, S. 332).

26 Die Idee des „different space" von Foucault (1998), die wir hier mit „anderer Ort" übersetzt haben, hat als Denkmodell sehr viel mit der in Derridas Werk entwickelten Logik des Supplements bzw. der Logik der Ergänzung gemeinsam. „Andere Orte" oder auch „andere Räume" stehen in der Sprache von Derrida ausgedrückt in einem supplementären Verhältnis zur „normalen" Ordnung. In der deutschsprachigen Organisationsforschung hat Ortmann (1995, 1999) diesen Gedanken als erster systematisch aufgegriffen. Im angelsächsischen Sprachraum ist die Logik des Supplements z.B. in den organisationstheoretischen Arbeiten von Cooper (1990) und Chia (1994, 1996) ausgearbeitet.

27 Diese bezeichnende Bezeichnung gab die Übersetzerin des Werkes von Peters/Austin (1985) dem „smell of the customer", an dem man „die richtige Kundenorientierung" (Peters/Austin 1986, S. 139) erkennen könne. Diese „richtige Kundenorientierung" zeichne sich dadurch aus, „daß er (der Kunde) in jedem Funktionsbereich der Organisation gewissermaßen atmosphärisch anwesend ist" (S. 140).

28 In seiner Auseinandersetzung mit den Leidenschaften wiederholt Derrida (1997) beständig: „Il y a du secret" – es bleibt ein Geheimnis, eine Alterität, eine Andersheit, die sich dem anderen nicht erschließt. Er gelangt zu dem Schluss: „Voilà, qui reste, selon moi: la solitude absolue d'une passion sans martyre" (S. 71).

29 Foucault (1998, S. 179) selbst grenzt eine solche systematische Beschreibung von einer empirizistischen Wissenschaft ab, der es um die Erstellung von Tableaus geht. „One could imagine, I won't say a ‚science', because that word is to comprised now, but a sort of systematic description that would have the object, in a given society, of studying, analyzing, describing, ‚reading', as people are fond of saying now, these different spaces, these other places, a kind of contestation, both mythical and real, of the space in which we live".

## Literaturverzeichnis

Aebli, H. (1993): Zur Einführung. In: Csikszentmihalyi, M.: Das Flow-Erlebnis. Stuttgart, S. 7-9.

Albrow, M. (1992): Sine ira et studio – or do organizations have feelings? In: Organization Studies 13, S. 319-329.

Alvesson, M./Deetz, S. (1999): Critical theory and postmodernism: Approaches to organization studies. In: Clegg, St./Hardy, C. (Hrsg.): Studying organization. London, S. 185-211.

Alvesson, M./Willmott, H. (1995): Making sense of management. A critical introduction. London.

Bass, B./Steyrer, J. (1995): Transaktionale und transformationale Führung. In: Kieser, A./Reber, G./Wunderer, R. (Hrsg.): Handwörterbuch der Führung. 2. Aufl. Stuttgart, Sp. 2053-2062.

Bateson, G. (1992): Ökologie des Geistes. 4. Aufl. Frankfurt a.M.

Balke, F. (1998): Gilles Deleuze. Frankfurt a.M.

Bauman, Z. (1995): Postmoderne Ethik. Hamburg.

Benard, C./Schlaffer, E. (1987): Im Dschungel der Gefühle. Reinbek.

Bierhoff, H.W. (1993): Sozialpsychologie. 3. Aufl. Stuttgart etc.

Blankenburg, W. (1993): Affektivität und Personsein aus psychiatrischer Sicht. In: Fink-Eitel, H./Lohmann, G. (Hrsg.): Zur Philosophie der Gefühle. Frankfurt a.M., S. 307-333.

Burrell, G. (1992a [1984]): Sexualität und Organisationsanalyse. In: Krell, G./Osterloh, M. (Hrsg.): Personalpolitik aus der Sicht von Frauen – Frauen aus der Sicht der Personalpolitik. München und Mering, S. 122-147 (Zuerst erschienen in: Organization Studies 5, 1984, S. 97-118).

Burrell, G. (1992b): The organization of pleasure. In: Alvesson, M./Willmott, H. (Hrsg.): Critical management studies. London etc., S. 66-89.

Carlson, J.G./Hatfield, E. (1992): Psychology of emotion. New York.

Chia, R. (1994): The concept of decision: A deconstructive analysis. In: Journal of Management Studies 31, S. 781-806.

Chia, R. (1996): Organizational analysis as deconstructive practice. Berlin und New York.

Chia, R. (1999): A „Rhizomatic" modell of organizational change. In: British Journal of Management 10, S. 209-227.

CMS (2001): http://dialspace.dial.pipex.com/town/close/hr22/cms2001/streams.htm.

Colville, I.D./Waterman, R.H./Weick, K.E. (1999): Organizing and the search for excellence: Making sense of the times in theory and practice. In: Organization 1, S. 129-148.

Conrad, P. (1988): Involvementforschung. Berlin und New York.

Cooper, R. (1990): Organization/disorganization. In: Hassard, J./Pym, D. (Hrsg.): The theory and philosophy of organization. London.

Craemer-Ruegenberg, I. (1993): Begrifflich-systematische Bestimmung von Gefühlen. Beiträge aus der antiken Tradition. In: Fink-Eitel, H./Lohmann, G. (Hrsg.): Zur Philosophie der Gefühle. Frankfurt a.M., S. 20-32.

Csikszentmihalyi, M. (1993): Das Flow-Erlebnis. Stuttgart.

D'Aveni, R. (1994): Hypercompetition. New York.

Danzelot, J. (1991): The mobilization of society. In: Burchell, G./Gordon, C./Miller, P. (Hrsg.): The Foucault effect. London, S. 169-180.

Deleuze, G./Guattari, F. (1997a): Anti-Ödipus. 8. Aufl. Frankfurt a.M.

Deleuze, G./Guattari, F. (1997b): Kapitalismus und Schizophrenie. Tausend Plateaus. 8. Aufl. Berlin.

Deci, E.L. (1975): Intrinsic motivation. New York.

Derrida, J. (1995): Dissemination. Wien.

Derrida, J. (1997): Passions. Paris.

Dreyfus, H.L./Rabinow, P. (Hrsg.)(1994): Michel Foucault. 2. Aufl. Weinheim.

Elias, N. (1942): Über den Prozeß der Zivilisation. Band 1. Frankfurt a.M.

Ferguson, K. (1984): The feminist case against bureaucracy. Philadelphia.

Fineman, S. (1993a): Organizations as emotional arenas. In: Fineman, St. (Hrsg.): Emotion in organizations. London etc., S. 9-35.

Fineman, S. (Hrsg.)(1993b): Emotion in organizations. London etc.

Fineman, S. (1996): Emotion and organizing. In: Clegg, St.R./Hardy, C./Nord, W.R. (Hrsg.): Handbook of Organization Studies. London etc., S. 543-564.

Fink-Eitel, H./Lohmann, G. (1993a): Einleitung. In: Fink-Eitel, H./Lohmann, G. (Hrsg.): Zur Philosophie der Gefühle. Frankfurt a.M., S. 7-20.

Fink-Eitel, H./Lohmann, G. (Hrsg.)(1993b): Zur Philosophie der Gefühle. Frankfurt a.M.

Foucault, M. (1974): Die Ordnung der Dinge. Frankfurt a.M.

Foucault, M. (1976): Überwachen und Strafen. Frankfurt a.M.

Foucault, M. (1981): Archäologie des Wissens. Frankfurt a.M.

Foucault, M. (1982): Vorrede zur Überschreitung. In: Seitter, W. (Hrsg.): Michel Foucault. Von der Subversion des Wissens. Frankfurt a.M. und Berlin, S. 32-53.

Foucault, M. (1983): Der Wille zum Wissen. (Sexualität und Wahrheit 1). Frankfurt a.M.

Foucault, M. (1994): Das Subjekt und die Macht. In: Dreyfus, H.L/Rabinow, P. (Hrsg.): Michel Foucault. 2. Aufl. Weinheim, S. 243-261.

Foucault, M. (1998): Different spaces. In: Faubion, J. (Hrsg.): Michel Foucault. Aesthetics, method and epistemology. (The essential works 2). Allen Lane, S. 175-186.

Freud, S. (1972): Das Unbehagen in der Kultur. Frankfurt a.M.

Freud, S. (1973): Massenpsychologie und Ich-Analyse. Frankfurt a.M.

Frey, B.S. (1990): Ökonomie ist Sozialwissenschaft. München.

Frey, B.S. (1997): Markt und Motivation. München.

Frey, B.S./Osterloh, M. (1997): Sanktionen oder Seelenmassage? In: Die Betriebswirtschaft 57, S. 307-321.

Gerhards, J. (1988): Soziologie der Emotionen. München.

Gherardi, S. (1995): Gender, symbolism and organizational cultures. London.

Girard, R. (1992): Das Heilige und die Gewalt. Zürich.

Goleman, D. (1997): Emotionale Intelligenz. München.

Goleman, D. (1999): Der Erfolgsquotient. München.

Guillet de Monthoux, P. (1994): Docteur Clérambault in Zola's Paradise. Notes on naturalistic studies of passion in organizations. In: Czarniawska-Joerges, B./Guillet de Monthoux, P. (Hrsg.): Good novels, better management. Chur, S. 17-36.

Hart, T.J. (1993): Human resource management: Time to exorcise the militant tendency. In: Employee Relations 15, S. 29-36.

Hassard, J./Holliday, R./Willmott, H. (2000): Introduction. The body and organization. In: Hassard, J./Holliday, R./Willmott, H. (Hrsg.): Body and organization. London, S. 1-14.

Hausen, K. (1976): Die Polarisierung der „Geschlechtscharaktere". In: Conze, W. (Hrsg.): Sozialgeschichte der Familie in der Neuzeit Europas. Stuttgart, S. 363-393.

Heller, A. (1981): Theorie der Gefühle. Hamburg.

Hirschman, A.O. (1987): Leidenschaften und Interessen. Frankfurt a.M.

Hochschild, A.R. (1990): Das gekaufte Herz. Zur Kommerzialisierung der Gefühle. Frankfurt a.M. und New York.

Höpfl, H./Linstead, S. (1993): Passion and performance: Suffering and the carrying of organizational roles. In: Fineman, S. (Hrsg.): Emotion in organizations. London etc., S. 76-93.

Horkheimer, M./Adorno, T.W. (1971): Dialektik der Aufklärung. Frankfurt a.M.

James, W. (1892): Psychology: The briefer course. New York.

Kant, I. (1983 [1798]): Anthropologie in pragmatischer Hinsicht. Stuttgart.

Kerfoot, D. (2000): Body work: Estrangement, disembodiment and the organizational „other". In: Hassard, J./Holliday, R./Willmott, H. (Hrsg.): Body and organization. London, S. 230-246.

Kerfoot, D./Knights, D. (1996): „The best is yet to come?": The quest of embodiment in managerial work. In: Collinson, D.L./Hearn, J. (Hrsg.): Men as managers, managers as men. London, S. 78-98.

Kappler, E./Scheytt, T. (1999): Auf dem Weg nach Jenachdem. Controlling postmodern organisieren. In: Schreyögg, G. (Hrsg.): Organisation und Postmoderne. Wiesbaden, S. 209-234.

Kieser, A. (1993): Anleitung zum kritischen Umgang mit Organisationstheorien. In: Kieser, A. (Hrsg.): Organisationstheorien. Stuttgart etc., S. 1-35.

Kieser, A. (1998): Going Dutch – Was lehren niederländische Erfahrungen mit der Evaluation universitärer Forschung? In: Die Betriebswirtschaft 58, S. 208-224.

Koontz, H. (1961): The management theory jungle. In: Journal of the Academy of Management 3, S. 174-188.

Krell, G. (1984): Das Bild der Frau in der Arbeitswissenschaft. Frankfurt a.M. und New York.

Krell, G. (1994): Vergemeinschaftende Personalpolitik. München und Mering.

Krell, G. (1995): Neue Kochbücher; Alte Rezepte: Unternehmenskultur in den 90er Jahren. In: Die Betriebswirtschaft 55, S. 237-250.

Krell, G. (1998): „Vorteile eines neuen, weiblichen Führungsstils" – zur Fragwürdigkeit einer vielstrapazierten Behauptung. In: Krell, G. (Hrsg.): Chancengleichheit durch Personalpolitik. 2. Aufl. Wiesbaden, S. 339-347.

Küpper, W./Ortmann, G. (1988): Vorwort: Mikropolitik – Das Handeln der Akteure und die Zwänge der Systeme. In: Küpper, W./Ortmann, G. (Hrsg.): Mikropolitik. Opladen, S. 7-12.

Legge, K. (1995): Human ressource management: Rhetorics and realities of. Basingstoke.

Lemke, T. (1997): Eine Kritik der politischen Vernunft. Foucaults Analyse der modernen Gouvernmentalität. Berlin.

Lersch, P. (1954 [1938]): Aufbau der Person. 7. Aufl. München.

Linstead, S. (2000): Dangerous fluids and the organization-without-organs. In: Hassard, J./Holliday, R./Willmott, H. (Hrsg.): Body and organization. London, S. 31-51.

Luhmann, N. (1999): Liebe als Passion. 5. Aufl. Frankfurt a.M.

Mark-Ungericht, B./Weiskopf, R. (1999): Strategic thought, perverted competition and colonializing the territory. Paper presented at 1st Critical Management Studies Conference. Manchester. Juni 1999. In: Gilson, C./Grugulis, I./Willmott, H. (Hrsg.): Proceedings critical management. http://www.mngt.waikato.ac.at/ejrot/cmsconference.

Mayring, P. (1992a): Geschichte der Emotionsforschung. In: Ulich, D./Mayring, P.: Psychologie der Emotionen. Stuttgart, S. 11-27.

Mayring, P. (1992b): Klassifikation und Beschreibung einzelner Emotionen. In: Ulich, D./Mayring, P.: Psychologie der Emotionen. Stuttgart, S. 131-181.

Meyer, W.-U./Schützwohl, A./Reisenzein, R. (1993): Einführung in die Emotionspsychologie. Band I. Bern etc.

Mitchell, R.G. (1992): Sociological implications of the flow experience. In: Csikszentmihalyi, M./Csikszentmihalyi, I.S. (Hrsg.): Optimal experience. Psychological studies of flow in consciousness. Cambridge, S. 15-35.

Morgan, G. (1986): Images of organization. London etc.

Neuberger, O. (2000): Individualisierung und Organisierung. Die wechselseitige Erzeugung von Individuum und Organisation. In: Ortmann, G./Sydow, J./Türk, K. (Hrsg.): Theorien der Organisation. 2. Aufl. Opladen, S. 487-522.

Nietzsche, F. (1999 [1889]): Götzen-Dämmerung oder wie man mit dem Hammer philosophiert. In: Colli, G./Montinari, M. (Hrsg.): Friedrich Nietzsche. Kritische Studienausgabe in 15 Bänden. Band 6. Berlin und New York, S. 54-161.

Nietzsche, F. (1942): Der Wille zur Macht. In: Friedrich Nietzsche Werke. Auswahl in zwei Bänden. Band 2. Leipzig, S. 315-538.

Ortmann, G. (1995): Formen der Produktion. Opladen.

Ortmann, G. (1999): Organisation und Dekonstruktion. In: Schreyögg, G. (Hrsg.): Organisation und Postmoderne. Wiesbaden, S. 157-196.

Orwell, G. (1976): 1984. Frankfurt a.M.

Osterkamp, U. (1999): Zum Problem der Gesellschaftlichkeit und Rationalität der Gefühle/Emotionen. In: Forum Kritische Psychologie 40. Berlin, S. 3-49.

Palaver, W. (1998): Segen und Fluch der Konkurrenz. Die Globalisierung als sozialethische Herausforderung. In: actio catholica 42, S. 39-48.

Parker, M./Jerry, D. (1995): The McUniversity: Organization, management and academic subjectivity. In: Organization 2, S. 319-338.

Peters, T. (1992): Liberation management. New York.

Peters, T./Austin, N. (1985): A passion for excellence. New York.

Peters, T./Austin, N. (1986): Leistung aus Leidenschaft. Hamburg.

Peters, T./Waterman, R.H. (1982): In search of excellence. London.

Peters, T./Waterman, R.H. (1984): Auf der Suche nach Spitzenleistungen. 5. Aufl. Landsberg a.L.

Pines, A.M./Aronson, E./Kafry, D. (1983): Ausgebrannt. Stuttgart.

Putnam, L.L./Mumby, D.K. (1993): Organizations, emotion and the myth of rationality. In: Fineman, S. (Hrsg.): Emotion in organizations. London etc., S. 36-57.

Rastetter, D. (1994): Sexualität und Herrschaft in Organisationen. Opladen.

Rastetter, D. (1999): Die Entsexualisierung der Organisation. In: Soziale Welt 50, S. 169-185.

Román, L. (1994): Love and organization. In: Scandinavian Journal of Management 10, S. 207-222.

Scherer, K.R. (1983): Prolegomina zu einer Taxonomie affektiver Zustände: Ein Komponenten-Prozeß-Modell. In: Lüer, G. (Hrsg.): Bericht über den 33. Kongreß der Deutschen Gesellschaft für Psychologie in Mainz 1982. Göttingen, S. 415-423.

Schmidt-Atzert, L. (1996): Lehrbuch der Emotionspsychologie. Stuttgart etc.

Schmidt-Atzert, L./Ströhm, W. (1983): Ein Beitrag zur Taxonomie der Emotionswörter. In: Psychologische Beiträge 25, S. 126-141.

Smith, E.R./Mackie, D.M. (1995): Social psychology. New York.

Sternberg, R.J. (1986): A triangular theory of love. In: Psychological Review 93, S. 119-135.

Steyrer, J. (1999): Charisma in Organisationen. In: Schreyögg, G./Sydow, J. (Hrsg.): Managementforschung 9: Führung – neu gesehen. Berlin und New York, S. 143-197.

Theweleit, K. (1977): Männerphantasien. 1. Band. Frankfurt a.M.

Theweleit, K. (1978): Männerphantasien. 2. Band. Frankfurt a.M.

Türk, K. (1995): Die Organisation der Welt. Opladen.

Vester, H.-G. (1991): Emotion, Gesellschaft und Kultur. Opladen.

Wächter, H. (1985): Zur Kritik an Peters und Waterman. In: Die Betriebswirtschaft 45, S. 608-609.

Walzer, M. (1999): Vernunft, Politik und Leidenschaft. Frankfurt a.M.

Weber, M. (1922): Wirtschaft und Gesellschaft. Tübingen.

Weber, M. (1967 [1919]): Wissenschaft als Beruf. 6. Aufl. Berlin.

Weber, M. (1975 [1920]): Die protestantische Ethik I. Eine Aufsatzsammlung. Hrsg. von J. Winkelmann. Hamburg.

Weiskopf, R. (1999): Aestheticization and the sense of possibility in management and organization studies. Paper presented at 1st Critical Management Studies Conference. Manchester. Juni 1999. In: Gilson, C./Grugulis, I./Willmott, H. (Hrsg.): Proceedings critical management. http://www.mngt.waikato.ac.at/ejrot/cmsconference.

Weiskopf, R./Mark-Ungericht, B. (2000): Strategy, perverted competition and social relations. In: Global Business Review 1, S. 193-296.

Wieland-Burston, J. (1989): Chaotische Gefühle. München.

Willmott, H. (1986): Unconscious sources of motivation in the theory of the subject: An exploration and critique of Giddens' dualistic models of action and personality. In: Journal for the Theory of Social Behaviour 16, S. 105-122.

Willmott, H. (1993): Strength is ignorance; slavery is freedom: Managing culture in modern organizations. In: Journal of Management Studies 14, S. 551-552.

Willmott, H. (1995): Managing the academics. In: Human Relations 48, S. 993-1028.

Willmott, H. (1997): Management and organization studies as science? Methodologies of OR in critical perspective. In: Organization 4, S. 309-344.

Zizek, S. (1999): Liebe deinen Nächsten? Nein, danke! Die Sackgasse des Sozialen in der Postmoderne. Berlin.

Prof. Dr. Gertraude Krell
Freie Universität Berlin
Institut für Management
– Personalpolitik –
Boltzmannstr. 20
D-14195 Berlin
Email: Krellg@wiwiss.fu-berlin.de

Ass.-Prof. Dr. Richard Weiskopf
Leopold-Franzens-Universität Innsbruck
Institut für Organisation und Lernen
– Personal und Arbeit –
Universitätsstr. 15
A-6020 Innsbruck
Email: richard.weiskopf@uibk.ac.at

Tanja Eiselen / Ralph Sichler

# Reflexive Emotionalität – Konzepte zum professionellen Umgang mit Emotionen im Management

Autoritätskonflikt; Entwicklung von Emotionalität; Intervision; Interpersonale Abwehr; Sozialer Konstruktivismus; Übertragung und Gegenübertragung

## Zusammenfassung

Auf der Grundlage einer sozialkonstruktivistischen Emotionstheorie wird zunächst die Möglichkeit eines reflexiven Umgangs mit Gefühlen und ihren Ausdrucksformen in Aussicht gestellt. Darauf aufbauend werden als handlungsorientierende Heuristiken zu einem vertieften Verständnis des sozialen Bezugs von Emotionen zwei Modelle vorgestellt, bei denen in psychoanalytischer und sozialpsychologischer Perspektive die Wechselwirkung von Interaktion und emotionaler Beteiligung betrachtet wird. Zur Veranschaulichung der Konzepte wird jeweils ein möglicher emotionaler Konflikt innerhalb des Managements einer Organisation im Rahmen einer Fallvignette demonstriert. Zum Abschluss unseres Beitrags werden Wege der Intervention und gemeinsamen Reflexion zur Gewinnung von konstruktiven Lösungsansätzen bei emotionalen Konflikten aufgezeigt.

Managementforschung 11 (2001), hrsg. von G. Schreyögg und J. Sydow,
Gabler-Verlag • Wiesbaden, S. 47-74

## Abstract

In our treatise we take the social-constructionistic theory of emotions (Averill) as a basis for the possibility of a reflective use of feelings and their forms of expression in everyday organizational life. For that we present different stages of emotional development and emphasize how important it is to pay attention to so-called emotional arenas (Fineman) in organizations and management. To see emotions with regard to processes of social interaction we describe two concepts from a psychoanalytic and social-psychological view. Our understanding of these concepts is that primarily they should be useful for perceiving and comprehending emotions in relation to the respective social situation. We try to illustrate our approach with two case studies about possible emotional conflicts in organizations. Finally, we present possible techniques and procedures of individual as well as common consideration and intervention, which offer diverse approaches to constructive solutions in complex emotional management situations.

## Inhaltsübersicht

# 1 Einleitung

Wir verstehen in unserem Beitrag Emotionen als eine in der menschlichen Kulturgeschichte entstandene Option des Verhaltens gegenüber bestimmten sozialen und kulturellen Anforderungen. Damit betrachten wir die Gefühlswelt von Individuen und Gruppen in erster Linie vor dem Hintergrund des kulturell konstruierten und sozial organisierten Kontextes, weniger als biologischen, evolutionär entstandenen Anpassungsmechanismus. Nicht, dass wir diese Perspektive für falsch halten, doch um Gefühle im Zusammenhang unserer Arbeitswelt verstehen, handhaben und verarbeiten zu können, erscheint es uns sinnvoller, die Konstitution und Genese von Emotionen in ihrer soziokulturellen Rahmung zu studieren.

Aus dieser Perspektive folgt zum Zweiten, Emotionen weniger als individuumsbezogenen insight-Ausdruck zu begreifen, sondern als sozialen Rollenbegriff (vgl. Parkinson 1995). Gefühle entstehen in Interaktionskontexten und haben einen sozialen Hintergrund, auch wenn sie individuell erlebt werden. Zum Verständnis der Funktion von Emotionen generell und von Gefühlen in bestimmten Situationen ist es daher erforderlich, den jeweiligen sozialen Zusammenhang auszuleuchten. Diese Grundhaltung ist die Basis für eine reflexive Einstellung zur eigenen Emotionalität.

Damit sind wir bei unserer dritten Prämisse. Emotionen entstehen auf der Grundlage einer Situationsdeutung des fühlenden Subjekts. Sie haben interpretativen Charakter. Dies schließt ein, dass allen Menschen prinzipiell ein reflexiver Umgang mit ihren Gefühlen möglich ist, auch wenn Gefühle eher als Passion oder Widerfahrnis und weniger als Handlung erlebt und interpretiert werden. Doch in reflexiver Einstellung eröffnet jede emotionale Regung die Möglichkeit von sozialer Erkenntnis, die durch blindes Ausagieren der Gefühle zumeist vertan wird.

Wir schließen uns damit an Konzeptionen der Emotionspsychologie an, welche die menschliche Emotionalität nicht isoliert, sondern in ihrer Verbindung mit anderen psychischen Funktionen, insbesondere der Reflexivität (vgl. Eckensberger/Lantermann 1985), der moralischen Urteilskraft (vgl. Meier-Seethaler 1998) und dem Handeln (vgl. Mees 1999) betrachten. Auf dieser Grundlage ist es leichter möglich, einen kreativen Umgang mit dem eigenen und fremden Gefühlsleben zu entwickeln (vgl. Averill/Nunley 1992; Parkinson 1995).

Auch wenn sowohl positive als auch negative Gefühle ganz offensichtlich eine große Bedeutung im Arbeitsleben besitzen, wurden sie von der Arbeits- und Organisationspsychologie, ja von den Sozial- und Arbeitswissenschaften insgesamt lange Zeit stark vernachlässigt (für die Arbeitspsychologie vgl. Kannheiser 1992, S. 19 ff.). Seit einigen Jahren ist allerdings eine gewisse Veränderung festzustellen. Zum einen werden zunehmend Emotionen im Bezug zum Arbeitsprozess sowie als Resultate von Arbeitstätigkeiten betrachtet (vgl. Frese 1990; Kannheiser 1992), zum anderen wird die Bedeutung der so genannten Emotionsarbeit oder dem Emotionsmanagement vor allem in Dienstleistungsberufen genauer untersucht (vgl. Hochschild 1990). Wenig Beachtung erfuhr bislang das Gefühlsleben der Arbeitswelt im Zusammenhang von Interaktionsprozessen. Die menschliche Zusammenarbeit stellt jedoch eine der zentralen Dimensionen moderner Arbeitsprozesse dar – und zwar auf und zwischen allen Hierarchieebenen. Dabei stehen die Arbeitenden in vielfältigen Beziehungen zueinander, die stets von mehr oder minder starken, positiven oder negativen Gefühlen durchzogen sind. Diesem Aspekt menschlicher Emotionen, der im Kontext von Arbeitsbeziehungen steht, wendet sich unser Beitrag zu.

Dabei wollen wir zunächst – ausgehend von einer sozialkonstruktivistischen Sicht auf die menschliche Gefühlswelt – die Option eines reflexiven Umgangs mit der eigenen und fremden Emotionalität in Organisationen eröffnen. Auf dieser Grundlage werden wir dann zwei Konzepte vorstellen, die ein vertieftes Verständnis emotionaler Konflikte in sozialen Situationen ermöglichen. Den Abschluss unseres Beitrags bilden Ansätze zur Intervention.

## 2 Sozialkonstruktivistischer und reflexiver Theorieansatz

In sozialkonstruktivistischer Sicht werden Emotionen als sozial konstituiertes Syndrom oder als vorübergehendes soziales Rollenverhalten im Rahmen einer individuellen Situationseinschätzung betrachtet, welches eher als passive Reaktion und weniger als aktives Handeln interpretiert wird (zu dieser Konzeption und zu den folgenden Ausführungen vgl. Averill 1980, 1985, 1986). Innerhalb dieses Ansatzes wird das emotionale Verhalten auch als soziale Improvisation des Einzelnen charakterisiert. Das heißt, dass der individuelle Spielraum für die Gestaltung und Formung des Erlebens und Handelns bei Gefühlen weitaus größer ausfällt, als dies häufig angenommen wird. Gleichzeitig existieren aber auch Rahmenvorgaben und Grenzen für das emotionale Verhalten, welche durch soziokulturelle Verhaltensregeln und Normen festgelegt sind.

Soziale und in unserer Sprache eingebettete Spielregeln konstituieren unser Gefühlsleben. Aus psychologischer Perspektive sind diese Regeln als kognitive Struktur oder als kognitives Schema repräsentiert. Das heißt: In kognitiver Begrifflichkeit wird das Auftreten von Emotionen im Zusammenhang mit einem System von Grundhaltungen („belief system") konzipiert, welches die Einschätzung von Situationen sowie die Organisation, Steuerung und Selbstinterpretation menschlichen Handelns erlaubt (vgl. Averill 1986, S. 100). Auf die Frage nach der Basis dieser Schemata wird traditionellerweise auf die biologische Grundausstattung des Menschen verwiesen. So haben sich im Lauf der Evolution für das menschliche Überleben wichtige affektive stereotype Grundmuster entwickelt. Aus sozialkonstruktivistischer Perspektive sind solche emotionalen Schemata als internale Repräsentationen sozialer Normen und Regeln zu verstehen.

Die Charakterisierung von Emotionen als Syndrome bringt zum Ausdruck, dass Emotionen sich aus mehreren diversen Elementen zusammensetzen, die je nach Perspektive aus biologischer, sozialer oder psychologischer Sicht beschrieben werden können. Unter einem Syndrom versteht Averill (1980, S. 307 f.) eine Anordnung von miteinander verknüpften Verhaltenselementen (physiologische Veränderungen, mimisches und gestisches Ausdrucksverhalten, Verhaltensreaktionen, subjektive Erlebnisse). Einige von ihnen haben eine biologische Grundlage (z.B. die Gesichtsrötung bei einem Wutanfall), doch die Art und Weise, wie alle Elemente miteinander zu einem kohärenten, sinnhaften und damit auch intersubjektiv verstehbaren Gefühlssyndrom (etwa die Wut aufgrund eines nicht eingehaltenen, wichtigen Projekttermins) verknüpft sind, ist in erster Linie soziokulturell sowie sprachlich-symbolisch und nicht biologisch bestimmt. Deshalb nennt Averill Emotionen *sozial* konstituierte Syndrome.

Die zweite Charakterisierung, welche Gefühle als vorübergehend eingenommene soziale Rollen näher kennzeichnet, verweist auf in unserer Gesellschaft etablierte Verhaltens- und Interpretationsmuster im Bezug zu bestimmten Typen von sozialen Situationen. Gefühle als *transitorische Rollen* befähigen so die Mitglieder von Gesellschaften, bestimmte Anforderungen und Konfliktkonstellationen zu bewältigen. Allgemein kann gesagt werden, dass solche sozioemotionalen Rollen insbesondere in jenen Situationen verfügbar sind, in denen Bedürfnis-, Normen- oder Wertkonflikte bestehen. Sie bieten den Akteuren die Gelegenheit, eine in diesem Konfliktnetz eingebettete Handlungsweise entweder durchzuführen oder zumindest anzuzeigen, ohne zunächst die volle Verantwortung dafür übernehmen zu müssen. Natürlich hängt auch die Art und Weise, in der solche transitorischen Rollen ausgefüllt werden, von soziokulturellen Konventionen ab. Ein Wutanfall oder aber das Demonstrieren von Freude und Glück sind an bestimmte Etikette gebunden, auch wenn wir (zumindest für diesen Moment) bei einem emotional agierenden Akteur mit Nachsicht reagieren. Hier tritt eine wichtige soziale Funktion von Emotionen zutage, nämlich den Personen nicht wie sonst die volle Zurechenbarkeit für ihr Handeln abzuverlangen.[1]

Ein weiterer Aspekt der sozialkonstruktivistischen Bestimmung des Emotionsbegriffs ist die Bedeutung der Situationswahrnehmung und Situationsbeurteilung für das Erleben von Emotionen. Emotionen, so Averill (1980, S. 311) sind stets auf einen Gegenstand bezogen. Was als Gegenstand einer Emotion fungiert, ist wiederum abhängig von der Situationseinschätzung der Person, welche auf der Basis des persönlichen Erfahrungshintergrunds sowie der Bedürfnisse und Wertsetzungen des emotional Handelnden erfolgt. Sie ist in hohem Maße subjektiv und prärational, muss aber nicht notwendigerweise irrational sein. Frei nach Pascal könnte man auch sagen, dass sie der Logik des Herzens folgt.

In Anlehnung an die psychoanalytische Handlungstheorie von Schafer (1982) hat Beland (1992) auf den korrelativen Zusammenhang von Person, Emotion und Situation im

Emotionsvollzug hingewiesen. Dabei ist die Auffassung einer Situation durch ein Individuum notwendigerweise subjektiv, sie umfasst sowohl die Selbsteinschätzung der Person im Hinblick auf die Situation als auch die Einschätzung der Situation im Bezug zur Person. An einem Beispiel verdeutlicht bedeutet dies: „Man muss eine Situation als empörend ansehen, um sich in ihr zu empören" (Schafer 1982, S. 250).

In diesem Zusammenhang charakterisiert Beland (1992, S. 65 f.) jedes Gefühl als die Folge einer bewussten oder unbewussten Situationsdeutung. Damit wird auch aus psychoanalytischer Sicht der logische und temporale Vorrang der Kognition vor dem Gefühl konstatiert.[2] Natürlich ist in der alltäglichen Einstellung häufig das Gefühl vor der Situationseinschätzung gegeben. Man ist wütend oder traurig, empört oder ängstlich, stolz oder beglückt, ohne dass einem die eigene Situationsdeutung klar wäre. Um eigene oder fremde Gefühlsregungen verstehen zu können, ist es daher erforderlich, sich die jeweils zugrunde liegende Situationseinschätzung bewusst zu machen.

Eine theoretische Modellierung von Emotionen auf der anthropologischen Basisannahme, dass Menschen kognitiv konstruierende und sinnkonstituierende Subjekte mit der prinzipiellen Fähigkeit zu Reflexivität, potentieller Rationalität, sprachlicher Kommunikation und sozialer Interaktion sind (vgl. Groeben 1986, S. 59 ff.), hat Scheele (1990) vorgestellt. Im Rahmen einer auf der Grundlage des reflexiven Subjekts ausgearbeiteten epistemologischen Emotionstheorie versteht die Autorin Emotionen als Zustände der Wertung von Selbst-Welt-Relationen unter Bezug auf bedürfnisrelevante Bewertungsmaßstäbe. In dieser Bestimmung kommt deutlicher als im sozialkonstruktivistischen Ansatz der Zusammenhang von Gefühlen und Bedürftigkeit und damit der Leibbezug menschlicher Emotionen zum Ausdruck. Das heißt, menschliche Emotionalität verweist auch auf die bedürfnisbezogene Verletzlichkeit sowie Empfänglichkeit für Gefühle der Freude. Doch auch dieser Bezug ist kulturell überformt, Bedürfnisse sind wie Emotionen soziale Konstrukte.

Der Bezug zu Normen und Wertmaßstäben kann Gefühle auch zu Indikatoren für moralische Grundeinstellungen werden lassen. Besonders deutlich tritt dies bei moralischen Gefühlen (vgl. Tugendhat 1993, S. 20) zutage, denen eine dezidiert wert- oder normenbezogene Einschätzung menschlichen Handelns zugrunde liegt, wie etwa bei der Empörung als negativer Emotion bei externaler Attribution oder dem Stolz als positiver Emotion bei internaler Attribution (zur sprachanalytischen Klassifizierung von Emotionen vgl. Mees 1991).

Mit einem sozialkonstruktivistischen und reflexiven Ansatz zur Betrachtung von Emotionen ist eine Zurückweisung der in psychologischen Alltagskonstrukten verbreiteten Containermetapher (vgl. Kövecses 1990, S. 144 ff.) verbunden. Danach werden Emotionen als Geschehnisse in einem Behälter, nämlich dem Körper, verstanden, welche in Abhängigkeit von ihrer Intensität vom Organismus Besitz ergreifen und dann zum Ausbruch kommen. Diese metaphorische Konzeptualisierung des menschlichen Emotionslebens erachten wir für den Umgang mit Gefühlen als wenig hilfreich. Stattdessen plädieren wir im Einklang mit der sozialkonstruktivistischen Perspektive für eine Betrachtung und Modellierung des emotionalen Geschehens nach der Bühnenmetapher (vgl. Sarbin

1986 sowie Goffman 1961). Gefühle können dann als soziale Syndrome im Kontext eines Dramas und bestimmter Rollen verstanden werden. Je nach Bedarf wären dann vor allem in Situationen, in denen der Umgang mit eigenen oder fremden Emotionen den Beteiligten größere Schwierigkeiten bereitet, die jeweiligen Rollenanweisungen oder auch das ganze Stück zu überdenken und gegebenenfalls zu modifizieren.

## 2.1 Entwicklungsstadien menschlicher Emotionalität

Die Genese der menschlichen Emotionalität als die Entstehung interindividuell unterschiedlicher emotionaler Verhaltenweisen und Verhaltensbereitschaften wurde in der Entwicklungspsychologie nicht annähernd so intensiv erforscht wie beispielsweise die kognitive oder moralische Entwicklung. Wie im Zusammenhang mit der Genese des logischen Denkens oder der moralischen Urteilsbildung wird auch in der entwicklungspsychologischen Emotionsforschung versucht, die emotionale Entwicklung durch Phasen- oder Stufenmodelle zu erfassen. Dabei haben biologische Reifungstheorien ein starkes Übergewicht, ferner ist die Forschung auf die frühe Kindheit fixiert (vgl. Ulich/Mayring 1992, S. 103).

In dem hier zur Verfügung stehenden Rahmen soll ein erster Ansatz für ein psychosoziales Entwicklungsmodell präsentiert werden, welches die Entwicklung der menschlichen Emotionalität bis ins Erwachsenenalter zu berücksichtigen versucht. Dabei steht die Entwicklung einer reflexiven Haltung des Subjekts zu seinen Emotionen im Mittelpunkt der Betrachtung. Wir gehen davon aus, dass erst eine solche Grundeinstellung zur eigenen Emotionalität den Einzelnen befähigt, rollengestützte soziale Interaktionen mit mehr oder minder starker emotionaler Einfärbung in kompetenter und konstruktiver Weise auszugestalten. Mit unserem Modell ist ferner ein normativer Anspruch verbunden. So meinen wir, dass Gefühle aufgrund ihrer bedürfnisrelevanten Bewertungsfunktion und ihrem Hinweischarakter auf menschliche Verletzlichkeit und Empfänglichkeit als Wegweiser für eine Verbesserung des sozialen Miteinanders auf allen gesellschaftlichen Ebenen, auch im Management, genutzt werden können – selbst wenn uns der Alltag immer wieder auch die destruktive Seite von Emotionen vor Augen führt.

Anhaltspunkte für unser Entwicklungsmodell sind Überlegungen von Sartre und Piaget. In Anlehnung an Sartre (1939) kann man zwischen der reflexiven und irreflexiven Erfahrung von Emotionen unterscheiden. Folgt man der Entwicklungslogik, so erleben Menschen ihr Gefühlsleben zunächst in irreflexiver Einstellung. Dabei ist dem Einzelnen das Gefühl als solches gar nicht bewusst, vielmehr ist es das Objekt der Emotion, welches das Bewusstsein beherrscht. So bin ich in vorreflexiver Gefühlshaltung etwa wütend und meine Wut richtet sich auf eine bestimmte Person. Vor meinem inneren Auge sind Aspekte der Situation und der Person präsent, die mich wütend machen, ein wiederholt versäumter wichtiger Termin etwa. Dass ich aber wütend bin, ist mir dabei noch nicht bewusst.

Anders in der reflexiven Gefühlshaltung. Dort richtet sich meine Aufmerksamkeit auf das Gefühl selbst. Ich bin mir bewusst, dass ich wütend oder freudig erregt bin. Die reflexive Einstellung kann zu einer Neubewertung der Situation und damit auch zu einer Modifikation des Gefühlserlebens selbst führen. In vorreflexiver Haltung ist dies nicht möglich. Für das menschliche Zusammenleben ist die Fähigkeit, seinen eigenen Gefühlen gegenüber eine reflexive Haltung einnehmen zu können, von großer Wichtigkeit, vor allem dann, wenn wie in unserer modernen, pluralistischen Gesellschaft davon ausgegangen wird, dass Menschen in der Lage sind, Konflikte eigenverantwortlich und weitestgehend einvernehmlich zu regeln.

Piaget unterscheidet zwei Hauptabschnitte in der emotionalen Entwicklung, einen intraindividuellen, nicht sozialisierten Abschnitt und einen interpersonellen, sozialisierten Abschnitt (vgl. Zèbergs 1985, S. 142). Während im ersten Abschnitt affektive Reflexe, später dann elementare Gefühle wie Freude oder Schmerz und in einem dritten Schritt die Objektzentrierung ihren Ort haben, folgt im zweiten Abschnitt eine Ausrichtung des Gefühlslebens auf soziale Normen und Werte sowie die sich entwickelnde Persönlichkeit. Der erste Entwicklungsabschnitt steht stark unter dem Einfluss der Eltern und deren Autorität, mit dem zweiten Abschnitt tritt der Einzelne in die Welt der Erwachsenen mit ihrem auf Reziprozität beruhenden Verständnis von sozialen Interaktionen. Ähnlich wie Sartre, der allerdings keine dezidierte Entwicklungstheorie vorgelegt hat, ist das Entwicklungsziel eine reflexive Einstellung zur eigenen Emotionalität.

Ermöglicht wird dies durch die Ausbildung eines autonomen Moralverständnisses und einer entsprechenden Persönlichkeit. Die Entwicklungen von Moralität und Emotionalität gehen nach Piaget Hand in Hand. Dabei kommt es zu einer Dezentrierung in den Beziehungen zur elterlichen Autorität und einer vom Realitätsprinzip geleiteten Integration in die Welt der Erwachsenen. „Diese vollzieht sich als reflektierte Relativierung des eigenen ideellen Systems im Blick auf die ideellen Perspektiven und systemischen Orientierungen der anderen Erwachsenen“ (Zèbergs 1985, S. 144). In Beziehungen der Gegenseitigkeit entwickeln sich Einstellungen und Gefühle für Ehrlichkeit, Fairness und Gerechtigkeit.

Auf der Grundlage der eben skizzierten Ansätze soll nun ein dreiphasiges Modell der Entwicklung menschlicher Emotionalität vorgestellt werden (vgl. Abb. 1). Dabei wird davon ausgegangen, dass der Mensch sein Gefühlsleben zunehmend ausdifferenziert, beherrscht und reflektiert. Spätere Stadien bauen auf dem Kompetenzerwerb früherer Stadien auf. So setzt die Fähigkeit einer reflexiven Einstellung zu Emotionen auch deren Beherrschung voraus. Es ist auch vorstellbar, auf frühere Phasen zurückzugreifen bzw. in diese zurückzufallen, etwa bei besonders starken Emotionen. Das in Abb. 1 skizzierte Modell bezieht sich auf die Entwicklung der Emotionalität der fühlenden Person und erlaubt eine Selbstbeurteilung des Reifegrads einer erlebten und geäußerten Emotion. Im übertragenen Sinn kann es auch auf das Gefühlsleben Dritter Anwendung finden.

| Einstellung | Emotionserleben | Emotionsausdruck |
|---|---|---|
| **Affektiv-impulsive Einstellung** | Im Erleben ist in erster Linie das Objekt der Emotion, nicht die Emotion selbst präsent. | Die Gefühlsäußerung geht unmittelbar mit dem Affekt einher. |
| **Repressive Einstellung** | Ins Erleben rückt das zu kontrollierende Gefühl sowie dessen Ausdruck. | Gefühlserleben und Gefühlsausdruck können als voneinander getrennte Einheiten wahrgenommen werden. Wenn die Emotion nicht beherrscht werden kann, so muss zumindest der Ausdruck kontrolliert werden. |
| **Reflexive Einstellung** | Im Erleben ist das Gefühl in seinem Bezug zu bedürfnisrelevanten Wertmaßstäben der Person und zur Wahrnehmung der Situation präsent. | Die Gefühlsäußerung erfolgt möglichst reflektiert, moderat und situationsangemessen. |

Abb. 1: Entwicklungsstadien reflexiver menschlicher Emotionalität

Im ersten Stadium werden in impulsiver Einstellung Affekte und Gefühle unmittelbar zum Ausdruck gebracht. Diese Form von Emotionalität, bei der Affekt und Expression gewissermaßen eins sind, steht am Anfang der menschlichen Entwicklung.

Im zweiten Stadium werden in repressiver Einstellung Gefühle und ihr Ausdruck unterdrückt. Das Bewusstsein richtet sich auf den Affekt und auf entsprechende Gefühls- und Körperregungen, mit dem Ziel, diese der vollständigen Kontrolle durch das Ich zu unterwerfen. Die Entwicklung dieser Kompetenz steht im Mittelpunkt der Erziehung Heranwachsender im Kindes- und Jugendalter.

Im dritten Stadium tritt in reflexiver Einstellung das Gefühl in seinem Bezug zu bedürfnisrelevanten Wertmaßstäben und der Wahrnehmung der Situation in das Erleben. Fühlen wird damit ein gutes Stück weit zum Handeln. Emotionen werden in ihrem Bedeutungsgehalt reflektiert und situationsangemessen zum Ausdruck gebracht. Es können auch Überlegungen zu einem klugen Einsatz des Gefühls und seiner Äußerung das emotionale Erleben begleiten oder sogar formen. Hier erfolgt dann eine bewusste Formung der eigenen Emotionalität, beispielsweise wie beim Ansatz der Lebenskunst (vgl. Schmid 1998).

Mit einer reflexiven Einstellung zur eigenen Emotionalität sind bestimmte Techniken des Umgangs mit Gefühlen und Affekten verbunden. Der Begriff der Technik ist hier auf das schon in der antiken Philosophie und Praxis entwickelte Konzept der *Lebenskunst* (techne tou bio) bezogen. „Unter Lebenskunst wird grundsätzlich die Möglichkeit und die Anstrengung verstanden, das Leben auf reflektierte Weise zu führen und es nicht unbewusst einfach nur dahingehen zu lassen“ (Schmid 1998, S. 10). Dieser reflektierte und dem Prinzip der aktiven Lebensgestaltung und Lebensformung folgende Umgang mit sich selbst und den Mitmenschen betrifft auch die Emotionalität.

Schmid (1998, S. 368 ff.) zeigt dies exemplarisch an einer Kunst des Zorns auf. Zu ihr „gehört grundsätzlich das Kalkül im Umgang mit dem Affekt: Sich nicht beliebig zum Zorn verleiten zu lassen, sondern selbst darüber zu befinden, ob ihm nachzugeben sei oder nicht, und, wenn ja, wann, wie lange, in welchem Maße etc., um in der Woge der Wut einen Augenblick der Reflexion zu bewahren und sich aus der Situation retten zu können, wenn es geboten erscheint“ (Schmid 1998, S. 370). Das Kalkül bewegt sich zwischen den beiden Extremen der impulsiven Freisetzung und der völligen Beherrschung des Affekts. Die Kunst des Zorns zielt auf die Erarbeitung von Verhaltensweisen, die dem Gefühl und seinem Ausdruck Spielraum gewähren, ohne den Zorn zu unterdrücken oder ihn zum beliebigen und dann oft destruktiven Ausbruch kommen zu lassen.

## 2.2 Die Bedeutung von Emotionen in Organisationen

Wenn man Organisationstheorien betrachtet, vornehmlich solche soziologischer oder betriebswirtschaftlicher Herkunft, so fällt ins Auge, dass Emotionen ein stark vernachlässigtes Gebiet darstellen (vgl. Fineman 1994, S. 9). Organisationen werden reduziert auf das Rationalitätsprinzip. Effektivität und Effizienz bei der Erreichung der Unternehmensziele stehen im Zentrum der Erklärungsmodelle. Fineman (1994, S. 10) spricht in diesem Zusammenhang von einer emotionalen Anorexie, an der Organisationstheorien kranken. Er hingegen möchte Organisationen als *emotionale Arenen* verstanden wissen, da das individuelle Verhalten der Organisationsmitglieder in hohem Maße durch ihre Emotionen bestimmt wird (vgl. Fineman 1994, S. 30). Im organisierten Zusammensein spielen Gefühle der Zugehörigkeit, des sozialen Zusammenhalts und der Identität des Einzelnen eine maßgebliche Rolle für die Beteiligten. Jahoda (1983) sieht in organisierter Arbeit die zentrale Bindung des Menschen an die Realität, indem seine tiefsten Bedürfnisse, aber auch existentiellen Ängste im Prozess der Arbeit und damit in der Organisation gebunden werden.

Unter sozialkonstruktivistischer Perspektive vermitteln Organisationen Regeln zur Emotionsregulation, indem die Akteure in einem gemeinsamen Interpretationsprozess Symbole und Metaphern aushandeln, die uns in Form von Unternehmenskulturen und unter dem Stichwort „Berufliche Sozialisation“ begegnen (vgl. Fineman 1994, S. 13 f.). Dadurch ist die soziale Konstruktion von Organisation in höchstem Maße subjektiv und persönlich. Jeder Einzelne schafft Bedeutung und Sinn für sich selbst in der Organisation; die Furcht vor Chaos und Verlust der sozialen Eingebundenheit stellt die emotionale Energie dar, die Organisationen zusammenhält.

Betrachten wir die je individuell beteiligten Emotionen der in diesem Sinne verstandenen Akteure, die in Organisationen zur Entfaltung kommen, so präferiert Fineman einen psychodynamischen Ansatz, den wir in den folgenden Fallvignetten wieder aufgreifen und vertiefen werden. Demnach ist „die Arbeit des Individuums in Organisationen im Sinne des primary task die Rationalisierung seiner Ängste, seines Hasses, seiner sexuellen Wünsche und Sehnsüchte" (Fineman 1994, S. 23). Diese stellen die emotionale Substruktur der Organisation dar, die sich aus den Erfahrungen und Biographien ihrer Akteure speist.

Organisationen helfen dabei ihren Mitgliedern, mit ihren existentiellen Ängsten umzugehen, sie unterstützen die Abwehr dieser Ängste, wie wir auch anhand der ersten Fallvignette zeigen werden. Die typischen, in der psychoanalytischen Literatur genannten Abwehrmechanismen (vgl. A. Freud 1971), die durch Organisationen gestützt werden, sind:

- *Rationalisierung* – die Organisation bietet über die Identifikation mit rationalen Zielen (Produkten) die Chance der Ableitung irrationaler Ängste.
- *Projektion* – Ängste können nach außen (z.B. Konkurrenten) projiziert werden.
- *Regression* – im Beziehungsgeflecht der Organisationsmitglieder (z.B. zu Vorgesetzten, durch Verantwortungszuschreibung) können regressive Bedürfnisse sozial anerkannt erlebt werden.
- *Sublimation* – Organisationen bieten den sozial anerkannten Raum zur Entfaltung an anderer Stelle nicht auslebbarer Energien.

Frühe individuelle Konfliktsituationen können sich somit in Organisationen reinszenieren.

Die psychodynamische Betrachtungsweise von Organisationen zeigt, dass hinter dem Verhalten der interagierenden Individuen je individuelle biographische, meist unbewusste emotionale Zustände liegen. Frühe Konflikte inszenieren sich, werden aber auch gebunden in der Zugehörigkeit zur Organisation. Die tiefen Ängste des Menschen vor Ohnmacht und Einsamkeit werden gelindert durch die Zugehörigkeit zur Organisation. Damit werden aber Organisationen zu zutiefst irrationalen und unberechenbaren Einheiten.

Denn der Verlust dieser Zugehörigkeit ist durch seine Funktion für das psychodynamische Gleichgewicht der Einzelnen so bedrohlich, dass er wiederum abgewehrt werden muss. Fineman (1994, S. 29) schildert dies an einem eindruckvollen Beispiel. Der kollektive Glaube an die Unverletzlichkeit der Organisation, an ihre Allmacht als Schutzgeberin, zeigte sich beim Absturz der Raumfähre Challenger Ende der 80er-Jahre. Dabei handelte es sich keineswegs um einen Unglücksfall, sondern um die konsequente Ignoranz von Warnsignalen durch die Beteiligten. *Es konnte nicht sein, was nicht sein durfte.* Der Mythos der Unverwundbarkeit der Organisation NASA musste durch die Akteure aufrecht erhalten werden, obwohl es technische Hinweise auf Fehlfunktionen gegeben hatte. Dass eine solche Dynamik die Gefahr des Scheiterns und des Zusammenbruchs der Organisation eher steigert denn senkt, begreifen die Akteure erst, wenn es zu spät ist, wenn die Katastrophe unabwendbar ist. Indem sie unter allen Umständen verhindern wollen, was ihnen ihren Glauben an die Sicherheit und Verlässlichkeit der Organisation zerstören könnte, provozieren sie genau diesen Zusammenbruch. In diesem Sinne ließen sich sicherlich weitere Beispiele anführen.

Gleichzeitig können wir die Charakterisierung Finemans von Organisationen als emotionale Arenen auch so verstehen, dass man Organisationen und ihren Untereinheiten ein personenunabhängiges Eigenleben attestiert. Organisationen zeichnen sich durch bestimmte Rollenkonstellationen aus, die aus sich selbst heraus ein bestimmtes affektives Klima aufweisen. Umgangssprachlich sagt man auch, dass sich bestimmte Positionen auf eine bestimmte Weise „anfühlen“. So können sich Vorgesetzte in eine Vaterrolle versetzt fühlen, auch ohne dass sie das wollen; oder neue Mitarbeiter bemerken, wie schwer es ist, sich einem Klima zu entziehen, das alle Vorgänge in hohem Maße kontrolliert. Diese emotionale Zugehörigkeit zu Organisationen kann durch eine Reinszenierung typischer früher Konflikte verstärkt werden. Es ist aber auch denkbar, dass Personen sich in Gefühlszustände versetzt sehen, die sie sonst noch nicht an sich wahrgenommen haben. Gerade dann spricht vieles dafür, dass die überindividuellen Interaktionsmuster in einer Organisation ein bestimmtes emotionales Setting oder eine Gefühlsarena konstituiert haben, wohinein der Einzelne erst eintritt und sich damit nun auseinander setzen muss.

Wenn, wie wir dargelegt haben, Organisationen von einer Vielzahl individueller Gefühlszustände geprägt sind, könnte man sich an dieser Stelle auch fragen, ob beim Umgang mit diesen Gefühlen nach Sicherheit, Geborgenheit und Zugehörigkeit und den daraus entstehenden Verhaltensweisen der Individuen nicht auch individuumsbezogene Strategien der Emotionsverarbeitung notwendig werden. Ostell (1996) widmet sich dieser Frage, indem er Wege zum Management bestimmter dysfunktionaler Gefühle wie Wut oder Angst vorschlägt. Er beschreibt Emotionen als individuelle Gefühlszustände, denen es in der Rolle des Vorgesetzten adäquat und konstruktiv zu begegnen gilt. Dabei empfiehlt Ostell (1996, S. 534), destruktive Verkettungen und Konfrontationen zwischen den Gefühlen des Mitarbeiters und denen des Vorgesetzten zu vermeiden. Um ein solches „matching“ der emotionalen Zustände zu erkennen, entwickelt Ostell (1996, S. 532 f.) ein Beschreibungsmuster, das die Grundemotionen Wut, Angst und Depression spezifiziert. Daran anknüpfend gibt er Handlungsempfehlungen, die auf der Basis des gewonnenen Verständnisses der zugrunde liegenden Emotion mit differenzierten, palliativen und korrektiven Verhaltensregeln einhergehen, die zu einem „erfolgreichen Gefühlsmanagement“ (Ostell 1996, S. 530) beitragen sollen. Die psychodynamische und interaktionale Dimension von Gefühlszuständen vernachlässigt Ostell. Zwar befürwortet er auch eine reflexive Grundhaltung des Vorgesetzten als Voraussetzung zur korrekten Einschätzung der Gefühle des Mitarbeiters, doch übersieht er dabei, dass Gefühle nicht allein im Individuum verankert sind, sondern in einem sozialen Setting eingebettet sind, das es zu betrachten und zu verstehen gilt, wenn man sie im organisationalen Kontext verstehen will. Aus diesem Grund wirken die Interventionsvorschläge von Ostell auch eher rezepthaft und wenig flexibel im Bezug auf organisationale Besonderheiten. Wir präferieren gegenüber einem derart gestalteten individualistischen Verständnis von Emotionen in Organisationen einen Zugang, der Emotionen als Systemmerkmal von sozialen Konstellationen in Organisationen und nicht als individuelle Pathologie begreift. „Es gibt nur eine feine Übergangslinie zwischen sozialen Abwehrfunktionen, die das Unternehmensziel, zu produzieren, was zu produzieren ist, erodieren und jenen, die es dem Individuum ermöglichen, mit Umständen umzugehen, die seine fundamentalsten Ängste und Bedürfnisse berühren" (Fineman 1996, S. 29).

# 3 Wege zum reflexiven Umgang mit der eigenen Emotionalität

Im Folgenden wollen wir zwei theoretische Modelle vorstellen, die dazu verhelfen können, das Auftreten eigener und fremder Emotionen im Kontext der jeweiligen sozialen Situation in Organisationen zu verstehen und zu reflektieren. Am Beispiel von Fallvignetten knüpfen wir an die eingangs entwickelten Prämissen an: In welchem sozialen Kontext sind die beschriebenen Emotionen eingebettet, welche Situationsdeutungen können entwickelt werden und welche soziokulturellen Einflüsse prägen Situationsdeutung und Emotionsausdruck? Um die Deutung und Interpretation der Fallvignetten anzureichern, die Perspektiven zu wechseln und ein neues Verständnis der Situation zu generieren, greifen wir auf Theorieansätze zurück, die einen solchen Perspektivwechsel unterstützen und fundieren. Mit diesem Schritt ist nicht intendiert, Rezepte zum Gefühlsmanagement bei Konflikten in Organisationen zu liefern. Vielmehr begreifen wir diese Modelle als Verstehens- und Reflexionshilfen und praxisnahe Heuristiken, die es im Rahmen von Beziehungsanalysen, Perspektivwechseln und erweiterten Situationsdeutungen ermöglichen, ein vertieftes und handlungsleitendes Verständnis des eigenen und fremden Gefühlslebens zu erlangen. Auf dieser Grundlage können sich die Akteure selbst in die Lage bringen, angesichts von Gefühls- oder Interessenskonflikten in einer moderaten sowie konstruktiven Weise ihren Emotionen Ausdruck zu verleihen.

## 3.1 Das Konzept von Übertragung und Gegenübertragung

Die erste Interpretationshilfe, die wir heranziehen, ist der klinischen Praxis der Psychoanalyse entliehen. Der Umgang mit, das Verstehen und die Deutung von Gefühlen eines Patienten sowie die des Therapeuten sind im psychoanalytischen Setting von zentraler Bedeutung. Die psychoanalytische Erkenntnismethode bedient sich dabei des Instruments der Deutung des emotionalen Geschehens zwischen Analytiker und Patienten.

Diese emotionalen Zustände werden als Übertragung(-sgefühle) bzw. Gegenübertragung bezeichnet (vgl. Beland 1999, S. 6).

Mentzos (1988, S. 38) definiert Übertragung als die Reaktivierung frühkindlicher Erfahrungen innerhalb der Beziehung zum Therapeuten. Aber nicht nur frühkindliche Erfahrungen, auch solche, die späteren Situationen entstammen, können reaktiviert und auf andere Personen übertragen werden. Verhaltensmuster, Gefühlszustände und Reaktionen aus früheren bzw. anderen Beziehungskonstellationen werden aus den Entstehungssituationen herausgelöst und in der neuen Beziehung, also auf den Analytiker, übertragen. Dadurch können sie vom Analytiker als nicht beziehungsadäquat wahrgenommen, in ihrem Entstehungskontext reflektiert und somit behandelt werden. Die Übertragung wird dabei als Abwehrfunktion und Schutzmaßnahme des Klienten verstanden, um Angst, Depression, Schuld oder Schamgefühle zu vermeiden. Die Abwehrfunktion der Übertragung bedingt, dass diese dem Klienten nicht bewusst ist. In der Deutung und Bewusstmachung dieser Übertragungsgefühle durch und mit dem Analytiker liegt laut Mentzos der Schlüssel zur intellektuellen, aber auch emotionalen Einsicht des Klienten, die die therapeutische Wirkung ausmacht.

Unter Gegenübertragung sind diejenigen Gefühle des Analytikers zu verstehen, die durch die Übertragung des Patienten ausgelöst werden. In der Reflexion eigener und der Patientenanteile an diesen Gefühlen liegt der diagnostische Schlüssel, den der Analytiker besitzt.

Mentzos (1988, S. 39) sieht Übertragungsphänomene prinzipiell in jeder Situation und Beziehung als möglich an, wobei das analytische Setting mit seinem regressiven Charakter sie in besonderem Maße fördert. Die Abwehrfunktion der Übertragung sieht Mentzos (1988, S. 43 f. und S. 79 f.) jedoch nicht nur auf den intrapsychischen Bereich beschränkt, sondern ebenso als interpersonale Konstellation in Gruppen und in Institutionen. Somit lässt sich Übertragung als Phänomen begreifen, das in allen denkbaren sozialen Interaktionen, eben auch solchen in Organisationen beziehungsweise im Management, zu Tage tritt. Bietet sich der Analytiker im analytischen Setting geradezu als Projektionsfläche für die Emotionen des Klienten an, so widerfährt zum Beispiel Vorgesetzten vermutlich Ähnliches, da hierarchische Beziehungen durch ihre Nähe zur Vater-Sohn-Konstellation ebenfalls regressive Züge aufweisen können.

*Fallvignette 1*

*Herr Meier ist Ende 30 und seit drei Jahren Abteilungsleiter einer Konstruktionsabteilung eines mittelständischen Unternehmens. In seiner Abteilung arbeiten zwölf Kolleginnen und Kollegen. Vorher war Herr Meier in leitender Position im Konzern Y. Im Bewerbungsverfahren um die Position, die durch die Pensionierung des Vorgängers vakant wurde, hatte er einen internen Konkurrenten, wurde jedoch vorgezogen, da sich die Geschäftsleitung von seiner Einstellung „frischen Wind" erhoffte. Herr Schulz, Mitte 40, sein damaliger Mitbewerber, ist seit seiner Lehre in dem Unternehmen und arbeitet nun als Meiers rechte Hand. Nach außen ist die Haltung von Herrn Schulz loyal und zurückhaltend gegenüber Herrn Meier, jedoch hat er des Öfteren den Eindruck, dass Herr*

*Schulz Informationen nur selektiv an ihn weitergibt und entscheidende Details erst im letzten Moment einspeist, so dass schon einige Male eine Fehlentscheidung erst im letzten Moment verhindert werden konnte. Dabei sieht es jedes Mal nach außen so aus, als hätte Schulz umsichtig und überlegt gehandelt, Meier dagegen sei zu voreilig gewesen und verfüge eben doch nicht über die notwendigen Branchenkenntnisse. Diese Situationen machen Herrn Meier ohnmächtig wütend. Diese Wut versucht er zu unterdrücken, da er meist keine Beweise gegen Herrn Schulz hat. Innerlich kocht er jedoch, was er jedoch nicht offen äußert.*

Das Übertragungskonzept hilft, das Verhalten und die Gefühle, die einer Person entgegengebracht werden, sowie die Gefühle, die das bei ihr auslöst, aus dem intrapersonalen Raum herauszuheben und in einer interpersonalen bzw. institutionalisierten Form neu zu verstehen. Die eigene Person wird dadurch entlastet, die Abwertung und Kränkung gilt nicht mehr länger der Person selbst, sondern ist Systemmerkmal. Die beobachteten Gefühle werden in diesem Sinne als rollen- oder funktionsbedingte Reaktionen verstanden. Die Person nutzt also seine (negativen) Gefühle als diagnostisches Instrument, das ihm Erkenntnisse über das Gesamtsystem, das Unternehmen oder die Abteilung liefert. Die Deutung der Situation ist also aus dem interpersonellen Raum herausgehoben und in den institutionellen Kontext eingebettet.

Betrachten wir das Fallbeispiel unter dieser Prämisse, dann könnte Herr Meier die Haltung von Herrn Schulz als Ausdruck des Neides betrachten, den Herr Schulz empfindet, da Herr Meier und nicht er selbst die Funktion der Abteilungsleitung übertragen bekommen hat. Ein offenes Äußern dieses Neides, der ja durchaus realitätshaltig ist, ist jedoch in unserer Gesellschaft sozial sanktioniert und sucht sich deshalb unbewusst eine andere Ausdrucksform. Unter dieser Voraussetzung wäre die Situation anders zu deuten: Es geht nicht um einen persönlichen Krieg gegen Herrn Meier, sondern um die unbewusste Aktualisierung von Neidgefühlen, die aus der Bevorzugung entstanden sind. Jeden anderen hätte es gleichermaßen betreffen können; es ist die Vorgeschichte, die den Neid auslöst und nicht die Person von Herrn Meier. Eine gewisse Entlastung für Herrn Meier wäre damit hergestellt. Stellt man die Unbewusstheit der Übertragung in den Vordergrund der Betrachtung, so kann Herrn Schulz auch keine Intentionalität unterstellt werden: Er hält nicht bewusst Informationen zurück oder spielt sich bewusst als Retter der Situation auf, sondern diese Inszenierungen sind Ausdruck seines verdrängten Neides.

Die Reinterpretation der Entstehung der Emotionen entlastet somit die Akteure – es handelt sich nicht länger um einen Konflikt zwischen Personen, sondern um eine systemimmanente Dynamik, die ihren Ursprung in sozialen Rollen hat.

Damit eröffnen sich auch ganz andere Reaktionsformen. Die impulsive bzw. repressive Phase des Emotionserlebens ist überwunden, Gefühlsempfinden und -ausdruck sind durch den reflektorischen Zwischenschritt gereift.

## 3.2 Umgang mit den eigenen (Gegenübertragungs-)Gefühlen

Verstehen wir die Gefühle, die ein System bei einer Person auslöst, als Gegenübertragungsreaktionen, so führt dies zu einer gewissen persönlichen Entlastung der Person. Nicht der Vorgesetzte selbst als Person wird abgewertet und gekränkt, sondern die Organisation und ihre Mitglieder agieren mit ihm und durch ihn ihre Konflikte aus. In der Erkenntnis dieses Phänomens liegt einerseits der diagnostische Schlüssel, den der Vorgesetzte in den Händen hält, aber er hilft erst mal nicht, mit den Gefühlen umzugehen. Was also kann man tun, um das Verständnis der negativen Gefühle in ein verändertes Handlungsmuster zu übertragen?

In der therapeutischen Arbeit ist der Umgang mit der Gegenübertragung erst in jüngerer Zeit intensiver bearbeitet worden, als dies mit der Übertragung des Patienten der Fall ist (vgl. Peters 1977, S. 54). In den 70er-Jahren beschreibt Peters diese spezifische Problematik des Analytikers als so heikel, dass anstelle eines reflektierten und in den Prozess der Therapie einbezogenen Umgangs mit Gegenübertragungsgefühlen ein gewisser Mythos des *Idealen Analytikers* geschaffen wurde. So soll „der Analytiker die Äußerungen des Patienten mit gleichschwebender Aufmerksamkeit aufnehmen, jedoch wie ein Spiegel reflektieren, das heißt, sich emotional nicht tangieren lassen" (Peters 1977, S. 55). Es kommen Zweifel auf, ob diese emotionale Enthaltsamkeit immer so möglich ist. So wurde ein Abweichen von diesem Idealbild des emotional nicht tangierten Analytikers zumindest im privaten Kreise recht häufig zugegeben (vgl. Peters 1977, S. 58). Es scheint – glaubt man den Berichten erfahrener Analytiker wie Peters – als würde die Schwierigkeit, wie ein „blankpolierter Spiegel" jedes entgegengebrachte Gefühl einfach nur widerzuspiegeln, das Eingeständnis der eigener Fehlbarkeit nach sich ziehen. Wenn der Analytiker eigene Ecken und Kanten aufweist, die die Reflektion brechen, eigene Defizite oder Verletzlichkeiten zutage treten, dann wäre die Professionalität beruflichen Handelns gleichzeitig in Frage gestellt. Hier wird ein Verhalten idealisiert, das erstens jenseits nachvollziehbarer Realität liegt – denn kein menschliches Wesen ist in der Lage, lediglich als Spiegel zu agieren ohne eigene Verzerrungen einzubringen. Zum Zweiten liegt in der Idealisierung eben durch die Verleugnung dieser eigenen Ecken und Kanten auch eine Gefahr. Sie liegt darin, dass sich der Analytiker in einer machtvolleren Position befindet, weil er selbst die Deutungen vornimmt oder seine Interventionen daraus ableitet. Er besitzt die Definitionsmacht. So kann eine Person alle Äußerungen des Gegenübers, die verletzend oder abwertend erlebt werden, als Widerstand, Neurose des Individuums oder des Systems o.Ä. auslegen. Und lehnt der Klient diese Deutung ab, kann die Person dies wiederum als Widerstand oder Abwehr auslegen und so weiter. Die Entlastung von den eigenen negativen Gefühlen ist der Person auf alle Fälle sicher, welche Reaktion der Klient auch zeigen mag. Damit verbleibt der interaktive Wert der Gefühle durch die Verleugnung verborgen und kann nur einseitig genutzt werden.

In unserem Fallbeispiel wäre eine voreilige Reduktion auf die Neidproblematik des Herrn Schulz eine solche Idealisierung. Sie würde außer Acht lassen, dass die Kritik an Entscheidungen von Herrn Meier auch berechtigt sein könnte, dass Herr Meier möglicherweise in einzelnen Fällen wirklich nicht sorgfältig genug alle Argumente abgewogen hat. Oder dass Herr Meier möglicherweise selbst – auch unbewusst – Herrn Schulz immer wieder zu verstehen gibt, dass er ihn bei der Stellenbesetzung ausgestochen hat und ihn nunmehr zu Recht dominiert und nach Belieben in Entscheidungsprozesse einbezieht oder ausschließt.

Thomä (1998, S. 823) propagiert in den späten 90er-Jahren die Anerkennung der Gegenübertragung und der damit verbundenen Gefühle als subjektive Prägung im analytischen Prozess und zerstört damit diesen Mythos des objektivierenden Analytikers. Der Analytiker wird zum Subjekt, das je individuell handelt, fühlt und agiert. Durch diese Bindung der analytischen Methode an die Person verpflichtet sich der Analytiker mehr denn je zur selbstkritischen Prüfung seines therapeutischen Denkens und Handelns (vgl. Thomä 1998, S. 825). Gleichzeitig wird die therapeutische Bedeutung neuer Erfahrungen, die der Patient in der Situation machen kann, heraufgesetzt. Indem der Analytiker nämlich seine Gegenübertragungsgefühle in einer reflektierten Form zurückgibt, und nicht lediglich als unbefleckter Spiegel, wie im erstgenannten Verständnis, so eröffnet er dem Patienten neue Erfahrungsmöglichkeiten (vgl. Thomä, S. 830).

Versuchen wir, diese Erkenntnisse auf Situationen in Organisationen zu übertragen, so müssen wir zuerst feststellen, dass eindeutige Handlungsempfehlungen zum professionellen Umgang mit eigenen Gefühlen und denen, die einer Person entgegengebracht werden, nicht möglich sind. Es wird vielmehr darum gehen, eine Balance zu finden zwischen persönlicher Betroffenheit und dem Erwidern dieser Betroffenheit auf der einen und der Einsicht auf der anderen Seite, dass es sich bei den erlebten Gefühlen um Übertragungsphänomene handelt. Unseres Erachtens liegt der größte Gewinn dieses Konzepts in der Einsicht, dass es sich bei Übertragungsgefühlen um unbewusste Prozesse handelt. Wenn Übertragungen nicht bewusst inszeniert werden, sondern unbewusst für alle Beteiligten ablaufen, kann man ihnen auch keine Intentionalität unterstellen. Eine Person wird selten bewusst abgewertet, gekränkt oder missbraucht, sondern i.d.R. unbewusst. Dadurch gewinnt die Person, der diese Gefühle entgegengebracht werden, mehr Souveränität in ihren Reaktionsweisen, da sie sich nicht persönlich angegriffen fühlen muss. Dies allein hat schon eine Schutzfunktion für die Person. Aber es zieht nach sich, dass die Reaktionen auf solche (negativen) Übertragungsgefühle auch besonders bedacht werden müssen. Wenn jemand mich unbewusst abwertet oder kränkt, kann eine Intervention auch nicht auf der bewussten Ebene ansetzen.

In unserem Fallbeispiel hieße das, dass Herr Meier zum ersten seine Wut reflektieren sollte: den organisationalen Kontext der Beziehung zu Herrn Schulz und die Vorgeschichte. Wenn dann die Neidproblematik erkennbar wird, ist die direkte Ansprache dieser Neidgefühle des Herrn Schulz jedoch nicht indiziert, unterstellt man, dass diese Herrn Schulz nicht bewusst ist. Zudem würde dies die Dominanz und Überlegenheit von Herrn Meier, die aufgrund seiner Position ohnehin gegeben ist, noch verstärken und damit das Problem eher noch verschärfen. Auch müsste Herr Meier seine Rolle selbstkritisch reflektieren: Gibt er vielleicht (auch unbewusst) Anlass zu dieser Konkurrenzsituation? Welche Gefühle bringt er Herrn Schulz entgegen? Spürt er vielleicht auch Neid gegenüber den langjährigen Erfahrungen in dem Unternehmen und der profunden Branchenkenntnis von Herrn Schulz? Folgen die beiden Beteiligten dem Leitfaden dieser Fragen und den ausgelösten Gefühlen, können sie möglicherweise reflektierter mit der Situation umgehen.

Zum Abschluss dieses Abschnittes soll noch ein Blick auf Formen der institutionellen Abwehr geworfen werden. Interpersonale Abwehrkonstellationen können sich aufgrund der in einer Organisation eingenommenen Rollen ergeben. So liegt es etwa im Aufgabenbereich des Controllings eines Unternehmens, die Mitarbeiter und vor allem deren Kosten-Nutzen-Ertrag genau unter die Lupe zu nehmen. Dies führt häufig dazu, dass sich viele Mitglieder des Unternehmens durch das Controlling geradezu verfolgt fühlen. Oft werden dann Schritte überlegt, wie man der Überwachung entgehen kann. Dies wiederum hat zur Folge, dass das Controlling verstärkt wird, weil die Mitarbeiter es immerfort zu umgehen suchen. Dieser allgemein bekannte Teufelskreis allein stellt noch keine interpersonale oder institutionalisierte Abwehrkonstellation dar; sie wird es erst dann, wenn auf beiden Seiten damit bestimmte Bedürfnisse, wie z.B. Sicherheits- und Unterstützungsbedürfnisse, häufig uneingestandenermaßen oder unbewusst, befriedigt werden.

In Anlehnung an Mentzos (1988, S. 79) können wir dann von institutionalisierter Abwehr sprechen, wenn die Abwehrfunktion einen zentralen Bestandteil der Aufgaben und Strukturen eines Rollensystems, einer Organisation oder Institution ausmacht. Mentzos (1988) weist darauf hin, „daß die Struktur und die Prinzipien einer Institution nicht nur zweckmäßig aufgebaut sind, sondern darüber hinaus sich auf gemeinsame Werte, Einstellungen und gefühlsmäßige, oft nicht klar erkennbare und definierbare Motivationen stützen. Aus eben diesem Grunde sind Institutionen geradezu prädestiniert, neben ihren genuinen Funktionen auch psychosoziale Abwehr-‚Aufgaben‘ zu übernehmen“ (S. 80). Damit ist keine Abwertung von Institutionen intendiert. Durch ihre institutionalisierte Regulierung von Handlungs- und Interaktionsprozessen schaffen sie sogar eine erhebliche Entlastung, die zudem maßgeblich zur Sicherung von Grundbedürfnissen beisteuert.

Diese Entlastungsfunktion betrifft aber nicht nur das Handeln, sondern auch den psychischen Haushalt der Menschen. Dadurch, dass es bestimmte Institutionen gibt, müssen wir an bestimmte Dinge nicht selbst denken. So wird beispielsweise durch die arbeitsteilige Struktur unserer Wirtschafts- und Verwaltungsorganisationen dafür Sorge getragen, dass nicht alle sich um alles kümmern müssen, sondern Aufgaben und Rollen klar verteilt sind. Dies aber korreliert häufig mit Formen der psychosozialen Abwehr. Um noch einmal das Beispiel von eben heranzuziehen: Die Einrichtung des Controllings macht es in Organisationen möglich, dass sich nicht alle Mitarbeiter ständig oder in geregelten Zeitabständen um die von ihnen erzeugten Kosten kümmern müssen. Diese Form der Selbstkontrolle wird ihnen abgenommen. Dies kann aber auch dazu führen, dass durch die Mitarbeiter viele der im Zusammenhang mit Kontrolle stehenden Konfliktanteile und Motive der Controllingabteilung und vice versa zugeschrieben werden. Ein mögliches Ergebnis dieser teils bewussten, teils unbewussten Attributionsprozesse auf der Handlungs- und Interaktionsebene kann der oben beschriebene Teufelskreis von Überwachung und Kontrollflucht sein.

Das psychische Entlastungsmoment des Controllings liegt darin, dass die ja auch in der Sache begründete Schwierigkeit des Abwägens von Kosten sowie möglichst gewinnbringenden Investitionsentscheidungen an andere delegiert wird. Denn damit wird auch der Problem- und Konfliktbereich der Kontrolle von Kosten und Investitionen an diesen Organisationsteil abgegeben. Wie stark diese Form psychosozialer Entlastung sein kann, erkennt man leicht, wenn im Zuge von Reorganisationsprozessen in Unternehmen ein Teil des Controllings in die Verantwortung von Teams in der Linie gelegt wird. Meist häufen sich dadurch die Konflikte, was zum einen in der Sache begründet ist, da das Team nun viele kostenverursachende Entscheidungen im Rahmen des eigenen Budgets selbst treffen muss, zum anderen fällt aber auch die psychische Entlastung weg, andere für vermeintliche oder tatsächliche Fehlentscheidungen verantwortlich machen zu können.

## 3.3 Das Konzept der Autoritätsablehnung

Die Konfrontation mit Hierarchie ist im Arbeitsleben alltäglich: Hierarchische Strukturen bestimmen in den überwiegenden Fällen die Interaktion in Unternehmen, Vorgesetzte und Untergebene, Chef und Mitarbeiter kooperieren, die einen haben mehr Macht, sind Autoritätspersonen oder sollten es zumindest sein, die anderen suchen nach dieser Autorität oder stellen sie in Zweifel. Der amerikanische Sozialwissenschaftler Richard Sennett (1990) hat sich diesem alltäglichen Phänomen der Autorität gewidmet und Überlegungen zu der Bindung an Autoritäten angestellt, die wir im Folgenden darstellen wollen, um die Emotionalität, die in der Beziehung zu Autoritäten im Arbeitsleben entsteht, besser verstehen zu können.

Der Versuch, den Autoritätsbegriff zu definieren, ruft eine Reihe von Assoziationen hervor wie etwa Selbstsicherheit, überlegenes Urteilsvermögen, die Fähigkeit, andere zu Disziplin anzuhalten, Ehrfurcht, aber auch Furcht, Macht und Stärke, Integrität, Legitimität und Moral. Aus der Sammlung dieser Begriffe lässt sich eines erkennen: die Zwiespältigkeit, die Autoritätsverhältnissen innewohnt. Einerseits haben Menschen ein tiefes Bedürfnis nach den positiv besetzten Eigenschaften von Autoritätspersonen, da sie Sicherheit, Stabilität und Orientierung vermitteln. Auf der anderen Seite verbindet sich mit Autorität aber auch Angst, wie sich im Begriffspaar Ehrfurcht-Furcht schon andeutet, da die individuelle Autonomie potentiell bedroht ist und die Gefahr der Abhängigkeit von Autoritäten besteht (vgl. Sennett 1990, S. 20 f.).

Diese zwiespältige Natur der Autorität – Sicherheit auf der einen, Abhängigkeit auf der anderen Seite – sieht Sennett als die Ursache für verschiedene Abwehrmechanismen von Individuen, die in der Auseinandersetzung mit Autorität häufig zu Tage treten. Zum einen kann das eigene Bedürfnis eines Menschen, ebenso stark und mächtig zu sein wie die Autorität, aus Scham abgewehrt werden. „Wir lechzen nach den Wohltaten eines Stärkeren und erleben zugleich eine Wut gegen eben diese Stärke, nach der wir so sehr verlangen“ beschreibt Sennett (1990, S. 29) diesen Prozess. Die Grundlage für dieses Verhalten wird schon in der frühesten Kindheit gelegt, wenn wir von klein auf lernen müssen, uns der Autorität der Eltern, die uns Schutz und Geborgenheit vermittelt, zu beugen, diese nicht in Frage zu stellen und nicht zu begehren. Diese Haltung ist darüber hinaus unser kulturelles Erbe und Grundlage der meisten Religionen. Der Umgang mit der Autoritätsproblematik ist damit sozial determiniert.

Zum anderen kann das Erleben der Abhängigkeit von Autoritäten als Bedrohung erlebt werden, da sie uns unsere eigene Verletzlichkeit und unser Unvermögen zeigt.

Die Abwehr dieser Gefühle von Scham, Schuld oder Abhängigkeit führt im Sinne Sennetts zur Ablehnung der Autorität. Welche emotionalen Zustände mit der Dynamik der Autorität verbunden sein können und wie das Konzept der Autoritätsbindung das Verständnis dieser Dynamik anreichert, wird an folgender Fallvignette entwickelt.

*Fallvignette 2*[3]

*In der Buchhaltungsabteilung eines großen Unternehmens arbeiten 16 Mitarbeiter und eine Abteilungsleiterin, Frau Berger. Die Atmosphäre ist nicht repressiv, aber das Verhältnis der Mitarbeiter zu Frau Berger ist spannungsgeladen und gestört. Die Leistung der gesamten Abteilung ist nicht besonders hoch, häufiger werden Aufgaben nicht fristgerecht erledigt. In Gesprächen hört man nur Geringschätzung. Herr Müller berichtet: „Einmal fragte ich sie, wie ich eine bestimmte Sache verbuchen sollte, und sie antwortete mir: ‚Machen Sie das, wie sie es für richtig halten.‘ Das heißt doch, entweder ist es ihr egal, oder sie weiß es selbst nicht.“ Egal, was Frau Berger tut, die Mitarbeiter legen es gegen sie aus: Ist sie großzügig, wird es ihr als Desinteresse ausgelegt, ist sie rigide und streng, wird ihr Despotismus und Willkür unterstellt.*

*Eine Mitarbeiterin, Frau Werner, beschreibt ihr Verhältnis zu Frau Berger: „Wir könnten hier viel kollegialer und effektiver arbeiten, wenn nicht Frau Berger, sondern Frau X unsere Vorgesetzte wäre, dann wäre alles viel besser und straffer organisiert. Aber so können wir ja gar nicht anders, als unsere Ziele nicht zu erreichen.“*

*Wenn Frau Berger einen Mitarbeiter bittet, nach der Mittagspause eine Aufgabe zu erledigen, kommt dieser deutlich zu spät aus der Pause zurück, schiebt andere wichtige und unaufschiebbare Tätigkeiten vor, nur um dem Wunsch von Frau Berger nicht nachzukommen zu müssen.*

### 3.3.1 Ablehnung bindet

Nun könnte man annehmen, dass das Ziel der Auflehnung gegen die Autoritätsperson mehr Autonomie mit sich bringt. Gerade dies aber kann, so ein zentrales Ergebnis von Sennett, durch die Auflehnung nicht erreicht werden. Vielmehr bezeichnet Sennett dieses Verhältnis als paradox, die Verleugnung von Autorität, deren Ablehnung oder Negation führt nicht in die gewünschte Autonomie, sondern bindet vielmehr an sie. „Die Ablehnung des anderen und die Bindung an ihn sind nicht voneinander zu trennen" (1990, S. 34) nennt Sennett das Paradoxon, das unser Bedürfnis nach Autoritäten und deren gleichzeitige Ablehnung offenbart. Die Angst in einer Autoritätsbeziehung richtet sich gerade darauf, was der Mächtigere mit seiner Überlegenheit machen wird, ob er uns schaden oder nutzen wird. Diese Angst offen zu akzeptieren und einzugestehen, scheint zu gefährlich, deshalb muss sie abgewehrt werden. Darüber hinaus fällt es schwer zu akzeptieren, dass wir oftmals des Stärkeren bedürfen, um unsere Ziele erreichen zu können (wie das Kind, das seine Eltern zum Überleben benötigt). Der Widerstreit dieser beiden Tendenzen ist das Kernstück der Ablehnungsbindung.

Indem man diese Ablehnung verstehen lernt, deren Sprache *dekodiert*, wie es Sennett nennt, können wir verstehen, was wir selbst wollen.

Sennett unterscheidet drei Formen der Ablehnungsbindung. Die erste gründet sich aus der Angst vor der Stärke der Autorität und wird „ungehorsame Abhängigkeit" genannt. Die zweite Form ist die „idealisierende Ersetzung", in der die Autoritätsfigur als Negativbild dargestellt wird, von dem man ein ideales Positiv ableitet. Und die dritte Form ist die „Phantasie des Verschwindens". Diese Formen wollen wir im Folgenden erläutern.

### *Ungehorsam: „Was die will, machen wir noch lange nicht!"*

Dies ist die charakterisierende Aussage dieser Form der Ablehnungsbindung. Der Ungehorsam ist die Rebellion gegen die Erwartungen oder Anweisungen der Autoritätsperson und bestimmt damit das Handeln. Man tut genau das Gegenteil dessen, was erwartet wird; das eigene Verhalten wird als Waffe gegen die Autorität eingesetzt, aber die Bedingungen bestimmt nach wie vor die Autorität. Zwanghaft konzentriert sich alles auf die Frage: Was will sie, und wie kann ich genau dem entgegen handeln? Im Ungehorsam bleibt man jedoch zweifach der Autorität ausgeliefert: Man ist stärker an die Autorität gefesselt, da sich die Rebellion nicht wirklich *gegen* die Autorität vollzieht, sondern als Handlungszwang *innerhalb* der Autorität. Die Autoritätsperson bestimmt den Rahmen, die Regeln und den Ausgang, nicht der Rebell.

Übertragen auf unsere Fallvignette könnte man das Zu-Spät-Kommen nach der Mittagspause als einen solchen Ungehorsam interpretieren. Nicht die Prüfung der Sinnhaftigkeit des Arbeitsauftrages ist handlungsleitend für den Mitarbeiter, sondern die Dokumentation der eigenen angenommenen Stärke und Autonomie, indem er genau das nicht tut, was von ihm erwartet wird. Dass darin die eigene Ohnmacht und Abhängigkeit noch stärker dokumentiert wird, bleibt jedoch unbewusst und verstärkt damit diese Gefühle vermutlich noch (vgl. Sennett 1990, S. 41 f.).

*Die idealisierende Ersetzung: „Wenn sie anders wäre, wäre alles gut!“*

Das ist der Kernsatz dieser Form der Ablehnungsbindung. Die Autoritätsperson wird als negatives Modell benutzt und in ihrem Handeln, ihren Einstellungen und Persönlichkeitsmerkmalen abgewertet. „Egal, wie sie sich verhält oder was sie will, die Untergebenen wollen jedes Mal das Gegenteil“ beschreibt Sennett (1990, S. 47) diese Ausprägung der Ablehnungsbindung. Der Bezugspunkt der Abwertung ist und bleibt jedoch die Autorität, keineswegs das autonome Urteilsvermögen der Mitarbeiter. Damit vermittelt die Autoritätsperson den Untergebenen in einer negativen Potenz Stabilität und Sicherheit. Sennett sieht in der idealisierenden Ersetzung die Angst verborgen, abgeschnitten zu werden, keinen Bezugspunkt mehr zu haben und keinen Sinn zu erleben, der einem erklären hilft, warum man arbeitet. „Ist der Herr schlecht, so erscheint ein Bild dessen, was gut ist“ (Sennett 1990, S. 47). Die Übertreibung der Abwertung, die dabei ins Spiel kommt, entfaltet aber eine ganz entgegengesetzte Dynamik: Indem die Autorität diese übertriebene Abwertung zum Beispiel nicht als konstruktive Kritik annehmen kann, muss sie sich notgedrungen überlegen fühlen, da es zum echten Austausch zwischen den Parteien auf der Basis der Abwertungen nicht kommen kann.

In unserer Fallvignette ließe sich die idealisierende Ersetzung in der Aussage von Herrn Müller wiederfinden: Wenn Frau Berger keine Unterstützung zur Arbeitsbewältigung gibt, wird ihr Desinteresse oder Inkompetenz unterstellt. Täte sie es doch, wäre die Unterstellung des Despotismus nicht weit. Egal, wie sie sich verhält, immer wäre das Gegenteil angemessen gewesen. Auch hier steht der unbewusste Charakter der Ablehnungsbindung einer wirklichen Auseinandersetzung im Wege.

*Die Phantasie des Verschwindens: „Wenn der weg wäre, wäre alles gut!“*

Mit dieser Aussage lässt sich die dritte Form der Bindung an eine Autorität ausdrücken. Sie beruht auf der Phantasie, dass sich alles zum Guten wende, „wenn die Leute, die das Sagen haben, verschwänden“ (Sennett 1990, S. 48). In Form der Ablehnungsbindung offenbart sich die Angst vor Eigenverantwortung und Selbständigkeit: Die Schuld an der Misere wird der Autorität übertragen, eigenes Scheitern wird der Autorität zur Last gelegt, durch deren Verschwinden ließe sich alles zum Guten wenden. Auch hier wirkt ein Paradoxon: Das Subjekt fürchtet die Autorität, aber noch mehr fürchtet sie, dass sie weggehen könnte. Dann müsste man selbst die Verantwortung für Gelingen und Scheitern des eigenen Handelns übernehmen (vgl. Sennett 1990, S. 50).

In unserer Fallvignette scheint die Aussage von Frau Werner auf die Phantasie des Verschwindens hin zu deuten. Die Vorgesetzte wird für Reibungsverluste in der Arbeit verantwortlich gemacht, und alles wäre ganz anders und vor allem viel besser, wenn Frau Berger nicht die Vorgesetzte wäre. In diesem Bewältigungsversuch schwingt aber auch ein Gefühl mit, das wir mit Wut bezeichnen möchten. Wut auf die Vorgesetzte, die die ihr übertragene Aufgabe, die Mitarbeiter zu Leistungsfähigkeit und Selbstachtung zu motivieren, nicht erfüllt und aus diesem Grund abgelehnt werden muss. Einer realen Auseinandersetzung wird wiederum ausgewichen.

### 3.3.2 Reifer Umgang mit Autorität

Die Sprache der Ablehnungsbindung begegnet uns alltäglich. Sie zu verstehen, die Gefühle der Angst, der Abhängigkeit, des Ausgeliefertseins, die hinter der Ablehnung von Autoritäten liegen, zu identifizieren, bietet den Schlüssel zur Veränderung. Dadurch, dass man versteht, dass Ablehnungsbindungen einen paradoxen Charakter haben – je größer die Ablehnung, desto enger die Bindung – muss auch die Intervention paradox erfolgen: In der Anerkennung, nicht in der Ablehnung, liegt der Schlüssel zur Lösung der Ablehnungsbindung. Erst durch diese Akzeptanz wird den verschleierten Autoritäten ihre Macht genommen und ein reifer Umgang mit Stärke und Überlegenheit ermöglicht. „Solange man das Bedürfnis nach wirklichen Autoritätsgestalten nicht als eine positive, den Erwachsenen gemäße Haltung akzeptiert, bleiben die verschleierten Autoritätsgestalten unangefochten" (Sennett 1990, S. 30). Anstatt affektiv-impulsiv oder mit Unterdrückung der eigenen Gefühle zu reagieren, steht auch hier wieder die Reflexion der Gefühle, die in solchen Ablehnungsbindungen entstehen, im Zentrum. Indem die Autoritätsperson, also der Manager oder Vorgesetzte, die ihm von Mitarbeitern entgegengebrachten Gefühle mit seiner organisationalen Rolle und dem Kontext ihrer Entstehung in Verbindung bringt, erweitert er seinen Interpretationsspielraum. Andere Ausdrucksformen als impulsiv-affektive, wie Konfrontationsgespräche oder personalrechtliche Schritte, oder repressive, wie Ignorieren von Fehlverhalten oder Gerüchten, werden möglich. Vorgesetzte und Mitarbeiter lösen den Konflikt aus dem individuellen Raum heraus und können ihn in den institutionellen Raum einbetten. Damit entlasten sich die Beteiligten als Person und schaffen die Voraussetzung für ein rollenadäquates Verhalten.

# 4 Ansätze zu einem reifen Umgang mit Emotionen

Zum Abschluss unseres Beitrags soll noch auf mögliche Interventionsansätze zu einem reifen und konstruktiven Umgang mit der eigenen Emotionalität hingewiesen werden. Dabei kann es nicht um Vollständigkeit gehen, vielmehr sollen exemplarisch zwei denkbare Wege skizziert werden, die zum einen beim Individuum und dessen Gestaltungsmöglichkeiten, zum anderen beim Team (Arbeitsgruppe, Projektteam, Teamleitung, etc.) und dessen Reflexionskompetenz anschließen.

Ein am *Individuum* ansetzendes Interventionskonzept folgt aus dem bereits dargestellten Entwurf einer Philosophie der Lebenskunst. Schmid (1998) führt – wiederum am Beispiel des Zorns und zum Teil in Anlehnung an stoische Praktiken – mehrere Kunstgriffe an, mit deren Hilfe der Einzelne seinem emotionalen Erleben und dessen Ausdruck Form und Gestalt verleihen kann. So kann im Vorfeld von Situationen, die Anlass zu Wut und

Zorn geben könnten, die Prämeditation, die Übung des Vorwegbedenkens, angewandt werden. Sie kann in dreifacher Hinsicht wirksam werden: Sie kann frühzeitig die Gewöhnung an eine mögliche kritische Situation bewirken, sie kann aber auch die Haltung des Einzelnen angesichts dieser bevorstehenden und möglicherweise nicht mehr veränderbaren Situation verändern. Schließlich kann die Prämeditation auch auf die Wahrnehmung der Bedeutung der fraglichen Situation gerichtet sein und daran das emotionale Erleben und seinen Ausdruck orientieren. „Die Bedeutung erst im Augenblick der Attacke des Affekts zu taxieren, kann für eine überlegte Reaktion zu spät sein und lässt keine Wahl mehr, wohingegen sie im Vorhinein mit Ruhe und Klugheit abgeschätzt werden kann“ (Schmid 1998, S. 371).

Auch im Affektzustand bestehen mehrere Möglichkeiten, Zorn adäquat zum Ausdruck zu bringen: die Division oder Zerteilung des Affekts auf mehrere Affekthandlungen, die Dilatation oder den Aufschub, die Dispersion oder Zerstreuung in körperliche Bewegung, die kalkulierte Entladung, die Ab- und Umlenkung, die Konservierung für einen späteren Zeitpunkt sowie die Sublimierung von Zorn in produktive Tätigkeiten. Um entscheiden zu können, welches Kalkül der jeweiligen Situation angemessen ist, ist es wichtig, dass das Subjekt eine Außenperspektive auf seine Affektaufwallung einnimmt. Eine solche reflexive Haltung dem Affekt gegenüber wird durch die so genannte kausale Kritik ermöglicht. Diese von Seneca (1976) bevorzugte Verfahrensweise setzt beim Aufwallen des Zorns an und konfrontiert ihn mit einer genauen Befragung nach seinen Gründen.

Von nicht zu unterschätzender Bedeutung ist schließlich die soziale Funktion des Zorns. Er ist nicht nur für die Zerstörung von zwischenmenschlichen Beziehungen verantwortlich, kalkulierter Zorn kann auch zu einer vorübergehenden Distanzierung oder aber zu einer Erneuerung einer Beziehung führen, wie es im sprichwörtlichen „reinigenden Gewitter“ zum Ausdruck kommt.

Für *Teams*, bei denen sich eine oder mehrere Personen in einer emotional schwierigen Situation mit Konfliktpotential befinden, bietet sich das so genannte Intervisionsmodell zur gemeinsamen Reflexion und Bewältigung der Konfliktlage an. Grundidee des Modells ist, eine Differenz zur Alltagskommunikation herzustellen – weg von vorschnellen Ratschlägen hin zu vertieftem Verstehen vor allem der emotionalen Aspekte eines Problems. Im Unterschied zur klassischen Supervision zeichnet sich die Intervision durch die Abwesenheit eines auf bestimmter theoretischer Grundlage reflektierenden und prozessstrukturierenden Supervisors aus. Niemand nimmt eine von der Gruppe abgehobene Position ein. Gleichwohl hat es sich bewährt, dass eine Person aus der Gruppe auf die Einhaltung des Ablaufs und der Regeln in der jeweiligen Prozessphase achtet und dementsprechend den Austausch zwischen den Teilnehmern moderiert.

Damit die Intervisionsmethode sinnvoll zur Anwendung kommen kann, sollte mindestens ein Mitglied der Arbeitsgruppe einen Beratungsbedarf haben. Dies bedeutet etwa, dass ein nicht mehr mit herkömmlichen institutionellen Mitteln zu lösender, emotionaler oder interessenbezogener Konflikt existiert, eine nicht oder nur unzureichend gelungene Aufgabenbewältigung vorliegt oder mangelnde Zufriedenheit mit Strukturen des betrieblichen Alltags vorherrscht. Diejenigen Personen mit Beratungsbedarf stellen die Situation aus ihrer Sicht und in ihrer emotionalen Betroffenheit dar, die anderen Gruppenmitglieder nehmen die Rolle eines kollegialen Beraters ein.

**Phasen der Intervision**

| | | |
|---|---|---|
| **Beschreibung**<br>(ca. 30 – 45 Min.) | 1. | **Fallpräsentation durch Falldarsteller**<br>(Vorgeschichte und aktuelle Situation, Rollenbeschreibung, emotionale Situation, bisherige Lösungs- bzw. Interventionsversuche)<br>*Formulierung des konkreten Beratungsbedarfs durch den Falldarsteller* |
| | 2. | **Nachfragen aus der Intervisionsgruppe zur Klärung des Fallverständnisses**<br>Der Falldarsteller hört zu |
| | 3. | **Antworten durch Falldarsteller** |
| **Diagnose**<br>(ca. 20 Min.) | 4. | **Rückmeldungen aus der Intervisionsgruppe**<br>(Assoziationen, emotionale Eindrücke und Interpretationen)<br>*Ziel ist ein vertieftes Verständnis der Fallsituation, noch keine Problemlösung!*<br>Der Falldarsteller hört zu |
| | 5. | **Erkenntnisgewinn für den Falldarsteller** |
| **Intervention**<br>(ca. 20 Min.) | 6. | **Handlungsempfehlungen durch die Intervisionsgruppe**<br>Der Falldarsteller hört zu |
| | 7. | **Ergebnissicherung**<br>Was ist klarer geworden? Was noch nicht?<br>Welche nächsten Schritte werden unternommen? |

Abb. 2: Phasen der Intervision[4]

Die Fallbearbeitung nach der Intervisionsmethode erfolgt in drei Phasen: Beschreibung, Diagnose und Intervention (zum Ablauf im Einzelnen vgl. Abb. 2). Jeder dieser drei Intervisionsschritte nimmt einen bestimmten zeitlichen Rahmen ein, der ebenso wie die einzelnen inhaltlichen Vorgaben in den drei Phasen genau eingehalten werden sollte. Zur Einübung sollte ein externer Moderator hinzugezogen werden, der die Kommunikation unterstützt.

Die Methode der Intervision zeichnet sich dadurch aus, dass sie nach einer gewissen Phase des Trainings und möglicherweise auch der professionellen Anleitung von jedermann jederzeit angewendet werden kann. Voraussetzung ist eine gewisse Sensibilität für offene, personennahe und emotionale Kommunikationsprozesse bei den Gruppenmitgliedern. Unterstützt wird dies durch die klare Trennung der drei genannten Phasen. Dies wirkt für die Person(en) mit Beratungsbedarf, aber auch für die übrigen Gruppenmitglieder sowohl zeitlich als auch psychisch entlastend. Der bekannten Manier, bei Problemsituationen sofort Lösungen parat zu haben oder parat haben zu müssen, wird so entgegengewirkt. Reflexion, Perspektivenwechsel und probeweises Rollenhandeln können in der zweiten Phase einen breiten Raum einnehmen. Dies führt zu einem vertieften und gemeinsam entwickelten Verständnis der emotionalen und sozialen Fallsituation.

Des Weiteren ermöglicht die klare Phasentrennung und die Trennung von aktiven und passiven Rollen eine offene und gleichzeitig verletzungsarme Kommunikation über Dinge, die sich häufig nicht so einfach ansprechen oder auch in Worte bringen lassen. Dadurch, dass im Zentrum der Beratungsbedarf des Falldarstellers steht, schafft die Methode einen weitgehend sanktionsfreien Raum für Assoziationen, emotionale Einschätzungen und Interpretationen, die als mögliche Situationsdeutungen geäußert werden. Was davon als Erkenntnisgewinn verbleibt, definiert wiederum der Falldarsteller, da er die hilfreiche Intervention auswählt. Dadurch erfahren die Einschätzungen der anderen Gruppenmitglieder eine gewisse Relativierung.

Nicht zuletzt schließt die Methode der Intervision an den Reflexions- und Interventionskompetenzen sowie Handlungsressourcen der einzelnen Gruppenmitglieder an. Der Gruppe wird kein Lösungsansatz von außen auferlegt, sondern die Beteiligten entwickeln für sich, wie sie die emotionale und soziale Situation verstehen wollen und welche Schritte zu ihrer Bewältigung sie für sinnvoll halten. Jedes Gruppenmitglied bringt nur das ein und trägt das mit, was es einbringen will und mittragen kann.

## Anmerkungen

1 Damit im Zusammenhang steht der ebenfalls von Averill (1980, S. 311 f.) betonte Aspekt, dass Emotionen eher als Passion und weniger als Aktion interpretiert werden. Das heißt: Emotionen widerfahren uns in erster Linie. Wir vollziehen sie nicht wie eine Handlung, sondern sie erscheinen uns als Zustände, weil wir sie als etwas interpretieren, das mit uns geschieht und das wir nicht selbst machen oder tun.

2 Hier gibt es eine gewisse Nähe zu den kognitiven Emotionstheorien, welche annehmen, „daß Kognitionen als unmittelbare Antezedenzien von Emotionen aufzufassen sind und Situationseinflüsse auf Emotionen kognitiv vermittelt werden. Dabei wird von fast allen kognitiven Theorien unterstellt, daß Kognitionen als *notwendige* Antezedenzien von Emotionen anzusehen sind, Emotionen also ohne vorauslaufende Kognitionen nicht zustande kommen" (Pekrun 1988, S. 101).

3 Diese Fallvignette ist Sennett (1990, S. 44 ff.) entliehen.

4 Es handelt sich bei der Intervisionsmethode um eine praxisorientierte Methode, die in der Transferstelle für Management und Organisationsentwicklung T•IPS der Universität Bremen (Leitung Prof. Dr. Birgit Volmerg) entwickelt wurde.

# Literaturverzeichnis

Averill, J.R. (1980): A constructivist view of emotion. In: Plutchik, R./Kellerman, H. (Hrsg.): Emotion. Theory, research and experience. Vol. 1: Theories of emotion. New York, S. 305-339.

Averill, J.R. (1985): The social construction of emotion: With special reference to love. In: Gergen, K.J./Davis, K. (Hrsg.): The social construction of person. New York, S. 89-109.

Averill, J.R. (1986): The acquisition of emotions in adulthood. In: Harré, R. (Hrsg.): The social construction of emotions. Oxford, S. 98-118.

Averill, J.R./Nunley, E.P. (1992): Voyages of the heart: Living an emotionally creative life. New York.

Beland, H. (1992): Die zweifache Wurzel des Gefühls. In: Jahrbuch der Psychoanalyse 29, S. 63-91.

Beland, H. (1999): Der Neid. Die systemsprengenden Phänomene. In: Journal für Psychologie 7 (4), S. 3-16.

Eckensberger, L.H./Lantermann, E.-D. (Hrsg.)(1985): Emotion und Reflexivität. München.

Fineman, S. (Hrsg.)(1994): Emotions in organisations. London.

Frese, M. (1990): Arbeit und Emotion – Ein Essay. In: Frei, F./Udris I. (Hrsg.): Das Bild der Arbeit. Bern, S. 285-301.

Freud, A. (1971): Das Ich und die Abwehrmechanismen. München.

Goffman, E. (1961): The presentation of self in everyday life. Garden City, New York.

Groeben, N. (1986): Handeln, Tun, Verhalten als Einheiten einer verstehend-erklärenden Psychologie. Tübingen.

Hochschild, A.R. (1990): Das gekaufte Herz. Zur Kommerzialisierung der Gefühle. Frankfurt a.M.

Jahoda, M. (1986): Wieviel Arbeit braucht der Mensch? Arbeit und Arbeitslosigkeit im 20. Jahrhundert. Weinheim.

Kannheiser, W. (1992): Arbeit und Emotion. Eine integrierende Betrachtung. München.

Kövecses, Z. (1990): Emotion concepts. New York.

Mees, U. (1991): Die Struktur von Emotionen. Göttingen.

Mees, U. (1999): Sprache, Gefühle und Handlungen. In: Straub, J./Werbik, H. (Hrsg.): Handlungstheorie. Begriff und Erklärung des Handelns im interdisziplinären Diskurs. Frankfurt a.M., S. 287-317.

Meier-Seethaler, C. (1998): Gefühl und Urteilskraft. Ein Plädoyer für die emotionale Vernunft. München.

Mentzos, S. (1988): Interpersonale und institutionalisierte Abwehr. Frankfurt a.M.

Ostell, A. (1996). Managing dysfunctional emotions in organisations. In: Journal of Management Studies 33 (4), S. 525-557.

Parkinson, B. (1995): Ideas and realities of emotion. London.

Pekrun, R. (1988): Emotion, Motivation und Persönlichkeit. München.

Peters, U.H. (1977): Übertragung – Gegenübertragung. München.

Sarbin, T.R. (1986): Emotion and act: Roles and rhetoric. In: Harré, R. (Hrsg.): The social construction of emotions. Oxford, S. 83-97.

Sartre, J.-P. (1939): Skizze einer Theorie der Emotionen. In: Sartre, J.-P.: Gesammelte Werke. Philosophische Schriften I. Die Transzendenz des Ego. Philosophische Essays 1931-1939. Reinbek 1994, S. 255-321.

Schafer, R. (1982): Eine neue Sprache für die Psychoanalyse. Stuttgart.

Scheele, B. (1990): Emotionen als bedürfnisrelevante Bewertungszustände. Grundriß einer epistemologischen Emotionstheorie. Tübingen.

Schmid, W. (1998): Philosophie der Lebenskunst. Eine Grundlegung. Frankfurt a.M.

Seneca (1976): De ira (Über den Zorn). In: Seneca: Philosophische Schriften, Band 1. Darmstadt, S. 95-311.

Sennett, R. (1990): Autorität. Frankfurt a.M.

Thomä, H. (1998): Zur Theorie und Praxis der Übertragung und Gegenübertragung. In: Psyche 52 (9/10), S. 815-837.

Tugendhat, E. (1993): Vorlesungen über Ethik. Frankfurt a.M.

Ulich, D./Mayring, P. (1992): Psychologie der Emotionen. Stuttgart.

Zèbergs, D. (1985): Piagets genetische Perspektive der Transformation vom Trieb zur Persönlichkeit. In: Eckensberger, L.H./Lantermann, E.-D. (Hrsg.): Emotion und Reflexivität. München, S. 137-154.

Dr. Dipl. Psych. Tanja Eiselen und
Dr. Dipl. Psych. Ralph Sichler
beide Universität Bremen,
Lehrstuhl für Arbeits- und Organisationspsychologie
Institut für Psychologie und Sozialforschung
Grazer Str. 2c
D-28334 Bremen
Email: eiselen@uni-bremen.de / sichler@uni-bremen.de

Thomas Steger

# Was Metaphern über Gefühle sagen – Ein neuer Zugang zu Emotionen auf der Managementebene

Emotionen; Führungskräfte; Metaphern; qualitative Methoden

## Zusammenfassung

Die Bedeutung von Emotionen im organisationalen Kontext und insbesondere auf der Führungsebene wird in der Managementforschung noch vielfach unterschätzt. Forschungsarbeiten in jüngerer Zeit haben nun allerdings die breite Vielfalt dieser Thematik in theoretischer, aber auch in praktischer Hinsicht verdeutlicht. Dass dabei Führungskräfte und ihre Emotionen noch zu Unrecht eher unterbelichtet geblieben sind, bildet den Ansatzpunkt dieses Beitrags. Dazu wird die Metapher-Analyse als alternatives Instrument, die (oftmals verdeckten) Emotionen von Führungskräften herauszuarbeiten und sichtbar zu machen, in die Diskussion eingeführt. Anhand von zwei Fallstudien von Führungskräften in Unternehmen in Umbruchsituationen wird die Funktionsweise der Metapher-Analyse veranschaulicht. Darüber hinaus werden Möglichkeiten und Grenzen qualitativer Methoden in diesem Forschungsfeld kritisch diskutiert.

Managementforschung 11 (2001), hrsg. von G. Schreyögg und J. Sydow,
Gabler-Verlag • Wiesbaden, S. 75-109

## Abstract

The role and the central importance of emotions in the organizational context and especially of the emotions of managers are often underestimated in current management research, although recent studies have now made visible the broad range of this topic, both for theory and praxis. The still remaining deficit according to managers' emotions constitutes the starting point of this study. Here metaphor analysis as an alternative instrument that helps to detect and describe the (often hidden) emotions of executives will be introduced. Two case studies of managers in firms in transition show how metaphor analysis works. Moreover chances and limitations of qualitative methods in this field will be critically discussed.


## Inhaltsübersicht

# 1 Einleitung

Die Beschäftigung mit Emotionen im organisationalen Kontext ist in den vergangenen Jahren auch in der Managementforschung „hoffähig" geworden. Sie haben damit endlich jene Beachtung gefunden, die ihnen in den Augen vieler Autoren schon seit längerem zukommen sollte (Fineman 1993a; Ashforth/Humphrey 1995; Domagalski 1999). Während in Disziplinen wie der Linguistik, der Psychologie oder der Soziologie Emotionen oft thematisiert werden und einen festen Platz inne haben, taten sich die Managementforschung und ihre führenden Vertreter lange Zeit schwer damit.

> „We are haunted by this concern most strongly when one of us was invited to give a seminar at a prestigious management school. The invited speaker suggested a talk on expressed emotions, which evoked a cool and unenthusiastic response from the professor who made the invitation. Another professor from the management school later called to tell the invited speaker (for ‚your own good') that ‚we don't care whether people smile or frown at work.' In particular, the second professor asserted that management theorists at his school didn't care whether clerks in convenience stores were friendly or rude since it ‚didn't have anything to do' with managing a Fortune 500 company" (Rafaeli/Sutton 1989, S. 35 f.).

Der vorliegende Beitrag möchte sich speziell Emotionen auf der Managementebene, die in der bisherigen Fachliteratur noch wenig berücksichtigt worden sind, eingehender widmen. Dazu wird ein Instrument vorgestellt, das geeignet erscheint, neuartige Erkenntnisse zu dieser komplexen Thematik zu liefern. Zu Beginn soll in Abschnitt 2 ein grober Überblick über die zentralen Themenbereiche von Emotionen in Organisationen auf der Basis der bisherigen Fachliteratur gegeben werden. Anschließend werden Emotionen auf der Managementebene eingehender erörtert (Abschnitt 3). In Abschnitt 4 werden die methodischen Probleme der Erfassung von Emotionen näher beleuchtet und bisherige Ansätze diskutiert. Der 5. Abschnitt widmet sich der Metapher-Analyse als einer spezifischen Methodik zur Erschließung (vielfach verdeckter) Emotionen von Führungskräften. In Abschnitt 6 werden zwei Fallstudien vorgestellt, anhand derer die „Leistungsfähigkeit" der Metapher-Analyse sichtbar werden soll. In der abschließenden Diskussion (Abschnitt 7) werden die Möglichkeiten und Grenzen dieser Methodik diskutiert sowie Hinweise für zukünftige Forschungsarbeiten skizziert.

# 2 Emotionen in Organisationen: Drei Problembereiche

## 2.1 Wesen und Funktion von Emotionen

Die Frage „Was sind Emotionen?“ führt einerseits zu der Feststellung, dass viele Autoren überhaupt nicht darauf eingehen bzw. ihren Arbeiten implizit ein umgangssprachliches Verständnis (Emotionen = Gefühle) zugrunde legen (z.B. Rafaeli/Sutton 1989; Fineman 1993b; Abraham 2000; vgl. kritisch dazu auch den Beitrag von Barbara Sieben in diesem Band). Wo die Frage diskutiert wird, zeigt sich andererseits eine breite Vielfalt von Meinungen, Definitionen und Konzepten (Oatley/Jenkins 1996; Zepf 1997), was nicht zuletzt mit der Vielzahl bzw. Vielfalt disziplinärer Ansätze zusammenhängen dürfte. Nichtsdestotrotz soll nachfolgend versucht werden, Wesen und Funktion von Emotionen wenigstens ansatzweise zu umreißen.

Grundsätzlich kann „Emotion“ als „allgemeine Bezeichnung für die affektive Seite des Erlebens“ (Klima 1988, S. 255) definiert werden. Etwas ausführlicher ist der Vorschlag von Fiebig und Kramer (1998, S. 536 in Anlehnung an Goleman 1995):

> „Emotion has been defined as a feeling and its related thoughts, including its psychological and biological states and subsequent behaviors.“

Noch einen Schritt weiter gehen Oatley und Jenkins (1996, S. 96; in Anlehnung an Frijda 1986) mit ihrer „Arbeitsdefinition“:

> “1 An emotion is usually caused by a person consciously or unconsciously evaluating an event as relevant to a concern (a goal) that is important; the emotion is felt as positive when a concern is advanced and negative when a concern is impeded.
>
> 2 The core of an emotion is readiness to act and the prompting of plans, an emotion gives priority for one or a few kinds of action to which it gives a sense of urgency – so it can interrupt, or compete with, alternative mental processes or actions. Different types of readiness create different outline relationships with others.
>
> 3 An emotion is usually experienced as a distinctive type of mental state, sometimes accompanied or followed by bodily changes, expressions, actions.”

Hieraus lassen sich bereits verschiedene wichtige Aussagen über das Wesen von Emo tionen ableiten:

- Emotionen kommen oft unbewusst (aber auch bewusst) zustande.
- Emotionen können sowohl rationaler als auch irrationaler Natur sein.
- Emotionen können sichtbare oder unsichtbare Auswirkungen haben.
- Emotionen können sowohl Auslöser als auch Ergebnis von Kognitionen sein.
- Emotionen sind Bestandteile eines Prozesses.

Bezüglich einer weitergehenden Theoretisierung bzw. Konzeptualisierung von Emotionen lassen sich in der Literatur vor allem zwei Strömungen ausmachen, die zwar eine deutlich unterschiedliche Herkunft aufweisen und verschiedene Schwerpunkte setzen, aber durchaus nicht ohne gegenseitige Bezugspunkte sind:

Die *psychodynamische* Richtung fokussiert vor allem personeninterne Prozesse und betont den Einfluss unterbewusster und instinktiver Kräfte bei der Entstehung von Emotionen. Es werden deutliche Bezüge zu psychoanalytischen Konzepten gemacht (z.B. zum Narzissmus: Schwartz 1993; Brown 1997a). Dabei besteht auch ein gewisser Hang zur Pathologisierung bestimmter Phänomene (Kets de Vries/Miller 1985; Kets de Vries 1990), der sich nicht nur auf Individuen, sondern durchaus auch auf Organisationen konzentriert (Kets de Vries/Miller 1986; Brown 1997a).

Demgegenüber steht bei der *sozialkonstruktivistischen* Richtung der soziale Kontext im Vordergrund, in dem Emotionen eingebettet sind (Fineman 1993b). Entsprechend kommt den Individuen hier eine aktivere Rolle zu, ebenso wie auch der Einfluss der Organisation mit ihren Kulturen und Strukturen erhöhte Aufmerksamkeit genießt (Hochschild 1979; Rafaeli/Sutton 1989; Morris/Feldman 1996). Diskutiert wird hier auch das Phänomen der „emotional contagion“ (emotionale Ansteckung – Kets de Vries 1990; Hatfield et al. 1994) innerhalb des sozialen Kontextes, was in gewissem Sinne wiederum den Bogen schlägt zur „psychodynamischen“ Richtung.

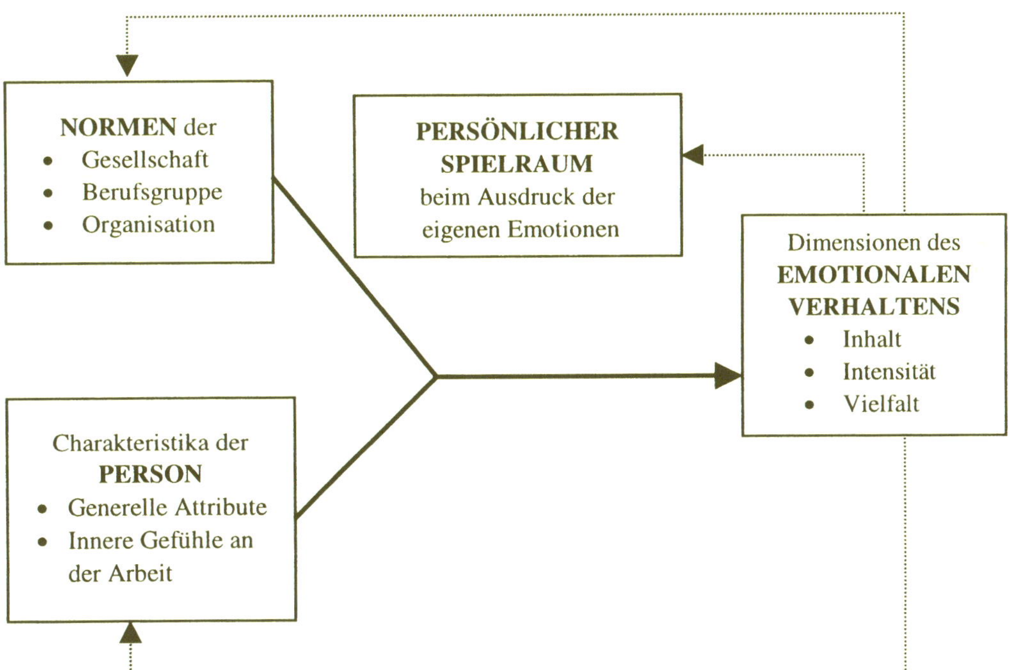


Abb. 1: Modell zur Darstellung und Erklärung von Emotionen im organisationalen Kontext (in Anlehnung an Rafaeli/Sutton 1989, S. 5)

Eine Reihe von Autoren haben sich um eine prozessuale Darstellung von Emotionen bemüht (z.B. Staw et al. 1994; Fiebig/Kramer 1998). Die Darstellung in Abb. 1 lehnt sich im Wesentlichen an ein Modell von Rafaeli und Sutton (1990, S. 5) an, das vor allem versucht, Emotionen in einen größeren organisationalen Kontext einzubetten und für unsere weiteren Überlegungen deshalb hilfreich erscheint. Das Modell ist grundsätzlich eher der sozialkonstruktivistischen Richtung zuzurechnen, erlaubt aber auch die Integration verschiedener Aspekte der psychodynamischen Sichtweise.

Das Modell besteht grob aus vier Elementen:

- Die spezifischen *Charakteristika des betroffenen Individuums* sind für das emotionale Verhalten von zentraler Bedeutung. Rafaeli und Sutton (1989) nennen insbesondere das Geschlecht, das Maß an persönlicher Selbstbeherrschung sowie das emotionale „Stehvermögen". Neben diesen eher allgemeinen, dauerhaften Eigenschaften ist auch die situative innere Gefühlslage zu beachten, die oft einen latenten Einfluss ausübt.
- In der unmittelbaren (Arbeits-)Umwelt des Individuums sind eine Vielzahl von *Normen* und Regeln unterschiedlicher Herkunft, mit unterschiedlicher Zielstellung und Konkretheit vorhanden, mit denen das Individuum bewusst oder unbewusst konfrontiert wird (Hochschild 1979). Ein besonderer Konfliktgehalt liegt dabei in Situationen mangelhafter bzw. mehrdeutiger Kommunikation von Normen oder wenn sich verschiedene Normen direkt widersprechen (Hennestad 1990).
- Trotz des großen Gewichts der beiden ersten Faktoren für das emotionale Verhalten weisen Rafaeli und Sutton (1989) mit Nachdruck auf die Bedeutung des *Spielraums* bzw. der Handlungsautonomie des betroffenen Individuums hin, der von Organisation zu Organisation sehr unterschiedlich sein kann (Van Maanen/Kunda 1989; Abraham 2000).
- Das zum Ausdruck gebrachte *emotionale Verhalten* – mit unterschiedlicher Ausprägung seiner drei Dimensionen – hat einerseits Auswirkungen auf die Empfänger bzw. Adressaten innerhalb des Kommunikationsprozesses und ihre möglichen Reaktionen (die im Modell nicht explizit dargestellt sind und in der vorliegenden Arbeit etwas in den Hintergrund treten). Andererseits sind auch verschiedene Rückkopplungseffekte zu beachten: Erstens auf die eigene Gefühlslage, wodurch das Individuum eine mögliche kognitive Dissonanz zwischen innerer Gefühlslage und äußerem Verhalten eliminieren (Festinger 1957) oder auch die eigene Emotionalität noch steigern kann. Nicht zu unterschätzen ist allerdings auch die Möglichkeit, dass keine Kongruenz besteht bzw. hergestellt werden kann und das Individuum versucht sein kann, (bewusst oder unbewusst) die fortbestehende Dissonanz zu verdrängen. Zweitens auf die Regeln und Normen, die durch das emotionale Verhalten reproduziert oder auch (in Interaktion mit anderen Akteuren) langfristig verändert werden können (Lively 2000). Drittens auf den eigenen Spielraum, der ebenfalls längerfristig durch das Verhalten beeinflusst werden kann (Fiebig/Kramer 1998).

## 2.2 Emotionalität versus Rationalität in Organisationen

Die Sicht auf Organisationen als „emotional arenas in which different emotions are generated, displayed, shed, and traded" (Gabriel 1998, S. 292) ist noch nicht alt. Ein Hauptgrund für die Vernachlässigung von Emotionen im Bereich der Organisations- und Managementforschung dürfte der weit verbreitete „Rationalitätsmythos" (Putnam/Mumby 1993) sein. So wurden Organisationen – sowohl Strukturen als auch Prozesse – lange Zeit als rational, entsprechend der Maschinen-Metapher (Morgan 1986), angesehen, was sich auch auf die Betrachtung der in ihnen agierenden Menschen ausdehnte (Domagalski 1999). Dagegen wurden Emotionen als irrational und negativ betrachtet, als eine Art Störfaktor, den es vor allem seitens des Management wenn nicht zu eliminieren, so doch mindestens zu kontrollieren und zu beherrschen galt.

Dieser Mythos lässt sich mindestens bis zu Taylors „scientific management" (1911) zurückverfolgen und wurde durch eine Vielzahl prominenter Autoren und ihre Werke (z.B. Fayol, Gutenberg, Thompson, Williamson, Coleman) bewusst oder unbewusst bis heute fortgeschrieben.

Zwar gab es in der Organisationstheorie zu fast allen Zeiten auch „Gegenstimmen" (z.B. Human-Relations-Bewegung, „bounded rationality"-Theorie, Mikropolitik, „garbage can"-Ansatz). Nichtsdestotrotz wurden Emotionen in der Organisationsliteratur meist nur implizit thematisiert. Die Beschäftigung mit Emotionen im organisationalen Kontext beschränkte sich vor allem auf Themen wie Arbeitszufriedenheit, Stress, Organisationsklima oder (insbesondere im angelsächsischen Raum) „organizational commitment" (Fineman 1996; Staehle 1999).

Die Gründe für diese lange „Durststrecke" von Emotionen in Organisationen sind vielfältig, zu nennen wären insbesondere:

- der traditionell starke Einfluss, den ingenieurtechnische (z.B. Taylor) und volkswirtschaftliche Sichtweisen (z.B. Gutenberg, Friedman) mit einem starken Hang zum Objektivismus/Rationalismus auf die Managementforschung ausübten,
- die landläufige geschlechterspezifische Trennung von Rationalität (männlich) und Emotionalität (weiblich), verbunden mit der traditionellen männlichen Dominanz in Organisationen (Albrow 1992; Hearn 1993; Parkin 1993),
- der andauernde Wunsch vieler Management-Praktiker nach möglichst weitgehender Kontrolle ihrer Organisation, verbunden mit der negativen Attribuierung alles scheinbar Irrationalen (Stearns/Stearns 1986; Domagalski 1999).

Eine zumindest partielle Überwindung des Rationalitätsmythos wurde Ende der 70er-/anfangs der 80er-Jahre eingeleitet. Wichtige Wegbereiter waren dabei allgemein die Institutionensoziologen (z.B. Meyer/Rowan 1977) und ihre Thematisierung des (organisationalen) Rationalitätsmythos, daneben auch Arbeiten von Barry Staw (1980) zur Rationalität von Individuen und Organisationen und von Jeffrey Pfeffer (1981) über Management als symbolisches Handeln. In diesen Zeitraum fällt auch die breit angelegte empirische Arbeit über Emotionen im organisationalen Kontext von Arlie Hochschild

(1983), welche die weitere Forschung zu dieser Thematik stark beeinflusste. Der endgültige Durchbruch (im angelsächsischen Raum) wurde einige Jahre später durch die Arbeiten von Anat Rafaeli und Bob Sutton (1987, 1989, 1990, 1991) und den umfassenden Sammelband von Stephen Fineman (1993a) vollzogen.

In jüngerer Zeit mehren sich in der Emotionen-Diskussion nun auch Stimmen, welche – wie bereits im vorangegangenen Punkt angesprochen – die Emotionalität-Rationalität-Dichotomie grundsätzlich in Frage stellen und auf die Untrennbarkeit der beiden Aspekte im individuellen Denken und Handeln hinweisen (Ashforth/Humphrey 1995; Fineman 1996; Schanz 1997).

## 2.3 Kontrolle und Nutzung von Emotionen

Die bisherige Forschung hat nicht nur deutlich gemacht, dass Emotionen einen festen Bestandteil des Alltags in Organisationen darstellen, sondern auch nachdrücklich darauf hingewiesen, dass deren Kontrolle und (effiziente) Nutzung von entscheidender Bedeutung sein kann.

In diesem Zusammenhang wurde der Begriff *„emotional labor"* in die Diskussion eingeführt: Darunter wird allgemein die Kenntnis, Einschätzung und Bewertung der eigenen (und in einem gewissen Maße fremder) Emotionen sowie ihr Einsatz durch das jeweilige Individuum verstanden, vor dem Hintergrund organisationaler oder gesellschaftlicher Erwartungen (Hochschild 1979; Ashforth/Humphrey 1995; Morris/Feldman 1996, Brown 1997b). Von besonderem Interesse ist, wie seitens der Organisation das Denken und Verhalten der einzelnen Individuen beeinflusst und begrenzt, Normen und Anreize vorgegeben und Kontrolle ausgeübt werden kann (Van Maanen/Kunda 1989; Rafaeli/Sutton 1991; Fineman 1993b). Dabei wird den Rekrutierungs- und Selektionsmechanismen, der Sozialisation neuer Mitarbeiter, Schulungen und Trainings sowie den Anreizsystemen eine besondere Bedeutung für die Integration und Indoktrination der Organisationsmitglieder in Richtung auf die bestehende Berufs-, Organisations- oder Branchenkultur (Sutton 1991; Harris 1994; Staw et al. 1994; O'Reilly/Chatman 1996) beigemessen. Bezeichnend für diese Thematik dürfte nach wie vor eine „klassische" Anekdote von Chester Barnard sein:

> „Ich erinnere mich an eine Telefonistin, die ihren Dienst an einem einsamen Platz versah, von dem aus sie in einiger Entfernung das Haus sehen konnte, in dem ihre Mutter krank zu Bett lag. Sie opferte sich auf, um für ihre Mutter zu sorgen und ihr jenes Haus zu erhalten. Um das zu können, wählte sie entgegen anderen Neigungen diese Beschäftigung in jener besonderen Lage. Dennoch blieb sie am Klappenschank, während sie sah, wie das Haus niederbrannte (Fußnote: Die Mutter konnte gerettet werden). Kein offizieller Kodex und keine Bestimmung der Organisation, die für diese Umstände gegolten hätten, leiteten ihr Verhalten, ja, sie verletzte einige private und andere Normen. Dennoch zeigte sie, wie man sagen müßte, außerordentlichen ‚moralischen' Mut, um einer Verhaltensregel ihrer Organisation zu entsprechen – der moralischen Notwendigkeit zu ununterbrochener Dienstbereitschaft der Telefonvermittlung. Das bedeutete hohe Verantwortlichkeit im Hinblick auf diese Norm" (Barnard 1970, S. 221).

Das Beispiel bringt auch zum Ausdruck, dass Einfluss und Wirkung von Kultur(en) in diesem Zusammenhang durchaus kritisch betrachtet werden müssen. Insbesondere die verstärkte Dissonanz zwischen eigenem innerem Gefühl und (zwangsweise) zum Ausdruck gebrachter Emotion kann zu Stress, Überlastung oder gesteigerter Unzufriedenheit bei den Betroffenen führen (Hochschild 1983; Sutton 1991; Newton et al. 1995; Morris/Feldman 1996; Copp 1998; Gabriel 1998). Dies ist umso bedeutsamer, als eine ungehinderte Entfaltung der eigenen Emotionen als eine unentbehrliche Quelle für verschiedene kreative und künstlerische Arbeitstätigkeiten angesehen werden muss (Sandelands/Buckner 1989).

Eine weitere interessante Thematik ergibt sich aus dem gezielten und geplanten Einsatz von Emotionen zur Kontrolle und Beeinflussung der Eindrücke externer Stakeholder (z.B. Behörden, Kunden, Medien) seitens der Organisation. Die „impression management"-Literatur referiert diesbezüglich eine breite Palette unterschiedlichster Motive und Instrumente (Schlenker 1980; Rosenfeld et al. 1995).

Dass darüber hinaus Emotionen heute ganz allgemein als Erfolgsfaktor angesehen werden müssen, ist im Zuge der „Dienstleistungsgesellschaft" weithin offenkundig geworden (Taylor 1998; Staehle 1999). Marketing und Werbung beispielsweise sind ohne den gezielten Einsatz des „Faktors Emotion" kaum mehr vorstellbar (Peters/Austin 1993; Basting 1999). Aber auch die Diskussionen um Organisationskultur und organisationale Identität verdeutlichen den Stellenwert von Emotionen.

# 3 Emotionen im Management: Eine spezifische Betrachtung

Die bisherige Forschungsliteratur zu Emotionen in Organisationen hat eine Vielzahl unterschiedlicher Personen- und Berufsgruppen in den Fokus genommen, so etwa Hostessen (Hochschild 1983), Erlebnispark-Führer (Van Maanen/Kunda 1989), Verkäufer (Rafaeli/Sutton 1990), polizeiliche Verhörleiter (Rafaeli/Sutton 1991), Inkassobüro-Mitarbeiter (Sutton 1991) oder Krankenpfleger (Karp/Tanarugsachock 2000). Eher unterbelichtet geblieben sind (überraschenderweise) Führungskräfte (Staehle 1999). Meistens werden sie im Zusammenhang mit Kontrolle/Nutzung von Emotionen anderer genannt, während allzu oft vernachlässigt wird, dass sie selber in ausgeprägter Weise „Träger" von Emotionen sind. Mögliche Gründe für diese Vernachlässigung sind:

- der weit verbreitete Mythos vom rationalen Manager (in Anlehnung an den oben beschriebenen Rationalitätsmythos), der sowohl als Projektion des Umfeldes als auch als Selbstbild zum Tragen kommt (Brunsson 1985; Kets de Vries 1990),

- die ebenfalls bereits angesprochene, kulturell und strukturell verwurzelte Geschlechterdefinition (Manager = Männer = rational/objektiv/emotionslos) (Hearn 1993; Parkin 1993),
- die Vorherrschaft des Kontrollthemas in klassischer Sichtweise (Kontrolle über Organisation und Umwelt) gegenüber der individuellen (psycho-sozialen) Sichtweise in der Managementforschung.

Eine gewisse Gegenbewegung dazu ist in der praxisorientierten Managementliteratur zu finden: Einerseits wurde vor allem anhand von (und durch) beispielhafte Führerpersönlichkeiten ein auf Emotionen, Enthusiasmus und Leidenschaft („passion for excellence“) hin orientiertes Führungsverhalten beschrieben und als Erfolgsrezept propagiert (Morita 1987; Carlzon 1989; Peters/Austin 1993). Andererseits wurde mit dem Konzept der „emotionalen Intelligenz“, als einem Bündel von (Führungs-)Kompetenzen (Selbstreflexion, Selbstkontrolle, Selbstmotivation, Empathie und soziale Kompetenz) versucht, diese Hinwendung zur stärkeren Beachtung von Emotionen im Management auch wissenschaftlich zu fundieren (Goleman 1995, 1998, 1999; Huy 1999; Abraham 2000).

Als Gegenreaktion aus der „leichteren“ Literatur können auch verschiedene Versuche gewertet werden, die Problematik in kritisch-satirischer Weise anzugehen (z.B. Noll/Bachmann 1991; Adams 1996), die zu einer gewissen, durchaus positiv zu wertenden Entmystifizierung der Manager und der Managementebene beigetragen haben.

Nichtsdestotrotz sind eingehende, wissenschaftliche Analysen über Emotionen von Führungskräften weiterhin rar, was – verbunden mit den oben genannten Gründen – auch auf methodische Probleme hinweist: Emotionen von Managern sind schwierig zu ergründen, da diese unter dem Druck sozialer Erwünschtheit bestimmte Images verbreiten müssen oder wollen und dadurch ihre „wahren“ Emotionen oftmals verdecken. Dies geschieht vielfach auch zum Schutz der eigenen Person und der eigenen Unternehmung, mit der gerade Spitzenmanager in der Öffentlichkeit stark identifiziert werden.

Bevor im nächsten Abschnitt auf die besonderen methodischen Aspekte der Erforschung von Emotionen von Managern eingegangen wird, soll nachfolgend das oben eingeführte Emotionen-Modell vor dem Hintergrund der Situation von Führungskräften neu „gelesen“ werden. Dadurch wird auch die besondere Relevanz dieser Thematik für die Managementebene nochmals verdeutlicht:

- Bezüglich ihrer persönlichen Charakteristika sind Führungskräfte in mancher Hinsicht herausragend. Sie verfügen in der Regel über eine ausgezeichnete Ausbildung und eine längere Berufs- und Führungserfahrung. Ihre inneren Gefühle an der Arbeit dürften – vor allem im Vergleich zum normalen Mitarbeiter – von einer starken Ambiguität geprägt sein: Positive (Beförderungen, Lob, Bonifikationen) und negative Ereignisse (Unternehmenskrise, Streitigkeiten, öffentliche Kritik) gehören gleichermaßen zum Alltag einer Führungskraft. Die Annahme eines „Wechselbads der Gefühle“ ist durchaus naheliegend.
- Trotz (oder gerade wegen) ihrer besonderen Stellung sind Führungskräfte einem erhöhten Druck durch Normen vielfältigster Art ausgesetzt. Sie werden für viele An-

gelegenheiten innerhalb (und teilweise auch außerhalb) des Betriebs verantwortlich gemacht, von internen wie auch externen Stakeholdern. Hohe Erwartungen werden einerseits in sie hineinprojiziert und stellen sie sich andererseits auch selbst. Für viele Normen besitzt ihr Verhalten Vorbildcharakter (Martin/Powers 1983), Normenverletzungen sind häufig möglich und werden oftmals schnell sichtbar. „Time-outs" werden ihnen kaum gewährt oder aber negativ gewertet (Kets de Vries 1990).

- Der persönliche Spielraum von Führungskräften beim Ausdruck eigener Emotionen scheint – mit Blick auf ihre Rechte und Kompetenzen – sehr groß zu sein. In Anbetracht des geschilderten starken Normendrucks, vielfältig auftretender Dilemmata (Neuberger 1995, 2000) und einem ständig wiederkehrenden Zwang zur Legitimation des eigenen Denkens und Handelns wie auch organisationaler Belange im weitesten Sinne muss dieses Bild allerdings korrigiert und der „emotionale Spielraum" als eingeschränkt angesehen werden.
- Vor diesem gesamten Hintergrund unterliegt das emotionale Verhalten von Führungskräften einer ständigen, starken und vielseitigen Kontrolle, die sich bis auf kleinste Details (z.B. Grüßen, Krawattenfarbe) erstrecken kann. Entsprechend liegt auch die Annahme nahe, dass Führungskräfte vermehrt Situationen emotionaler Dissonanz verspüren, was – wie bereits angesprochen – zu emotionalen Redefinitionen („ich fühle mich prima!") und/oder Verdrängungsmechanismen zwingt. Weiterhin ist gerade das Verhalten von Führungskräften bedeutsam für die Reproduktion oder schrittweise Erosion und Veränderung von (organisationalen) Regeln und Normen (Hosking/Fineman 1990). Die Rückkopplung auf den eigenen Spielraum verläuft vor allem über die durch das emotionale Verhalten erzeugte Erwartungshaltung seitens des persönlichen Umfeldes der Führungskraft (Kets de Vries 1999).

Emotionen von Führungskräften ziehen allerdings auch Konsequenzen nach sich, die noch über das Modell hinausgehen: Vertreter der „psychodynamischen" Richtung der Emotionen-Forschung verweisen auf die vielfältigen Probleme im Zusammenhang mit der Befriedigung innerer Bedürfnisse (z.B. Anerkennung, Sicherheit) bei Führungskräften, die sich bis hin zu eindeutig pathologischen Mustern (z.B. Allmachtswahn, Kontrollmanie) entwickeln können (Kets de Vries 1990; Fineman 1993b; Brown 1997a). Weiterhin kommt es – insbesondere im Umkreis von charismatischen Führungskräften – aufgrund ihrer Vorbildwirkung und ihres ausgeweiteten Einflussbereichs oftmals zu emotionalen Ansteckungsprozessen (Kets de Vries 1990; Hatfield et al. 1994), die sowohl positive (z.B. Teamgeist) als auch negative Tendenzen (z.B. Teamneurose) haben können. Und schließlich schafft die konflikt- und stressgeladene Atmosphäre auf der Managementebene günstige Voraussetzungen für Mobbing aller Art, sowohl gegenüber Mitarbeitern (z.B. zur Gewinnung unbedingter Loyalität), als auch Kollegen (z.B. zur Ausschaltung von Konkurrenten) und Vorgesetzten (z.B. zur Fortsetzung der Karriere) (Neuberger 1994; Niedl 1995; Zapf 1999).

# 4 Probleme der Erfassung von Emotionen im Management

Die hohe Komplexität, die in der Darstellung und Konzeptualisierung von Emotionen in Organisationen im Allgemeinen und auf der Managementebene im Besonderen sichtbar geworden ist, stellt eine besondere Herausforderung an den empirischen Forscher und sein Instrumentarium dar. In der bisherigen Emotionen-Forschung wurden sehr unterschiedliche Methoden angewandt, ohne dass sich ein „Königsweg" herausgebildet hätte – die Thematik lässt weiterhin auch Raum für die Anwendung alternativer Verfahren (Fineman 1993c). In diesem Abschnitt sollen die wichtigsten Methoden, die in sozialwissenschaftlich orientierten Emotionen-Studien zur Anwendung kommen, angefangen bei den eher quantitativen hin zu den eher qualitativen, kurz vorgestellt und diskutiert werden. Das weite Feld biologischer und neurophysiologischer Studien (z.B. Lewis/ Haviland 1993) wird hier bewusst ausgeklammert. Damit soll ein Einblick in die Vielfalt, aber auch die besonderen Probleme der Emotionen-Forschung vermittelt werden.

In verschiedenen Studien (z.B. Brown 1997b; Fiebig/Kramer 1998; Gayle/Preiss 1998) wird versucht, mit *strukturierten Fragebögen* Aspekte von Emotionen zu untersuchen, wobei die Probanden Selbsteinschätzungen machen sollen. Trotz ihrer guten Quantifizierbarkeit ist die Authentizität dieser Ergebnisse kritisch zu bewerten, da die Beantwortung der Fragen nicht überprüft werden kann und vor allem der soziale Kontext von emotionalem Verhalten hier zu kurz kommt.

Ähnliche Probleme ergeben sich im Zusammenhang mit sog. *Vignetten* (z.B. Smith/ Lazarus 1993; Kiesler et al. 1997): Hier sollen Probanden auf bestimmte vorgegebene, meist typisierte Materialien (z.B. Geschichten, Fotos) reagieren bzw. Einschätzungen abgeben. Die Probanden sind hier wohl beobachtbar, die Forschungsanlage leidet aber oft unter einer starken „Laboratmosphäre" (Parkinson/Manstead 1993).

Mittels *strukturierter Beobachtungen* (z.B. Ekman et al. 1972; Sutton/Rafaeli 1988) werden vor allem äußere (sichtbare) Emotionen untersucht. Der Nachteil liegt vor allem in einer geringen Flexibilität gegenüber beobachtbaren Phänomenen, da meist mit strengen Klassifikationen gearbeitet wird. Darüber hinaus besteht hier auch das Problem der Mehrdeutigkeit von bestimmten Beobachtungen im sozialen Kontext (Geertz 1973).

Die häufigste Erhebungsmethode stellt eindeutig das *qualitative Interview* dar (z.B. Gabriel 1993; Parkinson/Manstead 1993), wobei Emotionen meist nicht direkt angesprochen werden, sondern erst bei der Analyse in den Vordergrund rücken. Dabei kommen verschiedene Techniken zum Einsatz wie etwa die Analyse von Geschichten (Mitroff/ Kilmann 1980) oder Schlüsselwörtern (Chikudate 1997). Nachteile dieser Methode sind die Beschränkung auf das gesprochene Wort sowie der allgemein hohe Auswertungsaufwand. Eine Sonderform des qualitativen Interviews, die im Zusammenhang mit der Erforschung von Emotionen besonders interessant erscheint, ist das sog. *Tiefeninterview* (z.B. Kets de Vries 1999). Hier werden verschiedene Aspekte von Emotionen offen angesprochen und diskutiert, teilweise sogar in Gruppen. Obwohl hier sehr eindrückliche Ergebnisse erzielt werden können, kommen zusätzlich zu den Nachteilen des „normalen" Interviews noch die hohen Anforderungen an den Interviewer sowie die oft schwierige Gewinnung der Bereitschaft des Probanden erschwerend hinzu.

Mit der *unstrukturierten (teilnehmenden) Beobachtung* (z.B. Höpfl/Linstead 1993; Parkinson/Manstead 1993) wird versucht, relativ ungeordnet Datenmaterial im Forschungsfeld zu sammeln, z.B. bezüglich Emotionen in Interaktionen, non-verbalem Verhalten, auffälligen Gegenständen etc. Diese vor allem aus der Ethnographie und Ethnologie bekannte Methode erfordert großes Können seitens des Forschers und meist auch einen hohen Auswertungsaufwand. Dies wird noch verstärkt, wenn – wie von verschiedener Seite empfohlen (Rafaeli/Sutton 1987; Fineman 1993c) – eine Vielzahl von technischen Hilfsmitteln (Videokameras, Tonbandgeräte etc.) zum Einsatz kommen, die teilweise auch die Authentizität der Beobachtungssituation beeinträchtigen können.

Im *dramaturgischen Ansatz* (z.B. Höpfl/Linstead 1993) wird die Organisation bzw. der soziale Kontext als Theater angenommen, in dem mit verschiedenen Probanden (meist in Gruppen) über ihre „Rollen", die „Bühne", das „Stück" etc. diskutiert wird. Hier bestehen einerseits gewisse Zugangs- bzw. Bereitschaftsprobleme, andererseits stellen wiederum sowohl Datenerhebung als auch -auswertung hohe Ansprüche an den Forscher.

Beim *literarischen Ansatz* (z.B. Richardson 1992) wird versucht, durch besondere Text- oder Kunstformen (Gedicht, Drama) Probanden zur Äußerung ihrer Emotionen zu bewegen. Die hohen Anforderungen an Bereitschaft (und Können) der Probanden erschweren hier oftmals die Datenerhebung. Weiter wäre zu hinterfragen, inwieweit bei diesem Ansatz der Bezug zum sozialen Kontext erhalten werden kann.

Aus diesen Überlegungen heraus können drei Punkte abgeleitet werden, die grundsätzlich für die empirische Erforschung von Emotionen besonders gewichtig erscheinen:

- Für das Verständnis von Emotionen ist der Bezug zum sozialen Kontext des Probanden im Allgemeinen wie auch der Emotion im Besonderen von großer Wichtigkeit (Fineman 1993b; Hearn 1993; Parkinson/Manstead 1993), was für eine breite Forschungsperspektive und eher gegen laborartige Untersuchungsanlagen spricht.
- Der Sprache als wichtigstem Kommunikationsmedium kommt im Zusammenhang mit Emotionen eine zentrale Rolle zu. Dies rückt wiederum Techniken der Sprach- und Gesprächsanalyse (Musson/Cohen 1999; Habscheid 2001) in den Blickpunkt.
- Für die Analyse und das Verständnis von inneren Emotionen sind qualitative Methoden vorzuziehen (Rafaeli/Sutton 1989). Dabei kann je nach Untersuchungsgegenstand und -ziel aus der sehr vielfältigen qualitativen Methodenpalette ein spezifisches Instrumentarium erstellt werden.

Sämtliche theoretisch möglichen Methoden und Herangehensweisen an Emotionen von Führungskräften zu erörtern, ist vor allem angesichts der methodischen Reichhaltigkeit moderner sozialwissenschaftlicher Analyse hier nicht möglich. Dagegen soll im folgenden Abschnitt die Metapher-Analyse als ein neuartiges qualitatives Instrument vorgestellt werden, das in der Lage scheint, wichtige Informationen und Erkenntnisse über das angesprochene Thema zu liefern.

# 5 Die Metapher-Analyse: Ein alternatives Zugangsinstrument

Die Metapher-Analyse ist ein qualitatives Auswertungsverfahren, das dazu dienen soll, (verdeckte) Emotionen in Texten herauszuarbeiten und sichtbar zu machen. Bevor die Überlegungen und Beweggründe, die zu ihrer Entwicklung und Anwendung geführt haben, im Einzelnen zur Sprache kommen, soll im Folgenden die Metapher an sich im organisationalen Kontext kurz dargestellt werden.

## 5.1 Metaphern im organisationalen Kontext

> „Das Wesen einer Metapher besteht darin, dass wir durch sie eine Sache oder einen Vorgang in Begriffen einer anderen Sache bzw. eines anderen Vorgangs verstehen und erfahren können" (Lakoff/Johnson 1998, S. 13; ähnlich Manning 1979, S. 661; Krefting/Frost 1985, S. 158).

Was auf den ersten Blick etwas verwirrend und unverständlich erscheint – diese scheinbare „Falschheit" – ist die eindeutige Stärke von Metaphern:

> „The power of a metaphor derives precisely from the interplay between the discordant meanings it symbolically coerces into a unitary conceptual framework and from the degree to which that coercion is successful in overcoming the psychic resistance such semantic tension inevitably generates in anyone in a position to perceive it" (Geertz 1973, S. 211).

Weiterhin wird in der Literatur darauf hingewiesen, dass Metaphern sowohl eine kognitive als auch eine affektive Komponente besitzen (Krefting/Frost 1985; Gahmberg 1990), bewusst oder unbewusst entstehen (Martin/Powers 1983) und einfache oder ausgeweitete Formen annehmen können (Pondy 1983). Darüber hinaus halten sich Metaphern oft über längere Zeit in einer Organisation und entwickeln sich zu echten Labeln oder auch zu Plattitüden (Czarniawska-Joerges 1990). Metaphern sind somit nicht nur Modelle zur Beschreibung und Erklärung organisatorischer Aspekte und Situationen („models *of* the situation"), sondern können als Basis-Metaphern auch handlungsleitend wirken („models *for* the situation") (Geertz 1973; Manning 1979; Pondy 1983).

Von den Funktionen, die Metaphern im Rahmen organisationaler Interaktionen übernehmen, sind insbesondere zu nennen:

- Metaphern zur Erleichterung und Ausschmückung von Kommunikation (Krefting/ Frost 1985; Czarniawska-Joerges/Joerges 1990),
- Metaphern zur Reduktion von (kommunikativer) Komplexität und Unsicherheit (Pondy 1983; Clark/Salaman 1996),
- Metaphern zur Übermittlung von „Unaussprechbarem" (Geertz 1973; Inns/Jones 1996),
- Metaphern zur Unterstützung der eigenen Argumentation (Martin/Powers 1983; Sticht 1993),
- Metaphern zur Erzeugung von Unangreifbarkeit für den eigenen Standpunkt (Pondy 1983, Höpfl/Maddrell 1996),
- Metaphern zur (subtilen) Bekämpfung von Gegnern (Lemmermann 1990),
- Metaphern als Gemeinschaftsstifter (Pondy 1983; Albert/Whetten 1985),
- Metaphern zur Initiierung von Lern- und Wandlungsprozessen (Wilkins/Patterson 1985; Sackmann 1989),
- Metaphern als konzentrierte Sinnträger und „Vehikel" für verschlüsselte Informationen (Freud 1989; Kiesler et al. 1997).

Diese breite Vielfalt an Funktionen, die Metaphern im organisationalen Kontext zukommen können, ist auch gleichzeitig ein Ansatzpunkt für die folgenden Überlegungen.

## 5.2 Beweggründe für den Einsatz der Metapher-Analyse

Die Entwicklung und der Einsatz der Metapher-Analyse basiert auf einigen wichtigen Basisüberlegungen:

- Im organisationalen Kontext werden – wie bereits mehrfach erläutert – viele „echte" Emotionen teils sozial reguliert, teils vom Individuum selbst unterdrückt oder verdrängt (Freud 1989; Van Maanen/Kunda 1989; Rafaeli/Sutton 1990; Harris 1994). Dies gilt insbesondere auch für Führungskräfte (Kets de Vries 1990; Hatfield et al. 1994; Streich 1994). Es liegt deshalb nahe, diesen verdeckten Emotionen besondere Aufmerksamkeit zu widmen und nach Möglichkeiten zu suchen, sie (zumindest teilweise) sichtbar zu machen.
- Metaphern erscheinen besonders geeignet für diese Aufgabe zu sein. In Metaphern werden Emotionen konzeptualisiert (Apresjan 1995; Putnam et al. 1996), wobei das Konzeptsystem des einzelnen Individuums einerseits kulturell, andererseits biographisch bedingt ist. Die Bedeutung dieses Konzeptsystems reduziert sich aber keineswegs auf die sprachliche Ebene, sondern hat wesentlichen Einfluss auf das individuelle Denken und Handeln (Lakoff/Johnson 1998).
- Der Vorteil von Metaphern, gegenüber etwa von Mythen oder Geschichten, liegt darin, dass sie häufiger vorkommen, stärker im allgemeinen Sprachgebrauch integriert sind und deshalb auch weniger bewusst gesteuert werden können als Letztere. So bekommen sie nicht selten die Funktion eines „qualitativ gefärbten Affekts" (Freud 1989, S. 37), fungieren als Ersatz für verdrängte Emotionen (Kiesler et al.

1997) und bilden auch quasi eine Parallele zum bekannten „Freud'schen Versprecher" (Steger 2000).

- Die starke Verbreitung von Metaphern erleichtert auch ihre Gewinnung. So sind Metaphern beispielsweise in qualitativen Interviews oft vorhanden. Mit einem durchaus vertretbaren Aufwand kann also ein Datenmaterial aufgebaut werden, das einen interessanten Zugang zu den verdeckten Aspekten der inneren Welt des Individuums wie auch seiner Kultur schafft (Lakoff/Johnson 1989; Inns/Jones 1996).
- Metaphern stellen Bezüge her zum Individuum einerseits und seinem sozialen Kontext andererseits (Lakoff/Johnson 1989; Apresjan 1995). Diese „Doppelfunktion" lässt es als sinnvoll erscheinen, Metaphern gerade auch für die Analyse von komplexen Vorgängen in Organisationen verstärkt heranzuziehen (Sims et al. 1993; Palmer/Dunford 1996).
- Metaphern als Analyseinstrument im Bezug auf Emotionen von Führungskräften einzusetzen, drängt sich auch durch die Tatsache auf, dass viele Manager starken Gebrauch von Metaphern machen, wobei durchaus angenommen werden kann, dass dies nicht immer bewusst geschieht. Zudem sind – wie Beispiele aus der jüngeren Zeit deutlich gemacht haben – die von Führungskräften verwendeten Metaphern auch für eine weitere Öffentlichkeit relevant und können unter Umständen massive Reaktionen provozieren (z.B. die „Peanuts"-Bemerkung von Deutsche Bank-Sprecher Kopper oder die „Krieg"-Ansage von VW-Chef Piëch – siehe dazu auch den Beitrag von Burkard Sievers in diesem Band).

## 5.3 Funktions- und Arbeitsweise der Metapher-Analyse

Das konkrete Vorgehen bei der Metapher-Analyse umfasst verschiedene Techniken, die im Rahmen des „grounded theory"-Ansatzes (Glaser/Strauss 1967; Strauss/Corbin 1996) propagiert worden sind, und lässt sich grob in drei Schritte unterteilen. Diese dürfen allerdings nicht starr chronologisch aufgefasst werden, vielmehr soll – ganz im Sinne der „grounded theory" – auch flexibel zwischen ihnen hin- und hergewechselt werden:

1. *Metaphersuche und -auswahl*: Angesichts einer großen Zahl von Metaphern, die bei näherer Betrachtung in praktisch jedem Text vorgefunden werden können, muss sich die Arbeit auf einzelne Fälle konzentrieren. Dabei kann es durchaus sinnvoll sein, zuerst systematisch sämtliche auffindbaren Metaphern in einem Text zu notieren und dann erst eine Selektion vorzunehmen. Wichtige Kriterien für diese Auswahl sind Auffälligkeit (d.h. eine Metapher, die ein besonders eindrückliches Bild erzeugt), Wiederholung (d.h. Metaphern, die mehrmals ähnlich im Text auftauchen und dem gleichen Konzept, z.B. die Firma ist ein Schiff, zugeordnet werden können) und Ausarbeitung (d.h. eine Metapher, die vom Sprecher besonders ausgeführt wird). Darüber hinaus hängt eine gute Auswahl aber auch vom Gespür bzw. der Erfahrung des Forschers im Umgang mit qualitativem Datenmaterial ab.

2. *Allgemeine Metapher-Analyse*: Da eine Metapher immer auch in einem kommunikativen Prozess (Sender – Empfänger) eingebettet ist, muss auch nach dem allgemein gebräuchlichen Sinn einer bestimmten Metapher gefragt werden. Dabei können Vergleiche („Welche anderen Metaphern könnten das Gleiche oder etwas Ähnliches ausdrücken?"); Kategorisierungen („Welche Funktion übernimmt diese Metapher bzw. welche könnte sie übernehmen?") sowie Dimensionierungen und Konzeptualisierungen („Welche Aspekte, welche Eigenschaften besitzt diese Metapher, welche könnte sie annehmen?") hilfreich sein. Es ist zudem wichtig, sich bei diesem Schritt ein Stück weit vom Originaltext zu entfernen, um das freie Assoziieren über die gewählte Metapher zu erleichtern und auch alternative (vielleicht auf den ersten Blick unsinnig erscheinende) Deutungen zu ermöglichen.

3. *Textimmanente Metapher-Analyse*: Metaphern sollten nicht gänzlich losgelöst von ihrem „Schöpfer" interpretiert werden, da sie ja einerseits gerade Informationen über diese Person geben sollen und andererseits – wie oben bereits angesprochen – auch durchaus individuell bedingt sind. Es ist also nach der konkreten Einordnung der Metapher in das individuelle Selbstkonzept des betreffenden Individuums zu fragen („Welchen Sinn besitzt die Metapher, bewusst oder unbewusst, für das Individuum?") und Bezug zum persönlichen Hintergrund des Individuums herzustellen („Wie lässt sich die Metapher in das persönliche Umfeld, die persönliche Biographie des Individuums integrieren?"). Wichtig ist hierbei auch, dass der Forscher versucht, der Logik des Individuums gegenüber seiner eigenen Logik den Vorrang zu geben („Was macht für das Individuum Sinn?"). In diesem Schritt, der mit Abstand der aufwendigste der ganzen Analyse ist, müssen unbedingt auch weitere Informationsquellen (z.B. andere Textstellen, Aussagen nahe stehender Personen, eigene Beobachtungen) hinzugezogen werden, um die Forschungsperspektive noch zu weiten. Dabei ist ein ständiges Hin- und Herspringen zwischen den verschiedenen Daten hilfreich, um sich einerseits nicht in einem Detail zu verlieren oder „betriebsblind" zu werden und andererseits entstehende Interpretationen auch kritisch hinterfragen zu können.

# 6 Zwei Fallbeispiele

In diesem Abschnitt werden nun exemplarisch zwei Fallbeispiele vorgestellt, anhand derer die Funktionsweise der Metapher-Analyse sichtbar werden soll. Es handelt sich dabei um zwei qualitative Führungskräfte-Interviews aus einem umfangreichen Forschungsprojekt in ostdeutschen Industriebetrieben. Dabei wurden insgesamt 101 Interviews mit Personen sämtlicher hierarchischer Ebenen zu ihren Erfahrungen und Eindrücken im Transformationsprozess (im weitesten Sinne) geführt. Dies ermöglicht auch, bei der Analyse und Interpretation der Fälle auf zahlreiche Informationen und Daten aus dem Umfeld der betreffenden Führungskräfte zurückgreifen zu können.

## 6.1 Fallbeispiel 1: Der Schiedsrichter

Erich Apel (sämtliche Namen sind geändert) wurde kurz nach der Wende Geschäftsführer für Technik und Produktion von Texbau, einem Textilmaschinenbau-Unternehmen mit langer Tradition. In dieser Eigenschaft war er vor allem mit der Restrukturierung des Unternehmens betraut, was eine Aufgabe von extremen Ausmaßen darstellte. So mussten zahlreiche Teilbereiche und Betriebsstandorte ausgegliedert oder geschlossen und die Belegschaftszahl um rund 90 % reduziert werden.

1. *Metaphersuche und -auswahl*: Im Rahmen des Interviews kam Apel auch auf seine Einstellung bei der Umsetzung seiner Arbeitsziele zu sprechen. Er umschrieb sie wie folgt:

> „Wenn ich das mal salopp sage, in solcher Etappe, in solchen Etappen brauchen Sie Leute, ... die 'ne harte Hand haben. Also, so wie, wenn ich das mal bildlich sage, ein Fußballschiedsrichter auf dem Spielfeld, und der sagt: Hier wird Strafstoß gemacht, wird dort Strafstoß gemacht und nicht hier, sondern hier wird Strafstoß gemacht. Und das ist, also sagen wir mal, das Durchsetzungsvermögen, das Notwendige auch wirklich durchzusetzen." (Zitat 1a)

Diese Metapher ist recht auffällig und gut ausgearbeitet. So werden etwa bestimmte Eigenschaften des Schiedsrichters (Durchsetzungsvermögen) hervorgehoben und eine konkrete Situation (Strafstoß) skizziert. Da die Metapher auch im Bezug auf eine interessante Fragestellung im Rahmen des Interviews steht, wurde sie für die weitere Bearbeitung ausgewählt.

2. *Allgemeine Metapher-Analyse*: Grundsätzlich ist diese Metapher vom Manager als Schiedsrichter nicht unbedingt ungewöhnlich. Beide sind Führungskräfte (im weitesten Sinne), müssen Entscheidungen fällen und durchsetzen, stehen oft auch in der Kritik. Dass sich also ein Manager mit einem Schiedsrichter vergleicht, ist durchaus nachvollziehbar.
   Trotzdem muss hier weiter gefragt bzw. das Bild vertieft werden: Um was für ein „Spiel" handelt es sich hier? (Der betriebliche Restrukturierungsprozess?) Wer sind die beiden Mannschaften? (Unterschiedliche betriebliche Gruppen? Betrieb gegen Konkurrenz?) Was bedeutet der Strafstoß bzw. wer wird bestraft? (Apels Gegner?) Allgemeiner betrachtet kann auch die Schiedsrichter-Metapher hinterfragt werden: Es gäbe durchaus andere Metaphern, um eine klare Linie und die Durchsetzung von unangenehmen Dingen anschaulich zu machen (z.B. Vater, Lehrer, Mannschaftscoach, Orchesterdirigent). Dabei ist der Strafaspekt meist deutlich schwächer ausgeprägt als beim Schiedsrichter, und genau dieser Aspekt wird im vorliegenden Text auch noch explizit gemacht und ins Zentrum der Metapher gerückt. Es wird insgesamt deutlich, dass die allgemeine Metapher-Analyse zur Erklärung dieser Textstelle

nicht ausreicht und eine genauere Untersuchung des betrieblichen Kontextes und des biographischen Hintergrundes von Apel notwendig ist.

3. *Textimmanente Metapher-Analyse*: Apel war vor der Wende Direktor in einem kleineren Kombinatsbetrieb. Wie er in der Rückblende schildert, bekam er dabei immer wieder die Ungleichbehandlung der kleineren Betriebe gegenüber dem mächtigen Stammbetrieb im Rahmen der Kombinatsstrukturen zu spüren.

„Und hier war das eben so, (der Stammbetrieb; der Verf.) hatte bald 220 Millionen Mark der DDR Jahresumsatz, etwa 80 Millionen Mark der DDR Verlust jedes Jahr. Da haben alle den Mantel des Schweigens drüber gedeckt, das muss so sein. Also, mit anderen Worten, die kleinen Firmen rundherum, die mit Kostensätzen von 70 % und weniger gearbeitet haben, die mussten diesen Koloss hier mit durchschleppen. Das hat die hiesige Belegschaft als normal und immer berechtigt empfunden. Da hat gar niemand drüber richtig ernsthaft nachgedacht, die haben gesagt: Das ist eben so. Das hätten sie nie in 'nem kleineren Betrieb machen können, da wären sie bei der ersten besten Gelegenheit wegprofiliert worden, wie man damals immer gesagt hat. Weil, da wurde ja auch auf den Pfennig geguckt, bloß eben nicht an der richtigen Stelle." (1b)

Die Wende brachte eine massive Veränderung der Verhältnisse mit sich, auch was die Bewertung der verschiedenen Betriebe betraf. Insbesondere am Stammbetrieb des Kombinats ging dies nicht spurlos vorbei.

„Das hat sich 1990 kolossal geändert. Auf einmal war diese Firma nicht mehr die wichtigste Firma, sondern das war eine Firma, schon daraus ergibt sich ja ein wesentlicher Unterschied." (1c)

Im Frühjahr 1990 wurden die Spitzenpositionen im Stammbetrieb durch eine öffentliche Ausschreibung neu besetzt. Apel bewarb sich und wurde Geschäftsführer für Technik und Produktion des Unternehmens, das sich nun Texbau nannte. Damit bekam er auch intimen Einblick in die problematische wirtschaftliche Situation, die er in der Vergangenheit nur aus der Distanz gekannt hatte.

„Meine Vorstellung von der Firma selbst, die waren ... gewissermaßen vorgefasst, nicht unbedingt positiv in den Einzelheiten. Was ich dann hier erlebt hab', das war noch schlimmer, als ich das geahnt hab'. Weil im Vergleich zu den kleineren selbständigen Betrieben, in denen ich früher gearbeitet hab', das alles den Eindruck machte, wie ein Monster hier, wie also, das war alles riesengroß, unendlich weit und sehr aufgebläht." (1d)

Für Apel war seine Aufgabe klar: Er restrukturierte und verkleinerte das Unternehmen schrittweise, durch Entlassungen, Standortschließungen, Verkäufe etc. Mit Hinweis auf die extreme Ausgangslage konnte er nicht nur kritische Fragen über die einzuschlagende Richtung abblocken, sondern auch für längere Zeit entstehende Verluste rechtfertigen: Das Weiterbestehen der Texbau war Erfolgsbeweis genug.

„Und es zeigt sich ja, das, das ist ja eigentlich der größte Erfolg, dass es die Firma heute noch gibt, nach vier Jahren, dass der Weg in den Grundzügen richtig war. Dass, dass wir jetzt nicht so erfolgreich sein können, im Augenblick, hat vielerlei Ursachen, hat aber mit der Unternehmensentwicklung seit 1990 nicht unmittelbar und unbedingt was zu tun." (1e)

Gleichzeitig sah sich Apel in der glücklichen Situation, an der Vergangenheit des Unternehmens gänzlich unbeteiligt (sprich: unschuldig) zu sein und sich in keiner

Weise mit ihr identifizieren zu müssen. Seine Verantwortung als (frühere) Führungskraft im Allgemeinen schob er auf das herrschende System:

> „Ich kann doch nichts dafür, wenn also hier Produktionsstätten ererbt worden sind, die sich in derart schlechtem Zustand befinden, diesen Status muss man mir doch anerkennen. Man muss doch sagen, ich kann nicht mehr auf schlechthin imaginär, auf alle Leiter aus DDR-Zeiten schimpfen, die hatten auch ihre Sorgen, ihre Wehwehchen, und da war das eben ein Problem." (1f)

Vor diesem Hintergrund erscheint nun die Schiedsrichter-Metapher um einiges deutlicher: Schiedsrichter Apel verhängte einen Strafstoß in Form eines radikalen Restrukturierungskurses gegen die Mannschaft Texbau aufgrund des wiederholten Foulspiels in der Vergangenheit. Das Regelwerk der nun herrschenden Marktwirtschaft diente als legitimierendes Fundament. Die Betroffenen konnten sich nicht beklagen, sie sühnten für ihre jahrelange Selbstgefälligkeit und wirtschaftliche Sorglosigkeit.

Vor diesem Hintergrund verwundert es nicht, dass Apel eine Identifikation mit seinem Unternehmen nicht gelingen konnte (und entsprechend auch keine richtige Integration). Sein in der Metapher zum Ausdruck gebrachtes Selbst-Konzept bezüglich Position und Aufgabe, schloss dies aus (Schiedsrichter müssen neutral sein!). Das Verhältnis zu seiner Umgebung gestaltete sich (auch nach seinem eigenen Bekunden) immer problematischer. Ein externer Berater empfahl gar in einem internen Bericht, Apel vermehrt „aus der Schusslinie zu nehmen". Im Rahmen der Privatisierung Ende 1994 verließ Apel die Texbau.

Im zweiten Teil dieses Abschnitts soll nun noch versucht werden, anhand des oben eingeführten Emotionen-Modells die in der Metapher-Analyse gewonnenen Erkenntnisse zusammenzufassen:

- Die wichtigsten Charakteristika der Person Apel waren die Tatsache, dass er als Betriebsfremder in eine Umgebung eintrat, in der jahrzehntelange Betriebszugehörigkeit die Regel war, sowie seine angestaute Aggression gegen den ehemaligen Kombinats-Stammbetrieb (Zitat 1b), der nun sein neuer Arbeitgeber wurde. Weiter wurden ihm von seiner Umgebung (in anderen Interviews) eine große Zielstrebigkeit und Hartnäckigkeit, aber auch eine gewisse mangelnde Flexibilität attestiert. Vor diesem Hintergrund ist nicht anzunehmen, dass Apel bei seinem Eintritt von bewussten Rachegefühlen bestimmt gewesen ist. Wahrscheinlicher ist die Vermutung, dass er zielstrebig und sachlich die Emotionen der Vergangenheit ablegen, eventuell gar vergessen wollte.
- Die Arbeit hatte einen zwiespältigen Einfluss auf die Gefühlswelt Apels: Einerseits brachte sie ihm Genugtuung und Selbstbestätigung, er verfügte über beträchtliche Macht und Einfluss und konnte weitreichende Maßnahmen durchsetzen.

  > „In der Vorwendezeit, da war ja eigentlich die Führungsverantwortung von ihrem ganzen Umfeld her mehr Last als, als, sagen wir, Genugtuung, als persönliche Entwicklung. Jetzt ist das schon, die Arbeit macht Spaß. Sie können sich wesentlich mehr auf die Entscheidung konzentrieren und auf die eigentlichen, auf den eigentlichen Inhalt der Arbeit konzentrieren ..." (1g)

Andererseits stachelten die desolaten Zustände und die ablehnende Haltung weiter Teile der Beschäftigten (Zitat 1d, 1f), mit denen er konfrontiert wurde, nicht nur seinen Einsatz an, sondern bestätigten und reproduzierten auch die alten Vorurteile und Aggressionen. Dies führte letztlich auch dazu, dass er die Restrukturierung bzw. Sanierung des Betriebes nicht als „Krankheit“ (eine durchaus gebräuchliche Metapher) konzeptualisierte, sondern eher als „Katharsis“ der Betriebsgemeinschaft (Strafstoß-Metapher).

- Auch *Normen*, denen sich Apel ausgesetzt sah, waren teils widersprüchlich, teils zwiespältig: Tradition und Kultur des Unternehmens waren für ihn in der Vergangenheit negativ attribuiert (Zitat 1b, 1d) und setzten ihn nun einem starken Sozialisationsdruck aus, während sein Umfeld und viele seiner Kollegen darin groß geworden waren. Apel fühlte sich so zwangsläufig zunehmend einsam und isoliert.

„Was haben denn die Leute eigentlich an mir auszusetzen, so einen direkten Kontakt habe ich ja eigentlich mit denen gar nicht? (...) Mir lastet das so ein bisschen an, na, ich weiß nicht, ob Sie den Begriff ‚unnahbar‘ kennen.“ (1h)

Auch die Normen der Marktwirtschaft setzten ihn unter Druck, legitimierten zwar viele seiner Entscheidungen, erschwerten aber andererseits die Rekonstruktion seiner eigenen Vergangenheit als langjährige DDR-Führungskraft (Zitat 1f).

- Entsprechend war Apels emotionaler Spielraum, trotz seiner Machtfülle, begrenzt. Er fühlte sich überall beargwöhnt und angefeindet, eine offene Meinungsäußerung ohne das Risiko einer Eskalation war lediglich noch hinter verschlossenen Türen möglich.

„Wenn sie mit irgendjemand sprechen, kommen ja meist noch drei, vier andere mit dazu (...). Meistens ist das dann so, dass der Inhalt dieser Gespräche postwendend beim Betriebsrat landet. So, und dann wird das eben aus dem Zusammenhang gerissen oder irgendwie so dargestellt, dass .... Und da hab‘ ich mir schon, also auch weil mich meine Kollegen, mitunter gesagt haben: Lass dich nicht hinreißen, und lass dich nicht provozieren, solche Sachen, überleg‘ dir genau, was du in der Produktion sagst.“ (1i)

Ein Entgegenkommen von Apel gegenüber seinem Umfeld wurde durch immer wieder entstehende Missverständnisse einerseits und durch den Druck der ökonomischen Erfordernisse andererseits verunmöglicht.

- Sein emotionales Verhalten wurde so immer weiter eingeschränkt und von ihm selbst unterdrückt. Dies führte letztlich zu einem Teufelskreis von wiederkehrenden verbalen und emotionalen Missverständnissen im Betrieb, verstärkter Unterdrückung seiner Emotionen, Kompensation durch gewisse Ansätze zur Selbstüberhöhung (Schiedsrichter-Metapher, Monster-Metapher), verstärkte Isolierung sowie Fortbestehen (und Anwachsen) der angestauten Aggressionen gegenüber dem persönlichen Umfeld. Die Vermutung liegt nahe, dass Apel durch diese vielfältigen Rückkopplungen zunehmend Situationen von emotionaler Dissonanz erleben musste und ein erfolgreiches Emotionen-Management immer schwieriger wurde.

## 6.2 Fallbeispiel 2: Der Steuermann

Axel Fiedler machte nach der Wende eine rasante Karriere bei Werkbau, einem traditionsreichen Unternehmen des Werkzeugmaschinenbaus: 1990 wechselte er ins Finanz- und Rechnungswesen und war zwei Jahre später bereits kaufmännischer Leiter und Inhaber der Prokura.

1. *Metaphersuche und -auswahl*: An verschiedenen Stellen im Interview mit Fiedler tauchten Metaphern auf, die sich um das Konzept „der Betrieb ist ein Schiff" gruppieren lassen:

   „Ich bin aber zugleich oberster Betriebswirt, und wenn ich erkenne, dass das Schiff anfängt, irgendwo schwer zu gehen, dann muss ich mich an der Seite, wo's schief liegt, vom Ballast befreien, damit die restliche Mannschaft nicht mit untergeht. Und dieses Sinnbild hab' ich mir immer zum Zeichen gemacht und hab' gesagt, es muss natürlich auch immer 'ne Mannschaft bleiben, die das Schiff in Bewegung hält. Es nützt nichts, wenn ich ein Schiff hab', was nicht untergeht, was aber dann ziellos ohne Mannschaft durch den Ozean getrieben wird." (Zitat 2a)

   „Also dort habe ich enorme Bedenken, mit der jetzigen Geschäftsführung den rettenden Hafen zu erreichen ..." (2b)

   „Etwas weiter gezogen ist, dass wir in der rezessiven weltweiten Phase, insbesondere im Werkzeugmaschinenbau, als kleines, neues, als Newcomer-Unternehmen es geschafft haben, durch die felsige Brandung bis heute unser Schiff zu steuern." (2c)

   Diese Metapher ist nicht nur wegen ihres mehrfachen Auftretens von besonderem Interesse, sondern auch aufgrund der sehr plastischen Ausarbeitung verschiedener Aspekte in unterschiedlichen Zusammenhängen.

2. *Allgemeine Metapher-Analyse*: Die Schiff-Metapher ist gerade in Unternehmen, die schwere Krisen bewältigen müssen, häufig anzutreffen, was auch ein Blick auf andere Interviews aus ähnlichen Firmen zeigt. Hinterfragt werden müssen hier wiederum die verschiedenen Teilaspekte:

   Deutlich sichtbar sind die Krisensymptome („schief liegen", „rettender Hafen", „felsige Brandung"), die darauf hindeuten, dass Fiedler die Problemursachen sowohl außerhalb als auch innerhalb der Firma geortet hat. Sich selbst sieht er eindeutig in der Rolle des Steuermannes, der letztlich die Verantwortung für das Schiff hat und auch (schmerzhafte) Entscheidungen durchsetzen muss.

   Auffällig ist die zweifache Bezeichnung der Belegschaft in derselben Textstelle (Zitat 2a), einmal als „Mannschaft", einmal als „Ballast". Hier scheint sich eine klare Trennung (gut-böse? nahe stehend-fern stehend?) ergeben zu haben. Da Fiedler selbst auch Mitglied der erweiterten Geschäftsführung ist, muss auch das Zitat 2b als Hinweis für zusätzliche Spannungen, diesmal direkt innerhalb des obersten Gremiums, gewertet werden, obwohl sie in Zitat 2c („wir steuern") wieder etwas gemildert zu werden scheinen.

   Insgesamt kann aber auch in diesem zweiten Fallbeispiel eine fundierte Interpretation nur in einem größeren persönlichen wie sozialen Kontext vorgenommen werden.

3. *Textimmanente Metapher-Analyse:* Bereits vor der Wende war Fiedler über viele Jahre hinweg bei Werkbau in der Investitionsplanung tätig gewesen. Durch seinen Bereichswechsel und vor allem den folgenden rasanten Aufstieg kam es zu einer zunehmenden Distanzierung zu der Unternehmensbasis bzw. den dort angesiedelten Mitarbeitern, zu denen er selber noch vor kurzer Zeit gehört hatte.

„Da ich ja nun Mitglied der Geschäftsleitung bin, ist es, aus welchem Grund auch immer, ... zu 'ner gewissen Distanz zwischen Arbeitnehmerschaft und Geschäftsleitung gekommen." (2d)

Als kaufmännischer Leiter und direkter Vorgesetzter des Personalchefs musste er sich gleichwohl um diese Basis bemühen bzw. die Distanz zu überspielen suchen. Dies unterstrich er auch, wiederum mit einer Metapher, die allerdings einen gewissen materialistischen Anstrich hat und einen Hang zum paternalistischen Habitus verrät. Für Letzteres dürfte Fiedlers direkter Vorgesetzter, der sehr charismatische und patriarchalische geschäftsführende Gesellschafter, als Vorbild gedient haben. Darüber hinaus klingt die dreifache Verwendung des Ausdrucks „eigentlich" (in den ersten drei Sätzen) nach einer gewissen Relativierung der gemachten Aussagen.

„Der Umgang mit den Menschen ist eigentlich das Schönste, was es gibt. Und ich bin eigentlich sehr stolz darauf, dass man mir das gesamte Personalwesen anvertraut hat. Und ich versuch' dort eigentlich auch, die betriebswirtschaftlichen Momente zwar durchzusetzen, aber immer mit dem Moment, ich hab' mit dem wertvollsten Inventar zu tun, das Inventar bitte immer in Anführungsstrichen gesehn. Und da muss ich mich drauf einrichten, ich muss also mit dem Mensch reden, ich muss ihm die Gründe sagen, ob er die akzeptiert oder nicht, das sei dahingestellt, aber ich muss die Kommunikation suchen." (2e)

Gleichzeitig glaubte Fiedler, Anzeichen dafür zu sehen, dass der frühere Teamgeist in seinem Umfeld noch immer vorhanden war – obwohl die entsprechende Interviewstelle doch gewisse Zweifel aufkommen lässt.

„Aber dennoch, und Sie sehn das hier, das ist kein Zufall, ich hatte in den letzten Tagen Geburtstag, mein Team hat also meinen Geburtstag, nicht weil ich der Chef bin, sondern ganz einfach honoriert. Und ich freu' mich da eigentlich immer, ... dass dort noch ein gewisser Teamgeist ist ..." (2f)

Auch im Bezug auf sein Führungsverständnis konnte Fiedler einen gewissen Zwiespalt nicht verbergen, und auch hier äußerte sich dieser in prägnanten Metaphern: Einerseits kritisierte Fiedler das unselbständige Denken der Belegschaft, andererseits (und unmittelbar anschließend) wünschte er sich, dass die Geschäftsführung verstärkt unmittelbar Einfluss nehmen sollte.

„Es ist wieder die Ex-DDR Mentalität, das Blicken nach oben zu dem Manitu, der die Marschrichtungszahl täglich vorgibt, und wir marschieren so lange, bis keine neue Marschrichtungszahl kommt ... Beide Probleme, also der fehlende Impuls der Geschäftsführung und das Manitu-Denken, (...) sind tödlich. Also, es muss sowohl erstens entstehen das Freisetzen von Energien täglich jeden Mitarbeiters, und es muss natürlich die Vorbildwirkung und der Impuls der Geschäftsführung täglich erkennbar sein. Also, ich sag's mal ganz einfach, wenn der Geschäftsführer durch's Unternehmen läuft, muss es 'ne Sogfunktion geben. Es müssen, es darf nichts mehr ruhig liegen bleiben, es müssen, die Blätter müssen sich hinter ihm herziehen wie so ein Kreisel, wie so ein Windkreisel, das ist mein persönlicher Standpunkt dazu ..." (2g)

Im Verlaufe des Interviews wurde immer deutlicher, wie die schwierige Situation, die durch seinen rasanten Aufstieg entstanden war, bei Fiedler zu einer ausgeprägten Polarisierungshaltung (gut-böse) geführt hatte, die sich auf das gesamte inner- und außerbetriebliche Umfeld bezog und seine Sichtweise von Vergangenheit, Gegenwart und Zukunft bestimmte (sichtbar auch in den Zitaten 2a und 2c).

„Dennoch ist mir auch noch sehr lebhaft in Erinnerung das 89er-Jahr, was ich denke, selbst mitgestaltet und geprägt zu haben, weil ich zu denen gehört habe, die als Erste mit auf die Straße gegangen sind, nämlich am 3. Oktober 1989. Und hab‘ dort auf der jetzigen richtigen Seite gestanden und hab dort Aug‘ in Aug‘ mit meinen Kollegen gestanden, die als Knechte der SED ihren Job gemacht haben. Das werd‘ ich nie vergessen, und das hat eigentlich mein Denken sehr geprägt, mein Handeln.“ (2h)

„Wir haben also im Dezember 92 erstmalig erlebt, wie ein Geschäftsführer abberufen wurde. Das hat alle irgendwie bewegt (...). Als der Herr Müller dann ging, ein reichliches Jahr später, war das für mich ein ganz normaler Sachverhalt. Dass also einer entweder die Loyalität gegenüber dem Gesellschafter kündigt oder umgekehrt, (...) dass einer seiner Aufgabe nicht nachkommt. Und dann muss ich als Unternehmer reagieren und muss mich entweder von dem Mitglied der erweiterten Geschäftsleitung oder dann von dem Geschäftsführer trennen.“ (2i)

Die Polarisierung umfasste natürlich nicht nur Negativ-Beispiele. Ein zentraler positiver Bezugspunkt für Fiedler war sein (bereits erwähnter) persönlicher Vorgesetzter. Dies äußerte sich auch darin, dass er (nach Aussagen eines Mitarbeiters) auffällig oft dessen Metaphern verwendete.

„Sie werden das gemerkt haben in meinem bisherigen Ausführungen, dass ich eigentlich 'ne Lanze für meinen Chef gebrochen habe, nicht weil's mein Chef ist, sondern weil ich den Herrn Brunner als Mensch achte. Er hat die Fähigkeit zu motivieren, Vorbild zu sein, und er fordert nur das, was er selber vorgezeigt hat. Das ist gepaart mit menschlicher Reife, mit menschlicher Sachkenntnis und ist gepaart mit einem enormen Fachwissen, sowohl auf kaufmännischem als auch technischem Gebiet.“ (2j)

„Und dazu habe ich in meinem Chef einen sehr guten Meister gefunden ... Und ich merke, in den über zweieinhalb Jahren, fast zweidreiviertel Jahren, haben wir da 'ne sehr gute Wechselwirkung zwischen Geben und Nehmen.“ (2k)

Vor diesem Hintergrund stellt die eingangs dargestellte Schiff-Metapher in hoch verdichteter Form das Selbst-Konzept von Fiedler, als dem (einsamen) Steuermann, dar: In einer klar strukturierten Situation, konfrontiert mit einer feindlichen Umwelt („Ozean“, „Brandung“) und einer anonymen Personenmasse, die mal notwendig („Mannschaft“), mal belastend („Ballast“) ist, sah er sich ausschließlich für das Überleben des Unternehmens („Schiff“) seinem Vorgesetzten gegenüber verantwortlich.

Seiner weitgehend isolierten Stellung entsprechend wurde Fiedler rund ein Jahr nach dem Interview Opfer einer der zahlreichen betrieblichen Intrigen. Das Wohlwollen des Gesellschafters verhinderte zwar seine Entlassung, er musste allerdings eine empfindliche Rückstufung in Kauf nehmen.

Auch diese zweite Fallstudie soll abschließend unter Bezugnahme auf das Emotionen-Modell kurz zusammengefasst werden:

- Fiedlers persönliche Charakteristika wurden stark geprägt durch seinen rasanten Aufstieg: Einerseits war er in der Führungsetage ein „Neuer“, andererseits geriet er im Bezug auf seine Rolle und sein Selbstverständnis zwangsläufig in einen Zwiespalt zwischen Vergangenheit und Gegenwart. Er verlor seine angestammte Verankerung in der betrieblichen Basis und bemühte sich, diese durch eine extreme Konzentration seiner Kräfte zu kompensieren, was große Umstellungen und einiges an Verunsicherung mit sich brachte.

„Ich bin also natürlich in den letzten zwei Jahren und das ist das, was näher liegt, ein Arbeitgebervertreter geworden und vertrete damit eindeutig aufgrund meiner Funktion, aufgrund meiner Stellung im Unternehmen, die Interessen des Unternehmers und habe natürlich dort einen weiteren grundsätzlichen Wandel in meiner Denkweise vollziehen müssen ..." (2l)

„Und ich habe mir dann gesagt, wenn du jetzt diese Chance hast, das ist für dich persönlich einmalig, das ist die Chance deines Lebens. Jetzt musst du alles hinter dir lassen, links und rechts, und musst dich nur dieser einen Aufgabe widmen: die Aufgabe, die dir dein Chef übertragen hat, auszufüllen. Und ich verrate kein Geheimnis, ich habe schlaflose Nächte hinter mir, weil es war vollkommen neu." (2m)

- Seine Arbeit erfüllte ihn zwar mit Freude und Genugtuung (Zitate 2e, 2k), brachte aber auch einen weiteren Zwiespalt mit sich. Nicht nur war er aus seinen alten Strukturen ausgestiegen, er musste nun sogar in vielfältiger Weise Entscheide mit weitreichenden Konsequenzen für seine alten Kollegen fällen.

„Na, wissen Sie, als es anstand, die erste Kündigung zu unterschreiben, da hatte ich eine schlaflose Nacht. (...) Natürlich aufgrund dessen, dass die Betriebszugehörigkeit unserer Mitarbeiter im Durchschnitt über 22 Jahre ist, und ich bin seit fast 20 Jahre wohl in diesem Haus, ist man natürlich manchen Kollegen subjektiv etwas näher verbunden ... Ganz einfach auch aus dem im Vorpunkt geschilderten, weil man persönliche Ängste, Nöte, Sorgen kennt und man auch weiß, mit der Entscheidung, wohin sich derjenige begeben muss." (2n)

- Für Fiedler wurden auch die Anforderungen bzw. die Konfrontation mit den Normen der Managementebene zum Problem. Wie es der geschäftsführende Gesellschafter vorlebte, sollte er nun über den Dingen stehen, persönliche Gefühle hinten anstellen und zielsicher seinen Weg (alleine) gehen (Zitat 2j). Diese neue Härte wurde für Fiedler noch zusätzlich dadurch erschwert, dass seine neuen Kollegen sehr heterogen zusammengesetzt waren und eine neue Gemeinschaft so kaum möglich war. Neben dem Gesellschafter als Vorbild, konnte sich Fiedler also kaum an gleichrangige (oder ähnlich hochgestellte) Personen anlehnen. Dies wurde letztlich auch durch die oben erwähnte betriebliche Intrige verdeutlicht: Fiedler hatte sich mit einem sehr umtriebigen neuen Geschäftsführer-Kollegen verbündet, dessen Sturz ihm schlussendlich selbst zum Verhängnis wurde.

- Der persönliche emotionale Spielraum von Fiedler wurde durch vielfältige Schwierigkeiten begrenzt. Ob es der oben-unten-Gegensatz zur Belegschaft bzw. seiner eigenen Vergangenheit war, ob es seine sehr unterschiedlichen Kollegen waren, ob es der zum Vorbild erkorene Gesellschafter war: Überall war Fiedler gezwungen, seine Emotionen zu kontrollieren, um seinen Führungskraft-Nimbus aufrecht zu erhalten und gleichzeitig ein gesundes Arbeitsklima präsentieren zu können.

„Das heißt also, ich muss mich vermarkten, ich muss meinem Chef zeigen, dass ich Leistungsträger bin, dass ich Wissensträger bin. Das ist, hat sich noch nicht durchgesetzt, das Ellenbogen-, aber es sind die Anzeichen erkennbar." (2o)

- Entsprechend wurde Fiedlers emotionales Verhalten vor allem durch ein klares gut-böse-„Splitting" geprägt, das notwendig war, um eine gewisse Ordnung in sein Umfeld zu bringen. Dabei musste er allerdings auch wichtige Beziehungen aufgeben (Zitate 2d, 2h) oder war daran gehindert, neue einzugehen (Zitat 2b, 2i), womit er auch eine zunehmende emotionale Vereinsamung in Kauf nahm. Was der patriarchalische Gesellschafter relativ gut verkraftete – nämlich die Rolle des einsamen, selbstsicheren Führers – wurde für Fiedler zum Problem (und letztlich zum Verhängnis). Auch hier wurden also die Grenzen des Emotionen-Management sichtbar. Möglicherweise hatte aber seine Zurückstufung auch eine positive Seite, indem sie Fiedler erlaubte, den zwiespältigen Normendruck und die daraus erwachsenden emotionalen Dissonanzen abzubauen und sich auf einer niedrigeren Ebene neu zu positionieren.

# 7 Diskussion

Entsprechend der Zielstellung dieses Beitrags, die in erster Linie methodischer Natur war, kann es hier weder darum gehen, die inhaltliche Stoßrichtung der wissenschaftlichen Emotionen-Forschung neu zu definieren, noch konkrete Ansätze für das Emotionen-Management in der Praxis zu formulieren. Vielmehr sollen nachfolgend verschiedene methodische Aspekte der Emotionen-Forschung im Bezug auf die bisherigen Ausführungen kritisch diskutiert werden.

Ein erster Punkt ist die *Validität* der vorliegenden Ergebnisse: Abgesehen von der allgemeinen Validierungsdiskussion in der qualitativen Sozialforschung, die deutlich auf die Schwierigkeit der Übernahme klassischer (quantitativer) Kriterien hinweist (Denzin/ Lincoln 1994; Lamnek 1995), liegen hier verschiedene Argumente vor, die den Wert des Materials wie der daraus gewonnenen Erkenntnisse unterstreichen können. So wurde auf eine weitest mögliche Offenlegung des Interpretationsprozesses Wert gelegt, was nicht nur eine Nachvollziehbarkeit der Ergebnisse unterstützt, sondern dem interessierten Leser auch gestattet, die Methodik dieser Arbeit selbständig anzuwenden. Weiterhin stehen die beiden Fallbeispiele nicht im luftleeren Raum, sondern sind Teil eines umfangreichen Forschungsprojektes. Dadurch konnten die Interpretationen auch vielfältig überprüft und ergänzt werden. Im Falle der Schiedsrichter-Metapher wurde die Interpretation zudem mit einem nahe stehenden ehemaligen Arbeitskollegen und Freund des Probanden diskutiert (und bestätigt).

Die Grenzen – im vorliegenden Fall wie auch in weiteren Projekten mit dieser Methodik – liegen zum einen in der *Rückkopplung der Interpretation* zu den Betroffenen selbst.

Dieses Unterfangen, das zweifellos mit einigen Problemen verbunden sein dürfte, konnte im vorliegenden Fall leider nicht geleistet werden, was zukünftige Anwender nicht davon abhalten sollte, es zu wagen. Aus nahe liegenden Gründen ist allerdings vor einer vorschnellen Interpretation einer solchen Rückkopplung zu warnen.

Ein weiteres Problem der vorliegenden Methodik liegt zweifellos auch in der *Reichweite der Interpretation*. Auch wenn manche Metaphern – wie in den beiden Fallbeispielen gezeigt – zu recht interessanten Ergebnissen führen können, so sind sie doch kaum in der Lage, die gesamte Persönlichkeit des Probanden oder sein ganzes Umfeld zu erklären. Diesbezüglich muss auch das bekannte Beispiel der Interpretation des Taylor'schen „scientific management" auf der Grundlage von Taylors Biographie (Fineman 1993b) kritisch hinterfragt werden. Und auch in den vorliegenden Beispielen sind durchaus Stellen zu finden, wo der kritische Leser möglicherweise (und aus durchaus guten Gründen) der Interpretation nicht mehr zu folgen vermag – vor Über-Interpretationen ist sicherlich auch dieser Beitrag nicht gänzlich gefeit.

Wie grundsätzlich für die meisten qualitativen Ansätze zutreffend, liegt auch im vorliegenden Fall die Stärke der Methodik vor allem im detaillierten Ausloten des spezifischen Einzelfalls und seines Kontextes und nicht in der breiten *Generalisierbarkeit* der gewonnenen Aussagen. Gerade die Interpretation des tieferen Gehalts von Metaphern ist auf ihren spezifischen Kontext zurückverwiesen (Geertz 1973) – Allgemeinplätze („diese Metapher bedeutet grundsätzlich ...") sind hier kaum hinreichend. Allenfalls können Einzelfallvergleiche (z.B. bezüglich ähnlicher Metaphern) interessante Ergänzungen liefern, wobei die Zahl der Fälle, die bei qualitativen Analysen bearbeitet werden können – wie bereits oben angedeutet – auch schnell an ihre Grenzen stoßen kann.

Das Problem bezüglich der in der Interpretation enthaltenen *Zuschreibungen* verweist wiederum zurück auf bereits vielfach geführte Grundsatzdiskussionen. Qualitative Sozialforschung als Kunstlehre (Geertz 1973; Strauss/Corbin 1996) wird wohl nie ohne individuelle Zuschreibungen des Forschers auskommen. Auch der Einbezug weiterer Interpreten erhöht zwar die Intersubjektivität der Aussagen, diese bleiben aber letztlich dennoch Zuschreibungen. Wichtig ist vor allem, diese offen zu legen und möglichst weitgehend nachvollziehbar zu machen. Einem Leser allerdings, der nicht bereit ist, sich auf die Grundprinzipien eines qualitativen Paradigmas einzulassen, werden zugegebenermaßen solche und ähnliche Interpretationen unzugänglich bleiben.

Insgesamt darf die *Metapher-Analyse* – auch vor dem Hintergrund der in Abschnitt 5 geführten Methodendiskussion und der durchaus vorhandenen Einschränkungen – als alternatives Instrument zur Sichtbarmachung und Vertiefung emotionaler Aspekte im organisationalen Kontext im Allgemeinen und auf der Managementebene im Besonderen durchaus eine gewisse Berechtigung in Anspruch nehmen. Ausgedehntere Anwendungen dieses Instruments bzw. der Metapher-Forschung ganz allgemein – auch auf andere Themenfelder (z.B. Legitimationen, Strategieentwicklung, Personalführung) – erscheinen durchaus möglich und sinnvoll zu sein (Oswick/Grant 1996).

Aufgrund der gemachten Erfahrungen sind zum Schluss dieser Arbeit auch einige Hinweise zur konkreten Anwendung der Metapher-Analyse angebracht: Erstens ist grundsätzlich (auch unter Berücksichtigung möglicher Abweichungen und alternativer Stoßrichtungen) zu einer *qualitativ orientierten Vorgehensweise* zu raten: Ohne die Fähigkeiten der quantitativen Methodologie in Zweifel ziehen zu wollen, wird doch diese früher oder später – ganz einfach aufgrund ihres gänzlich anderen Grundverständnisses – mit der Komplexität der Metaphern nicht mehr zurecht bzw. kaum zu befriedigenden Ergebnissen kommen.

Zweitens erscheint das *qualitative Interview* für die Datenerhebung auch im Bereich der Emotionsforschung als guter Kompromiss: Einerseits bleibt der Aufwand der Datensammlung einigermaßen im Rahmen, andererseits ist dennoch eine ausreichende Basis für gehaltvolle Interpretationen gelegt. Wichtig ist allerdings – vor allem auch zur Erhöhung der Intersubjektivität der Interpretation – der Einbezug weiterer Interviews bzw. alternativer Datenquellen im unmittelbaren Umfeld des betreffenden Probanden.

Drittens ist es gerade für die Analyse von Emotionen wichtig, sich auf *Interviewsituationen bzw. -themen* mit einer gewissen emotionalen Spannung zu konzentrieren, wodurch auch in erhöhtem Maße emotionale Aussagen bzw. „emotional geladene" Metaphern erwartet werden dürfen (Hochschild 1983; Rafaeli/Sutton 1990; Gabriel 1993; Gayle/Preiss 1998; Steger 2000). Wie im vorliegenden Falle können dies beispielsweise Themenfelder mit erhöhtem Legitimationsbedarf (z.B. Personalabbau, Restrukturierungsprozesse) sein.

Abschließend noch ein Wort zum verwendeten *Prozessmodell*: Auch wenn hier kein Anspruch auf Exklusivität erhoben werden soll – in der Literatur sind durchaus auch prägnante alternative Modelle zu finden – so hat es sich doch aus zweierlei Gründen als sinnvolle Wahl erwiesen: Einerseits ist es eine relativ einfache und gut nachvollziehbare Darstellung von Funktion und Wirkungsweise von Emotionen, integriert insbesondere den organisationalen Kontext und berücksichtigt sowohl die sozialkonstruktivistische als auch die psychodynamische Perspektive. Andererseits hat es sich auch für die Zusammenfassung der Interpretationsergebnisse der beiden Fallbeispiele als brauchbares Instrument erwiesen.

## Literaturverzeichnis

Abraham, R. (2000): The role of job control as a moderator of emotional dissonance and emotional intelligence-outcome relationships. In: Journal of Psychology Interdisciplinary & Applied 134, S. 169-185.

Adams, S. (1996): The Dilbert principle. New York.

Albert, S./Whetten, D.A. (1985): Organizational identity. In: Cummings, L.L./Staw, B.M. (Hrsg.): Research in Organizational Behavior 7. Greenwich, Conn., S. 263-295.

Albrow, M. (1992): Sine ira et studio – or do organizations have feelings? In: Organization Studies 13, S. 313-329.

Apresjan, V. (1995): Emotions. Linguistic representation and cultural conceptualization. Los Angeles.

Ashforth, B.E./Humphrey, R.H. (1995): Emotion in the workplace: A reappraisal. In: Human Relations 48, S. 97-125.

Basting, B. (1999): Wer sich wohl fühlt, greift auch zu. In: Die Weltwoche 67 (49), S. 65.

Barnard, C. (1970): Die Führung großer Organisationen. Essen.

Brown, A.D. (1997a): Narcissism, identity, and legitimacy. In: Academy of Management Review 22, S. 643-686.

Brown, R.B. (1997b): Emotion in organizations. In: Journal of Applied Behavioral Science 33, S. 247-262.

Brunsson, N. (1985): The irrational organization. Chichester.

Carlzon, J. (1989): Moments of truth. New York.

Chikudate, N. (1997): Exploring the life-world of organizations by linguistic oriented phenomenology in sub-cultural analysis of organizations: A comparison between Japanese and U.S. banks. In: Management International Review 37, S. 169-183.

Clark, T./Salaman, G. (1996): Telling tales: Management consultancy as the art of story telling. In: Grant, D./Oswick, C. (Hrsg.): Metaphor and organizations. London, S. 166-184.

Copp, M. (1998): When emotion work is doomed to fail: Ideological and structural constraints on emotion management. In: Symbolic Interaction 21, S. 299-328.

Czarniawska-Joerges, B. (1990): Merchants of meaning: Management consulting in the Swedish public sector. In: Turner, B.A. (Hrsg.): Organizational symbolism. Berlin, S. 139-150.

Czarniawska-Joerges, B./Joerges, B. (1990): Linguistic artifacts at service of organizational control. In: Gagliardi, P. (Hrsg.): Symbols and artifacts. Berlin, S. 339-364.

Denzin, N.K./Lincoln, Y.S. (Hrsg.)(1994): Handbook of qualitative research. Thousand Oaks.

Domagalski, T.A. (1999): Emotion in organizations: Main currents. In: Human Relations 48, S. 833-852.

Ekman, P./Friesen, W.V./Ellsworth, P. (1972): Emotion in the human face: Guidelines for research and a review of findings. New York.

Festinger, L. (1957): A theory of cognitive dissonance. Evanston.

Fiebig, G.V./Kramer, M.W. (1998): A framework for the study of emotions in organizational contexts. In: Management Communication Quarterly 11, S. 536-572.

Fineman, S. (Hrsg.)(1993a): Emotion in organizations. London.

Fineman, S. (1993b): Organizations as emotional arenas. In: Fineman, S. (Hrsg.): Emotion in organizations. London, S. 9-35.

Fineman, S. (1993c): An emotion agenda. In: Fineman, S. (Hrsg.): Emotion in organizations. London, S. 216-224.

Fineman, S. (1996): Emotion and organizing. In: Clegg, S.R./Hardy, C./Nord, W.R. (Hrsg.): Handbook of organization studies. London, S. 543-564.

Freud, S. (1989): Essays II – Auswahl 1915-1919. 2. Aufl. Berlin.

Frijda, N.H. (1986): The emotions. Cambridge.

Gabriel, Y. (1993): Organizational nostalgia – Reflections on „the golden age". In: Fineman, S. (Hrsg.): Emotion in organizations. London, S. 118-141.

Gabriel, Y. (1998): Psychoanalytic contributions to the study of the emotional life of organizations. In: Administration & Society 30, S. 291-314.

Gayle, B.M./Preiss, R.W. (1998): Assessing emotionality in organizational conflicts. In: Management Communication Quarterly 12, S. 280-302.

Gahmberg, H. (1990): Metaphor management: On the semiotics of strategic leadership. In: Turner, B.A. (Hrsg.): Organizational symbolism. Berlin, S. 151-158.

Geertz, C. (1973): The interpretation of culture. New York.

Glaser, B.G./Strauss, A.L. (1967): The discovery of grounded theory. New York.

Goleman, D. (1995): Emotional intelligence: Why it can matter more than IQ. New York.

Goleman, D. (1998): Working with emotional intelligence. New York.

Goleman, D. (1999): Emotionale Intelligenz – zum Führen unerläßlich. In: Harvard Business Manager 21 (3), S. 27-36.

Habscheid, S. (2001): Gesprächsanalyse in Organisationsprozessen. In: Antos, G./Brinker, K./Heinemann, W./Sager, S.F. (Hrsg.): Text- und Gesprächslinguistik. 2. Halbband. Berlin und New York (im Erscheinen).

Harris, S.G. (1994): Organizational culture and individual sensemaking: A schema-based perspective. In: Organization Science 5, S. 309-321.

Hatfield, E./Cacioppo, J.T./Rapson, R.L. (1994): Emotional contagion. Paris.

Hearn, J. (1993): Emotive subjects: Organizational men, organizational masculinities and the (de)construction of „emotions". In: Fineman, S. (Hrsg.): Emotion in organizations. London, S. 142-166.

Hennestad, B.W. (1990): The symbolic impact of double bind leadership: Double bind and the dynamics of organizational culture. In: Journal of Management Studies 27, S. 265-280.

Hochschild, A.R. (1979): Emotion work, feeling rules, and social structure. In: American Journal of Sociology 85, S. 551-575.

Hochschild, A.R. (1983): The managed heart. Berkeley.

Höpfl, H./Linstead, S. (1993): Passion and performance: Suffering and the carrying of organizational roles. In: Fineman, S. (Hrsg.): Emotion in organizations. London, S. 76-93.

Höpfl, H./Maddrell, J. (1996): Can you resist a dream? Evangelical metaphors and the appropriation of emotion. In: Grant, D./Oswick, C. (Hrsg.): Metaphor and organizations. London, S. 200-212.

Hosking, D./Fineman, S. (1990): Organizing processes. In: Journal of Management Studies 27, S. 583-604.

Huy, Q.N. (1999): Emotional capability, emotional intelligence, and radical change. In: Academy of Management Review 24, S. 325-345.

Inns, D.E./Jones, P.J. (1996): Metaphor in organization theory: Following in the footsteps of the poet? In: Grant, D./Oswick, C. (Hrsg.): Metaphor and organizations. London, S. 110-126.

Karp, D.A./Tanarugsachock, V. (2000): Mental illness, caregiving, and emotion management. In: Qualitative Health Research 10, S. 6-25.

Kets de Vries, M.F.R. (1990): Chef-Typen – Zwischen Charisma und Chaos, Erfolg und Versagen. Wiesbaden.

Kets de Vries, M.F.R. (1999): What's playing in the organizational theater? Collusive relationships in management. In: Human Relations 52, S. 745-773.

Kets de Vries, M.F.R./Miller, D. (1985): Narcissism and leadership: An object relations perspective. In: Human Relations 38, S. 583-601.

Kets de Vries, M.F.R./Miller, D. (1986): Personality, culture, and organizations. In: Academy of Management Review 11, S. 266-279.

Kiesler, D.J./Schmidt, J.A./Wagner, C.C. (1997): A circumplex inventory of impact messages: An operational bridge between emotion and interpersonal behavior. In: Plutchik, R./Conte, H.R. (Hrsg.): Circumplex models of personality and emotions. Washington, S. 221-244.

Klima, R. (1988): Gefühl. In: Fuchs, W./Klima, R./Lautmann, R./Rammstedt, O./Wienold, H. (Hrsg.): Lexikon zur Soziologie. 2. Aufl. Opladen, S. 255.

Krefting, L./Frost, P.J. (1985): Untangling webs, surfing waves, and wildcatting: A multiple-metaphor perspective on managing organizational culture. In: Frost, P.J./Moore, L.F./Louis, M.R./Lundberg, C.C./Martin, J. (Hrsg.): Organizational culture. Beverly Hills, S. 155-168.

Lakoff, G./Johnson, M. (1989): More than cool reason. Chicago.

Lakoff, G./Johnson, M. (1998): Leben in Metaphern. Heidelberg.

Lamnek, S. (1995): Qualitative Sozialforschung. Band 1: Methodologie. Weinheim.

Lively, K.J. (2000): Reciprocal emotion management. In: Work and Occupations 27, S. 32-63.

Lemmermann, H. (1990): Lehrbuch der Rhetorik. München.

Lewis, M./Haviland, J.M. (1993): Handbook of emotions. New York und London.

Manning, P. (1979): Metaphors of the field: Varieties of organizational discourse. In: Administrative Science Quarterly 24, S. 660-671.

Martin, J./Powers, M. (1983): Truth or corporate propaganda: The value of a good war story. In: Pondy, L.R./Frost, P.J./Morgan, G./Dandridge, T.C. (Hrsg.): Organizational symbolism. Greenwich, S. 93-107.

Meyer, J.W./Rowan, B. (1977): Institutionalized organizations: Formal structure as myth and ceremony. In: American Journal of Sociology 83, S. 340-363.

Mitroff, I.I./Kilmann, R.H. (1980): Stories managers tell: A new tool for organizational problem solving. In: Leavitt, H.J./Pondy, L.R./Boje, D.M. (Hrsg.): Readings in managerial psychology. Chicago und London, S. 666-676.

Morgan, G. (1986): Images of organization. Beverly Hills.

Morita, A. (1987): Made in Japan. London.

Morris, J.A./Feldman, D.C. (1996): The dimensions, antecedents, and consequences of emotional labor. In: Academy of Management Review 21, S. 986-1010.

Musson, G./Cohen, L. (1999): Understanding language processes. In: Management Learning 30, S. 27-42.

Neuberger, O. (1994): Mobbing: Übel mitspielen in Organisationen. München und Mering.

Neuberger, O. (1995): Führen und geführt werden. 5. Aufl. Stuttgart.

Neuberger, O. (2000): Dilemmata und Paradoxa im Managementprozess – Grenzen der Entscheidungsrationalität. In: Schreyögg, G. (Hrsg.): Funktionswandel im Management: Wege jenseits der Ordnung. Berlin, S. 175-219.

Newton, T./Handy, J./Fineman, S. (1995): Managing stress: Emotion and power at work. London.

Niedl, K. (1995): Mobbing/Bullying am Arbeitsplatz. München und Mering.

Noll, P./Bachmann, H.R. (1991): Der kleine Machiavelli – Handbuch der Macht für den alltäglichen Gebrauch. München und Zürich.

O'Reilly, C.A./Chatman, J.A. (1996): Culture as social control: Corporations, cults, and commitment. In: Staw, B.A./Cummings, L.L. (Hrsg.): Research in Organizational Behavior 18. Greenwich, Conn., S. 157-200.

Oatley, K./Jenkins, J.M. (1996): Understanding emotions. Cambridge, MA.

Oswick, C./Grant, D. (1996): The organization of metaphors and the metaphors of organization: Where are we and where do we go from here? In: Grant, D./Oswick, C. (Hrsg.): Metaphor and organizations. London, S. 213-226.

Palmer, I./Dunford, R. (1996): Understanding organizations through metaphor. In: Oswick, C./Grant, D. (Hrsg.): Organisation development. London, S. 7-19.

Parkin, W. (1993): The public and the private: Gender, sexuality and emotion. In: Fineman, S. (Hrsg.): Emotion in organizations. London, S. 167-189.

Parkinson, B./Manstead, A.S.R. (1993): Making sense of emotions in stories and social life. In: Cognition and Emotion 7, S. 295-323.

Peters, T./Austin, N. (1993): Leistung aus Leidenschaft. Hamburg.

Pfeffer, J. (1981): Management as symbolic action. In: Cummings, L.L./Staw, B.M. (Hrsg.): Research in Organizational Behavior 3. Greenwich, Conn., S. 1-52.

Pondy, L.R. (1983): The role of metaphors and myths in organization and in the facilitation of change. In: Pondy, L.R./Frost, P.J./Morgan, G./Dandridge, T.C. (Hrsg.): Organizational symbolism. Greenwich, Conn., S. 157-166.

Putnam, L.L./Mumby, D. (1993): Organizations, emotion and the myth of rationality. In: Fineman, S. (Hrsg.): Emotion in organizations. London, S. 36-57.

Putnam, L.L./Phillips, N./Chapman, P. (1996): Metaphors of communication and organization. In: Clegg, S.R./Hardy, C./Nord, W.R. (Hrsg.): Handbook of organization studies. London, S. 375-408.

Rafaeli, A./Sutton, R.I. (1987): Expression of emotion as part of the work role. In: Aca demy of Management Review 12, S. 23-37.

Rafaeli, A./Sutton, R.I. (1989): The expression of emotion in organizational life. In: Staw, B.M./Cummings, L.L. (Hrsg.): Research in Organizational Behavior 11. Greenwich, Conn., S. 1-42.

Rafaeli, A./Sutton, R.I. (1990): Busy stores and demanding customers: How do they affect the display of positive emotion? In: Academy of Management Journal 33, S. 623-637.

Rafaeli, A./Sutton, R.I. (1991): Emotional contrast strategies as means of social influence: Lessons from criminal interrogators and bill collectors. In: Academy of Management Journal 34, S. 749-775.

Richardson, L. (1992): The consequences of poetic representation: Writing the other, rewriting the self. In: Ellis, C./Flaherty, M.G. (Hrsg.): Investigating subjectivity. Newbury Park.

Rosenfeld, P./Giacalone, R.A./Riordan, C.A. (1995): Impression management in organizations. London.

Sackmann, S. (1989): The role of metaphors in organization transformation. In: Human Relations 42, S. 463-485.

Sandelands, L.E./Buckner, G.C. (1989): Of art and work: Aesthetic experience and the psychology of work feelings. In: Cummings, L.L./Staw, B.M. (Hrsg.): Research in Organizational Behavior 11. Greenwich, Conn., S. 105-131.

Schanz, G. (1997): Intuition als Managementkompetenz. In: Die Betriebswirtschaft 57, S. 640-654.

Schlenker, B.R. (1980): Impression management: The self concept, social identity, and interpersonal relations. Monterey.

Schwartz, H.S. (1993): Narcissistic emotion and university administration: An analysis of „political correctness". In: Fineman, S. (Hrsg.): Emotion in organizations. London, S. 190-215.

Sims, S./Fineman, S./Gabriel, Y. (1993): Organizing and organizations. London.

Smith, C.A./Lazarus, R.S. (1993): Appraisal components, core relational themes, and the emotions. In: Cognition and Emotions 7, S. 233-269.

Staehle, W.H. (1999): Management. 8. Aufl. München.

Staw, B.M. (1980): Rationality and justification in organizational life. In: Staw, B.M./Cummings, L.L. (Hrsg.): Research in Organizational Behavior 2. Greenwich, Conn., S. 45-80.

Staw, B.M./Sutton, R.I./Pelled, L.H. (1994): Employee positive emotion and favorable outcomes at the workplace. In: Organization Science 5, S. 51-71.

Stearns, C.Z./Stearns, P.N. (1986): Anger: The struggle for emotional control in Ame rica's history. Chicago.

Steger, T. (2000): Individuelle Legitimität und Legitimation im Transformationsprozess – eine empirische Analyse in ostdeutschen Industriebetrieben. München und Mering.

Sticht, T.G. (1993): Educational uses of metaphor. In: Ortony, A. (Hrsg.): Metaphor and thought. 2. Aufl. Cambridge, S. 621-632.

Strauss, A.L./Corbin, J. (1996): Grounded theory: Grundlagen Qualitativer Sozialforschung. Weinheim.

Streich, R.K. (1994): Managerleben – Im Spannungsfeld von Arbeit, Freizeit und Familie. München.

Sutton, R.I. (1991): Maintaining norms about expressed emotions: The case of bill collectors. In: Administrative Science Quarterly 36, S. 245-268.

Sutton, R.I./Rafaeli, A. (1988): Untangling the relationship between displayed emotions and organizational sales. In: Academy of Management Journal 31, S. 461-487.

Taylor, F. (1911): The principles of scientific management. New York.

Taylor, S. (1998): Emotional labour and the new workplace. In: Thompson, P./Warhurst, C. (Hrsg.): Workplaces of the future. London, S. 84-103.

Van Maanen, J./Kunda, G. (1989): „Real feelings": Emotional expression and organizational culture. In: Cummings, L.L./Staw, B.M. (Hrsg.): Research in Organizational Behavior 11. Greenwich, Conn., S. 43-103.

Wilkins, A.L./Patterson, K.J. (1985): You can't get there from here: What will make culture-change projects fail. In: Kilmann, R.H./Saxton, M.J./Serpa, R. and associates (Hrsg.): Gaining control of the corporate culture. San Francisco, S. 262-291.

Zapf, D. (1999): Mobbing in Organisationen – Überblick zum Stand der Forschung. In: Zeitschrift für Arbeits- und Organisationspsychologie 43, S. 1-25.

Zepf, S. (1997): Gefühle, Sprache und Erleben: Psychologische Befunde – psychoanalytische Einsichten. Gießen.

Dr. Thomas Steger
Technische Universität Chemnitz
Fakultät für Wirtschaftswissenschaften
Bereich Organisation und Arbeitswissenschaft
Reichenhainer Str. 39
D-09107 Chemnitz
Email: t.steger@wirtschaft.tu-chemnitz.de

Daniela Rastetter

# Emotionsarbeit – Betriebliche Steuerung und individuelles Erleben

Dienstleistung; Emotionen; Emotionsarbeit; Emotionsregulation; Belastung am Arbeitsplatz; Burnout

## Zusammenfassung

Service und Kundenorientierung sind mittlerweile Qualitäten, die jedes Dienstleistungsunternehmen für sich in Anspruch nimmt, das auf stabile Kundenbeziehungen angewiesen ist. Bedeutsamer als weitere Vorschläge zur Verbesserung der Kundenorientierung ist dabei die Frage, ob und wie Beschäftigte in personennahen Dienstleistungsberufen es schaffen, permanent eine positive Atmosphäre und gute Stimmung im Kundenkontakt zu erzeugen. Ein erheblicher Teil ihrer Tätigkeit besteht – so die These – in so genannter Emotionsarbeit, d.h. in der Erzeugung eines zielgerichteten Gefühlsausdrucks und der Vermeidung unerwünschter Gefühle. Obwohl Strategien des Gefühlsmanagements auch im Alltag jedem geläufig sind, stoßen betrieblich vorgeschriebene Gefühlsnormen an mehreren Punkten auf Grenzen: dort wo ein gegenläufiges inneres Empfinden der Dienstleistenden den Normen widerspricht, aber auch dort, wo das Eingehen auf Kundenbedürfnisse mit anderen – vornehmlich profitorientierten – Zielen kollidiert. Die daraus resultierenden Spannungsfelder werden an einem Fall aus dem Außendienst eines Versicherungsunternehmens dargestellt. Sie laufen keineswegs auf eine Verringerung betrieblicher Regulierung von Emotionsarbeit hinaus, sondern auf die Notwendigkeit einer Unternehmenspolitik, die Emotionsarbeit als *Arbeit* anerkennt und Führungskräften sowie Betroffenen Unterstützungskonzepte zur Verfügung stellt, mit deren Hilfe Motivationsdefizite und Burnoutrisiken reduziert werden können.

Managementforschung 11 (2001), hrsg. von G. Schreyögg und J. Sydow,
Gabler-Verlag • Wiesbaden, S. 111-134

## Abstract

Nowadays, for service sector companies depending on stable customer relations it is crucial to offer high quality service and customer orientation. However, even more important than new ideas to improve interaction with customers is whether- and how- service employees can live up to the requirement of constantly creating a positive atmosphere. According to theory their work is largely emotional labor, i.e. consisting of the expression of certain task-oriented emotions while avoiding negative ones. In everyday life people use particular strategies to manage their emotions, but setting company guidelines accordingly has a number of limitations. Thus an employee's personal feelings may interfere, or responding to a customer's needs may clash with other – mostly profit related – orientations. Below I present some of the resulting tensions faced by a sales person of an insurance company. His problems do not suggest that companies offer fewer guidelines for emotional input, but rather that there is a need for company policies to acknowledge emotional labor as work in and of itself. Consequently, in an effort to maintain motivation and reduce the risk of burnout, management has to provide CEOs and other employees with concepts in support of emotional labor.


## Inhaltsübersicht

# 1 Von Kundenorientierung zu Emotionsarbeit

## 1.1 Servicebereitschaft und Dienstleistungshaltung

Die Expansion des Dienstleistungssektors führt dazu, dass Begriffe wie „Dienstleistungsmentalität", „Servicebereitschaft", „Kundenorientierung" oder „Kundennähe" in aller Munde sind, und zwar nicht nur in der betrieblichen Praxis und der betriebswirtschaftlichen Literatur, sondern auch in den Medien und bei Verbrauchern. Ihre Durchschlagskraft reicht bereits in Non-Profit-Organisationen hinein: Je konsequenter soziale Einrichtungen, Bildungsinstitutionen und Verwaltungen nach ökonomischer Effizienz gemessen werden, desto schneller mutieren Patienten, Studenten und Bürger zu Kunden sowie Pflegekräfte, Lehrer, Sozialarbeiter und Polizisten zu Dienstleistern, die zu vermehrter Bürgernähe und Serviceorientierung angehalten werden. Erwartungen an Dienstleister werden in den Massenmedien wiederholt formuliert: Drastische Beispiele ruppiger Verkäufer in Fernsehsendungen, mit verdeckter Kamera gefilmt, oder Fälle schier unglaublich schlechten Services zeigen Entfernungen von einem vorgestellten Ideal auf, das mit dem Schlagwort der „Servicewüste Deutschland" anschaulich dramatisiert wird. So fällt es gar nicht mehr auf, dass noch vor relativ kurzer Zeit niemand auf die Idee gekommen wäre, sich über einen unfreundlichen Zugschaffner zu beschweren.

Die jüngere betriebswirtschaftliche, insbesondere Marketingliteratur ist von zahlreichen Beiträgen bestimmt, die sich mit Kundenbeziehungen befassen, aufgeteilt in die Bereiche Kundennähe, Kundenzufriedenheit und Kundenbindung (Krafft 1999; Richter-Mundani 1999), die wiederum in Beziehung gesetzt werden zu ökonomischen Größen wie dem so genannten Kundenwert oder Customer Lifetime Value (CLV). Stets wird die Bedeutung der *Servicequalität* innerhalb der Interaktion zwischen Dienstleister und Privatkunde herausgestellt (z.B. Homburg et al. 1999; Hütter 2000). Die Autoren operationalisieren beispielsweise „Kundennähe des Interaktionsverhaltens" mit den Faktoren „Offenheit im Informationsverhalten gegenüber Kunden", „Offenheit gegenüber Anregungen von Kundenseite", „Kundenkontakte von nicht im Verkauf tätigem Personal" und „Qualität der Beratung durch Verkäufer". Zwar können einige dieser Faktoren durch IuK-Techniken unterstützt werden, etwa durch eine computerisierte Angebotserstellung und Auslieferung, im Zentrum der Qualität der Kundenbeziehung steht aber nach wie vor und mehr noch als früher der *Dienstleister* aus Fleisch und Blut, der die geforderte Offenheit und Zugewandtheit in den täglichen Interaktionen mit Kunden realisieren muss.

Als ein Beispiel unter vielen dient folgende Beschreibung notwendiger Qualitäten von Kundenbetreuern in der Versicherungsbranche (Bittl 1997, S. 199 f.): Nötig ist eine „Nondiskrepanz zwischen innerer Absicht und äußerer Darstellung bzw. Mitteilung", um dem Kunden „das Gefühl zu geben, keine manipulierte Auswahl getroffen zu haben". Aus dem Verkäufer soll der Berater und Problemlöser werden, welcher sich durch die

Fähigkeit des Zuhörens und „Heraushörens" von Bedürfnissen des Kunden auszeichnet. Die Vermittler als „personifizierte Botschafter" der Kundenorientierung dürfen nicht „unfreundlich oder hinsichtlich der Zeit oder Beratung knapp" sein.

Hier wird nicht nur ein bestimmtes, dem Kunden zugewandtes und eigene Bedürfnisse hintanstellendes Verhalten gefordert, sondern zusätzlich die entsprechende *innere Einstellung*, um möglichst überzeugend zu wirken. Beim Kunden sollen positive Gefühle geweckt werden, in erster Linie Vertrauen und Zufriedenheit. Obwohl das Ziel des Versicherungsvertreters nach wie vor der Vertragsabschluss ist, soll er nicht die Rolle des Verkäufers, sondern die des empathischen Beraters verkörpern.

Mehrere Fragen ergeben sich in diesem Zusammenhang. Zum einen auf der *individuellen Seite*: Welche *Art von Arbeit* wird hier eigentlich geleistet, welche Fähigkeiten benötigt der Dienstleister, um permanent positive Beziehungen zum Kunden aufzubauen und wie bewältigt er die daraus entstehenden Konflikte? Obwohl sich alle Bemühungen, Kundenorientierung in die Tat umzusetzen, auf diesen „Frontarbeiter" richten, blieb er bislang in seiner Person, in seiner Leistung und seinem inneren Erleben im Dunkeln. Zum anderen auf der *betrieblichen Seite*: Es wird zwar so getan, als ob Kundenorientierung eine Frage betrieblicher Strategien und deren individueller Umsetzung sei, mithin eine Managementaufgabe wie jede andere, aber können höchst subjektive Eigenschaften wie Einfühlungsvermögen oder Begeisterung zum Gegenstand formierender Strategien werden? Handelt es sich dabei möglicherweise um die Fiktion einer Kontrolle menschlicher Anteile, die nicht unter Kontrolle zu bringen sind? Hat, weiter gefragt, die Steuerung interpersonalen Verhaltens unerwünschte Nebenwirkungen für Betrieb und Individuum? Schon heute deutet vieles darauf hin, dass die aktuelle Entwicklung hin zu immer höher geschraubten Erwartungen an Kundenorientierung hohe *Kosten* hat: Frustration, Motivationsrückgang bis zu Burnout beim Individuum und als Folge davon unerwünschte Fluktuation, Leistungsabfall und Rekrutierungsprobleme beim Betrieb.

## 1.2 Emotionsregulation

### 1.2.1 Die Arbeit an den Gefühlen

Zur Klärung der aufgeworfenen Fragen eignet sich ein Konzept, das die Charakteristika personenbezogener Dienstleistungstätigkeit mit dem Terminus *Emotionsarbeit* umschreibt: Der Beschäftigte soll sich zum Zwecke der Aufgabenerfüllung seiner Gefühle bewusst annehmen, sie betrieblichen Erfordernissen unterwerfen, z.B. unkontrollierte Launen unterdrücken, in bestimmten Situationen Hochstimmung entwickeln, in anderen sich hingegen zurücknehmen. Ziel der Emotionsarbeit ist die Erfüllung der Kriterien Kundenzufriedenheit und Kundenbindung, die wiederum im Dienste der Profitsteigerung stehen.

Der Begriff „Emotionsarbeit" bzw. „Gefühlsarbeit" ist durch die Studien der Soziologin Arlie Russell Hochschild (1983, deutsch 1990) bekannt geworden.[1] Sie zeigte, wie Stewardessen dauerlächeln und alle machbaren Wünsche der Fluggäste erfüllen sollen, damit diese zufrieden gestellt sind und die Fluggesellschaft beim nächsten Mal wieder wählen.

Hochschild grenzt Gefühlsarbeit im *Privaten* (emotion work), die in der Sozialisation gelernt wird und private Beziehungen regelt, von der Gefühlsarbeit am *Arbeitsplatz* ab (emotional labor), die vom Unternehmen vorgeschrieben ist und marktförmige Beziehungen gestaltet. Es kann vorkommen, dass der Arbeitgeber einen Gefühlsausdruck verlangt, der dem Arbeitnehmer zuwider läuft – genau dann ist Gefühlsarbeit gefordert. Die Stewardessen von Hochschilds Studie mussten bei ungehaltenen Kunden ruhig und freundlich bleiben, während sie innerlich gekränkt und wütend waren – und nicht nur das: Sie sollten am besten die dem geforderten Verhalten entsprechenden Gefühle *erleben*, also sich trotz unverschämter Kunden nicht wütend, sondern gelassen fühlen.

Solche Anforderungen sind typisch für personenbezogene Dienstleistungen in verschiedenen Berufen, die mit Kundenkontakt verbunden sind: neben Stewardessen auch Kundenbetreuer in Dienstleistungsunternehmen, Angestellte im Gastgewerbe, im Tourismus bzw. der Freizeitindustrie und Beschäftigte in sozialen Einrichtungen, deren Klientel bestimmte Qualitätsstandards bei der Betreuung einfordert. Die Zahl der Angehörigen dieser Berufe steigt: Der Dienstleistungssektor wird Prognosen zufolge 2010 einen Anteil von 68,7 % aufweisen (IAB 1999); nicht alle, aber viele dieser Dienstleistungen sind personenbezogener Natur.

Die Herstellung des richtigen Gefühls und Gefühlsausdrucks bedeutet *Arbeit* und Anstrengung, denn die Normstärke ist für Service-Tätigkeiten größer als für andere Tätigkeiten, und hierbei nochmals stärker für Face-to-Face-Beziehungen (Rafaeli/Sutton 1989; Ashforth/Humphrey 1993). Besonders problematisch werden jene Normen, die von den sozialen und gesellschaftlichen Normen *abweichen*: Die Kellnerin soll freundlich bleiben, auch wenn der Gast aufdringlich wird, was ihr im Alltag niemand zumutet (Durst 1993). Der Schuldeneintreiber muss Drohungen gegenüber einer überschuldeten Person äußern, auch wenn er im Alltag eher Mitleid empfinden würde (Sutton 1991).

Die Vorstellung einer Arbeit an und mit den eigenen Gefühlen geht davon aus, dass wir in der Lage sind, Gefühle zu gestalten, zu unterdrücken oder hervorzurufen. Der Ansatz postuliert also eine zielgerichtete Beeinflussbarkeit von Gefühlen, ähnlich wie das neuere Konstrukt der so genannten „emotionalen Intelligenz" (Goleman 1996), bei der die Fähigkeit des reflektierten Umgangs mit eigenen und fremden Gefühlen zu erfolgreicherem Handeln führen soll (vgl. dazu den Beitrag von Barbara Sieben in diesem Band). Die ausgeprägt *kognitive* Variante dieses Emotionskonzepts basiert auf jener Besonderheit des Menschen, die ihn (vermutlich) vom Tier unterscheidet, nämlich, dass er innen und außen voneinander trennen kann und auch beide Seiten gegeneinander zu variieren vermag: lachen, wenn ihm zum Heulen zumute ist oder umgekehrt. Wenn die erlebten Gefühle nicht mit den gezeigten Gefühlen übereinstimmen müssen,[2] ist eine *Differenz zwischen Ausdruck und Erleben* stets möglich.

Der Gefühls*ausdruck* manifestiert sich in der Sprache (verbale Äußerungen, aber auch Schweigen, Intonation oder Lautstärke), in physischen Bewegungen und Gestik (z.B. Berühren, Schlagen, verkrampfte Sitzhaltung) sowie – in erster Linie – im Gesichtsausdruck (z.B. Lächeln, Lachen, Augenbrauen verziehen oder Blickkontakt herstellen; siehe die umfangreichen Untersuchungen von Paul Ekman, z.B. 1993). „Display rules", also *Darstellungsregeln* bestimmen, in welchen Situationen welche Personen – z.B. unterschiedlicher sozialer Gruppen, Positionen oder unterschiedlichen Geschlechts – welche Emotionen zeigen sollen.[3] Ihre Funktion besteht darin, den emotionalen Bereich sozial erwartbar zu strukturieren und einen verbindlichen Orientierungsrahmen zu schaffen (Fiehler 1990, S. 87). Alle drei Modi des Gefühlsausdrucks stehen weitgehend unter der Kontrolle des Subjekts, so dass willentliches Übertreiben, Herunterspielen, Verbergen oder Vortäuschen von Gefühlen zum täglichen Brot aller Gesellschaftsmitglieder werden (Ekman 1984).[4] Trotzdem lässt es sich mitunter nicht vermeiden, dass starke Affekte unwillkürlich zum Ausdruck kommen, etwa ein Weinkrampf bei großer Trauer, der nicht den Ausdrucksregeln der vorliegenden Situation entspricht.

Personen folgen aber nicht nur oberflächlichen Darstellungsregeln, sondern haben auch eine Vorstellung vom „richtigen Gefühl". Sollen sie bestimmten Situationen Gefühle zuordnen, so machen sie Angaben zu „normalen", „erwartbaren" oder „unangemessenen" Gefühlen in der jeweiligen Situation (vgl. Heise 1986). Sie sind auch in der Lage, ihre eigenen Gefühle normabhängig zu bewerten und bei Abweichungen – „zu starke", „zu schwache" oder einfach „falsche" Gefühle – Schuld und Scham zu empfinden (Thoits 1990),[5] ohne dass andere etwas davon bemerken müssen.

Neben reinen Darstellungsregeln ist deshalb die Existenz von *Gefühlsregeln* anzunehmen. In Gefühlsregeln ist kodifiziert, welches Gefühl in welcher Intensität für einen bestimmten Situationstyp angemessen und erwartbar ist (Fiehler 1990, S. 77). Es werden also Reiz-Reaktions-Schemata gebildet: Eine Beleidigung führt erwartungsgemäß zu Ärger, ein Kompliment zu Freude, eine Drohung zu Angst, und zwar nicht nur als mögliche oder typische Reaktion, sondern als notwendige und logische Folge des Auslösers (Rosenberg 1990). Bester Beleg hierfür sind Diagnosen abweichender Gefühlszustände: Wer trotz starker positiver oder negativer Stimuli indifferent bleibt oder bei einem gemeinhin als neutral betrachteten Auslöser – z.B. einem Fahrstuhl – starke Angstzustände erlebt, gilt in unserer Gesellschaft als emotional gestört und wird mit Psychotherapie oder Psychopharmaka behandelt (d.h. normalisiert).

Die Entkoppelung von Erleben und Ausdruck schützt die Gemeinschaft vor unerwarteten affektiven Zuständen ihrer Mitglieder, führt jedoch zu einer *Unsicherheit* und Ambivalenz gegenüber dem gezeigten Ausdrucksverhalten. Während in vielen alltäglichen Situationen – etwa auf einem Fest – sozialen Zwecken Genüge getan wird, wenn die Ausdrucksregel befolgt wird, werden in ich-nahen Situationen, zum Beispiel in der Partnerschaft, Verlässlichkeit und Echtheit – Authentizität – zu Garanten der Vermeidung von Enttäuschungen; eine Unabhängigkeit zwischen innen und außen ist in diesen Fällen nicht mehr geduldet. Ob sich jemand wirklich innerlich über ein Geschenk freut, ist einer

Person weniger wichtig als die Frage, ob ihr Lebenspartner die Liebe, die er zum Ausdruck bringt, wirklich empfindet.

### 1.2.2 Techniken des Gefühlsmanagements

Im Alltag treten immer wieder Situationen auf, in denen Diskrepanzen zwischen eigenem Gefühl und Gefühlsregel mittels Emotionsregulation oder Gefühlsmanagement überwunden werden. Nach einem Streit mit dem Ehepartner, der einen innerlich wütend zurück lässt, will und soll man dem Kind gegenüber trotzdem gute Laune zeigen. Eine bloß oberflächliche Fröhlichkeit ist zwar bei starken Diskrepanzen nicht immer zu vermeiden, der Norm und den eigenen Ansprüchen angemessener ist jedoch der Versuch, sich gefühlsmäßig auf das Kind einzustellen und wirklich positive Gefühle zu empfinden. Aktive innere Anpassung an Gefühlsregeln gehört also ebenso zum Menschsein wie das Befolgen bloßer Ausdrucksnormen.

Der Differenz von Ausdruck und Erleben entsprechen zwei Formen der Emotionsregulation (Hochschild 1990): Oberflächenhandeln und Tiefenhandeln. Beim *Oberflächenhandeln* (surface acting) wird nur der Gefühlsausdruck, die äußere Darstellung, den (Ausdrucks-)Normen angepasst: Ich verhalte mich freundlich, auch wenn ich den anderen unsympathisch finde. Will man aber nicht nur so tun, als wäre man gut aufgelegt, sondern wirklich sich auch dementsprechend fühlen, ist die Einflussnahme auf das Fühlen erforderlich. Sie geht eine Stufe weiter und sichert den gewünschten Gefühlsausdruck auf verlässlichere Weise, weil er mit dem erlebten Gefühl zusammenfällt. *Tiefenhandeln* (deep acting) – die damit verbundene Einflussstrategie – bezieht sich auf inneres Handeln, mit dem Gefühle hervorgerufen werden und setzt an Kopf und Körper an.

Bei *mentaler Selbstmanipulation* lassen sich zwar nicht die Gefühle direkt steuern, aber es wird Einfluss auf deren Auslöser genommen. Der Betreffende imaginiert beispielsweise mentale Bilder und Vorstellungen, die mit einem bestimmten – nämlich dem in der vorliegenden Situation geforderten – Gefühl verbunden sind. Die Stewardessen in Hochschilds Studie lernen, sich die Flugzeugkabine als gemütliches Wohnzimmer vorzustellen, in das nette Gäste eingeladen werden; sie bewirten die Gäste und freuen sich, wenn es ihnen gefällt. Aus der unbekannten abweisenden Geschäftsfrau wird so idealerweise eine vielleicht etwas zurückhaltende, aber willkommene Freundin. Damit wird die aktuell vorliegende Situation neu gedeutet bzw. neu „gerahmt" (vgl. Goffman 1977). Eine einfachere Alternative auf der Handlungsebene bestünde darin, jene Auslöser aufzusuchen, die erwünschte Gefühle hervorrufen – z.B. in Urlaub fahren – bzw. jene zu meiden, die unwillkommene Gefühle nach sich ziehen, z.B. dem Menschen aus dem Weg gehen, der einen beleidigt. Gerade diese beste aller Möglichkeiten ist aber jenen Arbeitnehmern verwehrt, die sich weder ihre Kunden noch den Zeitpunkt des Kontakts mit ihnen aussuchen können.

Zusätzlich zu mentaler Selbstmanipulation trägt *Einfühlung* in die andere Person dazu bei, eigene Gefühle an fremde Erwartungen anzupassen. Zu den *körperbezogenen Techniken* zählt in erster Linie *Entspannung*, mit deren Hilfe Gefühle der Wut oder Angst, die mit Muskelanspannung verbunden sind, gelöst werden.

## 1.3 Betriebliche Strategien

### 1.3.1 Gefühlsregeln im Kundenkontakt

Die mangelnde Duldung reiner Darstellung hat infolge erhöhter Konkurrenz um Kunden und deren gestiegenen Ansprüchen[6] in die ökonomisch diktierte Verkäufer-Kunde-Beziehung Einzug gehalten, mit dem Ziel, den Echtheitseffekt und die damit verbundene Glaubwürdigkeit des Dienstleisterverhaltens zu steigern. Wenn ein Passagier in Hochschilds Studie (1990, S. 99) sagt, dass das Lächeln und die Freundlichkeit der Stewardessen *nichts bedeuten*, weil sie Teil des Jobs sind, dann ist genau dieses Problem auf den Punkt gebracht. Bedeutsam ist für heutige Kunden nur ein Ausdrucksverhalten, das sie für echt halten und glauben können. Sie wollen aber in typischen Konsum- und Erlebnissituationen nicht irgendwelche Gefühlsäußerungen vom Dienstleister, sondern jene, durch die sie sich gut fühlen und das Geschäft (das Flugzeug, das Büro, die Praxis ...) zufrieden verlassen.

Gefühlsregeln, die sich auf das Erleben und nicht allein auf den Gefühlsausdruck beziehen, sollen das entsprechende Verhalten beim Arbeitnehmer auf Dauer und in wechselnden Situationen sicherstellen. Damit bedient sich das Unternehmen der individuellen Steuerungsfähigkeit des Menschen und versucht, dieses Potential betrieblich zu nutzen. Für die *Organisation* hat Tiefenhandeln nur den Zweck, dass der gewünschte Gefühlsausdruck nicht Gefahr läuft, gespielt zu erscheinen und sein Ziel zu verfehlen; beobachtbar und kontrollierbar ist aber nur das Oberflächenhandeln. Für das *Individuum* bedeutet Tiefenhandeln dagegen eine je nach Situation notwendige Anpassung an äußere Erwartungen, um nicht permanente *emotionale Dissonanzen* zwischen Erleben und Ausdruck ertragen zu müssen. Anknüpfend an sozial erlernte Sanktionsmuster bei Regelverstoß kann damit gerechnet werden, dass sich der Einzelne dem Regelwerk nicht entziehen kann, will er Dissonanzerleben und Schuldgefühle wegen der Nichterfüllung von Erwartungen vermeiden. Das zum Tiefenhandeln nötige permanente Eingreifen in Gefühle gemäß äußeren Regeln birgt jedoch die Gefahr der *Entfremdung* in sich und damit die Gefahr, dass die Signalfunktion von Gefühlen zerstört wird, indem man ursprüngliche Gefühle nicht mehr spürt oder manipulierte Gefühle als authentisch erlebt.

Der *Regelbegriff* legt dabei Vorstellungen von Klarheit und Kontrollierbarkeit nahe, ähnlich der Regel der Pünktlichkeit. Aus der Innen-Außen-Differenz ergibt sich jedoch das Problem, dass sich Gefühlsregeln auf *private und innere Zustände* beziehen, die prinzipiell *nicht beobachtbar* sind, weil der Ausdruck nicht zweifelsfrei auf das innere Erleben schließen lässt. Die Absicht, das Gefühlsleben des Menschen nach Vorschrift zu formen, bleibt deshalb stets ein Ideal, besser noch: eine Ideologie, denn erst die Forderung, dass innen und außen übereinstimmen müssen, um gegenüber dem Kunden glaubwürdig aufzutreten, legitimiert betriebliche Gefühlsregeln. Der Echtheitsdiskurs, formuliert in Regeln „du musst innerlich dasselbe fühlen wie du äußerlich zeigst" oder verpackt in Werbebotschaften „wir sind echt an Ihnen interessiert", erzeugt im Sinne Foucaults (1976) „Macht-Wissen": Jeder weiß, was damit gemeint ist, entsprechende Trainings und Vorschriften werden akzeptiert, und wer mithalten will, arbeitet an sich. Wer es nicht schafft, gilt folgerichtig als zu wenig innerlich überzeugt oder zu wenig einfühlsam dem Kunden gegenüber.

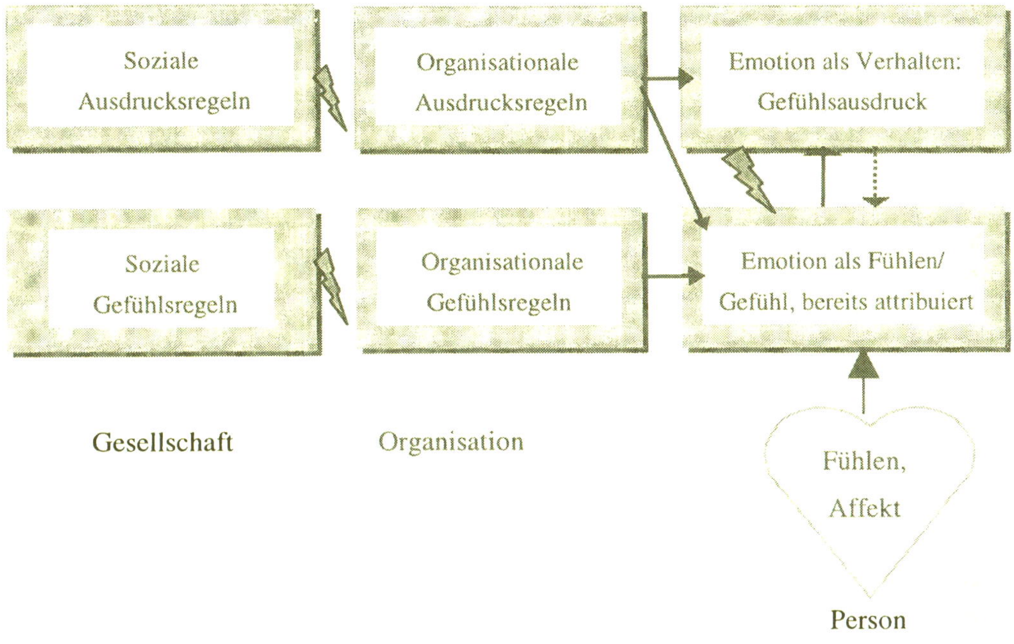


Abb. 1: Emotionsregulation

Abb. 1 veranschaulicht die aufgezeigten Zusammenhänge. Sowohl auf der Ausdrucks- als auch auf der Gefühlsebene können betriebliche von sozialen Normen abweichen. Inwieweit das Individuum regelkonform ist, lässt sich jedoch nur am Ausdruck überprüfen. Mit dem gestrichelten Pfeil zwischen Ausdruck und innerem Erleben wird auf den Befund hingewiesen, dass bereits durch einen bestimmten Gefühlsausdruck das Gefühl selbst (in Maßen) beinflusst werden kann (Rosenberg 1990).

### 1.3.2 Kundenorientierung versus Rationalisierung

Ein übergeordnetes Merkmal industrieller Entwicklung ist die stetige *Rationalisierung* und Verbilligung der Arbeit in Form von standardisierten replikablen Routinen, die den Arbeitsprozess sowohl effizienter als auch billiger machen. Von der *Rationalisierung geistiger Tätigkeiten* ist längst die Rede (Baethge/Oberbeck 1990), man denke an durch IuK-Techniken unterstützte Dateneingabe und -verarbeitung. Die *Rationalisierung von Gefühlsarbeit* ist jedoch ebenfalls in vollem Gange:

- McDonald's Angestellte haben genaue Vorschriften, wie sie dem Kunden begegnen sollen (Leidner 1993), nämlich jeden Gast begrüßen und verabschieden, aber auch keine längeren Gespräche mit einzelnen Kunden führen, um die Schnelligkeit des Service nicht zu beeinträchtigen.
- Bei LTU wird den Stewardessen vorgeschrieben, wie oft sie Augenkontakt zu den Fluggästen herzustellen haben, nämlich mindestens sieben Mal pro Flug (o.V. 1999, S. V3/5).
- Sogar bei Aeroflot haben die Beschäftigten neuerdings Lächeltrainings zu absolvieren, um das schlechte Image der Fluglinie zu verbessern (o.V. 2000, S. V2/5).
- Die Beschäftigten der Supermarktkette Safeway müssen zu jedem Kunden so freundlich sein, dass es als Folge davon immer wieder zu Belästigungen kommt (Schiessl 1998, S. 109), weil die (männlichen) Kunden die Freundlichkeit der Angestellten zu persönlich nehmen – übrigens ein Beispiel für unterschiedliche Rahmungen: – Der Kunde verhält sich gemäß sozialer zwischengeschlechtlicher Normen (aus männlicher Sicht), die Angestellte gemäß betrieblicher Normen.

Gerade bei wenig individualisierten, eher als Massendienstleistung zu bezeichnenden Arbeitsfeldern kann deshalb durchaus von taylorisierter Gefühlsarbeit – im Sinne einer Abkoppelung von Entscheidungsspielräumen, Ausschalten von Subjektivität und Dequalifizierung durch Arbeitsteilung – gesprochen werden. Der Durchschnittskunde wird mit einer Regelbehandlung versehen, seine Wünsche müssen in vorgegebene Standardlösungen passen.

*Gegenläufige Entwicklungen* zeigen sich innerhalb von Dienstleistungen, die sich durch längerfristige Kundenbeziehungen (Ziel: Kundenbindung) und anspruchsvollere Beratungstätigkeit auszeichnen (Ziel: Kundenzufriedenheit). Emotionsarbeit soll den Kunden – und gerade den statushohen oder zahlungskräftigen – das Gefühl geben, einzigartig zu sein und individuell behandelt zu werden („customization of work“) – und das in einer Situation, die von einem wachsenden Massenkonsum von Dienstleistungen geprägt ist. Je eher jemand droht, in der Masse zu verschwinden, desto intensiver wird sein Wunsch, als Individuum behandelt zu werden. Kontrolle und Routine werden daher benötigt, um verlässliche Qualität herzustellen, sie dürfen aber keineswegs als solche erscheinen, um vom Kunden als Qualität wahrgenommen zu werden! Ein Paradox: standardisierte Einmaligkeit, individuelle Massendienstleistung.

Wenn Unternehmen unter den Bedingungen der gewinnorientierten Wirtschaft Kundenzufriedenheit und Kundennähe nicht dem Zufall – d.h. dem zufällig vorhandenen Talent des Mitarbeiters oder der Gunst der Stunde – überlassen wollen, wie wird Emotionsarbeit dann *betrieblich organisiert*, d.h. welche Maßnahmen werden ergriffen, um Arbeitnehmer zu veranlassen, betriebliche Audrucks- und Gefühlsregeln für sich zu übernehmen? Diese Frage soll in Anbetracht der Variationsbreite von Dienstleistungstätigkeiten an einem Fallbeispiel aus der Versicherungsbranche behandelt werden.

# 2 Fall Z[7]

## 2.1 Finanzdienstleistungsunternehmen und Kundenorientierung

Das Versicherungsunternehmen Z, ein traditionsreiches und großes, weltweit operierendes Unternehmen, beschäftigt im Außendienst überwiegend unternehmensgebundene, rechtlich selbstständige Handelsvertreter, die ihre Agenturen vor Ort wie Kleinunternehmer betreiben. Die Vertreter von Z gehören damit zu besonderen Grenzrolleninhabern, die durch ihre rechtliche Stellung eine lose Kopplung mit dem Unternehmen aufweisen und physisch näher bei ihren Kunden als beim Unternehmen angesiedelt sind.[8]

Private Versicherungskonzerne stehen heutzutage vor der Aufgabe, neue Privatkundensegmente zu erschließen und verstärkte Anstrengungen in die Kundenbetreuung und -beratung zu investieren, wollen sie Verluste durch die neue Konkurrenz professioneller Finanzberater auf der einen Seite und Billiganbieter auf der anderen Seite verhindern (d'Alessio/Oberbeck 1997). Gerade im Versicherungsbereich gibt es immer wieder divergierende Interessen zwischen Verbrauchern und Anbietern, sei es im Hinblick auf den Preis des Produktes oder die Art der Schadenregulierung. In diesen Fällen ist es einzig und allein der *Betreuer vor Ort*, der drohende Abwanderungen von Kunden verhindern kann. In den letzten Jahren verstärkte Unternehmen Z deshalb seine Bemühungen, kundenfreundlich und serviceorientiert zu arbeiten. Dazu wurde ein neues Serviceprogramm eingeführt sowie das Rekrutierungs- und Ausbildungssystem, aus dem das folgende Beispiel stammt, völlig neu konzipiert.

## 2.2 Vermittlung von Emotionsregeln: Die neue Verkäuferschulung

Während in früheren Zeiten die angehenden Vertreter nur einige Kurse absolvierten, bei denen fachliche und rechtliche Aspekte behandelt wurden, umfasst das neue Ausbildungskonzept des Unternehmens Z auch Verhaltenstrainings.

In Ausbildungsmodul „Verkäuferschulung“ ist Folgendes zu beobachten:

- Der Ausbildungsleiter erläutert die Wichtigkeit der *Beziehungsebene* und der Kundengefühle: Die Auszubildenden sollen sich in die Gefühlswelt des Kunden hineinversetzen; sie sollen spüren, dass der Kunde mit Abwehr reagiert, wenn ihm Standardangebote unterbreitet werden. Ein *Mitgefühl* für die Kundschaft und deren Wünsche ist deshalb das A & O.
- Der Vertreter soll durch Fragen nach Persönlichem, z.B. „Wie geht es Ihrem Kind, hat es die Krankheit gut überstanden?“ eine gute Atmosphäre und die Basis für eine längerfristige *persönliche Ebene* schaffen.
- Ein guter Vertreter fühlt *Verantwortung* für seine Kunden. Folgende Geschichte wird erzählt: Ein Vertreter scheut davor zurück, einer Familie mit einem Neugeborenen eine Unfallversicherung zu verkaufen; kurz darauf stirbt die Mutter bei einem Unfall, das Kind ist gelähmt, und der Vater macht dem Vertreter Vorwürfe: „Warum haben Sie mir das nicht gesagt und die Versicherung gegeben ...“ Der Vertreter soll das Kind des Versicherten absichern, um Schaden von ihm abzuwenden,[9] nicht um ein neues Geschäft zu machen.
- Die Argumente sollten dem Kunden gegenüber *visualisiert* werden; eine bildhafte Sprache sowie plakative Beispiele sind angeraten, z.B. „Haben Sie von dem schrecklichen Unfall letzte Woche gehört?“. Bestimmte Wörter sollen unbedingt vermieden werden: „Risiko“, „Versicherung“ und „abschließen“ wecken negative Emotionen; statt „Versicherung“ sollte man „Versorgung“ oder „Absicherung“ sagen.
- Der Vertreter muss rechtzeitig von der *Beratung* auf den *Verkauf* überleiten, beispielsweise mit der Frage: „Versicherungsschutz kann ich Ihnen ab morgen 12.00 Uhr oder zum nächsten Ersten bieten – wie ist es Ihnen lieber?“ Dann holt er sofort das Formular heraus, füllt es aus und bittet um die Unterschrift.

Diese Regeln werden den Teilnehmern nicht nur mitgeteilt, sondern in Rollenspielen immer wieder *eingeübt,* um bloßes Oberflächenhandeln, z.B. gespieltes Interesse oder aufgesetztes Lächeln, zu vermeiden. Sie zielen darauf ab, die angehenden Vertreter in die Lage zu versetzen, sowohl bei sich die passenden Gefühle zu erzeugen als auch beim Kunden Widerstände zu überwinden und ihn in eine *Kaufstimmung* zu versetzen. Denn betriebliche Normen für das *Erleben* und nicht allein für das Verhalten erhöhen die Chance, dass die Vertreter im Kundenkontakt überzeugend wirken und Vertrauen aufbauen. Die dazu notwendigen Fähigkeiten der tiefen Gefühlsregulation werden somit frühzeitig und in einem geschützten Rahmen trainiert. Dadurch wird die Gefahr verringert, dass aufgesetzte Freundlichkeit und misstrauenerweckende Darstellungen Kunden negativ beeinflussen könnten. Durch *Selbstreflexion* erkennt der Einzelne seine Schwächen und die Fortschritte, die er beim Abbau emotionaler Dissonanzen macht, und durch

*Feedback* von Teilnehmern und Ausbildungsleiter wird ihm immer wieder die Distanz zum Ideal vorgeführt, die er durch An-sich-arbeiten verringern kann. Folgende *Techniken des Emotionsmanagements* sind erkennbar:

- Situationsinterpretation

Die Situation Vertreter – Kunde wird uminterpretiert bzw. neu gerahmt: Der Kunde wird nicht manipuliert, sondern es wird ihm geholfen; der Vertreter möchte sich keine Vorwürfe machen, einem Kunden zu wenig Versicherungsschutz verkauft zu haben und damit seine Verantwortung ihm gegenüber zu vernachlässigen. Nicht von ungefähr wird mit emotionalisierten Beispielen wie kranken Kindern und plötzlichen Todesfällen gearbeitet. Hier kommt die Technik der *kognitiven Umstrukturierung* zur Anwendung: Die neue Rahmung der Interaktion als persönliche Beziehung lässt Gefühle der Verantwortung, der Sympathie und der persönlichen Betroffenheit entstehen.

Die Situation wird damit von einer manipulativen Verkaufsinteraktion zu einer normativ angereicherten Beratungs- und Sozialbeziehung. Der Zweck des Ganzen darf aber nicht vergessen werden, deshalb lautet die letzte Regel, rechtzeitig von Beratung auf Verkauf umzuschalten, ein Switch, der sich nur scheinbar einfach anhört.

- Entspannung

Spaß und aufmunternde Worte des Ausbildungsleiters zielen darauf ab, den Auszubildenden die Angst vor dem Kundenkontakt zu nehmen. Sie sollen sich bereits beim Lernen in ihrer Rolle wohl fühlen, um später auch frustrierende Erlebnisse besser zu meistern, denn die Kontaktaufnahme zum Zwecke eines Versicherungsgeschäfts ist alles andere als alltäglich; Anspannung und Scheu sind vorprogrammiert und sollen durch Entspannung – auch dies eine gängige „deep acting“-Technik – gemildert werden.

- Einfühlung in die Gefühlslage des Kunden

Durch Zentrierung auf die Lebenswelt des Kunden, auf seine Familie und seine Bedürfnisse wird Empathie gefördert, mit deren Hilfe aktuelle Gefühlszustände an die Wünsche des anderen angepasst werden. *Self-monitoring* (Snyder 1987), d.h. Selbstüberwachung des eigenen Verhaltens, soll die Sensibilität für geltende Normen erhöhen, um sich selbst mit den Augen des anderen zu sehen und Normabweichungen sofort zu korrigieren. Dysfunktionale Gefühle werden dadurch schneller erkannt und zugunsten vorgeschriebener Normen korrigiert. Self-monitoring gilt deshalb gerade bei Grenzrolleninhabern, die sich immer wieder auf unterschiedliche Situationen einzustellen haben, als zentrale Fähigkeit (Caldwell/O’Reilly 1982).

Die Teilnehmer erhalten in der Verkäuferschulung nicht nur ein *Training in emotionalem Tiefenhandeln*, sondern ein *Identitätsangebot*. Sie werden keine ungeliebten Klinkenputzer am unteren Ende der Prestigeskala, sondern Berater und Helfer für lebenswichtige Angelegenheiten und sind mit dem Arzt und dem Pfarrer am Ort vergleichbar.

Bei der neuen Identität sind herkömmliche Trennungen von Arbeits- und Privatbeziehungen oder Arbeitszeit und Freizeit aufgehoben (vgl. du Gay/Salaman 1992). Der ideale Vertreter ist möglichst rund um die Uhr für seine Kunden da, alle seine Bekannten sind potenzielle Kunden, alle Kunden mehr als nur Vertragspartner, nämlich Menschen, für die man Mitgefühl und Verantwortung empfindet. In diesem Sinne trägt die Wohnzimmer-Analogie, also die Vorstellung, Kunden sind persönliche Gäste, nicht nur dazu bei, diese besser zu bedienen, sondern auch, die effizienzgesteuerte Arbeitswelt nicht von einer angeblich ganz anders funktionierenden Lebenswelt abzukoppeln. Stattdessen werden beide zu einem marktgerechten Universum verschmolzen.

## 2.3 Die alltägliche Emotionsarbeit des Vertreters

Ist die betriebliche Steuerung emotionalen Verhaltens und Erlebens in die Praxis umzusetzen? Wo gibt es Brüche und Diskrepanzen zwischen Ist- und Sollwert?

Im beruflichen Alltag wird der abstrakte Begriff der Kundennähe ganz konkret: Der Kunde kommt dem Dienstleister emotional nahe, und die dadurch hervorgerufenen Gefühle lassen sich nicht einfach durch Emotionsregulation unter Kontrolle bringen. Denn der Vertreter muss in Kundenbeziehungen mehrere *Ebenen* in Einklang bringen: die persönliche, die geschäftliche und die professionelle. Während er die Geschäftspläne zu erfüllen hat, soll er Verantwortungsgefühl und Empathie dem Kunden gegenüber entwickeln, diesem einen perfekten Service bieten und – ganz wichtig – eine persönliche Beziehung schaffen. Dass diese drei Ebenen nicht immer miteinander vereinbar sind, zeigen die täglichen Schwierigkeiten, die Vertreter zu bewältigen haben. Hierzu einige Aussagen von Vertretern:[10]

> „Kunden, so lange ihr Schadensfall nicht abgewickelt ist, da haben sie Zeit, dass sie alle paar Tage einmal vorbei kommen oder anrufen. Und ist der Schaden dann bezahlt, hört man nie wieder was. Und das ist ein Punkt, der manchmal schon ein bisschen frustrierend ist, muss man schon sagen. Zumal wenn man sich einsetzt, wir unterstützen ja auch Kunden bei Schadensfällen, sprich Autoversicherung, wenn sie vom anderen Geld wollen."

Benimmt sich der Kunde wirklich wie ein herrschender König, nämlich herablassend und fordernd, oder lässt er seinen Unmut am Vertreter aus, beispielsweise über eine verzögerte oder abgelehnte Schadensregulierung, empfindet der Vertreter diese Geringschätzung umso schmerzlicher, je zentraler die persönliche Kundenbeziehung für seine Motivation ist.

Besonders enttäuscht ist der Vertreter, wenn ein langjähriger Kunde plötzlich kündigt, weil er ein billigeres Angebot angenommen hat. Der Kunde agiert dabei als mündiger Verbraucher, der Vertreter sieht hierin aber einen Treuebruch, weil er in diese Beziehung emotional investiert hat.

> „Nur wird man immer wieder enttäuscht, man ist der Meinung, der Kunde unterschreibt nur bei mir oder macht nur Sachen bei mir, aber dann kommt da einer vom Strukturvertrieb und die überreden ihn so lange bis er dann halt irgendwann unterschreibt. Und das ist das, was mich ein bisschen ärgert, dass

> der Kunde nicht so sattelfest in der Beziehung zu meiner Agentur ist und dass er doch irgendwo ausreißt. (...) Und das enttäuscht besonders dann, wenn man der Meinung ist, man tut alles für einen Kunden, setzt sich ein und dann unterschreibt er irgendwo anders. Das sind so die Sachen, die mich meistens schon ein bisschen bedrücken."

Eine *Balance* zwischen den unterschiedlichen Anforderungen geschäftlicher, professioneller und persönlicher Natur lässt sich nur mühsam aufrecht erhalten und droht immer wieder zusammen zu brechen, wenn Störungen in der Interaktion auftreten, die jedoch zum Alltag gehören und von vornherein in den Beziehungen angelegt sind.

> „Und ansonsten kann man auch sagen, dass das Verhalten der Kunden sich auch insofern geändert hat, dass die zum Teil jetzt einfach mit dem Auto kündigen ohne rückzufragen oder einfach wohin gehen. Und wenn wir dann nachtelefonieren, dann sagen sie halt, ja, du warst so viel zu teuer oder sonst was. Das hätte es früher weniger gegeben und ich muss sagen, dass auch jede Kündigung – persönlich irgendwie hat mich die betroffen."

Das *subjektive Erleben* der Betroffenen unterscheidet sich erheblich von den vorgestellten Normen und spiegelt emotionale Dissonanzen wider, nicht obwohl, sondern weil Regeln idealer Kundenbetreuung befolgt werden. Die Vertreter versuchen zwar, sich bei schwierigen Kundenkontakten innerlich zu beruhigen und Konflikte nicht durch spontane Reaktionen zu verschärfen, wissen sich aber bei Kränkungen und Enttäuschungen kaum zu helfen, da sie nicht nur in ihrer Rolle als Versicherungsverkäufer, sondern auch in ihrer Identität getroffen sind. Offenbar handelt es sich bei vielen vorgeschriebenen Gefühlsnormen um so genannte „nicht realisierbare Regeln" – ein Begriff aus der systemischen Therapie (König/Volmer 1996, S. 192) – , die Überforderung und Unbehagen, längerfristig auch Motivationsverlust und die Gefahr des Burnout zur Folge haben. Der Versuch der Regeleinhaltung zeitigt einen überschießenden Effekt, indem der Vertreter die persönliche Beziehung zum Kunden persönlicher nimmt als der Kunde selbst, der den ihm versprochenen Service ganz selbstverständlich in Anspruch nimmt. Bewusstes Emotionsmanagement ist in einer solchen Situation nur noch oberflächlich möglich, d.h. der Vertreter bewahrt zwar Haltung und bringt seine Gefühle dem Kunden gegenüber nicht zum Ausdruck, innerlich ist er jedoch tief verletzt. Daraus resultieren emotionale Dissonanzen, die auf die Dauer belastend wirken.

Auch Konflikte zwischen professionellen Standards bezüglich des Eingehens auf Kundenwünsche und geschäftliche Vorgaben sind Anlass für die Bedrohung der Identität. Handelt der Vertreter nach seinen Standards, läuft er Gefahr, Kunden an die aggressiver auftretende Konkurrenz zu verlieren, ignoriert er sie, enttäuscht er Kunden und bedroht sein eigenes Selbstbild des seriösen Vertreters. Die Folge sind Ambivalenzgefühle gegenüber seiner Tätigkeit.

Wird im Gegenüber hingegen nur der Kunde gesehen, der zum eigenen Erfolg verhilft, werden alle anderen Aspekte des Menschen ausgeblendet, sieht man seinen Job als Frage von Siegern und Besiegten (Gewinnt der Kunde oder ich? Kann er mich aus dem Konzept bringen oder bin ich überlegen?), ist die Gefahr der Depersonalisation – Distanz und Ablehnung gegenüber den Bedienten – und des Zynismus gegeben: Die Interaktion ist nicht nur pseudo-persönlich, d.h. vordergründig persönlich und in Wirklichkeit auf

Misstrauen basierend, sondern sie droht auch zu scheitern, wenn eine Seite mehr als nur Instrumentalität erwartet. Depersonalisation und Zynismus sind im Übrigen typische Symptome von Burnout (Maslach/Jackson 1981), weil sie darauf hindeuten, dass der Beschäftigte nicht mehr in der Lage ist, Interaktionspartner als Menschen zu sehen, und zwar zunehmend auch im privaten Umfeld.

## 2.4 Widersprüchliche Anforderungen

Aus der Kontrastierung betrieblicher Anforderungen und individueller Umsetzung können Widersprüche abgeleitet werden, die durch die Devise „positive Kundenbeziehung = geschäftlicher Erfolg" verdeckt werden, denn diese legt eine Gleichsinnigkeit der Ziele Kundenorientierung und Geschäftserfolg nahe (wie sie bereits Peters/Waterman 1982 proklamiert haben), die sich empirisch nicht halten lässt. Die Widersprüche lassen sich wie folgt skizzieren (vgl. Oakes 1990; Neuberger 1996):

- Unternehmerische versus professionelle Orientierung

Geschäftliche Vorgaben setzen konkrete Ziele, welche Produkte wie oft verkauft werden sollen. Um erfolgreich zu sein, muss der Vertreter deshalb auch Produkte verkaufen, die ihm für seine Kunden nicht optimal erscheinen, also gegen seine professionelle Haltung handeln.

- „Kunde steht im Mittelpunkt" versus „Kunde ist Objekt"

Nach den Vorgaben der Servicementalität sollen die Bedürfnisse des Kunden befriedigt werden. Verkaufsstrategien zielen aber häufig darauf ab, den Kunden seine (kleinen) Wünsche vergessen zu lassen und neue, große Wünsche zu wecken.

- „Dickes Fell" versus Sensitivität und Empathie

Vor allem jene Dienstleister, die Kundenakquisition betreiben, erleben häufige Zurückweisungen und ungehaltene Reaktionen von Kunden, vor denen sie sich durch eine Art Unempfindlichkeit schützen. Auf der anderen Seite sollen sie besonders sensibel für die Gefühle des Kunden sein und spüren, wofür dieser empfänglich ist.

- Aufrichtigkeit versus Simulation

Um Vertrauen als Voraussetzung einer guten Kundenbeziehung aufzubauen, müssen Vertreter Aufrichtigkeit und Ehrlichkeit vermitteln. Die Regel: sei ehrlich!, d.h. die Intentionalität und Zweckrationalität dieser Art von Aufrichtigkeit führt sie aber ad absurdum, denn wahre Aufrichtigkeit ist anstrengungslos und ohne Kalkül.

Die genannten Widersprüche werden in den Vorgaben des Unternehmens bezüglich Kundenorientierung verdeckt und nicht thematisiert. Der einzelne Vertreter ist mit ihnen allein gelassen.

# 3 Management der Gefühlsarbeit

Trainings in Emotionsarbeit zielen darauf ab, aus dem ehemaligen Verkäufer, dessen Fähigkeiten auf die Kenntnis der Waren und die Bedienung der Kasse beschränkt waren, den modernen kundenorientieren Berater zu machen, der seine Emotionen kontrolliert und reflektiert dafür einsetzt, den Kunden zufrieden zu stellen. Da jedoch das Gefühlsleben nicht beliebig beeinflussbar ist, stößt vorgeschriebenes Emotionsmanagement dort auf *Grenzen*, wo Beziehungen starke Affekte hervorrufen, die in ihrem Charakter als subjektives Erleben und Erleiden fremder Regulierung nicht zu unterwerfen sind. Persönliche Gefühle dem Kunden gegenüber haben unter Umständen den betrieblich nicht intendierten und auch vom Vertreter nicht gewollten Effekt, dass es ihm immer schwerer fällt, den Hebel von Beratung zu Verkauf umzulegen. Folgen sind Misserfolgserlebnisse und die Gefahr des Burnout.

Das bedeutet jedoch keineswegs, die Gestaltung von Interaktionen den Beschäftigten zu überlassen und so wenig Anleitung wie möglich zu geben, denn in diesem Fall wäre der Akteur je individuell auf sich und seine Fähigkeiten alleine verwiesen. Einfache Formeln wie „sei immer freundlich“ oder „der Kunde hat stets Recht“ sind jedoch kontraproduktiv. Um Kundenbeziehungen permanent und immer wieder herzustellen und fortzuführen, braucht der Dienstleister Unterstützung in Form von praktikablen Routinen, mit denen er seinen „Gefühlshaushalt“ regulieren kann. Voraussetzung dafür ist die Abkehr von harmonisierenden Argumenten, denen zufolge Kunden und deren Betreuer die gleichen Werte und Ziele verfolgen, die sich durch eine optimale Servicehaltung erfüllen lassen.

Emotionsarbeit muss als *Arbeit* anerkannt werden, die mit Anstrengung, Konflikten und Widersprüchen verbunden ist. Bereits seit längerem wird deshalb die Aufnahme emotionaler Anforderungen in Analysen von Dienstleistungsarbeitsplätzen gefordert (z.B. Krell/Winter 1997), in deren Rahmen kritische Arbeitsabläufe identifiziert werden könnten, die besondere Ansprüche an individuelle Emotionsregulation stellen. Aus solchen Analysen lassen sich verschiedene Aufgaben für das Management ableiten, die an drei Ebenen ansetzen:

- die Ebene der Unternehmenspolitik, auf der Leitlinien und Servicestandards vorgegeben werden;
- die Ebene der Systeme und Verfahren, in denen Normen explizit und implizit transportiert werden, wie das Beispiel der Verkäuferschulung oben zeigt;
- die Ebene der für die Emotionsarbeiter zuständigen Führungskräfte, die als direkte Ansprechpartner für Krisen und Probleme der Kundenbetreuer zur Verfügung stehen (sollten).

Die Rolle der Führungskräfte bzw. der Vorgesetzten als Emotionsarbeiter für Emotionsarbeiter, die sie informell ohnehin haben (vgl. Conrad 1991), sollte gestärkt und institutionalisiert werden. Sinnvoll ist ein *Coachingkonzept*, bei dem explizit Raum für die Thematisierung von emotional sensiblen Ereignissen geschaffen wird, die weniger als Störfaktor denn als normaler Arbeitsinhalt zu gelten haben. Der Manager bietet als Coach und Mentor nicht nur Beratung für Problemfälle, sondern leistet *Arbeit am Arbeitsvermögen* des Kundenbetreuers.

Im dargestellten Fall des Versicherungsaußendienstes wurde ein Leitfaden entwickelt, der den Führungskräften in Gesprächen mit Vertretern helfen soll, durch Emotionsarbeit entstandene Belastungen als mögliche Ursachen für Motivations- und Leistungsprobleme zu identifizieren. Ebenso wichtig wie diese Interventionsfunktion ist die *Prävention*, bei der frühzeitig Störungen im Gefühlshaushalt erkannt und – sinnvollerweise mit Hilfe externer Berater – bearbeitet werden. Denn Burnout-Symptome stellen den Endpunkt einer längeren Entwicklung unverarbeiteter Belastungen am Arbeitsplatz dar. Ziel des Coaching ist es deshalb, mit *allen* Außendienstkräften in Kontakt zu stehen und deren Emotionsarbeit als Teil der Vermittlungstätigkeit zu würdigen. Solange dies nicht geschieht, bleibt sie eine Form der Schattenarbeit. Effizientes Coaching setzt freilich voraus, den Führungskräften für ihre Emotionsarbeit gegenüber dem Servicepersonal Schulungen zuteil werden zu lassen, in denen sie lernen, herkömmliche Führungsmethoden zu überdenken und Emotionen anzusprechen. Wie wichtig eine Förderung dieser Fähigkeiten wäre, zeigt die Aussage eines Geschäftsstellenleiters aus Unternehmen Z:

> „Im Endeffekt hat man zwar gemerkt, dass der Vertreter Schwierigkeiten hat, aber man hat sich nicht mit ihm unterhalten oder halt immer nach der gleichen Art und Weise, so nach dem Motto: ‚Ja, du musst halt mehr Kunden besuchen!'. Oder: ‚Du musst halt mehr raus!' Das ist auch so ein geflügeltes Wort."

Auf der Ebene der *Systeme und Verfahren* sind zunächst die Rekrutierungs- und Einarbeitungsprozesse zu prüfen, die generell für neu Eingestellte mit Unsicherheit und Stress verbunden sind (vgl. Moser 1992); insbesondere trifft dies aber für Dienstleister zu, die mit Zurückweisungen durch Kunden zu rechnen haben. Die Thematisierung emotionaler Anforderungen ist in dieser sensiblen Phase deshalb von besonderer Bedeutung. Rollenspiele sollten nicht nur Servicestandards und Verhaltensnormen im Kundenkontakt trainieren, sondern explizit kritische Situationen integrieren und dabei weniger die Bedürfnisse des Kunden als vielmehr das Affektgeschehen des Kundenbetreuers in den Mittelpunkt rücken. Wer erfährt, dass sein Befinden berücksichtigt wird und Emotionsregulation zur Tätigkeit dazu gehört, wird spätere Probleme leichter erkennen und es eher wagen, sie anzusprechen. So lässt sich gerade die hohe Frustration zu Beginn der Berufsausübung und damit unerwünschte Fluktuation verringern.

Dem vorgelagert ist die Entwicklung strukturierter Rekrutierungsverfahren, die auch *Selbstselektion* ermöglichen, indem realistische Vorstellungen von der Tätigkeit vermittelt werden (vgl. Rastetter 1996), etwa in Form von Gesprächen zwischen interessierten Bewerbern und Servicearbeitern vor Ort. Die häufig gepflogene Praxis für die Rekrutierung von Kundenkontaktpersonal, ein Einstellungsgespräch zu führen, das über vergangene Erfahrungen und Erfolge im Kundenkontakt informiert (biographisches Interview) oder das kurzerhand im Sinne einer Simulation zum Modellfall der Kundeninteraktion erklärt wird („wenn der Kandidat mich überzeugen kann, kann er auch den Kunden überzeugen"), vermittelt dem Kandidaten kaum Eindrücke über die konkreten Anforderungen an seine emotionalen Bewältigungsressourcen am künftigen Arbeitsplatz.

Eine heikle, aber logische Konsequenz aus der Anerkennung von Emotionsarbeit besteht in der Anpassung der *Belohnungssysteme*. Es werden zwar vermehrte Serviceleistungen von den Beschäftigten verlangt, vergütet wird aber nur, was sich in Zahlen niederschlägt, d.h. Abschlüsse oder Verkaufserfolge. Als Belohnung für Service und Hilfsbereitschaft bleibt dem Einzelnen dann nur die Anerkennung des Kunden, für die er womöglich im Laufe der Zeit mehr Energie aufwendet als für seine Verkaufsziele. D'Alessio/Oberbeck (1997, S. 53) fordern beispielsweise separate Honorierungen von Beratungsarbeit, unabhängig davon, ob diese zu einem Verkaufsabschluss führt oder nicht. Die Beratung als solche wäre dann der Gebrauchswert für den Kunden, für den er zu bezahlen hat. Monetäres Einkommen ist nun einmal eines der wichtigsten Anreizsysteme, und warum sollte ein hoher Anteil an Emotionsarbeit nicht dementsprechend entlohnt werden? Diese Frage kann auch bezüglich der Betreuungsarbeit der Führungskräfte gestellt werden.

In Untersuchungen erweist sich immer wieder die *soziale Unterstützung* in Form von Austausch unter Kollegen als zentraler Faktor zur Reduzierung von Belastungen (vgl. Gusy 1995). Müssen die Beschäftigten, um mit Goffman (1991) zu sprechen, auf der „Vorderbühne" – also in Verhandlungen, Verkaufssituationen oder bei der Pflege von Kranken – emotional kontrolliert oder gar ritualisiert agieren, stellt die „Hinterbühne" – Gesprächsrunden unter Kollegen, Pausen oder gemeinsames Mittagessen – den notwendigen Raum für Rückzug und „Dampf ablassen" bereit. Über Kunden zu schimpfen, Patienten abzuwerten, verächtlich über Schüler zu reden oder Witze über Klienten zu machen (Smith/Kleinman 1989; Ashforth/Humphrey 1993) – dieses Phänomen hat für viele Arbeitnehmer eine Ausgleichsfunktion für Belastungen und erlittene Kränkungen. Für die Gruppe der Vertreter steht diese Möglichkeit nur begrenzt zur Verfügung, da ihre Agenturen weit voneinander entfernt liegen und Kommunikation kaum stattfindet. Umso dringlicher wäre die Schaffung eines Raums, in dem ansonsten unerlaubte Emotionen zum Ausdruck kommen und „Tipps und Tricks" von erfahrenen und emotional stabileren Personen an unerfahrenere oder burnoutgefährdete Personen weiter gegeben werden könnten.[11]

Gefühlsnormen „von oben" im Rahmen der *Unternehmenspolitik* zu diktieren, muss zwangsläufig zu Widerständen und Konflikten führen. Können die Betroffenen *mitentscheiden*, welche Normen sie für die Interaktion mit Kunden als sinnvoll erachten und welche Verhaltensweisen ihnen helfen, sich vor unerwünschtem Verhalten von Kunden zu schützen, ist das Risiko, emotionale Dissonanzen und Kränkungen zu erfahren, erheblich verringert. Zu solchen Normen kann auch gehören, bei Kunden, die sich unangemessen verhalten, Grenzen zu setzen: den Kontakt abbrechen, den Kunden an einen Kollegen weitergeben oder verbal in Schranken verweisen. Kompetenzen dieser Art sollten als Repertoire allen Dienstleistenden zur Verfügung stehen, um Selbstwirksamkeit (d.h. das Gefühl, etwas bewirken zu können) und internale Kontrollüberzeugung (d.h. das Gefühl, Urheber bestimmter Wirkungen zu sein) zu erhöhen. Sie werden umso wichtiger, je heterogener und vielfältiger Kundentypen und -gruppen sind – eine Konstellation, die mit wachsender *Informalisierung der Gesellschaft* (Wouters 1999) Dienstleistungsbeziehungen in Zukunft prägen wird. Die Einbeziehung der Kundenbetreuer in die Entwicklung von Servicestandards und Verhaltensrichtlinien würde darüber hinaus unrealistische Erwartungen des Managements an Kundenorientierung relativieren.

In Anbetracht der steigenden Zahl von Dienstleistern muss die anwendungsbezogene Wissenschaft – Arbeits- und Organisationspsychologie, Arbeitssoziologie und Betriebswirtschaftslehre – noch bessere Erkenntnisse über die genauen Abläufe und Wirkungen von Emotionsarbeit gewinnen. Weitere Untersuchungen wie die vorliegende sollten die je spezifischen Anforderungen an Emotionsarbeit der Beschäftigten verschiedener Berufe[12] analysieren, um jene Faktoren zu bestimmen, die Emotionsarbeit möglichst belastungsarm machen, und um berufstypisch zugeschnittene Maßnahmen zu entwickeln. Denn es ist nicht zu erwarten, dass Kundenorientierung in Zukunft an Bedeutung verliert, im Gegenteil wird die Konkurrenz um Kunden auf gesättigten Nachfragemärkten steigen.

Es gilt, sich vom Mythos zu verabschieden, Kundenorientierung lasse sich ohne Widersprüche als betriebliches Ziel implementieren und nütze allen Seiten gleichzeitig. Legitime Ansprüche von Kunden auf freundliche und zugewandte Bedienung und von Beschäftigten auf Schutz ihrer Identität und Persönlichkeit müssten gleichermaßen Berücksichtigung finden, um auch gesellschaftlichen Aufgaben Rechnung zu tragen, die darin bestehen, zwischenmenschliche Kälte oder Zynismus in marktförmigen Beziehungen zu verhindern.

# Anmerkungen

1 Der Begriff Emotionsarbeit existiert zwar schon länger, zum Teil mit abweichenden Bedeutungen (vgl. Rastetter 1999). Jüngere Untersuchungen beziehen sich aber in der Regel auf Hochschilds Definition.

2 Der Ausdruck des gezeigten Gefühls ist etwas unglücklich, weil es oft gerade nicht um ein originäres Gefühl geht, das gezeigt wird, sondern um ein gespieltes, mithin nur auf der Verhaltensebene dargestelltes Gefühl. Solche „Gefühle" sind keine Gefühle im ursprünglichen Sinn, weshalb es manche vorziehen, in diesem Fall nur von Verhalten (display behavior) zu sprechen.

3 An Frauen werden beispielsweise höhere Erwartungen gestellt zu lächeln und freundlich zu sein als an Männer. Siehe auch interkulturelle Unterschiede: Bei Schwarzafrikanern kann Lächeln Überraschung, Erstaunen, Verlegenheit und sogar Unbehagen ausdrücken, während es für Japaner Bestandteil der Etikette ist (LaBarre 1981, S. 158).

4 Untersuchungen zeigen beispielsweise, dass sich der spontane Gesichtsausdruck von Personen erheblich verändert, wenn plötzlich andere Personen anwesend sind (Ekman 1993).

[5] Ein Beispiel wäre eine Frau nach der Entbindung, von der erwartet wird, dass sie sich freut und glücklich ist. Wenn sie abweichende Gefühle wie Ablehnung dem Kind gegenüber empfindet, bekommt sie leicht Schuldgefühle.

[6] Hierbei ist von einem Aufschaukelungseffekt auszugehen, ohne dass der eigentliche Verursacher auszumachen wäre: Versprechungen von Angebotsseite erhöhen Erwartungen auf Nachfrageseite, und steigende Ansprüche von Kunden ziehen verstärkte Anstrengungen von Unternehmen nach sich.

[7] Es handelt sich dabei um ein Kooperationsprojekt mit einem Unternehmen, bei dem Fragen bezüglich Motivation, Anreizsystemen, Qualifizierung und Arbeitsgestaltung des Außendienstes im Zentrum stehen.

[8] Innerhalb der „Dienstleistungstriade“ Unternehmen – Dienstleister – Bedienter (Stengel 1997, S. 229) wäre der Vertreter bildlich näher beim Kunden einzuzeichnen als andere Dienstleistende.

[9] Bei diesen Argumentationen entsteht mitunter der Eindruck, die Versicherung würde nicht nur finanzielle Folgeprobleme beheben, sondern sogar das Unglück selbst abwenden.

[10] Die folgenden Aussagen stammen aus Interviews mit Vertretern des Unternehmens Z, die im Rahmen des Kooperationsprojektes geführt wurden.

[11] Institutionierte Roundtables hätten neben der sozialen Unterstützung den Vorteil, dem Wissenstransfer unter Kollegen und Führungskräften zu dienen (vgl. die Studie von Sydow et al. 1995 über Wissensnetzwerke von Finanzdienstleistern).

[12] Die meisten personenbezogenen Dienstleistungen werden – wie Hochschild zeigt – von Frauen ausgeführt. Da der geschlechtsspezifische Aspekt von Emotionsarbeit in diesem Beitrag nicht thematisiert werden konnte, sei dazu auf Hochschild (1990) sowie Haubl/Rastetter (2000) verwiesen.

## Literaturverzeichnis


Ashforth, B.E./Humphrey, R.H. (1993): Emotional labor in service roles: The influence of identity. In: Academy of Management Review 18 (1), S. 88-115.

Baethge, M./Oberbeck, H. (1990): Systemische Rationalisierung von Dienstleistungsarbeit und Dienstleistungsbeziehungen: Eine neue Herausforderung für Unternehmen und wissenschaftliche Analyse. In: Rock, R./Ulrich, P./Witt, F. (Hrsg.): Strukturwandel der Dienstleistungsrationalisierung. Frankfurt a.M., S. 149-175.

Bittl, A. (1997): Vertrauen durch kommunikationsintendiertes Handeln. Wiesbaden.

Caldwell, D.F./O'Reilly, C.A. (1982): Boundary spanning and individual performance: The impact of self-monitoring. In: Journal of Applied Psychology 67, S. 124-127.

Conrad, P. (1991): Management-Rolle: Emotionsarbeiter. In: Staehle, W.H. (Hrsg.): Handbuch Management. Wiesbaden, S. 411-445.

D'Alessio, N./Oberbeck, H. (1997): Vor dem Aufbruch in eine neue Dienstleistungswelt? In: ISF, INIFES, IfS, SOFI (Hrsg.): Jahrbuch sozialwissenschaftliche Technikberichterstattung. Schwerpunkt: Neue Dienstleistungswelten. Berlin, S. 13-62.

Du Gay, P./Salaman, G. (1992): The cult(ure) of the customer. In: Journal of Management Studies 29 (5), S. 615-633.

Durst, A. (1993): Bedienen zwischen dienen und verdienen: Eine berufssoziologische empirische Untersuchung zur Dienstleistungsabreit im Gastgewerbe. Bielefeld.

Ekman, P. (1984): Expression and the nature of emotion. In: Scherer, K.R./Ekman, P. (Hrsg.): Approaches to emotion. Hillsdale, NJ, S. 319-343.

Ekman, P. (1993): Facial expression and emotion. In: American Psychologist 48, S. 384-392.

Fiehler, R. (1990): Kommunikation und Emotion. Theoretische und empirische Untersuchungen zur Rolle von Emotionen in der verbalen Interaktion. Berlin und New York.

Foucault, M. (1976): Überwachen und Strafen. Frankfurt a.M.

Goffman, E. (1977): Rahmen-Analyse. Ein Versuch über die Organisation von Alltagserfahrung. Frankfurt a.M.

Goffman, E. (1991): Wir alle spielen Theater. 7. Aufl. München.

Goleman, D. (1996): EQ – Emotionale Intelligenz. München.

Gusy, B. (1995). Stressoren in der Arbeit, soziale Unterstützung und Burnout. München.

Haubl, R./Rastetter, D. (2000): Zeigen ohne Lust. Über Emotionsarbeit. In: Haubl, R. (Hrsg.): Schau- und Zeigelust. Gießen, S. 21-38.

Heise, D.R. (1986): Modeling symbolic interaction. In: Lindenberg, S./Coleman, J. S./ Nowak, S. (Hrsg.): Approaches to Social Theory. New York, S. 291-309.

Hochschild, A.R. (1983): The managed heart. Commercialization of human feelings. Berkeley, CA.

Hochschild, A.R. (1990): Das gekaufte Herz. Zur Kommerzialisierung der Gefühle. Frankfurt a.M.

Homburg, C./Giering, A./Hentschel, F. (1999): Der Zusammenhang zwischen Kundenzufriedenheit und Kundenbindung. In: Die Betriebswirtschaft 59 (2), S. 174-195.

Hütter, H. (2000): Servicegarantien bei Banken und Versicherungen. Wettbewerbsvorteile für Finanzdienstleistungsunternehmen. Wiesbaden.

IAB Kurzbericht, Nr. 9 vom 26.8.1999.

König, E./Volmer, G. (1996): Systemische Organisationsberatung. Göttingen.

Krafft, M. (1999): Der Kunde im Fokus: Kundennähe, Kundenzufriedenheit, Kundenbindung – und Kundenwert? In: Die Betriebswirtschaft 59 (4), S. 511-531.

Krell, G./Winter, R. (1997): Anforderungsabhängige Entgeltdifferenzierung: Orientierungshilfen auf dem Weg zu einer diskriminierungsfreie(re)n Arbeitsbewertung. In: Krell, G. (Hrsg.): Chancengleichheit durch Personalpolitik. Wiesbaden, S. 243-262.

LaBarre, W. (1981): Die kulturelle Basis von Emotionen und Gesten. In: Kahle, G. (Hrsg.): Logik des Herzens. Die soziale Dimension der Gefühle. Frankfurt a.M., S. 155-176.

Leidner, R. (1993): Fast food, fast talk: Service work and the routinization of everyday life. Berkeley und Los Angeles.

Maslach, C./Jackson, S.E. (1981): Maslach burnout inventory: Manual. Palo Alto, CA.

Moser, K. (1992). Personalmarketing. Eine Einführung. München.

Neuberger, O. (1996): Die wundersame Verwandlung der Belegschaft in Unternehmerschaft mittels Kundschaft. In: Augsburger Beiträge zu Organisationspsychologie und Personalwesen 18.

Peters, T.J./Waterman, R.H. (1982): In search of excellence. New York.

Oakes, G. (1990): The soul of the salesman. The moral ethos of personal sales. London.

o.V. (1999): Sieben Mal pro Flug. In: Süddeutsche Zeitung vom 11.5.99, S.V3/5.

o.V. (2000): Bitte lächeln. In: Süddeutsche Zeitung vom 18.1.2000, S. V2/5.

Rafaeli, A./Sutton, R.I. (1989): The expression of emotion in organizational life. In: Staw, B.M./Cummings, L.L. (Hrsg.): Research in Organizational Behavior 11. Greenwich, Conn., S. 1-42.

Rastetter, D. (1996): Personalmarketing, Bewerberauswahl und Arbeitsplatzsuche. Stuttgart.

Rastetter, D. (1999): Emotionsarbeit. Stand der Forschung und offene Fragen. In: Arbeit. Zeitschrift für Arbeitsforschung, Arbeitsgestaltung und Arbeitspolitik 8 (4), S. 374-388.

Richter-Mundani, S. (1999): Kundenbindungssysteme für Kreditinstitute: Der Zusammenhang von Kundenorientierung, Dienstleistungsqualität und Beschwerdemanagement. Wiesbaden.

Rosenberg, M. (1990): Reflexivity and emotions. In: Social Psychology Quarterly 53 (1), S. 3-12.

Schiessl, M. (1998): Eine Form der Prostitution. In: Der Spiegel Nr. 47, S. 106.

Smith, A.C./Kleinman, S. (1989): Managing emotions in medical school: Students' contacts with the living and the dead. In: Social Psychology Quarterly, 52 (1), S. 56-69.

Snyder, M. (1987): Public appearances, private realities. The psychology of self-monitoring. New York.

Stengel, M. (1997): Psychologie der Arbeit. Weinheim.

Sutton, R.I. (1991): Maintaining norms about expressed emotions: The case of bill collectors. In: Administrative Science Quarterly 36, S. 245-268.

Sydow, J./Windeler, A./Krebs, M./Loose, A./van Well, B. (1995): Organisation von Netzwerken. Strukturationstheoretische Analysen der Vermittlungspraxis in Versicherungsnetzwerken. Opladen.

Thoits, P.A. (1990): Emotional deviance: Research agendas. In: Kemper, T. (Hrsg.): Research agendas in the sociology of emotions. New York, S. 180-203.

Wouters, C. (1999): Informalisierung. Norbert Elias' Zivilisationstheorie und Zivilisationsprozesse im 20. Jahrhundert. Opladen.

Dr. Daniela Rastetter
WISO-Fakultät
Lehrstuhl für Psychologie I
Universität Augsburg
D-86135 Augsburg
Email: Daniela.Rastetter@wiso.uni-augsburg.de

Barbara Sieben

# Emotionale Intelligenz – Golemans Erfolgskonstrukt auf dem Prüfstand

Emotionale Intelligenz; emotionale Kompetenz; Management; Methodenkritik

## Zusammenfassung

Im „Erfolgsquotienten“, seiner neueren Veröffentlichung, propagiert Daniel Goleman sein Konzept der ‚emotionalen Intelligenz‘ (EI) als wissenschaftlich fundierte Gestaltungsgrundlage für weite Felder der (Personal-)Managementpraxis. Die breite, bislang weitgehend unkritische Rezeption der Veröffentlichungen Golemans zur EI legt es nahe, die Grundlagen dieses Konzeptes kritisch zu betrachten. Für eine Orientierung wird der Argumentationsgang Golemans in vier wesentlichen Schritten skizziert. Sodann erfolgt eine Kritik aus methodischer Perspektive in eben diesen Schritten, wobei Golemans Argumente auf der Folie der von ihm verwendeten Quellen und des Standes der jeweilig fachspezifischen Forschung beleuchtet werden. In jedem dieser Schritte kann gezeigt werden, dass erhebliche Zweifel an der wissenschaftlichen Fundierung des Goleman'schen EI-Konzeptes anzumelden sind.

## Abstract

In „Working with Emotional Intelligence“, his recent publication, Daniel Goleman promotes his concept of ‚emotional intelligence‘ (EI) as a firm scientific foundation for a variety of applications in the field of (human resource) management. The broad and overwhelmingly uncritical reception of Goleman's publications invites one to examine the bases of this concept critically. In order to give an orientation to the reader, this paper

Managementforschung 11 (2001), hrsg. von G. Schreyögg und J. Sydow,
Gabler-Verlag • Wiesbaden S. 135-170

outlines Goleman's argumentation in four relevant steps. It ensues a critique from a methodical perspective along the same four steps examining Goleman's arguments against the foil of his reference literature and the state of the art of the specific areas of research. At each of these steps, it can be shown that one has to cast serious doubts on the scientific foundation of Goleman's concept of EI.

## Inhaltsübersicht

# 1 Einleitung[1]

Das Schlagwort der ‚emotionalen Intelligenz' (EI), das durch Daniel Golemans gleichnamigen Bestseller populär wurde, ist in aller Munde. An die „Emotionale Intelligenz" (Goleman 1997) anknüpfende Titel wie „Mehr Erfolg durch emotionale Intelligenz" (Weisbach/Dachs 1997) oder „Herzschlag der Sieger. Die EQ-Revolution" (Höhler 1997) überschwemmen inzwischen die deutschen Büchertische. In betriebswirtschaftlichen Zeitschriften werden Artikel veröffentlicht, die unter Berufung auf Goleman die Wichtigkeit der EI bzw. des EQ als Gegenpart des IQ propagieren (vgl. z.B. Schanz 1997; Dietz/Geiselhardt 2000). Mit „Working with Emotional Intelligence" (1998) bzw. in der deutschen Übersetzung „Der Erfolgsquotient" (1999) legt Goleman das Folgewerk vor, in dem er das Konzept zum Schlüsselfaktor für individuellen und organisationalen Erfolg erklärt und es als wissenschaftlich fundierte Gestaltungsgrundlage für die verschiedenen Arbeitsfelder des Personalmanagements anbietet, insbesondere die betriebliche Weiterbildung.

Angesichts der – zumindest in der betriebswirtschaftlichen Managementlehre – bislang überwiegend unkritischen Rezeption des Goleman'schen Konzeptes ist es Ziel dieses Beitrags, „die wissenschaftlichen Argumente" (Goleman 1999, S. 23) des Bestsellerautors zu hinterfragen: Werden hier lediglich journalistisch geschickt präsentierte Thesen geliefert, oder handelt es sich um populärwissenschaftliche Veröffentlichungen, die ein fundiertes Konzept in überzeugender Weise darbieten? Zur Beantwortung dieser Frage wird Golemans Argumentation, die im zweiten Abschnitt dieses Beitrags in ihren wesentlichen Schritten dargestellt wird, im dritten Abschnitt aus einer methodischen Perspektive beleuchtet, und zwar ausgehend von den theoretisch-methodologischen Grundannahmen und damit denjenigen ‚wissenschaftlichen Sprachspielen' (Astley/Zammuto 1992), in deren Rahmen sich der Autor bewegt. In den Argumentationsschritten Golemans werden auf der Grundlage einer kurzen Einführung in das jeweilige Forschungsgebiet und einer sich anschließenden genaueren Betrachtung der für Goleman jeweils relevanten Quellen schließlich Befunde dargestellt, die sich aus einer Prüfung auf folgende Fragen ergaben: Werden eigene Definitionen eindeutig bestimmt und abgegrenzt? Erfolgt ihre Verwendung konsequent? Werden der jeweiligen Fragestellung bzw. Zielsetzung angemessene Daten bzw. Methoden gewählt? Werden Quellen unverfälscht wiedergegeben und zwischen Tatsachen und Meinungen oder Vermutungen getrennt? Sind die Aussagen überprüfbar, d.h. sind die verwendeten Quellen bzw. Daten zugänglich und die verwendeten Methoden offengelegt? Sind Interpretationen nachvollziehbar und angemessen? Die Schwachstellen und Widersprüche in Golemans Argumentation, die sich anhand dieser Kriterien aufzeigen lassen, verdeutlichen, dass der Autor nicht einmal gemessen an grundlegenden „Regeln der akademischen Kunst" (Krämer 1999, S. 14)[2] seinem eigenen Anspruch auf Wissenschaftlichkeit gerecht wird: Durch eine äußerst uneinheitliche Verwendung und unklare Fassung des Begriffs der EI bleibt auch der inhaltliche Bezug des Konzeptes diffus; weder Quellen- noch Methodenverwendung können als wissenschaftlich adäquat bezeichnet werden; Verzerrungen, unbelegte Behauptungen sowie einseitige und teilweise unzulässige Interpretationen bestimmen den Argumentationsgang.

Eine solche Kritik am Goleman'schen EI-Konzept berührt keineswegs die Relevanz von Emotionen für Organisation und Management. Diese ist unbestreitbar gegeben, wie auch die Beiträge des vorliegenden Bandes in vielfältiger Hinsicht aufzeigen. Eben diese Relevanz ist es schließlich auch, die dazu verlockt, über eine Logik des Zuschneidens auf (eine suggerierte) Machbarkeit und Beratungsfähigkeit derartige marktfähige Konzepte zu kreieren, die an Managementmoden (vgl. Kieser 1996) anknüpfen oder sie gar begründen.

# 2 Darstellung des Konzeptes der EI

## 2.1 Die neurowissenschaftliche Grundlage

Als ausschlaggebend für seine Beschäftigung mit der EI benennt Goleman die Fortschritte der neurowissenschaftlichen Forschung. Diese hätten es ihm ermöglicht, „für das Modell der emotionalen Intelligenz eine hirnwissenschaftliche Grundlage zu formulieren“ (Goleman 1999, S. 14). Die fortschreitende Kartierung des Gehirns erlaube Rückschlüsse auf die Verortung der Emotionalität in dessen älteren Bereichen und auf die Unterscheidung von akademischer Intelligenz und EI, da hier jeweils andere Hirnareale aktiv seien. Angelehnt an die Neurologen Damasio (1995) und LeDoux (1998) beschreibt Goleman (1997) eingehend, wie Emotionen durch neuronale Schaltungen gemanagt werden. Das Hauptaugenmerk legt er auf die gegenseitige Befruchtung von Emotionen und Denken für das Zustandekommen rationaler Entscheidungen, für die das „komplementäre Verhältnis von limbischem System und Neokortex, Mandelkern und Präfrontallappen“ verantwortlich sei. Er schlussfolgert:

> „Die Wirkungsweise dieser Hirnareale ist maßgebend für die Steuerung unseres Gefühlslebens, und von ihr hängt es ab, ob wir emotionale Intelligenz besitzen oder nicht“ (ebd., S. 48 f.).

Wie sich die EI entwickelt, beschreibt Goleman (1997) zunächst an Negativbeispielen wie erlernter Furcht, Zwangsneurosen und Traumata. Das Ergebnis seien neuronale (Fehl-)Schaltungen, die sich insbesondere in Kindheit und Jugend verfestigten; weshalb hier die elterliche Erziehung besonders gefordert sei. Später sei „die Psychotherapie vielfach ein heilender Nachhilfeunterricht“ (ebd., S. 286).

Im „Erfolgsquotienten" hebt er dagegen „die gute Nachricht" hervor, dass die EI auch ohne therapeutische Hilfe, sondern z.B. über – seine in Kooperation mit Hay/McBer angebotenen – Managementtrainings „*im Verlauf des ganzen Lebens gesteigert werden kann*" (Goleman 1999, S. 291, Herv. i.O.). Hierfür seien neurowissenschaftlich fundierte Lehrmethoden nötig, denn der Erwerb emotionaler Kompetenzen unterscheide sich grundlegend vom Erlernen rein kognitiver Fähigkeiten. So würden bei intellektuellem Lernen im entsprechenden kortikalen Hirnareal lediglich neue Informationen in bestehende Assoziations- und Verstehensmuster eingeordnet. Dagegen seien beim emotionalen Lernen weitere Hirnareale und Nervenbahnen beteiligt, es verursache „eine neuronale Neuverschaltung" (ebd., S. 295): Damit sei die Ersetzung alter Gewohnheiten und folglich eine Verhaltensänderung verbunden.

Zwei für seine Ausführungen wesentliche Thesen leitet Goleman demnach aus der Hirnforschung ab: *Erstens* verortet er EI in den evolutionsgeschichtlich älteren Hirnzentren, was auf ihre bedeutsamere Rolle im Vergleich zu rein kognitiven Fähigkeiten verweise. *Zweitens* verfüge das ‚emotionale Gehirn' über andere Lernmechanismen als das ‚denkende Gehirn'.

## 2.2 Der Rückgriff auf Intelligenzkonzeptionen

Die neurobiologischen Erkenntnisse verändern für Goleman den Blick auf die menschliche Intelligenz: Gängige Auffassungen einer angeborenen, über den IQ messbaren Intelligenz seien unangemessen; eine derart verengte Sicht auf menschliche Fähigkeiten vernachlässige den wichtigen Beitrag der Emotionen für Erfolg in allen Bereichen. In diesem Sinne bezeichnet Goleman (1997) EI zunächst als „*Metafähigkeit*, von der es abhängt, wie gut wir unsere anderen Fähigkeiten, darunter auch den reinen Intellekt, zu nutzen verstehen" (ebd., S. 56, Herv. i.O.). Hier bezieht er sich vor allem auf Salovey und Mayer (1990), deren „Emotional Intelligence" maßgeblich ist für die Bezeichnung des Goleman'schen Konzeptes und – verbunden mit Gardners (1991) Modell der ‚multiplen Intelligenzen' – für folgende Definition:

> „Emotionale Intelligenz: Das ist die Fähigkeit, unsere eigenen Gefühle und die anderer zu erkennen, uns selbst zu motivieren und gut mit den Emotionen in uns selbst und in unseren Beziehungen umzugehen" (Goleman 1999, S. 387).

Dabei wird EI der akademischen, über den IQ messbaren Intelligenz gegenübergestellt. Im Gegensatz zum IQ nehme die EI durch Erfahrungen zu und könne durch Trainings gesteigert werden. Goleman unterteilt die EI in fünf Bereiche (ebd., S. 38 f., Herv. i.O.):

| | |
|---|---|
| „Selbstwahrnehmung | Die eigenen Zustände, Präferenzen, Ressourcen und Intuitionen erkennen [...] |
| Selbstregulierung | Seine inneren Zustände, Impulse und Ressourcen handhaben [...] |
| Motivation | Emotionale Tendenzen, die das Erreichen von Zielen leiten bzw. erleichtern [...] |
| Empathie | Wahrnehmung der Gefühle, Bedürfnisse und Sorgen anderer [...] |
| Soziale Fähigkeiten | Mit Geschicklichkeit erwünschte Reaktionen in anderen hervorrufen." |

Dieses mehrdimensionale Modell sei eine – auf Salovey und Mayer basierende – eigene Version, welche „die Bedeutung dieser Fähigkeiten im Arbeitsleben" (ebd., S. 388) hervorhebe.

## 2.3 Übertragung auf die Arbeitswelt: EI als Rahmen für emotionale Kompetenzen

Die EI beschreibe zwar berufserfolgsrelevante Fähigkeiten, sei aber doch nur ein Potenzial, das bestimme, ob und inwieweit emotionale Kompetenzen erlernt werden können. Darunter versteht der Autor solche Fähigkeiten und Fertigkeiten, die nicht rein kognitiver Art sind, sondern „Denken und Fühlen verbinden" und „herausragende Arbeitsleistungen zur Folge" (ebd., S. 35 f.) haben. Ausschlaggebend für die Betonung herausragender Arbeitsleistungen ist für Goleman der Kompetenzbegriff, der sich in der von McClellands Aufsatz „Testing for Competence Rather Than for ‚Intelligence'" (1973) angestoßenen Forschungstradition herausbildete. In Abkehr von herkömmlichen IQ- und Persönlichkeitstests habe McClelland gefordert, die jeweiligen beruflichen Anforderungen stärker zu betonen und die Voraussetzungen für Spitzenleistungen zu erforschen. In entsprechenden Studien von McBer & Company (heute Hay/McBer) habe sich gezeigt: Die über den IQ gemessene Intelligenz stelle „bloß eine Schwellenkompetenz" (Goleman 1999, S. 30) dar. Für Spitzenleistungen seien jedoch darüber hinaus emotionale Kompetenzen nötig.

Aus einer Zusammenschau von Kompetenzstudien ermittelt Goleman 25 emotionale Kompetenzen, die sich den fünf Dimensionen der EI zuordnen lassen. Er stellt fest, dass die ‚emotionalen Intelligenzfähigkeiten' jeweils *„unabhängig"* voneinander zur beruflichen Leistung beitragen und sowohl *„interdependent"* als auch *„hierarchisch"* miteinander verbunden sind. Die Entwicklung beruflicher Kompetenzen sei aber auch von Faktoren wie z.B. dem Organisationsklima abhängig. Und sie gelten *„allgemein"* für alle Berufe, nur „sind die Kompetenzanforderungen von Beruf zu Beruf verschieden" (ebd., S. 37 u. 40, Herv. i.O.).

## 2.4 Empirische Forschung zum ‚Wert' der EI

> „Anders als der IQ, der seit fast hundert Jahren an Hunderttausenden untersucht wurde, ist die emotionale Intelligenz ein neues Konzept. Noch kann niemand genau sagen, in welchem Umfang sie für den unterschiedlichen Lebenserfolg der Menschen verantwortlich ist. Nach den vorliegenden Daten ist ihr Einfluß aber mindestens so groß oder größer als der des IQ" (Goleman 1997, S. 54 f.).

Diese vorsichtige Aussage nimmt Goleman (1999) im „Erfolgsquotienten" für den Berufserfolg zurück. Dank eigener und in Auftrag gegebener Datenanalysen sei „ein exaktes Maß für die Quantifizierung des Werts der emotionalen Intelligenz" (ebd., S. 13) gefunden. Hierfür greift der Autor auf Kompetenzstudien in der Tradition McClellands zurück, in denen „*Schwellen*kompetenzen“ oder – besserenfalls – „*unterscheidende* Kompetenzen, jene Fähigkeiten, durch die sich Leistungs-Asse vom Durchschnitt abheben“, erhoben werden, bestenfalls unter Angabe ihres „*relative[n] Gewicht[s]*“ (ebd., S. 389, Herv. i.O.). Die Ergebnisse von vier Sekundäranalysen solcher Studien lassen Goleman – nun doch nur als „Faustregel“ – formulieren:

> „Für herausragende Leistungen in allen Berufen und in jedem Bereich ist emotionale Kompetenz doppelt so wichtig wie rein kognitive Fähigkeiten. Erfolg auf den höchsten Ebenen, in Führungspositionen, läßt sich praktisch zu hundert Prozent mit emotionaler Kompetenz erklären“ (ebd., S. 46 f.).

Dieser relative Beitrag der EI bzw. emotionaler Kompetenzen zu herausragenden Leistungen begründe zudem ihren „Mehrwert“ (ebd., S. 49), den Geldwert, den Spitzenkräfte mehr als durchschnittliche ArbeitnehmerInnen zum Geschäftsergebnis beitragen. So habe z.B. eine branchenübergreifende Studie einen ‚Mehrwert der Spitzenkräfte‘ zwischen 127 und 300 Prozent ermittelt. Spitzenverkäufer der Fortune-500-Unternehmen erzielten nach einer Umfrage von Lyle Spencer 3,7 Millionen Dollar Mehrumsatz, eine Summe, die die dafür zu zahlenden Provisionen bei weitem übersteige.

# 3 Kritische Betrachtung

## 3.1 Eine löchrige neurowissenschaftliche Grundlage

Golemans Ausführungen zu Mandelkern, Neokortex und ihren neuronalen Verbindungen beim Entstehen emotionaler Reaktionen nehmen in der „Emotionalen Intelligenz“ ein gesamtes Kapitel ein (vgl. Goleman 1997, S. 19 ff.). Sie zeugen von seiner intensiven Beschäftigung mit Hirnforschungsergebnissen und entsprechen weitgehend dem neurowissenschaftlichen Erkenntnisstand (vgl. z.B. Birbaumer/Schmidt 1999, S. 671 f.) sowie den Auffassungen seiner Referenzautoren. Die darüber hinausweisenden Schlussfolgerungen zu einer ‚Verortung‘ der von Goleman konstruierten EI im Gehirn und ihrer darauf gründenden wichtigeren Rolle im Vergleich zu einer akademischen Intelligenz sowie die Forderung nach einem neuen, den neurobiologischen Unterschied zwischen emotionalem und intellektuellem Lernen beachtenden Lernmodell für die betriebliche Aus- und Weiterbildung sind jedoch, wie im Folgenden zu zeigen, mit Skepsis zu betrachten.

### 3.1.1 Orientierungspunkte zu den Neurowissenschaften

In der neuro- und kognitionswissenschaftlichen Psychologie verweisen nach der ‚kognitiven Wende' in den siebziger Jahren jetzt viele Indizien auf die „emotionale Wende" (Roth 1998): Stand zunächst der Beitrag von Kognitionen zu Emotionen im Mittelpunkt des Interesses, liegt nun die Betonung auf der Hypothese ‚ohne Emotion keine Kognition' (vgl. auch Schmidt-Atzert 1996, S. 28). Die von Goleman hauptsächlich verwendeten Quellen aus dem Gebiet der Neurowissenschaften (Damasio 1995; LeDoux 1998) dokumentieren jüngste Erkenntnisse dazu.

Die Neurowissenschaften erforschen die biologischen Grundlagen des Verhaltens; die Hirnforschung ist einer ihrer Zweige. Viele der dort gewonnenen Erkenntnisse beruhen auf Beobachtungen von Menschen mit Verletzungen am Gehirn und so genannten Split-Brain-Patienten, Menschen, deren Hirnhemisphären zur Behandlung von Epilepsien durch eine Operation getrennt wurden. Ein zweiter Zugang erfolgt über Tierexperimente: Die Läsionsmethode, bei der Hirnsubstanz zerstört wird, wird vor allem bei Ratten und Affen auch ohne akutes Krankheitsbild angewandt. Trotz der unbestreitbaren Bedeutung der Beobachtung hirngeschädigter Menschen und von Tierversuchen für die neurowissenschaftliche Grundlagenforschung unterstreichen FachvertreterInnen, dass die Charakteristik dieser Methoden die Grenzen der Aussagekraft darauf beruhender Erkenntnisse bedingt. So wird die Annahme problematisiert, das Versagen bestimmter Prozesse aufgrund von Hirnschäden gebe Auskunft über Struktur und Prozesse eines gesunden Gehirns, und gewarnt, Verallgemeinerungen dieser Befunde nur mit Vorsicht zu treffen (vgl. z.B. Zimbardo/Gerrig 1999, S. 91). Mit Blick auf Tierversuche wird konzediert, auf ihrer Grundlage seien immer nur grobe Schlussfolgerungen zum Verhältnis von (menschlichem) Gehirn und Verhalten möglich (vgl. z.B. Birbaumer/Schmidt 1999, S. 510).

### 3.1.2 Golemans Quellen genauer betrachtet

Damasios (1995) Intention ist es, eine ‚Neurobiologie der Rationalität' zu entwerfen, die in Abkehr von „Descartes' Error" der untrennbaren Verbindung von Körper und Geist, Vernunft und Gefühl gerecht wird. Den wichtigen Beitrag von Emotionen sieht er bestätigt durch seine Befunde aus der Beobachtung von Split-Brain-Patienten, die zwar intellektuelle Leistungen erbringen konnten, aber unter Gefühlskälte und Entscheidungsunfähigkeit litten (ebd., S. 78).

Damasio unterscheidet zwischen primären und sekundären Emotionen: Für *primäre Emotionen* wie Angst, Liebe, Hass, die für ihn auf angeborenen Strukturen beruhen, spielt der Mandelkern, die Amygdala, eine Schlüsselrolle: Ist er aktiviert, werden körperliche Signale gesendet und es kommt z.B. zu einer Veränderung des Gesichtsausdrucks (ebd., S. 132 f.). *Sekundäre Emotionen* entstehen in Situationen, in denen Gefühle wahrgenommen werden, und bezeichnen in Lernprozessen erworbene systematische

Verbindungen zwischen Objekten oder Situationen und primären Emotionen. Hierbei sind bereits weitere, nämlich kortikale Hirnstrukturen beteiligt. Dort werden „mental images" (ebd., S. 136) gefühlsbesetzter Situationen gespeichert, die in späteren ähnlichen Situationen abgerufen werden. Für Damasio ist somit das Wahrnehmen einer Emotion kein rein emotionaler Prozess, sondern an ihm sind auch kognitive Prozesse und körperliche Signale beteiligt. Ebensolche verbundenen Prozesse erklärten das Zustandekommen von rationalen Entscheidungen, reine Logik reiche hier nicht aus. Hierauf bezieht sich Damasios zentrale Hypothese der *somatischen Marker* (ebd., S. 170 ff.), eine besondere Art von Gefühlen, die durch Lernprozesse aus sekundären Emotionen hervorgehen. Sie könnten als Warnsignal oder Ansporn wirken und Entscheidungsprozesse effektiver gestalten, da sie die durch logische Kalkulationen deduzierbaren Wahlmöglichkeiten einschränkten. Dabei geht Damasio davon aus, dass alle – teilweise von unterschiedlichen Hirnstrukturen gesteuerten – „reasoning/decision-making ‚modules'" (ebd., S. 191) miteinander interagieren und so jede Verstandestätigkeit durch ein produktives Zusammenwirken von Emotion und Kognition gekennzeichnet ist.

Am Ende seines Buches gibt Damasio zu bedenken:

> „Naturally, I wish I could say that we know with certainty how the brain goes about the business of making mind, but I cannot – and, I'm afraid, no one can" (ebd., S. 258).

Die Beschränkungen der neurowissenschaftlichen Erforschung des Gehirns liegen für ihn zum einen im ethischen Bereich, der die Forschungsmethoden stark begrenzt, zum anderen darin, dass ein Großteil der – letztlich unerforschbaren – „neural mysteries" (ebd., S. 260) in der Individualität und Einzigartigkeit jedes Menschen begründet sei; ein weiterer Teil im sozialen und kulturellen Kontext, den auch die Hirnforschung nicht vernachlässigen könne.

LeDoux (1998) wählt in seinem „Netz der Gefühle" einen anderen Zugang als Damasio: Sein Forschungsinteresse liegt stärker auf den neuronalen Grundlagen der Emotionen selbst. Methodisch haben ihn Split-Brain-Beobachtungen zwar angeregt, seine Erkenntnisse beruhen jedoch auf Tierversuchen (ebd., S. 18).

Auch für LeDoux steht eine Verschränkung von emotionalen und kognitiven Prozessen außer Frage, insofern als bereits für die Entstehung von Emotionen ein mentaler Bewertungsprozess ausschlaggebend sei (ebd., S. 55). Jedoch geht er nicht von einem harmonischen Zusammenwirken von Emotion und Kognition aus, sondern sieht nach seinen Befunden einen kognitive Prozesse dominierenden Einfluss der emotionssteuernden Amygdala als gegeben an. Erst über weitere evolutionäre Entwicklungen könne sich, so hofft er, dieses Ungleichverhältnis der miteinander wechselwirkenden Hirnsysteme einebnen (ebd., S. 187 f.).

Bezüglich des Lernens unterscheidet LeDoux zunächst im Einklang mit dem neurowissenschaftlichen Erkenntnisstand[3] zwischen einem expliziten und einem impliziten Gedächtnis. Abweichend von der ‚herrschenden Meinung' geht er jedoch von einer Vielzahl von impliziten Gedächtnissystemen aus, unter denen sich auch ein an die Amygdala gebundenes „emotionales (Furcht-)Gedächtnissystem" (ebd., S. 216) befinde. In einer Lernsituation arbeite dies parallel mit dem an kortikale Strukturen gebundenen expliziten Gedächtnissystem, so dass die verschiedenen auf ein (Angst-)Erlebnis bezogenen Informationen – z.B. die angstauslösenden Umstände und mit der Emotion einhergehende körperliche Empfindungen – strukturell unterscheidbar gespeichert werden. Diese Speicherung vollziehe sich jeweils als Aufbau einer relativ dauerhaften synaptischen Verbindung; als verschieden erachtet LeDoux jedoch die Stärke einer solchen Verbindung für die beiden Gedächtnisformen: Während die im expliziten Gedächtnis vorhandenen Verbindungen ‚gelöscht' werden können, scheinen die Schaltungen für „[u]nbewußte Furchterinnerungen, die von der Amygdala gebildet wurden, [...] unauslöschlich ins Gehirn eingebrannt zu sein" (ebd., S. 272). Diese aus Tierversuchen gewonnenen Erkenntnisse liefern für LeDoux eine mögliche Erklärung für die Schwierigkeit des Behandelns traumatischer Lernerfahrungen: Emotionale Erinnerungen ließen sich nicht auslöschen, man hoffe nur, ihren Ausdruck regulieren zu können.

Einschränkend gibt der Autor zu bedenken, dass Emotionen weder ein physisches Substrat im Gehirn, noch eine spezielle Hirnfunktion darstellen (ebd., S. 18). Ebenso wenig gibt es für ihn ein „Allzweck-Emotionssystem" (ebd., S. 114): Jede Emotion sei für sich zu betrachten, Erkenntnisse über eine bestimmte Emotion ließen sich nicht verallgemeinern.

### 3.1.3 Schwachstellen und Widersprüche: Eine neuronale ‚Verortung' von EI und emotionalem Lernen?

In Bezug auf die neurowissenschaftlich begründete Rolle der EI sind zunächst einige Unstimmigkeiten zu vermerken, teils innerhalb der Veröffentlichungen Golemans, teils zwischen ihnen. In der „Emotionalen Intelligenz" macht Goleman (1997) noch darauf aufmerksam, dass LeDoux' Forschungen auf Tierversuchen beruhen und räumt den spekulativen Charakter darauf beruhender Schlussfolgerungen für das menschliche Gefühlsleben ein (ebd., S. 34 u. 38), auch wenn er sein Konzept mit den gleichen Erkenntnissen nachdrücklich untermauert. „Der Erfolgsquotient" dagegen lässt derartige Hinweise gänzlich vermissen. Erläutert wird lediglich der Argumentationsgang von Schlussfolgerungen aus der Beobachtung von Split-Brain-Patienten. Dabei diskutiert Goleman (1999, S. 408) allerdings weder, dass es sich bereits bei den Beobachtungsdaten um retrospektive Zuschreibungen handelt, die notwendigerweise mit einer erheblichen Fehlerquelle behaftet sind, noch, dass darüber hinausweisende Analogieschlüsse – wie an dieser Stelle auf die neuronalen Korrelate von kognitiven und emotionalen Kompetenzen – nur hypothetischer Art sein können.

Ebenso verfährt Goleman mit LeDoux' (1998) Einschränkung der Erkenntnisse zur Rolle der Amygdala. In der „Emotionalen Intelligenz" wird diese noch in den Anmerkungen erwähnt (vgl. Goleman 1997, S. 388), im „Erfolgsquotienten" nicht mehr. Dort stellt er die Amygdala – mit Bezug auf LeDoux – nicht als emotionales Furchtgedächtnis dar, sondern als abrufbaren Speicher für Empfindungen und emotionale Erfahrungen jeglicher Art:

> „Wann immer wir eine Vorliebe für etwas hegen und beispielsweise statt Seebarsch lieber Risotto bestellen oder wenn wir das unwiderstehliche Gefühl haben, dass wir unsere Aktien eines bestimmten Unternehmens abstoßen sollten, dann ist das eine Meldung der Amygdala" (Goleman 1999, S. 67; vgl. auch S. 95).

Neben diesen Diskrepanzen ergibt sich eine Unstimmigkeit durch die bildhafte Ausdrucksweise: Zwar hat man – wie oben dargestellt – in den Neurowissenschaften bestimmte Knotenpunkte im Gehirn ausfindig gemacht, die Verhalten steuern; jedoch sind dies jeweils Netzwerke von Zellverbänden, die dynamisch zusammenwirken. Dies entspricht den Erläuterungen in der „Emotionalen Intelligenz". Im „Erfolgsquotienten" schreibt der Autor dagegen, dass „[r]ein kognitive Fähigkeiten [...] im Neokortex lokalisiert" (Goleman 1999, S. 296) sind, dass in „einem tief im Gehirn liegenden Bereich [...] unsere Emotionen sitzen" (ebd., S. 36) sowie auch die auf EI beruhenden Fähigkeiten (ebd., S. 14). Die durch diese Ausdrucksweise nahe gelegte Zuordnung von Hirnregionen zu psychischen Funktionen, die über eine hauptverantwortliche Steuerfunktion der entsprechenden Hirnsysteme hinausweist, gilt nach modernen neurowissenschaftlichen Erkenntnissen als überholt (vgl. z.B. Birbaumer/Schmidt 1999, S. 9).

Wenn auch – etwas großzügiger gelesen – ein Teil von Golemans Aussagen mit der weithin vertretenen Auffassung zur evolutionär älteren Amygdala als emotionssteuernder Schaltstelle im neuronalen Netzwerk übereinstimmt, so stützt dies *zum einen* doch kaum Golemans durchgängige neurobiologisch begründete Dichotomisierung zwischen akademischer Intelligenz und EI als Grundlage beruflich bedeutsamer emotionaler Kompetenzen, die weitaus mehr als reine Emotionen bezeichnen. Das stärkste Argument Golemans (1999) für diese Unterscheidung gründet auf Damasios Befunden zu hirngeschädigten PatientInnen. Zudem habe Damasio auf seine Nachfrage hin zu der Liste emotionaler Kompetenzen erklärt, bei einer entsprechenden Hirnschädigung würden diese alle, jedoch nicht die kognitiven Fähigkeiten beeinträchtigt (ebd., S. 408). Damasios Befunde legen jedoch vielmehr nahe, dass Intelligenz nicht ohne Emotionen denkbar ist: Wenn solche über Hirnschäden isolierten kognitiven Fähigkeiten mit Entscheidungsunfähigkeit einhergehen (vgl. ebd., S. 68 f.), können sie kaum mit akademischer Intelligenz als berufliche „Schwellenkompetenz" (ebd., S. 30) gleichgesetzt werden.[4] Auch Damasios (1995) Sicht auf die eigenen Forschungsergebnisse entspricht nicht einer solchen Trennung: Für ihn lassen sich unterschiedliche Fähigkeitsbereiche (z.B. sozialer oder mathematischer Art) trotz strukturell teilweise abgrenzbarer Systeme nicht durch neuronale Prozesse unterscheiden (ebd., S. 191). *Zum anderen* ist das Argument ‚älter also bedeutsamer' lediglich die Umkehrung der traditionellen Auffassung ‚älter also untergeordnet' – und damit ebenso hypothetisch.

In Bezug auf seine Differenzierung verschiedener Lernarten beschreibt Goleman zunächst – im Einklang mit dem neurowissenschaftlichen Erkenntnisstand – den Prozess des Lernens im Gehirn als synaptische Verstärkung (vgl. Goleman 1997, S. 286; 1999,

S. 294 f.). Trotzdem nimmt er einen grundlegenden Unterschied zwischen intellektuellem und emotionalem Lernen an; wobei Letzteres den Erwerb emotionaler Kompetenzen ausmache. Obwohl hier Grundlagen für ein „alternatives Lernmodell" (Goleman 1999, S. 296, Herv. i.O.) für die betriebliche Aus- und Weiterbildung formuliert werden, werden die als verschieden angenommenen Lernarten nicht gesondert definiert. In Tab. 1 sind diejenigen Differenzierungen zusammengestellt, die – gemäß Golemans Argumentationsgang (s. Abschnitt 2.1) – der Begriffsfassung zugrunde liegen.

| *Art des Lernens* | *Beteiligte Hirnstruktur/en* | *Neuronaler Prozess* | *Lerndauer und geeignete Umgebung* | *Lerninhalt* |
|---|---|---|---|---|
| Intellektuelles Lernen | Neokortex | Erlernen: Verstärkung einer ‚neuronalen Schaltung' | Kurzfristig, auch ‚off-the job' | Fachwissen, kognitive Kompetenzen bzw. Fähigkeiten |
| Emotionales Lernen | Weitere Hirnareale, insbesondere Amygdala | Umlernen: ‚Neuverschaltung' | Langfristig, im ‚Leben selbst' | Emotionale Kompetenzen |

Tab. 1: Differenzierung von intellektuellem und emotionalem Lernen nach Goleman (1999, S. 296 f.)

*Die Differenzierung nach beteiligten Hirnarealen* verweist auf die Unterscheidung in (kortikal gebundene) explizite und implizite Lern- und Gedächtnissysteme. Diese Differenzierung liegt jedoch auf einer anderen analytischen Ebene als das Lernen eines bestimmten Inhaltes in einer (betrieblichen oder Lebens-)Situation, bei dem diese Systeme meist parallel arbeiten. Dies gilt nicht nur für das mit LeDoux (1998) beschriebene emotionale Lernen in Angstsituationen, sondern ebenso für ein Faktenlernen: Hierzu wird vermutet, dass Einzelheiten zur Lernsituation, z.B. die räumliche Umgebung und die psychische Verfassung, gleichzeitig mit den Fakten gespeichert werden, da sie oftmals beim Abruf des Wissens mit erinnert werden bzw. das Erleben einer ähnlichen Situation eine Erinnerung des Erlernten unterstützt (vgl. z.B. Birbaumer/Schmidt 1999, S. 571).

*Die Differenzierung nach neuronalen Prozessen* und die damit einhergehende Zuordnung von Neulernen zum Verstehen von Lerninhalten und Umlernen zu Verhaltensveränderungen ist zu bezweifeln. Auch beim Erwerb von Wissen kann ein Umlernen erforderlich sein, wenn nämlich nicht „bloß alte Fakten durch neue zu ergänzen" (Goleman 1999, S. 297), sondern z.B. alte Erkenntnisse der Hirnforschung durch neue zu ersetzen sind. Ebenso wenig zwingend ist das Ersetzen einer „vorhandenen Gewohnheit [...] durch eine zweckmäßigere" (ebd.); analog zu ‚alten Fakten' erfordert es ebenso einen Lernprozess, eine vorhandene Verhaltensweise oder Gewohnheit zu verstärken, z.B. „besser zuzuhören oder geschickt Feedback zu geben" (ebd.).

*Die Differenzierung nach Lerndauer und geeigneter Umgebung* ist im Hinblick auf das Erlernen von Faktenwissen versus Verhaltensweisen – auch mit Rückgriff auf neurowissenschaftliche Erkenntnisse – zu unterstreichen (vgl. z.B. Birbaumer/Schmidt 1999, S. 598). Häufige Wiederholungen und Erprobungen sind allerdings für das Erlernen jeglicher Verhaltensakte, Bewegungsfolgen und Regeln und nicht nur für die von Goleman (1999) benannten „sozialen und emotionalen Gewohnheiten“ (ebd., S. 296) erforderlich. Darüber hinaus ist zu bezweifeln, ob die betriebliche Weiterbildung den geeigneten Rahmen bietet, unzweckmäßiges Verhalten und die zugehörige „neuronale Schaltung“ zu *ersetzen* – z.B. Personen dazu anzuleiten, „Menschen positiv zu begegnen, statt sie zu meiden“ (ebd., S. 297). Mit solch einer ‚Löschung‘ dysfunktionaler Verhaltensweisen ist ein Betätigungsfeld der Psychoanalyse und -therapie angesprochen, wie Goleman selbst noch in der „Emotionalen Intelligenz“ konzediert (s. Abschnitt 2.1).[5]

*Die Differenzierung nach Lerninhalten* in der von Goleman getroffenen Zuordnung zu Lern- und Gedächtnissystemen mag für Fachkenntnisse, reduziert auf deklaratives Wissen, zutreffen. Bezogen auf Kompetenzen als „die Summe unserer Kognitionen, Emotionen und Verhaltensweisen“ (ebd., S. 295) ist diese Zuordnung zurückzuweisen, auch wenn sie in solche kognitiver und emotionaler Art unterteilt werden. Kognitive Fähigkeiten wie analytisches Denken betreffen ein Regelwissen und sind dem impliziten Gedächtnis zuzuordnen (vgl. z.B. Birbaumer/Schmidt 1999, S. 599). Für die meisten von Goleman identifizierten emotionalen Kompetenzen dürfte zudem gelten, dass sie beide Gedächtnissysteme betreffen. So umfasst z.B. die als sozial kategorisierte emotionale Kompetenz „*Einfluss*: sich wirksamer Mittel der Beeinflussung bedienen“ (Goleman 1999, S. 39, Herv. i.O.) sowohl ein Verhalten (‚Wie‘) als auch ein Faktenwissen (‚Womit‘).

Über diese Differenzierungen lässt sich somit Golemans Begrifflichkeit des intellektuellen versus emotionalen Lernens nicht aufrechterhalten. Zudem ist die Aussage, dass „sich intellektuelles Lernen grundlegend von Verhaltensänderungen unterscheidet“ (ebd., S. 296), nicht vereinbar mit zeitgemäßen Auffassungen zum Lernen, die trotz aller Uneinigkeit über diesen Begriff darin übereinstimmen, dass der damit verbundene Prozess zumindest die Möglichkeit einer Verhaltensänderung in Aussicht stellt (vgl. z.B. Zimbardo/Gerrig 1999, S. 206). Ein weiterer – hier ausgesparter – Gesichtspunkt ist, ob das Propagierte tatsächlich so neu ist, wie Goleman behauptet.

## 3.2 Ein unschlüssiger Rückgriff auf Intelligenzkonzeptionen

Die oben besprochene Widersprüchlichkeit zwischen der ursprünglichen Begriffsfassung der EI als Metafähigkeit und der – dominierenden – Dichotomisierung zwischen akademischer Intelligenz und EI durchzieht, wie im Folgenden zu zeigen, ebenso Golemans Rezeption und Interpretation von Intelligenzkonzepten. Zwar schließt er sich dem Vorhaben seiner Referenzautoren an, „den IQ zu entzaubern“ (Goleman 1999, S. 13), hält jedoch gleichzeitig an der kritisierten ‚IQ-Denkweise‘ fest und stellt eine „andere Art von Intelligenz“ (Goleman 1997, S. 57) daneben, die inhaltlich unscharf bleibt. Sein fünfdimensionales ‚Intelligenzstrukturmodell' schließlich entbehrt jeder – sachlogischen oder empirischen – Grundlage.

### 3.2.1 Orientierungspunkte zur Intelligenz- und Persönlichkeitsforschung

Die Geschichte der Intelligenzforschung ist ebenso traditionsreich wie der Begriff der Intelligenz umstritten. Im auffallenden Widerspruch zur hohen Bedeutung dieses Begriffs existiert weder eine allgemein akzeptierte Intelligenztheorie, noch besteht Einigkeit über die dem Gegenstand angemessenen Forschungsmethoden (vgl. z.B. Holzkamp 1980, S. 47). Während psychometrische Theorien aus Faktorenanalysen gewonnene Aussagen zur Intelligenzstruktur sowie Anzahl und Zusammenhang von Intelligenzfaktoren treffen, konzentrieren sich kognitionspsychologische Ansätze auf grundlegende Informationsverarbeitungsprozesse; aus entwicklungspsychologischer Sicht steht die Veränderung der Intelligenz in Abhängigkeit vom Lebensalter im Vordergrund. Das bis heute angeführte, auf Boring (1923) zurückgehende Zitat „Intelligenz ist das, was Intelligenztests messen" verweist zum einen auf die große Bedeutsamkeit des psychometrischen Ansatzes, zum anderen auf die Methodenabhängigkeit und häufig mangelnde konzeptuelle Klärung eines darauf beruhenden Intelligenzbegriffs (vgl. z.B. Zimbardo/Gerrig 1999, S. 565 f.).

Der übergeordnete Begriff der Persönlichkeit – ein Konstrukt, über dessen Erforschung sich ebenso wenig Einigkeit erzielen lässt – bezieht sich auf die psychischen Merkmale, die ein Individuum in seiner Einzigartigkeit beschreiben lassen und die in einem Zusammenhang mit seinen charakteristischen Verhaltensmustern stehen (vgl. z.B. ebd., S. 520). Im Rahmen eigenschaftstheoretischer Ansätze[6] gelten faktorenanalytische Verfahren als maßgeblich für eine methodisch gesicherte Vorgehensweise, da sie die Vielfalt von möglichen Persönlichkeitsmerkmalen auf eine begrenzte und nicht beliebige Zahl von Konstrukten zu reduzieren suchen und eine Operationalisierung ermöglichen. In dieser deskriptiv ausgerichteten Persönlichkeitsforschung haben sich fünf grundlegende Dimensionen, die so genannten *Big Five*, unter denen ein Merkmal „Offenheit für Erfahrungen" mit den Ausprägungen „intellektuell/unintelligent" zu verzeichnen ist, durch eine Vielzahl von statistischen Analysen als korreliert mit menschlichem Verhalten (vgl. ebd., S. 525; Hogan 1991, S. 879) – auch mit Arbeitsleistungskriterien (vgl. Barrick/Mount 1991; Judge et al. 1999) – erwiesen. Insbesondere für die über Intelligenztests gemessenen kognitiven Fähigkeiten gilt ein deutlicher Zusammenhang mit Arbeitsleistungskriterien als belegt (vgl. Schmidt/Hunter 1981; Judge et al. 1999). Um einen eigenen Beitrag zur faktorentheoretisch orientierten Persönlichkeits- und/oder Intelligenzforschung zu liefern, sollte sich ein neues Konzept zu solchen Konstrukten in Beziehung setzen lassen, aber auch davon abheben (vgl. z.B. Davies et al. 1998, S. 989).

### 3.2.2 Golemans Quellen genauer betrachtet

Gardners erstmals 1985 veröffentlichtes kognitionspsychologisches Modell der multiplen Intelligenzen wendet sich entschieden gegen einen Begriff „von ‚Intelligenz' im Sinne einer singulären Eigenschaft des menschlichen Geistes" (Gardner 1991, S. 9). Ausgehend von einem Verständnis als – in der jeweiligen Kultur entstandene und für sie angemessene – Problemlösungsfähigkeit macht Gardner verschiedene Bereiche menschlicher Fähigkeiten aus, die er als gleichwertig und relativ unabhängig voneinander ansieht und sie in diesem Sinne als „eigenständige Intelligenzen" (ebd., S. 21 f.) bezeichnet.

Zu diesen zählen die so genannten „personalen Intelligenzen"[7] mit zwei Ausprägungen: Die „intrapersonale Intelligenz" zeichne sich durch den „*Zugang zum eigenen Gefühlsleben*" aus. Mit „interpersonaler Intelligenz" wird verwiesen auf die „*Fähigkeit, Unterscheidungen zwischen anderen Individuen wahrzunehmen und zu treffen*; insbesondere zwischen ihren Stimmungen, Temperamenten, Motiven und Absichten" (ebd., S. 218 ff., Herv. i.O.) und darauf angemessen – und den eigenen Absichten entsprechend – zu reagieren. Das entwicklungspsychologisch höchste Stadium dieser Intelligenzformen stellt für Gardner „ein reifer Selbstsinn" (ebd., S. 230) dar, den er in interaktionistischer Sichtweise als ein funktionierendes Zusammenspiel beider Intelligenzformen betrachtet: Ein Wissen um sich selbst könne sich nur in Abgrenzung von und in Bezug zu anderen herausbilden.

Zur „Verwendung des vorbelasteten Begriffs ‚Intelligenz'" (ebd., S. 260) bemerkt Gardner, dass es ihm vorrangig um eine Abgrenzung von der traditionellen IQ-Messung und das Aufzeigen entwicklungsfähiger intellektueller Fähigkeitsbereiche im Gegensatz zu einer angeborenen Eigenschaft geht. Dabei verwehrt er sich gegen ein wertendes Verständnis von Intelligenz.(ebd., S. 72).

Der Begriff ‚emotionale Intelligenz' wurde erstmals von den Psychologen Salovey und Mayer (1990) benutzt. In ihrem Aufsatz „Emotional Intelligence" entwickeln sie einen Rahmen für eine Reihe menschlicher Fertigkeiten, die eine Verarbeitung von affektiver Information erfordern. In Bezug auf die Intelligenzforschung unterstreichen die Autoren, dass sie (noch) kein auf Faktorenanalysen beruhendes Intelligenzmodell vorstellen. Ob Korrelationen zu anderen mentalen Fertigkeiten bestünden, die emotionalen Fertigkeiten untereinander unabhängig seien oder einen einzelnen (Intelligenz-)Faktor darstellten, müsse erst noch untersucht werden (ebd., S. 201). Ihr Ansatz sei vereinbar mit einem weiten Verständnis von Intelligenz als „zusammengesetzte oder globale Fähigkeit des Individuums, zweckvoll zu handeln, vernünftig zu denken und sich mit seiner Umgebung wirkungsvoll auseinanderzusetzen", einer ursprünglich von Wechsler (1964, S. 13, Herv. i.O.) getroffenen Definition. Dabei sehen sie die ‚emotionale Intelligenz' als eine Spezifizierung der sozialen an, wie sie erstmals 1920 von E.L. Thorndike formuliert wurde. Es sei zwar vormals nicht gelungen, die Unabhängigkeit dieser „ability to understand and manage people" (R. Thorndike/Stein 1937, S. 275, Herv. i.O.) von anderen

Intelligenzen – v.a. der verbalen – nachzuweisen, jedoch könne eine Komponente ‚soziale Intelligenz' in neueren Faktorenanalysen von kognitiven Fähigkeiten unterschieden werden. Angelehnt an diese Befunde und Konzeptualisierungen definieren sie

> „emotional intelligence as the subset of social intelligence that involves the ability to monitor one's own and others' feelings and emotions, to discriminate among them and use this information to guide one's thinking and actions" (Salovey/Mayer 1990, S. 189, Herv. i.O.).

Dieses Set konzeptuell verbundener geistiger Prozesse, die emotionale Informationen betreffen, gruppieren sie wie in Abb. 1 ersichtlich.

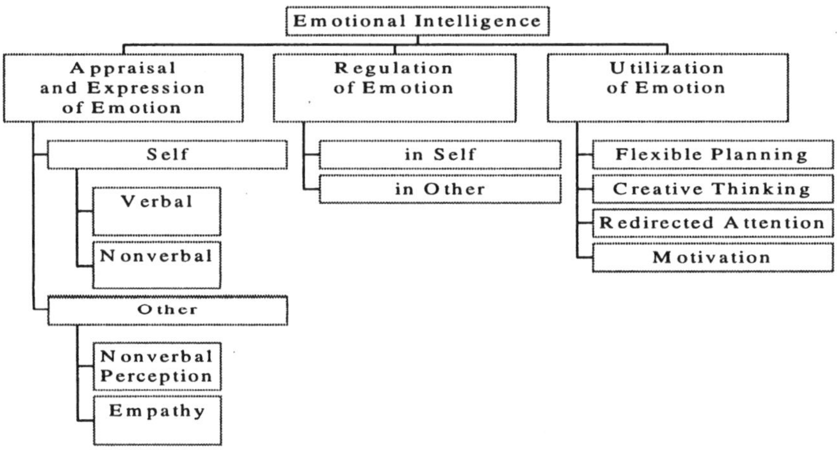


Abb. 1: Conceptualization of emotional intelligence (Salovey/Mayer 1990, S. 190).

- Mit „Appraisal and Expression of Emotion" (ebd., S. 191 ff.) sind bezogen auf die eigene Person verbale und nonverbale Fähigkeiten angesprochen: schnell und korrekt eigene Emotionen wahrnehmen und angemessen darauf reagieren, Emotionen gut ausdrücken können. Bezogen auf andere Personen wird als emotional intelligent bezeichnet, emotionale Reaktionen anderer zu erkennen und empathisch darauf reagieren zu können.
- Unter „Regulation of Emotion" (ebd., S. 195 ff.) wird bezogen auf die Selbstregulierung darauf verwiesen, dass jede Person über einen Grundstock persönlicher Annahmen über Stimmungen verfügt. Sie seien teilweise bewusst zugänglich und machten Stimmungen steuerbar: Man könne z.B. den auslösenden Moment einer Stimmung wiederholen, um sie erneut hervorzurufen bzw. bewusst negativen Stimmungen gegensteuern. Die Mechanismen, um die Gefühle anderer zu regulieren, seien vielfältig. Eine bezogen auf die Emotionsregulierung emotional intelligente Person „should be especially adept at this process and do so to meet particular goals" (ebd., S. 198).
- Mit dem Bereich „Utilizing Emotional Intelligence" (ebd., S. 198 ff.) wird unterstrichen, dass ‚emotionale Intelligenz' zudem vorteilhaft für ein adaptives Lösen von

Lebensproblemen sei; sie zeichne sich dadurch aus, dass die Problemart und die gewählten Lösungsstrategien stärker auf emotionale Erfahrungen bezogen würden. Für die Fähigkeit *flexibel zu planen* seien Stimmungsschwankungen günstig, denn in guter Stimmung würden positive Ereignisse und Handlungskonsequenzen für wahrscheinlicher gehalten und in schlechter negative. *Kreatives Denken* scheint durch positive Stimmungen unterstützt zu werden. Des Weiteren leiten Stimmungen und starke Emotionen die *Aufmerksamkeit* und setzen Prioritäten. Stimmungen können darüber hinaus *motivierend* wirken und eingesetzt werden.

In der Folge entwickelten die Autoren ihren Ansatz weiter (vgl. Mayer/Salovey 1995; 1997) und entwarfen einen noch unveröffentlichten Test zur Messung ‚emotionaler Intelligenz'. Diese *Multi Factor Emotional Intelligence Scale* (MEIS) verwendeten Chiarrochi et al. (2000) in ihrer Studie zu einer „Critical Evaluation of the Emotional Intelligence Construct" (s.u.).

### 3.2.3 Schwachstellen und Widersprüche: Eine Verbindung von Intelligenz und Emotionen in fünf Dimensionen?

Was Goleman genau unter den Begriffen ‚akademische Intelligenz' und ‚IQ' sowie den über ihn gemessenen Fähigkeiten versteht, bleibt offen. Im Rahmen seiner Ausführungen zu individuell benötigten Voraussetzungen, um berufliche Spitzenleistungen zu erbringen, unternimmt der Autor eine Dreiteilung in IQ bzw. „intellektuelle Fähigkeiten", „Sachverstand, die Gesamtheit unserer fachlichen Kenntnisse und praktischen Fähigkeiten" und „emotionale Intelligenz" (Goleman 1999, S. 30 ff.). Diese Einteilung wird jedoch nicht durchgehalten; oftmals bezeichnen die intellektuellen Fähigkeiten und der Begriff der über den IQ gemessenen „akademischen Intelligenz" (ebd., S. 387) all das, was die EI nicht ist. Darüber hinaus verwendet der Autor die Begriffe ‚akademische Intelligenz', ‚Intellekt', ‚intellektuelle Fähigkeiten', ‚kognitive Fähigkeiten' und ‚IQ' in undifferenzierter und – im Gegensatz zu seinen maßgeblichen Quellen – auch in wertender Weise (vgl. z.B. 1997, S. 64 f.; 1999, S. 44).

Golemans (1999) Aussagen, dass sich der IQ „nach den Jugendjahren kaum noch ändert" (ebd., S. 16) oder gar „eine erbliche Gegebenheit ist und [...] unser Schicksal weitgehend durch diese Fähigkeiten festgelegt ist" (1997, S. 12) entsprechen nicht dem Stand der Forschung. Eine Stabilität des IQ über die Lebensspanne gilt heute als widerlegt, und man geht davon aus, dass genetische Veranlagung und Umweltbedingungen bei dem Erbringen intellektueller Leistungen zusammenwirken (vgl. z.B. Zimbardo/Gerrig 1999, S. 576 f.).

Darüber hinaus ist die häufige Gleichsetzung von IQ und traditionellem Intelligenzkonzept nicht nur begrifflich ungenau: In der psychometrisch orientierten Intelligenzforschung ist man sich längst bewusst, dass der über Tests gemessene IQ nicht die gesamte Bandbreite menschlicher Fähigkeiten erfasst (vgl. z.B. E.L. Thorndike 1920). Das wird im „Erfolgsquotienten“ jedoch nicht aufgegriffen. In der „Emotionalen Intelligenz“ erwähnt Goleman (1997) zwar E.L. Thorndikes Konzept der sozialen Intelligenz, behauptet aber, aufgrund unangemessener Formulierungen habe man diese Idee verworfen und die „IQ-Theoretiker“ (ebd., S. 64) seien bei einem verengten Intelligenzbegriff geblieben. Jedoch beruhte die Kritik am Konzept der sozialen Intelligenz auf unangemessenen Messmethoden, auf die erstmalig R. Thorndike und Stein (1937, S. 284) aufmerksam machten. Auch wurde das Konzept nicht vollends verworfen, sondern wird u.a. in seinen Anwendungsmöglichkeiten für die Managementdiagnostik beforscht (vgl. z.B. Sowarka 1995). Zudem gab es weiteren Widerspruch gegen die definitorische Annahme, Intelligenz sei das, was Intelligenztests messen. So unterstreicht Wechsler bereits 1939, dass „Intelligenz nicht bloß eine Summe [messbarer; B.S.] intellektueller Fähigkeiten ist“ (Wechsler 1964, S. 14; vgl. auch 1940). In mehreren Veröffentlichungen verweist er auf die Existenz von und das Zusammenspiel mit weiteren Faktoren intelligenten Verhaltens; insbesondere fordert er auf, die Rolle der Emotion für die Intelligenz näher zu untersuchen (Wechsler 1950, S. 83). Dieser Argumentationslinie schließen sich Golemans Referenzautoren an; jedoch nicht seine eigene Begrifflichkeit des ‚bloßen Intellekts‘: Gardner (1991) betont, dass ein eindimensionaler Intelligenzbegriff der Bandbreite menschlicher Fähigkeiten unangemessen ist und mit jedem der von ihm ausgemachten Bereiche intellektuelle Fähigkeiten angesprochen werden. Auch Mayer und Salovey (1993) sehen ‚emotionale Intelligenz‘ nicht als „an ability divorced from intellect“ (ebd., S. 439). Vielmehr soll ihre Definition Intelligenz und Emotion so verknüpfen, dass sie „combines the ideas that emotion makes thinking more intelligent and that one thinks intelligently about emotions“ (Mayer/Salovey 1997, S. 5).

Der Begriff ‚emotionale Intelligenz‘ wird von Goleman ähnlich unscharf benutzt wie jener der akademischen Intelligenz. Nicht nur in der „Emotionalen Intelligenz“, in der sich Goleman auf keine Definition festgelegt, sondern auch im „Erfolgsquotienten“ konkurrieren mehrere Bedeutungsvarianten. So bezeichnet EI u.a. einen *Absolutwert*, eine bestimmte Ausprägung entsprechender Fähigkeiten, ein *Potenzial*, auf dem entsprechende Fähigkeiten beruhen, diese *Fähigkeiten* selbst (vgl. z.B. Goleman 1999, S. 33 f.) sowie eine *individuelle und veränderliche Ausprägung* entsprechender Fähigkeiten (vgl. z.B. ebd., S. 291). Obwohl letztere Variante Golemans Intention entspricht, verweist die im „Erfolgsquotienten“ hervorgehobene Definition auf die erste Bedeutungsvariante: Mit der Formulierung „gut mit Emotionen [...] umzugehen“ (ebd., S. 387) wird die EI – in Analogie zu einem hohen IQ – als hohe Ausprägung dieses Persönlichkeitsmerkmals festgelegt.

Neben dieser uneinheitlichen Begriffsverwendung gibt es weitere Widersprüchlichkeiten – sowohl in Bezug auf Golemans Referenzautoren als auch auf seine eigene Definition –, die bewirken, dass der inhaltliche Bezug des Konzeptes diffus bleibt. So schreibt Goleman (1997), Gardner lege zu viel Gewicht auf „das Bewusstsein der eigenen mentalen Prozesse, statt auf das volle Spektrum der emotionalen Fähigkeiten“ (ebd., S. 63), wohingegen der Ansatz von Salovey und Mayer diese Verengung überwinde. Jedoch betonen Salovey und Mayer (1990) mentale Prozesse sogar stärker als Gardner und schließen den von Gardner beschriebenen ‚Selbstsinn‘ als höchste Entwicklungsstufe dieser ‚Intelligenzform' aus (vgl. ebd., S. 189). Auf eine solche „enge Verbindung oder Fusion des intra- und interpersonalen Wissens" (Gardner 1991, S. 222) verweisen aber z.B. das für Goleman (1999) zur EI zählende Selbstwertgefühl oder auch die Fähigkeit, die Stärken und Fähigkeiten anderer einzuschätzen (vgl. ebd., S. 87 und 179). Diese Abweichung von seinen richtungweisenden Autoren lässt allerdings Golemans Definition nicht erkennen: Mit der „Fähigkeit, unsere eigenen Gefühle und die anderer zu erkennen, uns selbst zu motivieren und gut mit Emotionen in uns selbst und in unseren Beziehungen umzugehen" (ebd., S. 387), werden das Erkennen eigener oder fremder Stärken und Schwächen nicht angesprochen. Ähnliches gilt für weitere zur EI gezählte Persönlichkeitsmerkmale wie „Gewissenhaftigkeit", „Leistungsdrang" oder „Optimismus" (ebd., S. 38 f.). Sie beschreiben nicht die reine Fähigkeit zu einem als ‚emotional intelligent' eingeschätzten Verhalten, sondern zusätzlich eine Bereitschaft oder Tendenz hierzu. Es bleibt nicht nur fraglich, warum solche Dispositionen und motivationalen Persönlichkeitsmerkmale – die Mayer und Salovey (vgl. 1993, S. 434 f.; 1997, S. 4 ff.) explizit aus ihrem Konzept ausschließen – als (trainierbare?) *Fähigkeit* bezeichnet werden, sondern auch, warum sie unter einen Umgang mit *Emotionen* subsumiert werden.

In Bezug auf die von Goleman identifizierten Dimensionen der EI überrascht zunächst, dass Goleman (1997) in der „Emotionalen Intelligenz" angibt, die beschriebenen Fähigkeiten würden von Salovey und Mayer in fünf Bereiche gegliedert. Die fünf Bereiche, die Goleman beschreibt, entstammen vielmehr unterschiedlichen Ebenen des deskriptiven Modells dieser Autoren (s. noch einmal Abb. 1). Zu *Appraisal and Expression of Emotion* gehören sowohl der von Goleman zitierte Bereich der „Selbstwahrnehmung" als auch der Bereich der „Empathie" (ebd., S. 65). *Regulation of Emotion* spricht Goleman mit „Emotionen handhaben" (ebd.) an, reduziert sie aber auf die Regulierung eigener Gefühle. Die dritte Art der Verarbeitung ist mit „Emotionen in die Tat umsetzen" (ebd.) im Sinne Saloveys und Mayers umschrieben. Der fünfte von Goleman ausgemachte Bereich, „Umgang mit Beziehungen" (ebd., S. 66), der soziale Fähigkeiten umschreibt, widerspricht in grundsätzlicher Weise deren Modellierung: Da diese Autoren ‚emotionale Intelligenz' als Unterbereich von ‚sozialer Intelligenz' ansehen, genügen alle von ihnen beschriebenen emotionalen Prozesse dem Kriterium, „that some level of minimal competence at these skills is necessary for adequate social functioning" (Salovey/Mayer 1990, S. 193), wirken sich also gemäß dieser Vorannahme auf den Umgang mit anderen Personen aus. Im „Erfolgsquotienten" hingegen gibt Goleman (1999) an (bzw. zu), dass es sich mit seinem fünfdimensionalen Modell um eine eigene Version handelt. Diese fünf grundlegenden Dimensionen (s. Abschnitt 2.2) entsprechen in etwa denen, die er vormals benannte, nur dass ‚Emotionen in die Tat umsetzen' reduziert wurde auf „Motivation" (ebd., S. 388), was – wie bereits bemerkt – nicht mit Salovey und Mayer vereinbar ist.

Diese Unterschiede verdeutlichen, dass Golemans Modellversion im Gegensatz zu der Konzeptualisierung seiner Referenzautoren nicht einer sachlogischen Ordnung folgt: Fähigkeiten und Dispositionen stehen nebeneinander. Obwohl EI Fähigkeiten im Umgang mit Emotionen betreffen soll, beziehen sich einzelne Dimensionen auf eigene Präferenzen, Ressourcen und Ziele, die keine Emotionen darstellen. Ebenfalls im Gegensatz zu Salovey und Mayer fordert Goleman weder auf, sein Konzept empirisch zu prüfen, noch formuliert er, dass es sich um eine eigene Sichtweise oder widerlegbare Annahmen handelt. Im Gegenteil bietet er EI als Konstrukt zur Beschreibung psychischer Merkmale an, das anders als Bezeichnungen wie z.B. ‚weiche Fähigkeiten' nicht nur „locker [...] über diese menschlichen Talente" (ebd., S. 12) spreche. Um dies behaupten zu können, müssten jedoch angesichts der eindeutig eigenschaftstheoretischen Ausrichtung Golemans diverse Voraussetzungen erfüllt sein: Es sollten diagnostische Instrumente zur Messung ‚emotionaler Intelligenz' zum einen entwickelt, zum anderen auf ihre Testgüte geprüft sein. Über faktorenanalytische Auswertungsergebnisse von Testleistungen sollte die teilweise oder völlige Unabhängigkeit von anderen Fähigkeitsbereichen dokumentiert und schließlich die Vorhersagekraft der gemessenen Intelligenzleistungen geprüft sein (s. Abschnitt 3.2.1). In dieser Hinsicht sind Zweifel (nicht nur) an Golemans Modellierung anzumelden:

In „an attempt to seperate certain facts from fiction in the emotional intelligence debate" untersuchten Davies et al. (1998, S. 1012) die Testgüte bestehender Messinstrumente sowie die korrelativen Beziehungen des Konstrukts der EI zu anderen intellektuellen Fähigkeitsbereichen und weiteren Persönlichkeitsmerkmalen, deren empirischer Status als relativ gesichert gilt.[8] Anknüpfend daran und ausgehend von der Feststellung, dass oftmals – vor allem von Goleman (1997) – ohne empirische Stützung eine Erfolgsrelevanz der EI behauptet wurde, unternahmen Chiarrochi et al. (2000, S. 540) eine weitere empirische Prüfung des Konstrukts auf der Grundlage des von Mayer und Salovey entwickelten MEIS.[9] Während Davies et al. (1998) im Ergebnis erhebliche Zweifel an dem empirischen Status des Konstruktes äußern, wird es in der Studie von Chiarrochi et al. (2000) in eingeschränktem Maße als Eigenschaft interpretiert, für die es aber kausale Zusammenhänge noch zu prüfen gelte. Keine der beiden Studien liefert einen Hinweis darauf, dass es sich bei den von Goleman angesprochenen Merkmalen um einen umfassenden Fähigkeitsbereich handeln könnte oder dass sie sich in fünf miteinander verbundene Bereiche einteilen ließen.

## 3.3 Eine fragwürdige Übertragung auf die Arbeitswelt

Eine solche Einteilung lässt sich ebenso wenig über den nächsten Argumentationsschritt Golemans erhärten, in dem er sich auf die – zwar von ihm weit weniger verfälscht dargestellte, aber aus fachwissenschaftlicher Sicht eher kritisch zu beurteilende – Kompetenzforschung in der Tradition McClellands bezieht. Die den behaupteten fünf EI-Bereichen zugeordneten emotionalen Kompetenzen wirken eher wie eine willkürliche Zusammenstellung von (sozial erwünschten) Merkmalen, Verhaltensweisen und Konzepten denn als methodisch abgesicherte Klassifikation von personalen Leistungsvoraussetzungen.

### 3.3.1 Orientierungspunkte für die Erfassung und Klassifikation von personalen Leistungsvoraussetzungen

Das in emotionale Kompetenzen ausdifferenzierte Modell der EI präsentiert Goleman als eine systematische Aufgliederung berufserfolgsrelevanter Merkmale, die als Grundlage für organisationale Gestaltungszwecke dienen soll. Der gängigerweise in Lehrbüchern vorgeschlagene Weg zu einer Erstellung solcher Klassifikationen führt über arbeitsanalytische Verfahren; insbesondere die der psychologischen oder personenorientierten Arbeitsanalyse bieten die Möglichkeit, Anforderungen abzuleiten und auf erforderliche Persönlichkeitsmerkmale zu schließen (vgl. z.B. Gebert/von Rosenstiel 1996, S. 62 ff.). Auch hierbei gilt eine faktorenanalytische Absicherung von qualitativ erhobenen Verhaltensmerkmalen als wissenschaftlicher Standard (vgl. Schettgen 1996, S. 228). Über viele Arbeitsplätze aggregiert lassen sich mit Hilfe meta-analytischer Verfahren Inventare von wesentlichen Anforderungen bzw. personalen Leistungsvoraussetzungen zusammenstellen (vgl. Schuler/Funke 1995, S. 243). Meist werden individuelle Leistungsvoraussetzungen in Faktoren des Könnens und Wollens bzw. Fähigkeiten, Fertigkeiten und Motivation unterteilt, die in unterschiedlich differenzierter Weise weiter aufgegliedert werden. Grundsätzlich sind jedoch unterschiedliche Klassifikationen des gleichen Gegenstandsbereichs – hier Persönlichkeitsmerkmale – möglich; daher gilt es, sie sowohl in Bezug auf die Methode ihrer Herleitung zu beurteilen als auch in Bezug auf die Angemessenheit für eignungs- und leistungsdiagnostische Zwecke im organisationalen Zusammenhang (vgl. Gebert/von Rosenstiel 1996, S. 62).

Wenn auch eine Fülle von Kompetenzkonzepten und -definitionen existiert, über die eine Einigung nicht in Sicht ist (vgl. z.B. Weiß 1999, S. 436 ff.): Personale Kompetenz bezeichnet in diesem Kontext ein bestimmtes Maß an aufgabenspezifischen oder auch generellen Kenntnissen, Fertigkeiten und weiteren Persönlichkeitsmerkmalen, das als notwendig zur Erfüllung beruflicher Aufgaben erachtet wird. Diese gelten zugleich als Wettbewerbsfaktor (vgl. z.B. Sandberg 1994, S. 6).

### 3.3.2 Golemans Quellen genauer betrachtet

In diesem Schritt seiner Modellbildung bezieht Goleman sich auf eine gesamte Forschungstradition – die von McClelland angestoßene und von dem Beratungsunternehmen Hay/McBer weitergeführte *competency*-Forschung –, die hier in ihren Grundannahmen, ihrer Methodik und ihren für Goleman wesentlichen Ergebnissen skizziert und ansatzweise diskutiert sei.

Ausgehend von einer Kritik an traditionellen IQ-Tests entwickelt McClelland (1973) Anforderungen an ein alternatives Messkonzept für beruflich relevante Fähigkeiten, die sich in der folgenden Definition seiner Schüler niederschlagen:

> „A competency is an *underlying characteristic* of an individual that is *causally related* to *criterion-referenced effective and/or superior performance* in a job or situation“ (Spencer/Spencer 1993, S. 9, Herv. i.O.; vgl. auch Boyatzis 1982, S. 20 f.).

Nach dieser Auffassung sind Kompetenzen relativ fest und dauerhaft in der Persönlichkeit verankert und bringen kohärente Verhaltensmuster hervor; sie sind ursächlich für bestimmte Verhaltensweisen, die wiederum Leistungen bedingen, und nur dann als solche zu bezeichnen, wenn sie in Beziehung zu (feststellbaren) Leistungsunterschieden stehen.

Dies zeugt von einem eigenschaftstheoretischen Zugang, der allerdings weit über einen deskriptiven Ansatz hinausgeht. Mit Hoff (1992, S. 17) kann von einer personalistischen Grundvorstellung gesprochen werden: Das Verhalten einer Person wird kausal auf ihre psychischen Charakteristika zurückgeführt, die als relativ zeitlich stabil und situationsunabhängig gelten. Eine derart deterministische Sicht auf menschliches Verhalten gilt wissenschaftlicherseits als überholt (vgl. ebd., S. 21 f.) und nicht haltbar (vgl. ebd., S. 24 f.). Hier kommt bereits die deutliche Marktlogik dieses Ansatzes zum Ausdruck: Ein „Competency Causal Flow Model“ (Spencer/Spencer 1993, S. 11) gibt über eindeutige ökonomische Wirkungen solcher Persönlichkeitsmerkmale Auskunft, was der Produktpromotion des Verfahrens zu ihrer Ermittlung förderlich sein dürfte.

Dem Untersuchungsdesign von *Kompetenzstudien* liegt der Zielsetzung entsprechend ein personorientiertes Arbeitsanalyseverfahren zugrunde, das sowohl auf Arbeitsverhalten als auch auf personale Merkmale abzielt. Das Kernstück bilden Befragungen mit Hilfe des *Behavioral Event Interviews* (BEI) (vgl. ebd., S. 97 ff.), eine von McClelland (vgl. auch 1998) in Zusammenarbeit mit Hay/McBer entwickelte Methodik der halbstrukturierten Tiefenbefragung, die an Flanagans (1954) Methode der kritischen Ereignisse (CIT) angelehnt ist. Abweichend von dieser Ursprungsform wird zunächst für die zu untersuchende Stelle eine Stichprobe erstellt, die lediglich aus Personen mit durchschnittlichen und solchen mit überdurchschnittlichen Leistungen besteht, wobei zudem noch Letztere überwiegen sollten, denn: „A rule of competency research is ‚you always learn most from your superstars‘“ (Spencer/Spencer 1993, S. 96 f.). Bei der Erfassung der kritischen Verhaltensweisen dieser Personen sollen – ebenfalls über das CIT hinausweisend – mit Hilfe einer aus thematischen Apperzeptionstests abgeleiteten projektiven Fragetechnik z.B. „thoughts behind actions“ (ebd., S. 126) aufgedeckt und damit auf motivationale und emotionale Komponenten der Verhaltensweisen und auf Charakteristika der Interviewten geschlossen werden. In der Auswertungsphase werden die zwischen den befragten Personen wahrgenommenen Unterschiede zu thematisch gruppierten „cognitive/intellectual“, „interpersonal“ und „motivational competencies“ (ebd., S. 141 f.) verdichtet. Neben diesem Standardverfahren beschreiben die Autoren eine vereinfachte Verfahrensvariante, in der für Normal- oder Spitzenleistungen erforderliche Kompetenzen hauptsächlich anhand von Expertenbefragungen identifiziert werden und in Verhaltens- und Persönlichkeitsmerkmale typologisiert ein Kompetenzmodell ergeben (ebd., S. 106 ff.).

*Kompetenzmodelle* sind das Ergebnis einer solchen Studie: eine Zusammenstellung der zwischen Durchschnitts- und Spitzenleistung unterscheidenden Merkmale, die z.B. Personalauswahl- oder Beurteilungszwecken dienen. Ein Modell besteht üblicherweise aus drei bis sechs Merkmalsclustern, die jeweils zwei bis fünf thematisch verbundene Kompetenzen enthalten; diese sind mit einer Kurzbeschreibung versehen und mit mehreren Verhaltensindikatoren, aus denen auf die entsprechende Kompetenz geschlossen wurde (ebd., S. 16). Ob ein auf diesem Weg ermitteltes Kompetenzmodell eine angemessen hohe Reliabilität und Validität aufweist, ist abhängig von der Durchführung des Verfahrens und müsste damit am Einzelfall geprüft werden. Die Kurzform der Kompetenzermittlung über Expertenbefragungen nehmen Spencer und Spencer (1993, S. 109) davon aus. Dies ist ein Gesichtspunkt, den es insbesondere für die kritische Betrachtung Golemans empirischer Forschung (s. Abschnitt 3.4) zu beachten gilt.

Auf „inherent weaknesses" des BEI macht McClelland (1998, S. 333) selbst aufmerksam: Die gewonnenen Ergebnisse basieren auf Leistungseinschätzungen, nicht auf Leistungsmessungen, und sie spiegeln eher vergangene Leistungen wider, als dass sie Leistungen voraussagen. Dies betrifft die zugrunde liegende Kausalitätshypothese: Als erfolgreich eingeschätzte Personen werden auf Verhaltensweisen und Persönlichkeitsmerkmale hin untersucht. Es wird angenommen, dass die Merkmale – Kompetenzen –, die sie von ‚nicht Erfolgreichen' unterscheiden, ihren Erfolg kausal hervorgebracht haben. Dass die andere mögliche Beeinflussungsrichtung von McClelland und Mitarbeitern nicht empirisch getestet wurde, kritisieren z.B. Barrett und Depinet (1991, S. 1020). Auch Boyatzis (1992) betont, dass hierfür andere Forschungszugänge wie z.B. Längsschnittstudien nötig wären und bislang nicht durchgeführt wurden (ebd., S. 263). Weitere grundlegende Probleme, die hier nur angerissen werden können, sind

- das Manko der CIT, dass durchschnittliches, aber evtl. essentielles Arbeitsverhalten unbeachtet bleibt (vgl. z.B. Cascio 1991, S. 208). Durch die hier vorliegende Konstruktion dürfte sich dieser Effekt noch verstärken, da nur Personen interviewt werden, die entweder Normal- oder Spitzenleistungen erbringen, und Letztere in größerer Zahl befragt werden (vgl. auch Spencer/Spencer 1993, S. 99),
- die Subjektivität des Prozesses der Ableitung von Persönlichkeitsmerkmalen aus Verhaltensbeschreibungen (vgl. McCormick 1979, S. 249). Insbesondere an projektiven Verfahren, die Teil des BEIs sind, sind Subjektivität und Willkür der Interpretation häufig geäußerte Kritikpunkte (vgl. Hogan 1991, S. 899).

Die im *McBer Competency Dictionary* niedergelegten *generic competencies*, die, wie unten zu zeigen, als maßgebliche Vorlage für Golemans emotionale Kompetenzen gelten können, präsentieren Spencer und Spencer (1993) als Ergebnis einer Metaanalyse von 286 Kompetenzstudien, die in einem Zeitraum von 20 Jahren für verschiedene Berufsgruppen und Funktionen durchgeführt wurden. Die dokumentierten Verhaltensindikatoren gaben sie in eine Datenbank ein und werteten sie auf ihre Vorkommenshäufigkeit und Korrelationen aus. Sie ermittelten 21 Kompetenzen mit 360 zugehörigen Indikatoren, die den Großteil der Verhaltensbeschreibungen eines jeden Modells abdeckten, und gruppierten sie im Schema der Kompetenzmodelle in sechs Cluster „on the basis of underlying intent“ (ebd., S. 22). Diese bestehen aus jeweils zwei bis vier Kompetenzen und sind mit Kurzbeschreibungen versehen. Zudem wird benannt, mit welchen anderen Kompetenzen sie jeweils in Wechselwirkung oder ursächlicher Beziehung stehen. Die Verhaltensweisen, von denen auf ihr Vorkommen geschlossen wurde, sind den einzelnen Kompetenzen in Ordinalskalen zugeordnet, die deren Ausprägung wiedergeben (s. Tab. 2, rechte Spalte für ein Beispiel). Die 400 seltener auftretenden Verhaltensweisen gelten als Indikatoren für „unique competencies“, wie z.B. „*Accurate Self-Assessment*“ (ebd., S. 88, Herv. i.O.) als eine der üblicheren unter diesen.

Die Autoren weisen selbst auf die Grenzen ihrer Analyse hin: Das *dictionary* sei vor allem als Codierhilfe bei der Durchführung von Kompetenzstudien gedacht. Die zusammengestellten Kompetenzen sollen zwar allgemeine Anforderungen einer Vielzahl von Stellen wiedergeben; jedoch: „Many competencies may be irrelevant to any given job“ (ebd., S. 23). Zudem erforderten viele Arbeitstätigkeiten einzigartige Kombinationen von Kompetenzen in einer jeweils spezifischen unterschiedlichen Ausprägung. In einem weiteren Analyseschritt wurden daher „Generic Competency Models“ (ebd., S. 157) für bestimmte Berufsgruppen erstellt, die über die Bedeutung einzelner Kompetenzen für die jeweilige Tätigkeit Auskunft geben sollen.

Es sei angemerkt, dass sich subjektive Verzerrungen bei dieser Art des Vorgehens – z.B. aufgrund der Notwendigkeit, unterschiedliche Kompetenzbezeichnungen aus den zugrunde gelegten Studien zu vereinheitlichen (vgl. ebd., S. 20) – noch verstärken dürften.

### 3.3.3 Schwachstellen und Widersprüche: Eine kompetente Zusammenstellung als emotional erachteter Merkmale?

Goleman unterstreicht, dass für seinen Kompetenzbegriff das von McClelland und SchülerInnen geprägte Verständnis ausschlaggebend ist:

> „Eine ‚Kompetenz‘ in diesem [dem McClelland'schen; B.S.] Sinne ist ein Persönlichkeitsmerkmal oder ein Komplex von Verhaltensgewohnheiten, der zu effektiverer oder überlegener beruflicher Leistung führt, anders gesagt: Eine Fähigkeit, die die Anstrengungen, die einer in seine Arbeit investiert, mit einem eindeutigen ökonomischen Wert versieht“ (Goleman 1999, S. 27).

Dieses Zitat verdeutlicht zweierlei. *Erstens* steht für Goleman die (geldwerte) überlegene Leistung oder Spitzenleistung im Vordergrund; sie verschafft einen „Konkurrenzvorteil“ (ebd., S. 31). Damit übernimmt er die deterministische Ausrichtung des Kompetenzkonzeptes seiner Referenzautoren: Individuelle Kompetenz steht für ihn mit ‚Spitzenleistung‘ in einem eindeutigen kausalen Zusammenhang, der sich sogar beziffern lässt (mehr dazu unter Abschnitt 3.4). *Zweitens* zeigt bereits die Gleichsetzung von Kompetenz, die sich im Sinne McClellands auf verschiedenartige Persönlichkeitsmerkmale bezieht, mit Fähigkeit, dass auch dieser Begriff uneinheitlich verwendet wird. Dies bestätigt sich an anderen Stellen, an denen Kompetenzen „ein koordiniertes Bündel von Gewohnheiten" (ebd., S. 295) oder aber „Fertigkeiten" (ebd., S. 37) bezeichnen.

Golemans Begriff der ‚emotionalen Kompetenz' stammt nicht von McClelland und Schülern, sondern ist eine eigene Schöpfung: „Eine emotionale *Kompetenz* ist eine auf emotionaler Intelligenz beruhende erlernte Fähigkeit, die herausragende Arbeitsleistungen zur Folge hat" (ebd., S. 36, Herv. i.O.).[10] Wenn auch in dieser Definition wiederum von Fähigkeiten die Rede ist, wird ‚emotionale Kompetenz' doch als Sammelbegriff für unterschiedliche Persönlichkeitsmerkmale benutzt. Als emotionale Kompetenzen bezeichnete Merkmale wie „Selbstvertrauen", „Initiative" und insbesondere „Leistungsdrang" (ebd., S. 38) verweisen deutlich auf den Einfluss des McClelland'schen Konzeptes, das explizit nicht nur Fähigkeiten oder Fertigkeiten umfasst, sondern auch Motive, Eigenschaften und Einstellungen.

Wie stark dessen Einfluss auf Golemans Modellbau ist, zeigt Golemans Weg der Identifizierung emotionaler Kompetenzen. Diese im „generic competence framework" versammelten Merkmale gewinnt Goleman (1998, S. 336)[11] aus Kompetenzstudien. Zwar wird die Art des Vorgehens nicht erläutert – z.B. ob Gewichtungen oder Auslassungen vorgenommen wurden, ob Kompetenzen umbenannt wurden etc. –, jedoch: Es seien genau 25 und sie ließen sich den fünf Dimensionen der EI zuordnen (s. Abschnitt 2.3). Um diese Klassifizierung und die Aussagen zum Zusammenhang der emotionalen Kompetenzen sowie zur hierarchischen Struktur der Dimensionen nachzuvollziehen, habe ich Golemans Zusammenstellung mit dem *McBer Competency Dictionary* eingehender verglichen.

Zunächst ist deutlich, dass Goleman sein „Emotional Competence Framework" in der Art eines Kompetenzmodells aufbaut: Es werden fünf „cluster [...] based on a common underlying emotional intelligence capacity" (ebd., S. 25) gebildet, jeweils eine Kurzdefinition gegeben sowie drei bis acht Kompetenzen zugeordnet. Und auch Verhaltensindikatoren für eine bestimmte Kompetenz gibt Goleman – wenn auch nur in aufzählender Form – in den einzelnen Kapiteln an (s. Tab. 2, linke Spalte für ein Beispiel). Im Vergleich zum *McBer Competency Dictionary* ist ein Cluster weniger vorhanden, was nicht verwundert, bilden doch dort *analytical thinking*, *conceptual thinking* und *expertise* das Cluster der kognitiven Kompetenzen. Da dies nach Goleman die einzigen von Spencer und Spencer identifizierten Kompetenzen sind, die „nicht in die Kategorie emotionale Intelligenz fallen" (Goleman 1999, S. 409), sollten alle anderen vertreten sein. Bei einem Vergleich der übrigen Kompetenzcluster unter Beachtung der von Spencer und Spencer gegebenen Erläuterungen konnte ich Folgendes feststellen:

In der Tat finden sich alle anderen von Spencer und Spencer identifizierten *generic competencies* in Golemans Zusammenstellung wieder. Die Hälfte der emotionalen Kompetenzen werden (fast) bedeutungsgleich übernommen, zum Teil unter gleicher Bezeichnung, teilweise leicht abgewandelt (so wird z.B. *relationship building* zu *building bonds*). Unterschiede ergeben sich jedoch, vergleicht man die jeweiligen Verhaltensindikatoren. Dies sei in Tab. 2 an einem Beispiel verdeutlicht.

Diese Gegenüberstellung lässt auf Golemans Verfahren bei der Ableitung emotionaler Kompetenzen schließen: Die Bezeichnung der Kompetenz fügt sich gut in die Modellierung der EI ein und wird übernommen. Definitionsgemäß bleiben negative und neutrale Ausprägungen einer Kompetenz (im Beispiel *level* -1 und 0) außer Betracht. Von den übrigen graduellen Abstufungen werden diejenigen übernommen, die in die vorgefertigte Kategorie passen, überzählige werden gestrichen, hier das *level* 6, beziehungsweise umgruppiert: Als eine Nuance von *conflict management* wird „help de-escalate" (Goleman 1998, S. 178) angegeben; die eigene Ruhe ausstrahlen zu lassen auf andere wird somit in *social skills* aufgenommen.

| Self-Control |
|---|
| *Keeping Disruptive Emotions and Impulses in Check* |
| People with this competence |
| • Manage their impulsive feelings and distressing emotions well |
| • Stay composed, positive, and unflappable even in trying moments |
| • Think clearly and stay focused under pressure |

*Quelle: Goleman (1998, S. 82)*

| Self-control (SCT) Scale | |
|---|---|
| Level | Behavioral Description |
| -1 | Loses Control. [...] |
| 0 | Avoids Stress.[...] |
| 1 | Resists Temptation. [...] |
| 2 | Controls Emotions. [...] |
| 3 | Responds Calmly. [...] |
| 4 | Manages Stress Effectively. [...] |
| 5 | Responds Constructively. [...] |
| 6 | Calms Others. [...] |

*Quelle: Spencer/Spencer (1993, S. 9)*

Tab. 2: Gegenüberstellung der Verhaltensindikatoren zur Kompetenz *self-control*

Dass auch die weiteren *McBer-competencies* in teilweise beschnittener, teilweise umgruppierter Form in die emotionalen Kompetenzen aufgenommen werden, verdeutlicht folgendes Beispiel: Die von Spencer und Spencer identifizierte Kompetenz *teamwork and cooperation* wird zweigeteilt. Sie findet sich wieder als *collaboration and cooperation* sowie *team capabilities*. Weder die zugehörigen Erläuterungen „Working with others towards shared goals" (ebd., S. 27) versus „Creating synergy in working toward group goals" (ebd., S. 206) noch die weiteren Ausführungen machen deutlich, warum der Autor hier zwei unterschiedliche emotionale Kompetenzen annimmt. Der Unterschied liegt in diesem Fall wohl weniger in benötigten Fähigkeiten als in der jeweiligen Arbeitssituation: Im ersten Fall geht es darum, gut mit anderen ArbeitskollegInnen und/oder Vorgesetzten bzw. Untergebenen zusammenzuarbeiten, im zweiten mit den eigenen Teammitgliedern.

Auch von Spencer und Spencer nicht als allgemein, sondern als *unique competencies* rubrizierte Kompetenzen werden zur emotionalen Kompetenz erhoben, so z.B. *accurate self-assessment*. Bei diesen Autoren nicht vertreten sind dagegen die emotionalen Kompetenzen *leveraging diversity* und *change catalyst* – vermutlich eine Konzession Golemans an die entsprechenden Managementkonzepte, für die wiederum besonders fraglich ist, warum sie einzelne Fähigkeiten darstellen sollen – sowie die für das Konzept der EI grundlegende *emotional awareness.*

Wie sind derlei Umgruppierungen zu rechtfertigen? Angesichts der Zuordnungen emotionaler Kompetenzen, die Goleman (1999) in seinem Raster trifft, drängen sich z.B. die Fragen auf, warum „Innovation" auf „Selbstregulierung" beruht oder warum „Bindungen aufbauen" nicht (auch) auf „Empathie" beruht. Dies wird jedoch nicht weiter erläutert, sondern schlicht behauptet. Auch innerhalb der Cluster sind Unstimmigkeiten zu vermerken: Während z.B. „Andere verstehen" mit einem Begriff von „Empathie" als „Wahrnehmung der Gefühle, Bedürfnisse und Sorgen anderer" vereinbar ist, geht z.B. „Serviceorientierung" weit darüber hinaus: In der Erläuterung „die Bedürfnisse der Kunden *vorwegnehmen*, erkennen und befriedigen" bezieht sich lediglich „erkennen" auf die angebotene Erläuterung von „Empathie" (ebd., S. 38 f.). Weder gibt es eine logische und möglichst überschneidungsfreie Struktur, noch entsprechen sich innerhalb der Cluster Überschriften und spezifische emotionale Kompetenzen in Formulierung und Inhalt. Damit ist gegen einige Grundregeln entsprechender Klassifikationen verstoßen, auf die bereits Flanagan (1954, S. 345) Wert legt (vgl. auch Hoyos 1974, S. 134 f.).

Goleman (1999) berichtet weder, was ihn zu der widersprüchlichen Aussage führt, die von ihm gruppierten Kompetenzen seien „unabhängig" und „interdependent" (ebd., S. 37 und 40), noch, aus welchen Indizien er die behauptete hierarchische Beziehung der Dimensionen der EI ableitet. Spencer und Spencer (1993) dagegen gewinnen ihre Klassifikation von *generic competencies* aus einer Clusteranalyse, wobei sie vielfache korrelative Beziehungen zwischen den einzelnen Kompetenzen unterschiedlicher Cluster ermitteln (auch zwischen kognitiven und anderen Kompetenzen). Die Ergebnisse dieser Autoren sprechen, wie oben beispielhaft aufgezeigt, nicht für Golemans Klassifikation. Da Goleman nicht erwähnt, wie er seine Aussagen gewinnt, liegt der Verdacht nahe, dass hier kein methodisch adäquater Weg eingeschlagen wurde. Diese Zweifel werden bestärkt durch die offenen Forschungsfragen des *Consortium for Research on Emotional Intelligence* (1999): Für das von Goleman präsidierte Forschungsinstitut gilt weder als geklärt, wie sich die 25 emotionalen Kompetenzen in bestehende Kompetenzmodelle einfügen, noch ob sie gleichermaßen bedeutsame Leistungsvoraussetzungen sind, und es wird gefragt: „Are the 5 dimensions of emotional intelligence really interdependent and hierarchical as he [Goleman; B.S.] postulates?" (ebd., S. 1).

## 3.4 Ein ‚Mehrwert', der keiner ist

Es verbleibt zu zeigen, dass auch der empirische Nachweis eines ‚Mehrwerts' der EI nicht als solcher gelten kann: Unabhängig davon, dass bereits die Differenzierung in emotionale und kognitive Kompetenzen fragwürdig ist, werden von Goleman weder der – nur näherungsweise lösbaren – Fragestellung angemessene Daten oder Methoden verwendet, noch erfolgt die Interpretation der Ergebnisse auf zulässige Weise.

Nimmt man die Einteilung in ‚emotional intelligente‘ und ‚rein intellektuelle‘ Fähigkeiten hin, steht die empirische Prüfung der Wichtigkeit von EI für herausragende Leistungen im Einklang mit der Forderung der Arbeitspsychologie, nur solche Fähigkeiten und Fertigkeiten bzw. Persönlichkeitsmerkmale für eignungsdiagnostische (u.ä.) Zwecke zu berücksichtigen, die sich nachweislich auf den Arbeitserfolg auswirken. Trotzdem dürfte die Absicht Golemans (1999), den Beitrag einer EI zu herausragenden Leistungen „ganz exakt“ (ebd., S. 43) anzugeben, wohl kaum von Erfolg gekrönt sein. Dies würde nämlich voraussetzen,

- Arbeitsleistungen ‚ganz exakt‘ messen zu können. Diese stellen jedoch kein objektiv erfassbares Erkenntnisobjekt dar, sondern ein Konstrukt, dessen Operationalisierung erst darüber Auskunft gibt, was jeweils[12] darunter verstanden wird. Von daher kann kein ‚wahrer Wert‘ gemessen werden (vgl. z.B. Schettgen 1996, S. 180) und ist trotz aller Bemühungen die Subjektivität der beobachtenden und leistungsbeurteilenden Person(en) nicht auszuschalten (vgl. z.B. Becker 1994, S. 224).
- das Verhältnis der unterschiedlichen Leistungsvoraussetzungen, zu denen neben personalen auch situative Faktoren zählen, ‚ganz exakt‘ zu bestimmen – und zu trennen von den aktuellen Gegebenheiten, unter denen die (erfassbare) Arbeitsleistung zustande kommt.

Mit entsprechend geringerem Anspruch wäre jedoch die Frage nach einer Arbeitsleistungsrelevanz emotionaler Kompetenzen im Vergleich zu anderen bedeutsam.

Bei den Studien zur Wichtigkeit der EI für herausragende Leistungen, die für den „Erfolgsquotienten“ durchgeführt wurden, handelt es sich um vier Sekundäranalysen von Kompetenzstudien und -modellen. *Bezogen auf verschiedene Berufe in unterschiedlichen Positionen* analysierte Goleman (1999) Kompetenzmodelle aus 121 Organisationen, indem er die dort aufgelisteten Kompetenzen, die als erforderlich für Höchstleistungen in bestimmten Positionen angesehen werden, in „rein kognitive oder technische Fähigkeiten“ und „emotionale Kompetenzen“ einteilte. Letztere hatten einen Anteil von 67 %. Eine Folgeuntersuchung wurde bei Hay/McBer in Auftrag gegeben. Hier wurden Kompetenzstudien aus 40 Firmen daraufhin analysiert, „wieviel mehr von einer gegebenen Kompetenz die Leistungsasse im Vergleich zum Durchschnitt an den Tag legten“ (ebd., S. 44). Wieder schlug ‚emotionale Kompetenz‘ ‚reinen Intellekt und fachliches Können‘ 2 : 1. *Für die Aussagen bezogen auf Führungspositionen* dienten Goleman Kompetenzmodelle der US-Bundesverwaltung als Datenbasis. Diese erfassen „die für eine effektive Arbeit auf praktisch allen Posten erforderlichen Kompetenzen“ (ebd., S. 46). Hier stieg die Bedeutung emotionaler Kompetenz mit zunehmender Ranghöhe der untersuchten Positionen. Bei Hay/McBer nahm man ausgehend von Daten „von Hunderten von Spitzenmanagern in fünfzehn globalen Unternehmen“ eine Folgeuntersuchung für die Privatwirtschaft vor und ermittelte, dass Personen mit herausragenden Leistungen „eindeutig größere Stärken in einer Reihe von emotionalen Kompetenzen“ (ebd., S. 47) aufwiesen.

Es muss festgestellt werden, dass bereits eine grundlegende Anforderung an empirische Forschung nicht erfüllt ist: Weder die verwendeten Datensätze noch die Auswertungen sind ausreichend beschrieben. Ohne eine Dokumentation der in den verwendeten Kompetenzmodellen und -studien beschriebenen Kompetenzen und ihrer – notwendigerweise subjektiven – Zuordnung in die Kategorien ‚rein kognitiv oder technisch' und ‚emotional' können die Ergebnisse jedoch nicht überprüft werden.

Trotz unvollständiger Angaben ist ersichtlich, dass die Anzahl der hinzugezogenen Studien variiert und zumindest in den Hay/McBer-Analysen relativ klein ist. Ob sie den Gütekriterien empirischer Forschung genügen, bleibt offen: Die Kompetenzmodelle der ersten Analyse wurden aus Expertenbefragungen gewonnen, die bereits als wenig valide gekennzeichnet wurden. Die Güte der Daten aus den beiden McBer-Kompetenzstudien, die offenbar mit der oben beschriebenen Standardprozedur gewonnen wurden, müsste jeweils am Einzelfall geprüft werden, was jedoch aufgrund fehlender Dokumentation nicht möglich ist. Eine Vergleichbarkeit der verwendeten Daten ist nicht gegeben: Zum Teil wurden Kompetenz*modelle* und damit Anforderungsprofile hinzugezogen, zum Teil Kompetenz*studien* und somit „Ergebnisse von Tiefeninterviews sowie ausführlichen Tests und Evaluationen" (ebd., S. 44). Die Auswahl der Daten ist zudem der Fragestellung nicht angemessen: Sowohl Spencer und Spencer (1993, S. 93) als auch McClelland (1998) ist zu entnehmen, dass die Untersuchung von „executive success" (ebd., S. 331) im Mittelpunkt steht. Es können demnach aus den ersten beiden Analysen keine Aussagen „für alle Arten von Jobs" (Goleman 1999, S. 44) gewonnen werden.

Goleman konzediert: „Es kann ja zum Beispiel sein, das eine kognitive Kompetenz dreimal so wichtig ist wie eine bestimmte emotionale Kompetenz" (ebd., S. 389). Dies wird aber bei einer rein prozentualen Bestimmung in den Kategorien ‚emotional' und ‚nicht emotional', die seinen eigenen Analysen zugrunde liegt, nicht berücksichtigt. Die von Hay/McBer angewandte Methode, das ‚relative Gewicht' einzelner Kompetenzen zu messen, beruht darauf, einzelne Kompetenzen je nach Vorkommenshäufigkeit der Verhaltensindikatoren, die auf sie verweisen, in eine Rangfolge zu bringen (vgl. Spencer/Spencer 1993, S. 160 ff.). Dass sich diese Rangstufen für einzelne Kompetenzen jedoch untereinander vergleichen und zu einer Maßzahl des relativen Beitrags emotionaler Kompetenzen zu Höchstleistungen aggregieren lassen, ist nach den Ausführungen dieser Autoren zu bezweifeln (vgl. ebd., S. 24). Beide Methoden könnten also lediglich zu einer näherungsweisen Lösung der Fragestellung führen: Wenn als emotional angesehene Kompetenzen relativ häufig gefordert werden – ein mögliches Ergebnis aus den Analysen der Kompetenzmodelle – bzw. leistungsstarke Personen sie relativ häufig aufweisen – ein mögliches Ergebnis aus den Analysen der Kompetenzstudien –, so verweist dies auf ihre Bedeutsamkeit. Den angekündigten Nachweis eines ‚Mehrwerts' der EI (Goleman 1999, S. 13) können diese Studien allerdings nicht liefern.

Darüber hinaus ist Golemans Interpretation, „in allen Berufen und in jedem Bereich ist emotionale Intelligenz doppelt so wichtig" (ebd., S. 47), stark anzuzweifeln. Zunächst verbietet bereits die Auswahl der Daten eine solch generalisierende Aussage. Zudem wird ein Durchschnitt über verschiedene Berufe und Positionen und unterschiedliche Organisationen gebildet; für alle Einzelnen dürfte sich kaum das gleiche Verhältnis einstellen. Den „generic models" für bestimmte Berufsgruppen von Spencer und Spencer (1993) zufolge ist z.B. für „technical professionals" (ebd., S. 163) und für „managerial jobs" (ebd., S. 201) analytisches Denken wichtiger als einige der Kompetenzen, die Goleman als emotional bezeichnet.

Insgesamt muss also Golemans (1999) Fazit, dass emotionale Kompetenz „zu herausragender Leistung *doppelt* so viel beiträgt wie bloßer Intellekt und fachliches Können" (ebd., S. 44, Herv. i.O.) und Führungserfolg „praktisch zu hundert Prozent [...] erklären" kann (ebd., S. 47), zurückgewiesen werden, da weder die ausgewählten Daten noch die Messmethoden solche Aussagen zulassen. Da ihr Untersuchungsdesign das Konzept der EI gar nicht beinhaltet, können auch die zusätzlich angeführten Studien (s. Abschnitt 2.4) nicht als Nachweis für einen geldwerten Beitrag der EI zu herausragenden Arbeitsleistungen gewertet werden. Barrett und Depinet (1991) unterstreichen in ihrer grundlegenden Kritik am Kompetenzkonzept in der Tradition McClellands, es fehle noch immer „professionally acceptable empirical evidence that their concept of competencies is related to occupational success" (ebd., S. 1021). Dies kann für die daraus abgeleiteten emotionalen Kompetenzen nur wiederholt werden: Ein systematischer Zusammenhang mit einem Arbeitserfolg lässt sich über diese Analysen nicht belegen.

# 4 Fazit

Im „Erfolgsquotienten" fokussiert Goleman (1999) sein Konzept der EI auf die Arbeitswelt und propagiert es als neuen, bislang verkannten Erfolgsfaktor sowohl für das Individuum als auch für die Organisation. Die leitende Frage dieses Beitrags war, ob Golemans Konzept der EI aus Sicht der Managementforschung und ihrer Grundlagenwissenschaften als fundierte und methodisch adäquate Klassifikation von personalen Leistungsvoraussetzungen akzeptiert werden und damit als wissenschaftlich fundierte Gestaltungsgrundlage für die Praxis gelten kann.

Im Laufe der Ausführungen konnte gezeigt werden, dass hier erhebliche Bedenken anzumelden sind. Letztlich kann keiner von Golemans Argumentationsschritten als überzeugungskräftig gelten: Dass Goleman die ‚unzweideutige Erklärung' der Neurowissenschaften zur Rolle der EI der ‚weichen Psychologie' gegenüberstellt, gegen die „viele Geschäftsleute seit jeher Vorbehalte" (ebd., S. 14) haben, dass er sich beruft auf die „umfassende Theorie der emotionalen Intelligenz" (ebd., S. 387) nach Salovey und Mayer, deren Entwicklung die Autoren selbst nicht vorgeben, dass Goleman sein EI-Konzept mit Forschungsergebnissen des mit ihm kooperierenden Beratungsunternehmen Hay/McBer anreichert und dass schließlich der „harte Beweis für weiche Fähigkeiten" (ebd., S. 43) angekündigt wird, wirkt angesichts der befundenen Unschärfen, Verzerrungen und Zuspitzungen jeweils als erfolgsorientierte rhetorische Strategie und trägt kaum zu einer wissenschaftlichen Fundierung des Konzeptes bei. Eine durchaus gängige Strategie für BestsellerautorInnen und BeraterInnen, wie z.B. Freses (1985) methodische Kritik an dem bereits als Klassiker geltenden Bestseller „Auf der Suche nach Spitzenleistungen" (Peters/Waterman 1984) zeigt. Die daraufhin von Wächter (1985) ergänzte Normenkritik, die politikorientierte Kritik von Krell (1994) sowie Nienhüsers (1998) Vermutung, der Erfolg solcher Bestseller gründe insbesondere auf ihrem politischen Gehalt (ebd., S. 41), legen auch mit Blick auf Goleman nahe, die Grundannahmen des EI-Konzeptes sowie seine Implikationen für Individuum und Organisation in einer weiterführenden Kritik zu hinterfragen.

So wäre z.B. zu bedenken, ob eine biologistische Erklärung von Emotionen und als emotional bezeichnetem Verhalten der Managementforschung zuträglich ist oder nicht eher dem mechanistischen Bild des homo oeconomicus lediglich eine neue – emotionale – Facette hinzufügt. Ist das Label der je individuellen emotionalen ‚Intelligenz' zur Bezeichnung (unternehmens-)kulturell geprägter und interaktional hervorgebrachter sozialer Verhaltensregeln überhaupt geeignet? Führt es – verbunden mit einer vermeintlichen ‚neuronalen Verortung' – nicht eher zu einem Trugschluss der Verdinglichung dessen, was mit diesem Namen belegt wird (vgl. zur Wirkung von Metaphern den Beitrag von Thomas Steger in diesem Band)? Auch gilt es zu betrachten, in welcher Weise hier über Zu- und Beschneidungen Emotionen in die richtigen, ökonomisch bewertbaren Bahnen gelenkt werden (vgl. dazu den Beitrag von Gertraude Krell und Richard Weiskopf in diesem Band), oder ob solch ein Gewicht auf Emotionsregulierung diesen komplexen menschlichen Phänomenen und ihrem individuellen Erleben gerecht wird (vgl. den Beitrag von Daniela Rastetter in diesem Band). Die hier erfolgte kritische Analyse des Goleman'schen Konzeptes der EI aus einer methodischen Perspektive liefert vielfältige Ansatzpunkte für solch weiterführende Fragen (vgl. dazu Sieben 2002). Sie entstand aus dem Wunsch nach einem differenzierteren Blick auf eine produktive Verbindung von Emotionen und Management, als er sich hinter diesem Schlagwort verbirgt.

## Anmerkungen

1 Für wertvolle Unterstützung bei der diesem Beitrag zugrunde liegenden Arbeit sowie konstruktive Rückmeldungen zur ersten Fassung des Beitrags danke ich Astrid Emmerich, Sabine Främcke, Tina Kornfeld, Gertraude Krell, Cornelia Maaß, Julia Mann, Gabriele Meyer, Renate Ortlieb, Günther Ortmann, Birgit Schreiber, Georg Schreyögg, Monika Settele, Jörg Sydow und den GutachterInnen.

2 Der zugrunde gelegte Katalog von Basisanforderungen an wissenschaftliche(s) Arbeiten wurde aus einschlägigen Handbüchern, neben Krämer (1999) z.B. Eco (1992) und Theisen (1992), gewonnen. Für Kriterien an empirische Sozialforschung wurden zusätzlich Stary/Kretschmer (1994), Diekmann (1995) und Friedrichs (1990) hinzugezogen.

3 Birbaumer und Schmidt (1999) sprechen hier von Wissens- und Verhaltensgedächtnis: Aus Ersterem lassen sich Erinnerungen an Fakten, Episoden und Daten abrufen, aus dem Zweiten gezielte Bewegungsfolgen und erlernte Prozeduren (ebd., S. 598).

4 Hinzugefügt sei, dass Damasios Patienten, denen normale bis hohe Intelligenztestleistungen bescheinigt wurden, nicht in der Lage waren, einen Beruf auszuführen (vgl. Damasio 1995, S. 37 u. 57).

5 Zwar gründen eine ganze Reihe von praktizierten Personalentwicklungsmaßnahmen auf psychotherapeutischen Ansätzen, diese zielen jedoch jeweils auf eine *Veränderung* von Verhalten (vgl. Neuberger 1994, S. 178), nicht auf ‚Löschung'.

6 Idiographische, subjektorientierte Ansätze bleiben hier (und auch unter Abschnitt 3.4) außer Betracht, da sie in der Betonung der Einzigartigkeit jedes Menschen eine Erstellung von Merkmalsklassifikationen wie die von Goleman vorgeschlagene ausschließen.

7 Daneben identifiziert Gardner (1991) die auch von anderen Forschern postulierten sprachlichen, logisch-mathematischen und räumlichen Fähigkeitsbereiche sowie eine musikalische und eine körperlich-kinästhetische bzw. motorische Intelligenz.

8 In einer ersten Studie wurden 100 PsychologiestudentInnen einer Reihe von Persönlichkeits-, Intelligenztests sowie speziellen Tests, die zur Messung von ‚emotionaler Intelligenz' vorgeschlagen werden, unterzogen; darunter befand sich auch ein von Goleman veröffentlichter EQ-Test (Davies et al. 1998, S. 993 ff.). In einer zweiten Studie wurde 300 U.S. Air Force-Rekruten eine ähnliche Testbatterie vorgelegt (ebd., S. 1001 f.).

9 Hierfür wurde 134 australischen PsychologiestudentInnen zunächst der MEIS vorgelegt, sodann Filme gezeigt, um ihre Stimmung zu beeinflussen, schließlich wurden sie Persönlichkeitstests und einem IQ-Test unterzogen (Chiarrochi et al. 2000, S. 544).

10 Hier verweist Goleman (1999, S. 408) zwar auf Saarni (1997), verwendet den Begriff aber nicht in ihrem Sinne.

11 In diesem Abschnitt werden überwiegend Zitate aus dem englischen Original (Goleman 1998) angeführt, um die begriffliche Nähe zu Spencer/Spencer (1993) zu verdeutlichen. Es sei bemerkt, dass für sämtliche hier und auch vorher befundenen Goleman'schen Begriffsverwirrungen und Unschärfen sichergestellt wurde, dass sie nicht auf Übersetzungsfehlern beruhen.

12 „Der ‚schillernde' Leistungsbegriff" (Becker 1994, S. 11) wird nicht nur in der Alltagssprache und den verschiedenen Wissenschaftsdisziplinen unterschiedlich gebraucht, sondern widersetzt sich auch in der Betriebswirtschaftslehre einer einheitlichen Definition (vgl. ebd., S. 70 f.; vgl. auch Schettgen 1996, S. 173 ff.).

# Literaturverzeichnis

Astley, W.G./Zammuto, R.F. (1992): Organization science, managers, and language games. In: Organization Science 3, S. 443-460.

Barrett, G.V./Depinet, R.L. (1991): A reconsideration of testing for competence rather than for intelligence. In: American Psychologist 46, S. 1012-1024.

Barrick, M.R./Mount, M.K. (1991): The big five personality dimensions and job performance: A meta-analysis. In: Personnel Psychology 44, S. 1-26.

Becker, F.G. (1994): Grundlagen betrieblicher Leistungsbeurteilungen. Leistungsverständnis und -prinzip, Beurteilungsproblematik und Verfahrensprobleme. 2. Aufl. Stuttgart.

Birbaumer, N./Schmidt, R.F. (1999): Biologische Psychologie. 4. Aufl. Berlin etc.

Boring, E.G. (1923): Intelligence as the test tests it. In: The New Republic 35, S. 35-37.

Boyatzis, R.E. (1982): The competent manager. New York etc.

Boyatzis, R.E. (1992): Building on competence: The effective use of managerial talent. In: Salaman, G. (Hrsg.): Human resource strategies. London etc., S. 260-302.

Cascio, W.F. (1991): Applied psychology in personnel management. 4. Aufl. Englewood Cliffs.

Chiarrochi, J.V./Chan, A.Y.C./Caputi, P. (2000): A critical evaluation of the emotional intelligence construct. In: Personality and Individual Differences 28, S. 539-561.

Consortium for Research on Emotional Intelligence in Organizations (1999): Future research – Individual, http://www.eiconsortium.org/future_research_individual.htm (4.10.2000).

Damasio, A.R. (1995): Descartes' error. Emotion, reason, and the human brain. New York.

Davies, M./Stankow, L./Roberts, R.D. (1998): Emotional intelligence: In search of an elusive construct. In: Journal of Personality and Social Psychology 75, S. 989-1015.

Diekmann, A. (1995): Empirische Sozialforschung. Reinbek.

Dietz, I./Geiselhardt, E. (2000): Lernziel „emotionale Intelligenz": Empathie und Menschenkenntnis. In: Personalführung 33 (8), S. 52-57.

Eco, U. (1992): Wie man eine wissenschaftliche Abschlußarbeit schreibt. 5. Aufl. Heidelberg.

Flanagan, J.C. (1954): The critical incident technique. In: Psychological Bulletin 51, S. 327-358.

Frese, E. (1985): Exzellente Unternehmungen – Konfuse Theorien. Kritisches zur Studie von Peters und Waterman. In: Die Betriebswirtschaft 45, S. 604-606.

Friedrichs, J. (1990): Methoden empirischer Sozialforschung. 14. Aufl. Opladen.

Gardner, H. (1991): Abschied vom IQ. Die Rahmentheorie der vielfachen Intelligenzen. Stuttgart.

Gebert, D./von Rosenstiel, L. (1996): Organisationspsychologie. 4. Aufl. Stuttgart etc.

Goleman, D. (1997): Emotionale Intelligenz. München.

Goleman, D. (1998): Working with emotional intelligence. New York etc.

Goleman, D. (1999): Der Erfolgsquotient. München.

Hoff, E.-H. (1992): Arbeit, Freizeit und Persönlichkeit. 2. Aufl. Heidelberg.

Hogan, R.T. (1991): Personality and personality measurement. In: Dunnette, M.D./ Hough, L.M. (Hrsg.): Handbook of industrial and organizational psychology. 2. Aufl. Bd. 2. Palo Alto, S. 873-919.

Höhler, G. (1997): Herzschlag der Sieger. Düsseldorf.

Holzkamp, K. (1980): Begabung – Intelligenz. In: Wulf, C. (Hrsg.): Wörterbuch der Erziehung. 5. Aufl. München und Zürich, S. 44-49.

Hoyos, C. Graf (1974): Arbeitspsychologie. Stuttgart etc.

Judge, T.A./Higgins, C.A./Thoresen C.J./Barrick, M.R. (1999): The big five personality traits, general mental ability, and carreer success across the life span. In: Personnel Psychology 52, S. 621-652.

Kieser, A. (1996): Moden & Mythen des Organisierens. In: Die Betriebswirtschaft 56, S. 21-39.

Krämer, W. (1999): Wie schreibe ich eine Seminar- oder Examensarbeit? Frankfurt a.M. und New York.

Krell, G. (1994): Vergemeinschaftende Personalpolitik: Normative Personallehren, Werksgemeinschaft, NS-Betriebsgemeinschaft, Betriebliche Partnerschaft, Japan, Unternehmenskultur. München und Mering.

LeDoux, J. (1998): Das Netz der Gefühle. München.

Mayer, J.D./Salovey, P. (1993): The intelligence of emotional intelligence. In: Intelligence 17, S. 433-442.

Mayer, J.D./Salovey, P. (1995): Emotional intelligence and the construction and regulation of feelings. In: Applied & Preventive Psychology 4, S. 197-208.

Mayer, J.D./Salovey, P. (1997): What is emotional intelligence? In: Salovey, P./Sluyter, D.J. (Hrsg.): Emotional development and emotional intelligence. New York, S. 3-31.

McClelland, D.C. (1973): Testing for competence rather than for „intelligence“. In: American Psychologist 28, S. 1-14.

McClelland, D.C. (1998): Identyfying competencies with behavioral event interviews. In: Psychological Science 9, S. 331-339.

McCormick, E.J. (1979): Job analysis. Methods and applications. New York.

Neuberger, O. (1994): Personalentwicklung. 2. Aufl. Stuttgart.

Nienhüser, W. (1998): Die Nutzung personal- und organisationswissenschaftlicher Erkenntnisse in Unternehmen. Eine Analyse der Bestimmungsgründe und Formen auf der Grundlage theoretischer und empirischer Befunde. In: Zeitschrift für Personalforschung 12, S. 21-49.

Peters, T./Waterman, R. (1984): Auf der Suche nach Spitzenleistungen. 5. Aufl. Landsberg a.L.

Roth, G. (1998): Die emotionale Wende. In: Psychologie heute 25 (9), S. 70-73.

Saarni, C. (1997): Emotional competence and self-regulation in childhood. In: Salovey, P./Sluyter, D.J. (Hrsg.): Emotional development and emotional intelligence. New York, S. 25-66.

Salovey, P./Mayer, J.D. (1990): Emotional intelligence. In: Imagination, Cognition and Personality 9 (3), S. 185-211.

Sandberg, J. (1994): Human competence at work. Göteborg.

Schanz, G. (1997): Intuition als Managementkompetenz. In: Die Betriebswirtschaft 57, S. 640-654.

Schettgen, P. (1996): Arbeit. Leistung. Lohn. Stuttgart.

Schmidt, F.L./Hunter, J.E. (1981): Employment testing. In: American Psychologist 36, S. 1128-1137.

Schmidt-Atzert, L. (1996): Lehrbuch der Emotionspsychologie. Stuttgart etc.

Schuler, H./Funke, U. (1995): Diagnose beruflicher Eignung und Leistung. In: Schuler, H. (Hrsg.): Lehrbuch Organisationspsychologie. 2. Aufl. Bern etc., S. 235-283.

Sieben, B. (2002): Daniel Golemans ‚Emotionale Intelligenz' in der Arbeitswelt: Kritische Betrachtung eines modischen Managementkonzeptes. In Vorbereitung.

Sowarka, B.H. (1995): Soziale Intelligenz und soziale Kompetenz. In: Sarges, W. (Hrsg.): Managementdiagnostik. Göttingen etc., S. 365-382.

Spencer, L.M./Spencer, S.M. (1993): Competence at work. New York etc.

Stary, J./Kretschmer, H. (1994): Umgang mit wissenschaftlicher Literatur. Frankfurt a.M.

Theisen, M.R. (1992): Wissenschaftliches Arbeiten: Technik – Methodik – Form. 6. Aufl. München.

Thorndike, E.L. (1920): Intelligence and its uses. In: Harper's Magazine 140, S. 227-235.

Thorndike, R.L./Stein, S. (1937): An evaluation of the attempts to measure social intelligence. In: Psychological Bulletin 34, S. 275-285.

Wächter, H. (1985): Zur Kritik an Peters und Waterman. In: Die Betriebswirtschaft 45, S. 608-609.

Wechsler, D. (1940): Nonintellective factors in general intelligence. In: Psychological Bulletin 37, S. 444-445.

Wechsler, D. (1950): Cognitive, conative, and non-intellective intelligence. In: American Psychologist 5, S. 78-83.

Wechsler, D. (1964): Die Messung der Intelligenz Erwachsener. 3. Aufl. Bern und Stuttgart.

Weisbach, C.R./Dachs, U. (1997): Mehr Erfolg durch emotionale Intelligenz. München.

Weiß, R. (1999): Erfassung und Bewertung von Kompetenzen – empirische und konzeptionelle Probleme. In: Kompetenzentwicklung 4, S. 433-493.

Zimbardo, P.G./Gerrig, R.J. (1999): Psychologie. 7. Aufl. Berlin etc.

Barbara Sieben
Freie Universität Berlin
Institut für Management
– Personalpolitik –
Boltzmannstr. 20
D-14195 Berlin
Email: barb@wiwiss.fu-berlin.de

Burkard Sievers

# Konkurrenz als Fortsetzung des Krieges mit anderen Mitteln - Eine sozio-analytische Dekonstruktion

Automobilindustrie; Konkurrenz; Krieg; Organisation; Psychoanalyse; Sozio-Analyse

*„War is now placed*
*Where War belongs*
*Among the trades and artisans."*

Herman Melville

## Zusammenfassung

Dieser Beitrag ist aus der Erfahrung des Autors im Rahmen einer Beratung bei einem deutschen Automobilhersteller entstanden. Nachdem er anlässlich von Besuchen im Hauptwerk wiederholt auf Artefakte der Nazivergangenheit und des Zweiten Weltkrieges gestoßen war, ist er der Ursprungsgeschichte des Unternehmens ausführlicher nachgegangen. Dieses Material sowie die eigene Erfahrung bilden den Ausgangspunkt einer sozio-analytischen Betrachtung. Im Vordergrund steht dabei die Hypothese, dass die mit der Gründung kurz vor Kriegsbeginn einhergehenden Mythen der Expansion, Vernichtung und Weltdominanz über die unmittelbare Kriegszeit hinaus fortbestanden, die Neugründungs- und Wiederaufbauphase seit 1948 nachhaltig geprägt haben und sich auch in der Gegenwart noch auf die Makro- wie Mikropolitik des Unternehmens auswirken. Der Beitrag geht von der Annahme aus, dass die für dieses Unternehmen aufgezeigte Kriegs-

Managementforschung 11 (2001), hrsg. von G. Schreyögg und J. Sydow,
Gabler-Verlag • Wiesbaden, S. 171-212

dynamik zwar aus der besonderen historischen Situation ableitbar ist, der Kriegsdynamik selbst insofern jedoch eine weitreichendere Bedeutung zukommt, als Konkurrenz auf den gegenwärtigen globalen Märkten allzu oft ein bloßer Euphemismus für Krieg ist.

# Abstract

Despite the daily reality of war in the media – and indeed in many people's political and social lives – it would seem that it is not considered part of the business world, organisations or the world built around them. We are consistently led to believe that the economy of war and warfare refers to the gains derived from the production of war equipment, the maintenance of military forces (both in times of war and peace), and the repair work and reconstruction necessary after battle is done.

The absence of bloodshed or casualties in business organisations invites us to assume that the frequent reference made to war are merely metaphorical. In organisation or management theory it is seldom acknowledged that extreme violence, sadism, pain and loss – experiences and dynamics characteristic of every war – are typical of the contemporary business world. It has become almost impossible to unveil the reality of business enterprises hidden behind the rhetoric of free markets and unrestricted competition typical of contemporary neo-liberalism.

This paper attempts to contribute towards an understanding of capitalist competition as ongoing warfare in and among corporations. The psychotic dimension of war, i.e., the paranoid, alienated elaboration of mourning, finds its expression by unrealistically projecting onto others the cause of the loss of the love object or its destruction. This line of thought will be pursued by considering, one of Germany's leading car manufacturers as a case example. Founded during the Third Reich, this case provides convincing evidence that its original support for a megalomaniac military mobilization still has an effect on the micro-politics of the corporation and its market activities today. Converted to serve the peaceful economy of post-war Europe, economic warfare has remained a constituent dynamic of the corporation's ongoing attempt to lead world markets. My hypothesis is that similar dynamics are found throughout the automobile industry and have a major impact on the business strategies of many, if not most, corporations in their desperate longing to gain or maintain a predominant role as global players.

## Inhaltsübersicht



# 1 Vorbemerkungen

Diesem Beitrag liegt eine psychoanalytische Betrachtungsweise von Organisation und Management zugrunde. Wie ungewöhnlich eine solche Sicht im Kontext der bisherigen Management- und Organisationsforschung immer noch – und nicht zuletzt im deutschen Sprachraum – ist, wurde mir durch einige der Hinweise der Gutachter erneut deutlich, die die Herausgeber dieses Bandes bei ihrer Entscheidung zur Veröffentlichung dieses Beitrags hinzugezogen haben. Sie haben mich dazu veranlasst, einzelne meiner Prämissen vorab deutlicher darzustellen und zu erläutern, um zumindest einige der möglichen Missverständnisse zu vermeiden bzw. auszuräumen.

Sofern überhaupt davon ausgegangen wird, die Psychoanalyse als eine Wissenschaft der Kultur, Gesellschaft und Organisation zu betrachten, so wird sie in der Regel doch überwiegend als bloße Unterdisziplin der Medizin bzw. der Psychologie verstanden. Das hat dazu geführt, dass die Psychoanalyse allgemein im Bereich der Kultur- und Geisteswissenschaft und insbesondere im Kontext von Organisation und Management allenfalls als eine *angewandte* Wissenschaft in dem Sinne gesehen wird, dass sie sich auf eine Anwendung der im Bereich klinischer Forschung erwachsenen Erkenntnisse beschränkt. In dem Maße, wie eine solche angewandte Psychoanalyse ausschließlich auf die unbewussten Anteile der Akteure bzw. Organisationsmitglieder fokussiert, kann auf eine Konzeptualisierung unbewusster Phänomene und Dynamiken der Organisation mehr oder weniger verzichtet werden.

Dem steht andererseits jedoch die Ansicht gegenüber, dass Organisationen ein eigenständiges Feld psychoanalytisch orientierter Forschung sind. Vor allem im englischsprachigen Bereich hat sich in den letzten Jahren die Tendenz behauptet, die Psychoanalyse von Organisationen als eine eigenständige wissenschaftliche Disziplin zu betrachten (Elieli 1994; Eisold 1997; Gabriel 1999; Lawrence 1999a; Neumann/Hirschhorn 1999), die ein eigenes Theorieverständnis erfordert. Während dabei weithin der Begriff der *Psychodynamik von Organisationen* dominiert, hat Bain (1999) die *Sozio-Analyse* als eine m.E. adäquatere Benennung dieser Disziplin vorgeschlagen. Sozio-Analyse beinhaltet zum einen Exploration, Beratung und Aktionsforschung und zum anderen eine Synthese von Methoden und Theorien aus der Psychoanalyse, des vom Tavistock Institute entwickelten Group Relations-Ansatzes, des Sozialen Träumens (Lawrence 1998a, b; Sievers 2001a), der Systemtheorie sowie des Organizational Behaviour (Bain 1999, S. 14). Wenngleich die Sozio-Analyse auch unverkennbar Teil der psychoanalytischen Tradition ist, so wird mit dieser Umschreibung doch zugleich deutlich, dass die hier zugrunde liegende Betrachtungsweise weit über die im therapeutischen Bereich vorherrschende Individuenzentrierung der Psychoanalyse hinausreicht.

Die Erweiterung einer psychoanalytischen Perspektive auf die Realität und Dynamik sozialer Systeme ist vor allem das Verdienst des britischen Psychoanalytikers Wilfred Bion (1971). Seiner Arbeit mit Gruppen liegt die Hypothese zugrunde, dass Gruppen generell von ‚primitiven' Phantasien geleitet werden, die ein Ausdruck psychotischer Ängste sind. Dies hat ihn zu der Annahme veranlasst, dass es über die von Freud begründete, bislang vorherrschende einseitige Fokussierung des individuellen bzw. triadischen Teils des Ödipus-Mythos hinaus einer binokularen Sichtweise bedarf, die jenen Teil der sozialen und politischen Realität umfasst, der im Ödipus-Mythos in der Sphinx und ihrem Rätsel zum Ausdruck kommt (Bion 1961, S. 8). Beide Aspekte, der des Ödipus und der der Sphinx, stehen miteinander in Beziehung und Wechselwirkung. Während der Ödipus-Teil die klassische Domäne der Psychoanalyse im dyadischen Setting von Analytiker und Analysand ist, steht der Sphinx-Teil dafür, das Denken in sozialen Kontexten zu verstehen, das konstitutiv für das Bewusstsein und die Sinnbildung in Organisationen ist (Lawrence 1999a, S. 104; vgl. Sievers 1999b). Die Sphinx repräsentiert die Fähigkeit, die in Gruppen vorherrschenden (unbewussten) Phantasien und das psychotische Denken aufzuzeigen und zu hinterfragen, um so die für ‚Arbeitsgruppen' notwendige ‚Realitätsüberprüfung' zu ermöglichen (ebd., S. 104 f.). Für Lawrence besteht daher kein Zweifel, dass dem durch die Sphinx repräsentierten Teil die besondere Bedeutung für eine Psychoanalyse von Organisationen zukommt; der Ödipus-Teil bleibt der psychoanalytischen ‚Behandlung' vorbehalten. „Die psychoanalytische Forschung von Organisationen fokussiert auf die Sphinx, wobei Ödipus eher eine sekundäre, aber gleichwohl wichtige Betrachtungsebene darstellt. Die Sphinx ist sozusagen der Vordergrund (figure) bei der Untersuchung von Organisationen und Ödipus der Hintergrund (ground)" (ebd., S. 106).

Wie Lawrence bei anderer Gelegenheit gezeigt hat (Lawrence 1995, S. 17; vgl. Lawrence/Armstrong 1998), ermöglicht ‚die Sphinx' eine Sichtweise psycho-sozialer Dynamiken in Organisationen, aus der heraus psychotische Phänomene und Reaktionen eben nicht als individuell, sondern vielmehr als sozial induziert zu verstehen sind. Im Unterschied zu einer beispielsweise von Kets de Vries (1996, 1998) oder Maccoby (2000) propagierten psychoanalytischen Betrachtungsweise, bei der die Neurose bzw. der Narzissmus einer Organisation in erster Linie als Ausdruck der Psychopathologie des jeweiligen Topmanagers verstanden werden, geht die hier zugrunde liegende Sicht insofern von einer gegenteiligen Position aus, als die in einer Organisation dominierenden unbewussten Emotionen und Phantasien dazu tendieren, die organisatorischen Rollenträger zu ‚vereinnahmen'. Im Falle einer Dominanz psychotischer Angstabwehr und -bewältigung in Organisationen hat dies beispielsweise zur Folge, dass Organisationsmitglieder dazu veranlasst werden können, ihre eigenen persönlichen psychotischen Anteile zu mobilisieren und so unbewusst mit der ‚sozialen Psychose' in der Organisation in Kollusion geraten.

Am Fall des englischen Gesundheitswesens hat Lawrence (1995; vgl. Sievers 1999a) beispielsweise darauf hingewiesen, dass die Implementierung traditioneller Managementmodelle dazu beiträgt, dass das Krankenhausmanagement totalitäre Tendenzen vertritt und fördert (vgl. Knights/McCabe 1997; Steingard/Fitzgibbons 1993; Willmott 1993), die mit den professionellen Wertorientierungen ärztlicher und pflegerischer Berufsgruppen unvereinbar sind. In dem Maße, wie an Profitorientierung und ökonomischem Überleben ausgerichtete Managementpraktiken und -instrumente dominieren, sich der ‚Geist eines Krankenhauses' kaum noch von dem anderer Produktions- oder Dienstleistungsunternehmen unterscheidet und die Sorge um die Erhaltung des eigenen Arbeitsplatzes überhand nimmt, werden Patienten wie Beschäftigte allzu leicht zu Objekten ökonomischer Rationalität. Indem die aktuelle Angst vor Vernichtung (des Arbeitsplatzes bzw. der beruflichen Identität) frühere psychotische Vernichtungsängste der Rolleninhaber reaktiviert, verringert sich, wie schon Isabelle Menzies (1974) gezeigt hat, zugleich die Fähigkeit, den Patienten mit ihren aktuellen, aus ihrer Krankheit oder dem Sterben resultierenden (Vernichtungs-)Ängsten angemessen zu begegnen. Dass selbst auch psychoanalytische Gesellschaften und Berufsverbände nicht davor gefeit sind, im Laufe ihrer Entwicklung einer Dominanz psychotischer Anteile zu erliegen, hat Kirsner (2000a, 2000b; vgl. Eisold 2000) unlängst ebenso eindrücklich wie erschreckend am Beispiel einiger amerikanischer psychoanalytischer Institute verdeutlicht.

Dieser Beitrag ist Teil eines Forschungsprojektes, in dem ich den Einfluss und die Bedeutung ‚psychotischer' Prozesse und Dynamiken in Organisationen aufzuzeigen und zu verstehen versuche. Während psychotische Phänomene innerhalb der Psychoanalyse traditionell auf das Individuum und dessen pathologische Konstruktion von Realität beschränkt sind, erscheint mir die *Psychotische Organisation* als ein geeigneter metaphorischer Rahmen zur Sozio-Analyse intra- und interorganisatorischer Dynamiken ‚rationaler Verrücktheit' in Organisationen (Sievers 1994, 1995, 1998, 1999a, b). Den Begriff der psychotischen Organisation verwende ich vor allem deshalb bis auf weiteres als Metapher, weil ich die durchaus wichtige und weithin noch offene epistemologische Frage nach einer für die Sozio-Analyse adäquaten theoretischen Aufarbeitung der Interrelation von personalen und sozialen Systemen derzeit über den hier aufgezeigten Rahmen hinaus nicht adäquat zu beantworten vermag.

Im Unterschied zum Begriff der *pathologischen Organisation*, wie er innerhalb der Kleinianischen Psychoanalyse von Steiner (1990a/b, 1993) und O'Shaughnessy (1990, 1992) zum Verständnis schwerer Persönlichkeitsstörungen entwickelt worden ist, ist mir an einer Entpathologisierung psychotischer Phänomene in dem Sinne gelegen, dass ich mit Bion (1990) davon ausgehe, dass die innere Welt von Individuen generell durch psychotische und nicht-psychotische Anteile geprägt ist. Psychotische Reaktionen sind normale Verhaltensweisen der Angstbewältigung und -vermeidung, auf die wir in der Bewältigung unseres Alltagslebens im privaten Bereich ebenso wie in Organisationen immer wieder zurückgreifen, unabhängig davon, ob wir uns ihrer bewusst sind oder nicht. In dem Maße, wie eine Organisation oder einzelne Subsysteme diese psychotischen Anteile auf Seiten ihrer Rolleninhaber mobilisieren und diese so zeitweilig oder fortlaufend dominieren, spreche ich von einer psychotischen Organisation bzw. einem psychotischen Subsystem.

In ähnlicher Weise, wie Patienten mit schweren Persönlichkeitsstörungen oftmals gar nicht als psychotisch erscheinen, sondern vielmehr den Eindruck erwecken, dass sie ihre Störung in einem gewissen Grade stabilisiert haben, scheint es, dass auch soziale Organisationen, allen voran gewinnorientierte Unternehmen, die in ihnen vorherrschende Angst hinter einer zwar eigenartigen, gleichwohl aber normalen Erscheinungsweise nach außen hin verbergen. Als externer Beobachter von oder Berater in Großunternehmen kann ich mich oftmals des Eindrucks nicht erwehren, dass diese Organisationen in dem mehr oder weniger verzweifelten Versuch gefangen sind, den enormen Druck und die Bedrohung von Seiten der äußeren Welt der Märkte und Mitbewerber abzuwehren, während sie gleichzeitig darauf abzielen, diese Umwelt mit einem hohen Maß an Aggressivität, Sadismus und Destruktivität zu beeinflussen und mit entsprechenden Strategien zu beherrschen. Angesichts des fortwährenden Kampfes um Spitzenleistung, Wachstum, Überleben und größere Marktanteile scheinen die damit einhergehende Aggressivität und Destruktivität keinen Raum für die Erfahrung von Schuld, das Verlangen nach Liebe, Trauer oder Wiedergutmachung zu lassen. In dem Maße, wie in Organisationen insgesamt oder in ihren Subsystemen derartige psychotische Tendenzen der Angstbewältigung und -negierung vorherrschen, wird die erfahrbare Bedrohung in die Umwelt der Märkte und die ‚Mitbewerber' projiziert. Strategisches Management und strategische Planung werden dann als die probaten Mittel betrachtet, dieser externen Bedrohung dadurch Herr zu werden, dass sich Unternehmen mit allen nur erdenklichen Mitteln und Anstrengungen erfolgreich gegenüber ihren Mitbewerbern auf den Märkten zu behaupten suchen.

Im Unterschied zu dem gerade auch innerhalb der Organisations- und Managementforschung noch weitgehend vorherrschenden Theorieverständnis, das eng mit wissenschaftlicher Objektivität, Rationalität und Kausalität verknüpft ist, basiert eine psycho- bzw. sozio-analytische Vorgehensweise insofern eher auf einer subjektiven Betrachtungsweise, als die Subjektivität des ‚Autors', seine Erfahrung und deren Exploration den eigentlichen Ausgangspunkt wissenschaftlicher Einsichten und Theorien darstellen. Anstatt Kausalitäten aufzuzeigen, gehe ich bei der Darstellung und Interpretation des folgenden Fallbeispiels in der psychoanalytischen Tradition der freien Assoziation explizit von meinen eigenen Assoziationen aus, die weniger im herkömmlichen Sinne belegbar sind als es vielmehr erlauben, zwischen den verschiedenen Erfahrungsbereichen Brücken zu bauen und Verbindungen herzustellen (Lawrence 1999a, S. 109). Wenngleich im Folgenden auch immer wieder der Eindruck entstehen mag, mir ginge es darum, bestimmte Thesen zu fundieren und zu beweisen, so möchte ich dennoch betonen, dass mir vor allem daran gelegen ist, diesen Beitrag als Hypothese und somit eher als ‚Vermutung' zu verstehen, für die ich ‚assoziativ' Evidenz zu liefern versuche. Während ich einerseits dazu einlade, sich auf eine eher unorthodoxe, wenn nicht gar provokative Dekonstruktion herkömmlicher Plausibilitätsvorstellungen einzulassen, um so anders kaum mögliche Einsichten und Zusammenhänge aufzuzeigen, werde ich andererseits sicherlich auch Gefahr laufen, ähnliche Reaktionen hervorzurufen, wie ich sie unlängst in einem etwas anderen thematischen Kontext von einer Kollegin zu hören bekam: „Ich finde das faszinierend, was Du machst – aber es gefällt mir nicht!"

Wenngleich auch die etwa sechzig Jahre umfassende Geschichte des Unternehmens, das ich für diese Arbeit als Fallbeispiel ausgewählt habe, den Rahmen meiner Assoziationen, Interpretationen und Hypothesen darstellt, so werde ich bei dieser Gelegenheit dennoch nicht auf eher grundsätzliche Fragen des Zusammenhangs von Organisationstheorie und Geschichte (Kieser 1994; Goldman 1994; Pierenkemper 1999; Schröter 2000; Zald/Barnett 2000) bzw. Psychoanalyse und Geschichte (Rüsen/Straub 1998) eingehen können. Ich möchte mich deshalb auf den Hinweis beschränken, dass die hier gewählte historische Betrachtungs- und Interpretationsweise im Sinne der Psychohistorie verstanden werden kann, eines psychoanalytisch orientierten historischen Ansatzes, wie er beispielsweise von deMause (1989) im Zusammenhang kollektiver Kindheitsgeschichte und von Volkan (1999) für generationsübergreifende nationale, ethnische und religiöse Konflikte vertreten wird. Die historische Betrachtungsweise dieses Unternehmens bringt es mit sich, dass ich auf einige der Personen ausführlicher eingehen werde, die zu bestimmten Zeiten maßgeblich auf das Unternehmen und seine Entwicklung Einfluss genommen haben. Im Gegensatz jedoch vor allem zu deMause besteht meine Absicht nicht darin, psychoanalytisch bzw. psychohistorisch inspirierte Psychogramme dieser Personen zu zeichnen. Auch wenn gelegentlich ein anderer Eindruck entstehen mag, so besteht meine Absicht darin, sie als Protagonisten, das heißt als zentrale Rollenträger des Unternehmens zu betrachten, in denen das für bestimmte Unternehmensphasen prägende Denken maßgeblich zum Ausdruck kommt.

Bevor ich mit dem eigentlichen Beitrag beginne, möchte ich noch eine letzte Vorbemerkung machen, die hoffentlich dazu beitragen kann, das von mir zugrunde gelegte Verständnis von Krieg, wenn schon nicht ausführlich zu erläutern, so doch zumindest zu umreißen. Entgegen dem weithin vorherrschenden Verständnis, nach dem Krieg stets mit einer mehr oder weniger großen Zahl von Toten – Gefallenen, Bombenopfern und Ermordeten – sowie gravierenden, oftmals totalen Zerstörungen von Wohnungen, Anlagen und Ressourcen einhergeht, verstehe ich im Folgenden unter Krieg vielmehr einen Konflikt zwischen ‚Gruppierungen', der durch andauernde und intensive Feindschaft geprägt ist, innerhalb sozial anerkannter Formen initiiert und ausgeführt wird und entweder durch Brauchtum oder Gesetz als Institution anerkannt ist. Während eine solche Umschreibung von Krieg einerseits die oben genannten tatsächlichen Gräuel und realen Vernichtungen als Möglichkeit nicht ausschließt, so ermöglicht sie andererseits vor allem eine deutlichere Berücksichtigung der mit einem Krieg immer auch einhergehenden psychischen und sozialen Phänomene und Dynamiken, auf denen im Rahmen einer psychoanalytischen Betrachtungsweise von Krieg das Hauptaugenmerk liegt.

Auf dem Hintergrund der bereits skizzierten Ausgangsüberlegungen und der Bedeutung, die dabei in Anlehnung an Bion und Lawrence den für die psychotische Organisation typischen Dynamiken zukommt, rekurriere ich in diesem Zusammenhang deshalb in erster Linie auf die Psychoanalyse des Krieges von Fornari (1975), weil er Krieg explizit als ein Resultat psychotischer Prozesse konzeptualisiert. Wenngleich dieser Ansatz selbst auch nicht unumstritten ist, so liegt seine besondere Relevanz m.E. gerade darin, dass Fornari, ausgehend von Bion's Beschreibung psychotischer Dynamiken in Gruppen, die wichtige Rolle als Ausgangspunkt nimmt, die den Abwehrmechanismen gegenüber psychotischen Ängsten innerhalb der Gesellschaft und ihren Institutionen zukommt. Für Fornari kommt der psychotische Anteil einer Gruppe am nachhaltigsten im Phänomen des Krieges zum Ausdruck. Krieg ist eine soziale Organisation psychotischer Art, deren ausschlaggebende Dynamik auf einer paranoiden Bewältigung von Trauer beruht. Während Mitscherlich/Mitscherlich (1967) die Unfähigkeit zu trauern primär als soziohistorisches Phänomen der deutschen Nachkriegsgesellschaft verstanden, mit der die Mehrzahl der Deutschen ihre Erfahrung der Tragödien, Traumen und Verluste des Krieges verdrängten, stellt die entfremdete, aus paranoiden Ängsten resultierende Trauerverarbeitung von Gruppen bzw. sozialen Systemen für Fornari das konstitutive Moment des Krieges dar. Dabei ist für die Mitscherlichs ebenso wie für Fornari die Vermeidung der Erfahrung von Trauer gleichermaßen eine innerpsychische wie eine soziale Dynamik.

Während die nichtpsychotische Form der Trauerbewältigung auf der Fähigkeit beruht, die Schmerzen der Trauer zu ertragen und mit einer gewissen Zuversicht einhergeht, sie letztendlich zu überwinden (Fornari 1975, S. 224), liegt der psychotischen Trauerbewältigung eine Entfremdung der eigenen Schuldgefühle zugrunde, die in den Feind projiziert werden (ebd., S. 51). Entgegen der herkömmlichen Auffassung, Krieg als Ausdruck von Hass zu verstehen, vertritt Fornari die paradoxe Position, dass der Krieg eher „auf dem Irrsinn der Liebe als auf dem Irrsinn des Hasses" (ebd., 261) basiert. Anstatt die Erfahrung des Verlustes und der Zerstörung des eigenen ‚geliebten Objektes' zuzulassen und das damit einhergehende Schuldgefühl anzuerkennen, werden in der für den Krieg charakteristischen psychotischen Trauerbewältigung der eigene Verlust und die Schuld dem Feind angelastet, der dann die Verantwortung für den Krieg trägt. Seine Niederlage ist der nachhaltigste Beweis dafür, dass er schuldig ist; seine Vernichtung wird als Strafe für sein Verbrechen rationalisiert. Die Unfähigkeit der ‚Gruppe', den Verlust des ‚geliebten Objektes' zu betrauern, die Leugnung der eigenen Gewalt ihm gegenüber und die damit einhergehende Entfremdung von den eigenen Schuldgefühlen werden durch Projektion in den Feind verlagert, der damit zugleich die Verfolgung legitimiert. In dem Maße, wie der Krieg als eine heilige Pflicht verstanden wird, dient die Vernichtung des Feindes der Bewahrung des verlorenen ‚geliebten Objektes'.

In ähnlicher Weise wie bereits Polany (1944) deutlich gemacht hat, dass das wirtschaftliche Verhalten seit Beginn der Menschheitsgeschichte tief in der Gesellschaft und den sozialen Beziehungen verwurzelt ist, geht Fornari (1975, S. 261) davon aus, dass „die archaischen Grundlagen der politischen Ökonomie selbst aufs Engste mit der Verarbeitung von Trauer verbunden gewesen sind."

# 2 Einleitung

Zumindest in der westlichen Welt haben wir uns mittlerweile so sehr an den Frieden gewöhnt, der nun schon mehr als ein halbes Jahrhundert andauert, dass wir zu der Annahme neigen, dass Krieg und die damit einhergehenden Tragödien allein die leidvollen Erfahrungen sind, denen ausschließlich andere ausgesetzt sind – beispielsweise die Menschen in Bosnien, Kosovo, der Golfregion oder in einer Reihe afrikanischer Staaten. Ganz im Sinne des alten Sprichwortes, dass man dann glücklich ist, wenn der *Andere* vom Pfeil getroffen wird, sind wir als Überlebende und Nichtbetroffene nicht allzu sehr um diejenigen besorgt, die verletzt oder gar getötet werden, die Entbehrungen und die Verluste ihnen nahestehender Menschen zu beklagen haben und ihr Hab und Gut verlieren.

Es scheint, dass die Verdrängung des Krieges und der damit einhergehenden Zerstörungen, Leiden, Verzweiflung und des Todes die doppelte Illusion nährt, als würden wir nicht nur in einer kriegsfreien Zone leben, sondern generell von der Industrie des Todes unberührt bleiben. Wie sehr jedoch explizite Bezüge zu Krieg in den großen internationalen Unternehmen und in den Schlachten, die auf den globalen Märkten geschlagen werden, an der Tagesordnung sind, mag das folgende, relativ wahllos herausgegriffene Beispiel verdeutlichen: „In feindlichen Übernahmesituationen ... kämpfen Unternehmensleitungen oft mit allen Mitteln und ‚bis zur letzten Patrone' um die Übernahme zu verhindern. ... Das Motiv der Bewahrung der gestalterischen unternehmerischen Freiheit ist ... so ursprünglich und stark, dass Managements in der Abwehrschlacht wie übrigens auch im Kriege die letzten Reserven mobilisieren, um nicht vom Gegner überrannt zu werden" (Weiss 2000). Die offenkundige Brutalität, die der ökonomische Wettbewerb fordert und fördert, wird in der Regel jedoch dadurch ignoriert, dass der wiederholte explizite Bezug zum Krieg ausschließlich metaphorisch zu verstehen sei. Ein solcher metaphorischer Bezug scheint dadurch legitimiert, dass es im Gegensatz zum realen Krieg in den internationalen Wirtschaftskriegen offensichtlich keine Verwundeten oder Gefallenen gibt und dass es dabei allenfalls um die Vernichtung und Übertragung von Dominanz und Eigentumsrechten geht.

Angesichts der nahezu archetypischen Bedeutung, die dem Krieg von alters her als Thema der Literatur (in Mythen, Romanen und Dramen) zukommt (Aichinger 1975, S. VII), ist es auffällig, um nicht zu sagen, verwunderlich, dass Krieg in der heutigen Management- und Organisationsliteratur kaum Thema ist und allenfalls als Metapher Erwähnung findet. Sofern sich einzelne Autoren überhaupt ausführlicher mit alltäglichen Kriegsphänomenen in Organisationen befassen (z.B. Hirsch/Andrews 1983; Morrill 1991, 1992; Bies/Tripp 1996), so verzichten sie dabei auf eine weitere Auseinandersetzung mit den für den Krieg typischen Gräueln, Zerstörungen und Vernichtungen. Wenn Morrill (1992, S. 58) beispielsweise betont, dass der Erfolg eines Unternehmers von seiner Fähigkeit abhängt, ein ‚Killer' zu sein und dass die Reputation eines Topmanagers mit der Anzahl der Leute korreliert, die er auf dem Weg nach oben zur Strecke gebracht hat, so erscheint mir das weniger auf eine spezifische Unternehmenssituation beschränkt als vielmehr Ausdruck des verzweifelten Versuches, in einer Unternehmenswelt zu überleben, in der es nicht nur Feinde und Verbrecher gibt, sondern die zugleich „ein Schlachtfeld (ist), auf dem nur die zu überleben vermögen, die beizeiten alle Skrupel abgelegt haben" (Fleischhauer 1999, S. 68). Insofern als mehr oder weniger vorbehaltlos davon ausgegangen wird, dass die Wirtschaft sowieso einem Monopolyspiel gleicht, wird auch das Wall Street Credo, dass ‚Gier gut ist' und der ‚Markt dem Krieg gleicht' zu einem ganz normalen Bestandteil der vorherrschenden Business-Rhetorik, wenn nicht gar der ihr zugrunde liegenden Annahmen (vgl. McDowell 1998). Die bloße Vorstellung, dass sowohl Gier als auch die Tyrannei des Krieges als Ausdruck einer unbewussten Abwehr der Angst vor innerer Leere und Wertlosigkeit verstanden werden können, die in andere projiziert werden (Rivière 1983, S. 39 f.), erscheint in diesem Kontext undenkbar, wenn nicht gar häretisch.

Auf der anderen Seite scheint Vieles dafür zu sprechen, dass die permanente Konfrontation mit Kriegsgeschehen und deren Opfern in den Medien uns weitgehend gegenüber der Gewalt, dem Sadismus, den Schmerzen und den Verlusten desensibilisiert hat, die die unvermeidbaren Begleiterscheinungen eines Krieges sind. In ähnlicher Weise kann die weitverbreitete Verwendung von Kriegsmetaphern in Organisationen aus einer psychoanalytischen Betrachtungsweise als ein Indiz für die Verdrängung von Grausamkeit, Gewalt und Vernichtung auf gesellschaftlicher Ebene verstanden werden. Der metaphorische Bezug auf Krieg in der Businesswelt und der Wirtschaft kann so eher als Euphemismus verstanden werden, der dazu dient, die tatsächliche Erfahrung und die unbewussten Brutalitätsphantasien zu verleugnen, mit der die Schlachten um Leben und Tod im ökonomischen Wettbewerb geschlagen werden. Dies ist eine Interpretation, die vermutlich für die allermeisten schwer oder gar nicht zu ertragen ist – unabhängig davon, ob sie sich dabei selbst als Opfer oder als Akteure auf den Schlachtfeldern erleben.

In der Annahme, dass viele der gegenwärtigen Schlachten, die im Namen des ökonomischen Wettbewerbs geschlagen werden, tatsächlich auf unbewussten Phantasien von Krieg beruhen, liegt die Vermutung nahe, dass die Kriegsmetapher in großen Unternehmen sich nicht einfach nur auf einen Kampf um knappe Ressourcen, Kunden, die Maximierung des Gewinns oder die Dominanz auf den Weltmärkten bezieht. Der in der Metapher enthaltene Euphemismus ist vielmehr ein Ausdruck des Versuches, die realen Wünsche nach sowie die Furcht vor Zerstörung und Vernichtung zu verschleiern. Auch wenn die Annahme, dass Konkurrenz tatsächlich Krieg ist, als bloße Übertreibung oder als schlechthin falsch zurückgewiesen werden mag, so dient die metaphorische Umschreibung der Konkurrenz als Krieg doch nicht selten dazu, die zynische Auffassung auf Seiten der Chefrationalisierer zu verschleiern, dass jeder und alles geopfert werden können, wenn es um die Erhaltung der Wettbewerbsfähigkeit und das Überleben eines Unternehmens geht (Stein 1995, 1997, S. 246; 1998, 1999, 2000). Während der gegenwärtige Neoliberalismus auch glauben macht, dass die Schlachten, die auf den globalen Märkten geschlagen werden, ein bloßer Ausdruck ökonomischer Interessen und Rationalität und insofern unvermeidlich sind, so scheint diese Annahme doch allzu sehr die Tatsache außer Acht zu lassen, dass wohl in jedem Krieg das Maß an Hass und die damit einhergehenden Grausamkeiten die taktischen Notwendigkeiten bei weitem überschreiten (Fenichel 1939/1954, S. 168).

Wenngleich dieser Beitrag sich auch in erster Linie auf ein einzelnes deutsches Unternehmen bezieht, so liegt ihm doch die – hier nicht weiter bewiesene – Annahme zugrunde, dass es sich, was die in diesem Unternehmen vorherrschende Kriegsdynamik betrifft, nicht um einen Einzelfall handelt. In dem Maße, wie Unternehmen – und insbesondere internationale Multis – nicht in der Lage sind, sich ihre eigene Destruktivität, Dominanz- und Vernichtungsphantasien einzugestehen, die sie sowohl nach innen als auch nach außen, den Konkurrenten gegenüber, richten, tendieren sie unausweichlich dazu, diese eigene Destruktivität durch entsprechende Feindbilder zu verdrängen und nach außen zu verlagern. Die Verdrängung dieser Schuld kann nach Fornari (1975) als eine entfremdete bzw. psychotische Form der Trauerbearbeitung verstanden werden. Anstatt die Schuld für die Zerstörung und die Verluste anzuerkennen, tendieren Unternehmen dazu, sich durch Rückzug in paranoide Mechanismen dem Eingeständnis von Schuld und Verlusten zu entziehen. Gestützt auf die Überzeugung, dass diese Zerstörungen vom Feind verursacht sind, wird der Feind, der tatsächliche oder potentielle Angreifer, durch projektive Identifikation zum Objekt des Hasses und zum Repräsentanten der nicht eingestandenen Schuld derer, die den Angriff erleben oder befürchten. Es kann angenommen werden, dass eine solche psychotische Verarbeitung der Trauer selbst dann Ausdruck der Leugnung der eigenen Destruktivität sowie der nicht eingestandenen Schuld aus der Vergangenheit ist, wenn die Gründungsphase und deren Ursprungsmythen nicht, wie im Fall des hier untersuchten Unternehmens, derart eng mit dem ‚realen' Krieg verbunden sind. In dem Maße, wie die eigene Verantwortung und Schuld für die aktuelle Kriegsdynamik verleugnet werden, wird die tatsächliche Erfahrung von Zerstörung und Vernichtung rationalisiert und den Konkurrenten bzw. der unvermeidbaren Brutalität der Wirtschaft und ihrer Märkte angelastet.

# 3 Krieg und Unternehmen

Der unmittelbare Ausgangspunkt dieses Beitrags sowie der folgenden Überlegungen ist die Erfahrung, die ich unlängst in einem internationalen Unternehmen, einem der führenden deutschen und globalen Automobilhersteller, der Volkswagen AG, gemacht habe als ich mit einigen Managern im Rahmen einer ‚Organisatorischen Rollenanalyse' gearbeitet habe (Reed 1976; Auer-Hunzinger/Sievers 1991; Beumer/Sievers 2000). Anlässlich eines Besuches im Hauptwerk und der Zentralverwaltung in Wolfsburg wurde mir lebhaft deutlich, wie unfreundlich, um nicht zu sagen feindselig, Besucher und Kunden vom Sicherheitsdienst am Werkseingang behandelt wurden. Obgleich ich diese Situation sehr befremdlich empfand, kam ich mir dabei nicht persönlich gekränkt vor. In der Rolle des teilnehmenden Beobachters war ich eher mit der eigenartigen Diskrepanz beschäftigt, die sich aus dem Verhalten des Sicherheitsdienstes gegenüber dem Marketing von Volkswagen ergab, das ja gerade erst in jüngster Zeit die Vorstellung propagiert, dass der Kauf und Besitz eines Volkswagens primär ein *emotionales* Erlebnis für den Kunden bedeuten soll. Während ich dieser Episode darüber hinaus zunächst nicht allzu große Bedeutung beimaß – etwas Ähnliches hatte ich zuvor schon bei Besuchen in anderen Großunternehmen erlebt – so machte mich doch kurz darauf die spontane Bemerkung meines Gesprächspartners recht nachdenklich, dass nämlich die Sicherheitskräfte immer noch den Geist der SS verkörperten, die vor mehr als einem halben Jahrhundert die Werksgrenze des Volkswagenwerks kontrolliert hatten (Nelson 1966, S. 72; Siegfried 1999, S. 15). Als wir wenig später in dem Büro waren, in dem das Gespräch stattfand, brachte uns ein Gartenzwerg mit einem Messer im Rücken auf dem Schreibtisch wieder in die frühe Geschichte des Unternehmens und die offenbar immer noch virulente Kriegsdynamik zurück. Mein Gesprächspartner erklärte den Gartenzwerg nicht nur damit, dass Krieg hier im Hause die vorherrschende Metapher sei; ich wurde auch darauf hingewiesen, dass unlängst bei Wiederaufbaumaßnahmen in dem Kellergewölbe eines alten Gebäudes ganz in der Nähe von diesem Büro Foltereinrichtungen gefunden worden waren, die offensichtlich während des Zweiten Weltkriegs dazu gedient hatten, die Gedanken und die Identität von Zwangsarbeitern zu zerstören (Amati 1987). Diese Foltereinrichtungen waren bei Erdarbeiten für die neue Autostadt zu Tage gekommen, Volkswagens Beitrag zur Expo 2000 (Ahrens 2000). Bei meinem nächsten Besuch waren zu meiner großen Überraschung zwar freundliche Hostessen statt der Sicherheitskräfte am Werkseingang, aber dennoch holte uns die frühe Geschichte des Unternehmens insofern wieder ein, als wir uns dieses Mal in einem Büro in einer der alten Baracken trafen, in denen die als Zwangsarbeiter verpflichteten Italiener vor und während des Krieges untergebracht gewesen sein sollen.

Diese Episoden und die Erinnerung an die besondere Geschichte dieses Unternehmens riefen mir nahezu unausweichlich den größenwahnsinnigen Teil des Gründungsmythos von Volkswagen in Erinnerung (McWhinney/Batista 1988), der ja aufs Engste mit der nationalsozialistischen Ideologie verknüpft ist. Diese Erfahrung machte mir zugleich auf sehr eindrückliche Weise deutlich, dass die in der Organisationstheorie und -praxis oft verwendete Kriegsmetapher im Fall von Volkswagen offensichtlich einen ganz konkreten historischen Hintergrund hat.

Je länger mich diese Erfahrung in Wolfsburg auch weiterhin beschäftigte und ich sie mehr und mehr mit dem in Verbindung bringen konnte, worüber meine Klienten und ich uns in der Rollenberatung Gedanken gemacht hatten, desto mehr wurde mir bewusst, auf welche Weise dieses Unternehmen ein ganz besonderes und vermutlich sogar einzigartiges Beispiel dafür ist, wie eklatant und nachhaltig Konkurrenz und Krieg miteinander verstrickt sind. Nicht nur ist Volkswagen seit Jahrzehnten durch den Kampf um die Vorherrschaft auf dem internationalen Automobilmarkt geprägt; seine Besonderheit und Einzigartigkeit resultiert zugleich aus den historisch-politischen Umständen seiner Gründung während des Dritten Reiches. Die gerade erst sechzigjährige Geschichte von Volkswagen enthält eine Reihe deutlicher Indizien dafür, dass der Beitrag, der diesem Unternehmen ursprünglich für eine größenwahnsinnige militärische Mobilmachung zugedacht gewesen war, sich bis in die aktuelle Gegenwart hinein sowohl auf die Mikropolitik des Unternehmens als auch auf seine Aktivitäten auf dem internationalen Automobilmarkt auswirkt. Obwohl Volkswagen mit seiner ‚Neugründung‘ nach dem Krieg explizit dazu angetreten war, einen Beitrag zur Friedenswirtschaft Europas zu leisten, sind die fortlaufenden Bemühungen dieses Unternehmens um die Vorherrschaft auf den Weltmärkten auch weiterhin durch eine ökonomische Kriegsführung und die damit einhergehenden Dynamiken geprägt.

Im Gegensatz zu zahlreichen anderen deutschen Unternehmen, die ebenfalls mit dem Naziregime kooperiert und als Kriegszulieferer profitiert haben, war Volkswagen explizit ein ‚Wunschkind‘ des Dritten Reiches und insbesondere Hitlers. Das Unternehmen, das in der Blütezeit des Dritten Reiches gegründet worden war (Shirer 1961, S. 258), war für Hitler ein willkommener Beweis seiner Grandiosität, mit der er letztlich auch Henry Ford zu übertrumpfen versuchte, aus dessen Bewunderung er schon sehr früh keinen Hehl gemacht hatte. Hitlers Faszination von Henry Ford und seiner Pionierrolle im Automobilbau reicht bis in die Zeit seiner Haft in Landsberg 1924 zurück, während der er sowohl Fords Biographie (Ford 1923; vgl. Burnham 1991, S. 10) als auch dessen antisemitische Schriften gelesen hat (Ford 1922; vgl. Sammons 1998). Wie sehr Hitler Ford als Vorbild, Verbündeten und Freund betrachtete, kommt nicht nur in der Tatsache zum Ausdruck, dass dessen Portrait in seinem Büro hing (Wiegrefe 1998); kurz bevor Ferdinand Porsche und sein Schwiegersohn Anton Piëch 1938 die Fordwerke in Michigan besuchten, hatte Hitler Ford eine der größten Auszeichnungen des Dritten Reiches, das Großkreuz des Deutschen Adlerordens, überreicht. Henry Ford und die Automobilisierung, die er verkörperte, standen zweifellos Pate für Hitlers Idee der ‚Massenmobilisierung' der deutschen Arbeiter.[1] Den Volkswagen betrachtete Hitler als seine ‚beste Leistung' und seinen ‚liebsten Gedanken'. Das Projekt des Volkswagenwerks wurde von Anfang an als beispiellos in der Geschichte der Menschheit betrachtet; es war nicht nur dazu ausersehen, Fords Autofabriken in Michigan zu übertrumpfen (Nelson 1966, S. 81, 98, 104), sondern es war von vornherein dazu angelegt, in naher Zukunft die Spitzenstellung auf dem Weltmarkt anzustreben (Roth 1990, S. 82). Das der deutschen Arbeiterschaft gegebene Versprechen, eine preiswerte Transportmöglichkeit für die Massen zu schaffen, wurde jedoch dadurch gebrochen, dass die im Volkswagenwerk produzierten Kriegsgüter sowie die Militärversion des Volkswagens, der ‚Kübel', schon bald ausschließlich dazu verwendet wurden, die Mobilität und Kampfkraft für den bevorstehenden Angriff und die Okkupation Osteuropas zu steigern (Heidermann 1958). Mit Beginn der Produktion und bis zum Ende des Krieges wurde alles, was in der Fabrik in der neu gegründeten Stadt Wolfsburg produziert wurde, für militärische Zwecke verwendet (Mayer-Stein 1993).

Wie vor allem Mommsen und Grieger (1996) mit ihrer von Volkswagen in Auftrag gegebenen Studie gezeigt haben, hat das VW-Werk bis zum Ende des Zweiten Weltkrieges vorwiegend ausländische Arbeitskräfte eingesetzt: in der ersten Zeit, bis 1939, Italiener, dann mit Beginn des Krieges zwangsverpflichtete Zivilarbeiter sowie Kriegsgefangene und schließlich in den Jahren 1944/45 KZ-Häftlinge. Obgleich der Arbeitseinsatz von Kriegsgefangenen und KZ-Häftlingen vor allem in den Betrieben, die der Rüstungsindustrie zuarbeiteten und unter Kontrolle des Naziregimes standen, die Regel war und fast ausnahmslos akzeptiert wurde (Herbert 1985; Brüninghaus et al. 1986; Hamburger Stiftung ... 1987; 1991; Hopmann et al. 1994; Fings 1996; Projektgruppe ‚Messelager' 1996; Kaiser/Knorn 1996; Gregor 1997; Gall/Pohl 1998; Herbert 1999; Siegfried 1999; Spoerer 1999), so kam der Verpflichtung dieser Zwangsarbeiter bei Volkswagen insofern jedoch eine besondere Bedeutung zu, als diese seit der Gründung 1938 bis zum Ende des Zweiten Weltkrieges nicht nur stets den größten Teil der beschäftigten Arbeitskräfte darstellten, sondern dass Volkswagen zugleich „der Betrieb mit dem höchsten Zwangsarbeiteranteil in Deutschland" war (Mommsen, zit. in Grässlin 2000, S. 281).

Wie Kaiser/Knorn (1996) am Beispiel der Adlerwerke in Frankfurt a.M., einem anderen bedeutenden deutschen Automobilhersteller bis zum Ende des Zweiten Weltkrieges, gezeigt haben, wurden die Zwangsarbeiter wie Tiere behandelt, sie waren unvorstellbaren Qualen und Entbehrungen ausgesetzt, wurden gefoltert und ermordet. Die extrem hohe Todesrate unter den Zwangsarbeitern war ein unmittelbarer Ausdruck der rassistischen ‚Vernichtung durch Arbeit', die von Hitler selbst propagiert worden war (Kaiser/Knorn 1996, S. 137 f.; vgl. Brückner 1998). Das Terrorsystem in den Adlerwerken, sowie dessen geradezu einhellige Negierung, Verleugnung und Verdrängung seitens des Managements, der amerikanischen und deutschen Gerichte sowie des Rates der Stadt Frankfurt in der unmittelbaren Nachkriegszeit, geben Grund zu der Annahme, dass die

Zwangsarbeiter bei Volkswagen einem durchaus vergleichbaren Schreckensszenario ausgeliefert waren (Mommsen 1998, S. 51).

Das wird beispielsweise darin deutlich, wie Grieger (1998, S. 56 f.) die Ausbeutung der Zwangsarbeiter bei Volkswagen beschreibt: „Unter den Systembedingungen des Nationalsozialismus, in dem begrenzende Faktoren abhanden kamen oder wirkungslos blieben, rutschte die betriebliche Personalpolitik auf der schiefen Ebene der Ausbeutung von Zwangsarbeitern in die technokratische Barbarei hinab. Die Dehumanisierung von ausländischen Unfreien zu Arbeitskräften, die schließlich als unbelebte Produktionsressource galten, hatte die fortschreitende Entkoppelung von Arbeit und Reproduktion im Gefolge. Die Rückkehr des Todes in die Fabrik erscheint mir als das vielleicht beunruhigendste Moment der Brutalisierung der industriellen Arbeitsbeziehungen.“

# 4 Der Neubeginn nach dem Krieg

1948 wurde das Unternehmen neu gegründet und nahm die Produktion zu einer Zeit wieder auf, in der nicht nur sein Management und die Beschäftigten, sondern die Deutschen ganz allgemein, individuell wie kollektiv, eine extreme Unfähigkeit aufwiesen, den Verlust ihres ehemaligen ‚Liebesobjektes‘ zu betrauern, das das Dritte Reich und Hitler für sie verkörpert hatten (Mitscherlich/Mitscherlich 1967). Die Mitscherlich'sche These von der „Unfähigkeit zu trauern“ legt es nahe, dass während dieser Phase des industriellen Wiederaufbaus und dem beginnenden wirtschaftlichen Aufschwung in Westdeutschland die verdrängte Trauer und die Schuldgefühle in erster Linie auf manische Weise verarbeitet wurden. Die schon bald erzielten eindrucksvollen Exportzahlen des Käfers und die Ausweitung der Produktion in Wolfsburg sowie der Bau neuer Werke sprechen nicht zuletzt für diese Annahme.

Wie die Geschichte des deutschen Wiederaufbaus ganz allgemein, so ging auch Volkswagens Neubeginn aus den Trümmern mit einem totalen Bruch mit der Vergangenheit einher. Dies wurde beispielsweise von Nordhoff (1992, S. 92), dem ersten Firmenleiter nach dem Kriege (von 1948-1968), bereits 1949 überdeutlich zum Ausdruck gebracht: „Wir haben aufgehört, nach rückwärts zu sehen, wir haben ein Ziel vor uns, wir träumen nicht von der Vergangenheit, wir schaffen für die Zukunft.“

Der Tenor dieser Aussage Nordhoffs, dass die Zukunft erst dann beginnt, wenn man alle Verbindungen zu einer verlorenen Vergangenheit gekappt hat (Nelson 1966, S. 10), spiegelt zugleich die Situation der meisten westdeutschen Unternehmer dieser Zeit wider. Gemeinsam mit einer deutlich reduzierten, ausgemergelten und orientierungslosen Belegschaft standen sie angesichts mehr oder weniger völlig zerstörter Produktionsanlagen und verlorener Märkte vor einem totalen Neubeginn und Wiederaufbau. Anstatt die mit dem totalen Scheitern des Dritten Reiches und dem verlorenen Krieg verbundene individuelle wie kollektive Verzweiflung zuzulassen, war diese unmittelbare Nachkriegsphase eher Ausdruck einer Manie, mit dem die realen Verluste – und insbesondere der Verlust der Vergangenheit – geleugnet wurden. Die entschlossene und explizite Aufforderung, die Vergangenheit zu vergessen und die tatsächlichen Verluste zu ignorieren, kann nicht nur als ein Versuch der Anstiftung zum bloßen Vergessen verstanden werden; sie ist zugleich und in erster Linie eine Abwehr der Trauer, die mit diesen Verlusten einhergeht. Sozial wie politisch gesehen kann Nordhoffs Aufruf, die Vergangenheit ruhen zu lassen, als eine Ermunterung zu sozialer Amnesie und Anästhesie verstanden werden, als ein Aufruf, die mit der Vergangenheit verbundenen Erinnerungen und Gefühle aufzugeben und zu negieren. Wenngleich Nordhoff seine Rede offensichtlich auch als eine Vision für einen Neubeginn und eine neue Zeit verstanden haben wird, so wird ein solcher Appell auf dem Hintergrund ihrer Erfahrungen im Dritten Reich den meisten seiner Mitarbeiter nicht als allzu neu erschienen sein. Da die große Mehrheit der Deutschen gegen Ende des Krieges kaum noch an den im Dritten Reich versprochenen Endsieg und die Vorherrschaft in Europa geglaubt haben mag, wird sie auch die in der Vergangenheit prophezeite Vormachtstellung Deutschlands als eine bloße schreckliche Illusion verstanden haben. Die weithin vorherrschende Überzeugung, von Hitler und dem Naziregime schmählich betrogen worden zu sein, wird die Mehrheit der Deutschen dazu veranlasst haben, die eigene Verantwortung und Schuld für die unzähligen Toten und die unübersehbaren Verwüstungen von sich zu weisen, die der Krieg und der Holocaust über ganz Europa gebracht hatten.

Trotz des allgemeinen Bewusstseins in Volkswagens Belegschaft, dass der Größenwahn des Dritten Reiches und des Naziregimes sich als Illusion erwiesen hatte, gelang es Nordhoff, den ursprünglichen Gründungsmythos des Unternehmens für die immense technische, organisatorische und ökonomische Herausforderung des Wiederaufbaus des Werkes und der Autoproduktion zu reaktivieren. Das eher unbewusste Wiederaufleben des früheren Gigantismus des Unternehmens wurde sehr bald zum vorherrschenden Sinnersatz für das wieder gegründete Volkswagenwerk und die Menschen, die dort arbeiteten. Der Plan zur Errichtung des Werkes war, wie bereits erwähnt, schon vor dem Krieg darauf ausgerichtet gewesen, jedes andere Projekt in der Geschichte der Menschheit zu übertrumpfen (Nelson 1966, S. 98). Und diese Vorgabe, die von Hitler schon anlässlich der Grundsteinlegung am 26. Mai 1938 gemacht worden war, wurde bald wieder zur Leitmetapher für den Neubeginn nach dem Krieg.

Heinrich Nordhoff spielte zweifellos die entscheidende Rolle bei dem Wiederaufbau und der rasanten Entwicklung bis in die sechziger Jahre. Sein Einfluss kann nur mit dem Ferdinand Porsches verglichen werden. „Entschlossen, die fast übermenschliche Arbeit der inneren Reorganisation zu leisten“, erbrachte Nordhoff (1992, S. 51) von Anfang an seit 1948 einen immensen Beitrag dafür, dass seine Belegschaft mit neuem Selbstbewusstsein den Wunsch nach Grandiosität wiedererlangte. „Dass wir etwas leisten, dass wir Erfolg haben, dass wir mehr zuwege bringen als die anderen“ (ebd., S. 67), war die einzige Wahl, die er ihnen bot, um die Zerstörungen, Entbehrungen und die Verzweiflung zu überkommen, unter denen sie immer noch litten. „Unsere Wagen sind Werkzeuge des deutschen Wiederaufbaus“ (ebd., S. 70). Nach den verheerenden Verwüstungen, die der Krieg mit sich gebracht hat, sind wir nun „an der vordersten Front der deutschen Wirtschaft“ (ebd., S. 74) .

Die Überzeugung, mit der Nordhoff sich bereits in den frühen Jahren in seinen zahlreichen Reden immer wieder an die Belegschaft gewendet hatte, hört sich zugleich wie eine Voraussage für die kommenden Jahrzehnte an. Der Glaube an das Unternehmen, seinen Erfolg und seine Technologie verstärkte den Wunsch nach Omnipotenz und Unsterblichkeit. Was es zu vergessen und zu überwinden galt, war „ein von uns begonnener und von uns verlorener Krieg, ... , die Zerstörung unserer Städte, ... der Tod von Millionen Männern in den besten Jahren, ... der Verlust von Zehntausenden von wertvollen Maschinen und Fabriken, von unvorstellbaren Schätzen an Rohstoffen, ... die Vernichtung unserer Währung und Ersparnisse, ... die Auszehrung unserer Felder und die Fetzen, von denen niemand weiß, wie sie je wieder zusammenkommen sollen“ (ebd., S. 64). Die Entschlossenheit, „eine völlig hoffnungslose und verzweifelte Arbeiterschaft (zu führen), die ihr Werk langsam, aber unausweichlich der Katastrophe zutreiben sah“ (ebd., S 112), überspielte jedes Gefühl von Schuld und Scham gegenüber dem unermesslichen Maß an Zerstörung, an dem Nordhoff und andere Mitarbeiter während des Dritten Reiches und des Krieges teils direkt, teils indirekt beteiligt gewesen waren – die Zerstörung fremder Städte und Fabriken und der Tod von Millionen von Menschen, die entweder als Feinde oder schlechthin als unmenschlich betrachtet worden waren. Damit bestätigte er zugleich, dass „das Leiden der anderen Seite selten anerkannt wird“ (Volkan 1988, S. 172).

Im Gegensatz zu einem sich heute allmählich abzeichnenden Bewusstsein bei Volkswagen, die Rolle des Unternehmens während des Krieges zumindest in beschränktem Maße anzuerkennen, bleibt die Rolle Volkswagens vor der Neugründung in Nordhoffs zahlreichen Ankündigungen und Reden ausgeklammert. Als es beispielsweise 1953 darum ging, Reparationsleistungen für die Zeit vor dem Neubeginn zu zahlen, wies er ein solches Ansinnen mit der dezidierten Begründung zurück, dass Volkswagen ohne irgendwelche Vorbehalte die Verantwortung für die „exhumierte(n) Leichen aus einer vergangenen Zeit“ (Nordhoff 1992, S. 159) schon allein deshalb von sich weisen müsse, weil das Unternehmen nach dem Krieg lediglich 52 Mitarbeiter der ursprünglichen Belegschaft von 19 000 während des Krieges beschäftigte. Die Verantwortung für die unermesslichen Gräuel und Zerstörungen durch den Krieg und den Holocaust wurden von Nordhoff in eine „hochstaplerische Vergangenheit“ (ebd., S. 86) verwiesen, die einzig und allein von Hitler und der Unverantwortlichkeit seiner Regierung verursacht worden waren (ebd., S. 75). In dem ökonomischen Umfeld, in dem Volkswagen sich nach dem Kriege bewegte, erschienen der frühere Schrecken und die Verwüstungen als nahezu sinnlos und wurden deshalb dem Vergessen anheim gegeben. Der verlorene Krieg wurde vielmehr sehr bald zu einer Herausforderung für weitere Expansionen und noch zu erringender Siege. Wie Nordhoff es 1956 in einer Rede zum Ausdruck brachte, hat „der

Kampf um die Weltmärkte ... erst begonnen, er wird mit unerbittlicher Härte geführt, und er wird die Anspannung aller unserer Kräfte verlangen, denn unsere Behauptung auf diesen umstrittenen Märkten ist für jeden von uns eine Lebensfrage, die gar nicht ernst genug genommen werden kann“ (ebd., S. 190). Die tabula rasa, die Nordhoff durch die Ausblendung der Vergangenheit zu schaffen versucht hatte, wurde so zu einem neuen Spielfeld für die folgenden Kampagnen des Willens nach Macht (Wollschläger 1998).

Es scheint, als habe die breite Anerkennung des Erfolges, den Volkswagen für seinen überragenden Beitrag zum Wirtschaftswunder im Nachkriegsdeutschland erzielte, maßgeblich dazu beigetragen, dass das Unternehmen den Blick für die Bedeutung der ökonomischen Kriegsführung verloren hatte, an der es während seiner Frühphase Teil hatte. Unabhängig davon, ob Nordhoff sich dessen bewusst war oder nicht, so war seine ‚neue‘ Rhetorik doch weitgehend dieselbe, die Volkswagen vor und während des Krieges gekennzeichnet hatte. Von Anfang an wurde das neue Auto als eine Lösung des ‚friedvollen‘ Problems zur Reduzierung der Massenarbeitslosigkeit und als Antwort auf die Transportwünsche der Massen deklariert, wie es schon in Hitlers ursprünglicher Namensgebung für das Auto, dem ‚*Kraft-durch-Freude-Wagen*‘, zum Ausdruck gekommen war. Und wie schon von Hitler anlässlich der Automobilausstellung 1937 propagiert, wurde erneut die Massenmotorisierung des deutschen Volkes gefordert, die nun als Beweis für die Existenzberechtigung einer freien Wirtschaft verstanden wurde (Holzapfel 1968, S. 30).

In der Hagiographie Nordhoffs und seiner beruflichen Karriere wird immer wieder aufs Neue betont, dass er nicht für den Krieg verantwortlich gemacht werden kann, dass er kein Mitglied der NSDAP und auch nicht Teil des Nazi-Establishments gewesen ist. Angesichts der ausschlaggebenden Rolle, die Nordhoff zweifellos für den Wiederaufbau und die weitere erfolgreiche Entwicklung Volkswagens über zwei Jahrzehnte hinweg gespielt hat, ist es nur allzu verständlich, dass die extreme Idealisierung seiner Führungsrolle erst in jüngster Vergangenheit in Frage gestellt wird. Aus der historischen Distanz erscheint das Portrait, das beispielsweise Nelson (1966), Berthold (1966) oder Schenzinger et al. (1969) von dem ersten Generaldirektor nach dem Krieg geben, heute jedoch eher als eine Weichzeichnung. Aus heutiger Sicht, mehrere Jahrzehnte später, scheint Vieles für die Hypothese Kubischs (1995) zu sprechen, dass Nordhoffs wiederholter Appell, die dunkle Vergangenheit des Werkes und der deutschen Geschichte zu vergessen, nicht zuletzt auch dazu diente, seine eigene berufliche Vergangenheit vor 1945 in den Hintergrund treten zu lassen, die zugleich seit dem Neubeginn Volkswagens unverkennbar dazu beigetragen hatte, ihn sowohl als nationale als auch als internationale Heldenfigur erscheinen zu lassen.

Als Nordhoff 1942 die Leitung von Opels Lastwagenfabrik in Brandenburg übernommen hatte, waren dieses Werk und Opel insgesamt, das General Motors gehört hatte, von der Naziregierung enteignet worden (Bartels 1994, S. 172). Das Opelwerk in Brandenburg war schon vor dem Kriege die größte und modernste Autofabrik in Europa (Hauser 1937, S. 193), und während des Krieges war der Opel Blitz, der dort produziert wurde, ein nicht zu unterschätzender Faktor der deutschen Militär- und Kriegsproduktion. Entgegen der von Nordhoff wiederholt getroffenen Feststellung, dass die Zerstörung des Volkswagenwerks ausschliesslich der Verantwortungslosigkeit der Naziregierung anzulasten sei, besteht doch kein Zweifel daran, dass er – ebenso wie zahllose andere deutsche Manager und Unternehmer – während des Krieges bei Opel auf äußerst technokratische Weise dazu beigetragen hatten, ideologisch bedingten Vorurteilen weniger Gewicht einzuräumen als dem Erreichen der von der politischen Führung vorgegebenen Produktionsziele (Streit 1978, S. 393; vgl. Virilio/Lotringer 1984, S. 24). In einer Rede aus dem Jahr 1955 beschreibt er diese Phase des Krieges als eine Zeit, in der „als industrielle Parallele der militärischen Ereignisse auf den Schlachtfeldern die maximale Produktion von Kriegsmaterial das einzig geltende Gesetz war. Der Schwerpunkt der Notwendigkeiten lag ganz und gar auf der Seite der Quantität. Das Ziel des Krieges ist die Vernichtung, also muss es in solchen Zeiten das Ziel der Produktion sein, mehr zu erzeugen, als täglich vernichtet wird" (Nordhoff 1992, S. 171).

Die Weise, auf die Nordhoff in seiner früheren Werkleiterrolle bei Opel aktiv an der manischen Dynamik teilhatte, den Endsieg in einem Krieg zu erringen, der sich in seiner Endphase in einen totalen Verlust und eine einzigartige Katastrophe verwandelte, spricht für die Annahme, dass er auch während der Zeit des Wiederaufbaus und des Neubeginns nach dem Krieg bei Volkswagen diese manische Dynamik fortgeführt hat. Insofern als das frühere Management von VW, insbesondere Ferdinand Porsche und sein Schwiegersohn Anton Piëch, dem Historiker Mommsen (1998, S. 51) zufolge, selbst aktive Komplizen des vorausgegangenen Regimes gewesen sind, waren auch der Nährboden und der Geist für eine solche Dynamik weiterhin präsent. Der Übergang von einer Kriegs- zu einer Friedenswirtschaft, den Nordhoff (1992, S. 46 f.) schon in seiner allerersten Rede an die Belegschaft am 5. Januar 1948 propagiert hatte, kann in diesem Zusammenhang als eine Aufforderung verstanden werden, die Ängste und die Verzweiflung der unmittelbaren Nachkriegszeit auf eine manische Weise zu negieren und abzuwehren.

Wenngleich auch eine erstaunliche Übereinstimmung darin besteht, dass Nordhoffs Führungsstil bei Volkswagen der eines uneingeschränkten Autokraten gewesen ist, dessen Ansichten und einsame Entscheidungen stets als die einzige Autorität anerkannt und befolgt wurden (Holzapfel 1968, S. 222 ff.; Edelmann 1992, S. 37 f.; Nordhoff 1992, S. 114; Kubisch 1995, S. 42; Mommsen 1998, S. 49; Vorstand und Gesamtbetriebsrat der Volkswagen AG 1998, S. 74 f.), so erscheint es mir dennoch unzulänglich, die Art und Weise seiner Führung vorwiegend durch persönliche Charaktermerkmale erklären zu wollen. Nordhoffs Führung ist vielmehr als soziales Phänomen zu sehen, was einerseits darin deutlich wird, dass sie weithin der seines Vorgängers Ferdinand Porsche ähnelte (Porsche/Bentley 1976, S. 175; vgl. Mommsen 1998, S. 49). Angesichts der Tatsache, dass nach dem Krieg in Deutschland jede öffentliche Autorität kompromittiert war (Mitscherlich/Mitscherlich 1967, S. 22), muss Nordhoff andererseits von Beginn an eine immense Hoffnung für die verzweifelte Belegschaft bedeutet haben. Seine vorhergehende Werkleiterrolle in Deutschlands größter und erfolgreichster Lastwagenfabrik sowie seine Mitgliedschaft im Vorstand von Opel waren der deutlichste Beweis dafür, dass ihm in technischer wie in wirtschaftlicher Sicht eine außerordentliche Expertise für das Automobilgeschäft zugeschrieben wurde.

Nicht zuletzt die Tatsache, dass Nordhoff trotz seiner besonderen Exponiertheit während der Nazizeit schon sehr bald von der amerikanischen Besatzungsmacht entnazifiziert und der Kategorie ‚Entlastet' zugeordnet worden war (Edelmann 1992, S. 26), wird dazu beigetragen haben, seine Rolle als charismatischen Führer zu bekräftigen. Insofern als seine Führung zu einem willkommenen Ersatz für den Verlust des *Gröfaz* (größter Feldherr aller Zeiten) bedeutete und das Trauma zu kompensieren half, das dieser Verlust bedeutete, förderte Nordhoff in seiner Führungsrolle nicht nur die allgemeine Abwehr von Schuld, Scham und Angst (Mitscherlich/Mitscherlich 1967, S. 34), sondern ersetzte zugleich den Verlust des phantasierten Ich-Ideals, das Hitler verkörpert hatte. Die neue Identifikation, die Nordhoff als Führer anbot, wird es seinen Untergebenen erleichtert haben, die Beschädigung des eigenen Ichs zu ertragen, denn indem sie auch weiterhin „in der narzißtischen Identifikation mit dem Führer (waren), war sein Scheitern ein Scheitern des eigenen Ichs" (ebd., S. 79). Die Idealisierung des früheren Diktators, die zugleich ein Ausdruck ihrer eigenen intrapsychischen Diktatur war, konnte so nur allzu leicht auf den neuen charismatischen Führer übertragen werden, der ihnen, trotz allem Elend in Wolfsburg, schon von Anfang an den Wiederaufbau, eine neue Prosperität und ein neues Glücksgefühl versprochen hatte (ebd., S. 141). Angesichts des nur allzu offenkundigen, durch den Krieg bedingten existenziellen Zusammenbruchs und der unverkennbaren Verzweiflung, Hilflosigkeit und Hoffnungslosigkeit muss Nordhoff als eine neue Vater- und Heldenfigur erschienen sein, die – einem Phönix aus der Asche gleich – den Wiederaufbau repräsentierte und für eine lebenswerte Zukunft stand (vgl. Elias 1989, S. 522).

Aus heutiger Betrachtungsweise und der Distanz eines halben Jahrhunderts können die frühe Geschichte Volkswagens und die berufliche Karriere Nordhoffs in dem Sinne interpretiert werden, dass sowohl das Unternehmen als auch sein Topmanagement (das in einem hohen Maße zugleich das gesamte Management repräsentierte) in einer Kollusion verfangen gewesen sind. Der Wiederaufbau des Unternehmens und die Schaffung einer neuen verheißungsvollen Zukunft gingen mit einer deutlichen Abspaltung und Verleugnung der Vergangenheit mit allen ihren Verlusten einher, um die Gefühle der Schuld, Scham, Angst, Trauer und Entbehrungen zu verdrängen. Ferner scheint es, dass der beispiellose Wiederaufbau und der sich nicht zuletzt aufgrund Nordhoffs herausragender Rolle bald darauf einstellende Erfolg auch dazu beitrugen, Volkswagens frühe Geschichte während des Krieges umzuschreiben und Ferdinand Porsches Rolle als des technischen Initiators und ersten Topmanagers des Unternehmens in einem neuen Licht erscheinen zu lassen. Es ist deshalb auch nicht allzu verwunderlich, dass die Legenden um Porsche und seine Hagiographie nach dem Krieg in einem hohen Maße sowohl bewusst als auch unbewusst von Nordhoff, seinem unmittelbaren Nachfolger, geprägt wurden. Dabei wird nahezu einhellig der Eindruck erweckt, als wäre Porsche zu naiv und unpolitisch gewesen, um wirklich wahrnehmen zu können, in welchem Maße er von Hitler und seiner Regierung getäuscht und missbraucht worden ist. Zu diesem Image

Ferdinand Porsches hat nicht zuletzt auch sein Sohn Ferry beigetragen, der selbst ein enger Mitarbeiter seines Vaters gewesen ist. Wenn man Ferry Porsche Glauben schenkt (Porsche/Bentley 1976, S. 101), war ein Krieg für seinen Vater noch unmittelbar vor Kriegsbeginn undenkbar. Er wollte nichts mit dem Nationalsozialismus und seiner politischen Propaganda zu tun haben. Was allein für ihn zählte, war die Tatsache, dass Deutschland wirtschaftlich wieder an Boden gewann und dass jeder einen Arbeitsplatz hatte. Sein Interesse galt einzig und allein Autos, Motoren und der Automobilindustrie. Er war nicht am Krieg und an der Brutalität und der Dummheit interessiert, mit der die Menschen einander umbringen und ihren Willen durch Macht und Gewalt durchzusetzen versuchen. Das war für ihn schlechthin unverständlich.

Bis in die Gegenwart hinein spiegelt nicht zuletzt die einschlägige Literatur diese Verherrlichung Ferdinand Porsches wider (z.B. Nelson 1966; Berthold 1966; Kaes 1975; Vorstand und Gesamtbetriebsrat der Volkswagen AG 1988; Dönhoff 1998). Selbst nach so vielen Jahren und trotz überzeugender Beweise scheint es weithin immer noch unmöglich einzugestehen, dass „Ferdinand Porsche ... zu den Verantwortlichen, zu den gesellschaftlichen Kräften (gehörte), die den Faschismus getragen haben“ (Krause-Schmitt 1986, S. 28; Recker 1998, S. 58).

Im Gegensatz zu den anderen, heute noch bestehenden deutschen Automobilproduzenten, die vor dem Dritten Reich und dem Zweiten Weltkrieg gegründet wurden, ist Volkswagen sowohl in seiner frühen Geschichte als auch mit Beginn des Wirtschaftswunders seit 1949 nachhaltig von einem Geist der Massenmobilisierung geprägt gewesen. Hitlers wiederholte Versprechungen, dass der Volkswagen dazu gedacht war, den Massen der deutschen Arbeiter den Luxus von Transport und Freiheit zu gewähren, wurde schließlich in Westdeutschland bzw. in der Bundesrepublik zur Realität, als Heinrich Nordhoff die Massenproduktion des Volkswagens vorantrieb. Ausgehend von der Überzeugung, dass ein Wiederaufbau Deutschlands nicht ohne eine Automobilindustrie gelingen könne, in der Volkswagen die herausragende Rolle einnahm, ließ er den ursprünglichen, bei der Grundsteinlegung von Hitler persönlich postulierten Anspruch wieder aufleben, Volkswagen zu einem der führenden Automobilhersteller werden zu lassen, der zunächst in Europa und später in der Welt die Vorherrschaft übernimmt. Die Tatsache, dass der Volkswagen schließlich kurz nach Kriegsende die Autobahnen eroberte, wurde als der deutlichste Beweis für den gelungenen Neuanfang Deutschlands betrachtet (Bastian/Theml 1990, S. 61). Sowohl bei Volkswagen als auch in Deutschland ganz allgemein wurde das Wirtschaftswunder alsbald zu einem willkommenen Ersatz für den früheren Größenwahn und die Expansionsabsichten des Nationalsozialismus sowie seiner Ideologie und Machtpolitik. Im wahrsten Sinne wieder auferstanden aus den Ruinen des anspruchsvollsten Industrieprojektes Hitlers und des Dritten Reiches, begann das Werk in Wolfsburg dank Nordhoffs unermüdlichem Einsatz und seiner großen Initiative schon bald mit dem Export in jene Länder, die während des Krieges entweder vom Deutschen Reich okkupiert waren oder aber zu dessen Feinden zählten. Als bei Volkswagen schließlich 1965 das 10 Millionste Auto vom Band lief, war dies ein deutlicher Beweis dafür, dass die Schlacht auf dem Feld der Automobilindustrie zunächst einmal gewonnen war. Dieses Ereignis wurde als ein „Beweis des größten industriellen Welterfolgs der Nachkriegszeit und ein Symbol des deutschen Wiederaufstiegs, wie es kein schlagkräftigeres gibt“, gesehen (Schenzinger et al. 1969, S. 7).

Wie schwer es Volkswagen fällt, seine frühe Geschichte hinter sich zu lassen und wirklich einen Neubeginn zu schaffen, wurde erst kürzlich wieder durch einen geradezu ironischen Zufall deutlich. Wie *Der Spiegel* (1998, S. 19) berichtete, haben unlängst Bauarbeiter den Grundstein wiedergefunden, der von Hitler selbst 1938 gelegt worden und seit dem Wiederaufbau des Hauptverwaltungsgebäudes in den fünfziger Jahren verloren gegangen war. Wie sich herausstellte, hatte damals ein Bauarbeiter den Grundstein mitgenommen und im Garten seines Hauses deponiert. Nachdem er ihn viele Jahre als Vogeltränke verwendet hatte, hatte er sich schließlich dazu entschlossen, ihn zurückzubringen, und ihn heimlich auf dem Werksgelände vergraben. Ein Wasserrohrbruch brachte es dann schließlich an den Tag, dass das wohl wichtigste Artefakt des Unternehmens unter dem Pflaster des Eingangs zur Hauptverwaltung vergraben worden war. Da niemand weiß, wann dies genau geschah, ist es auch nicht sicher, ob Nordhoff auf dem Weg zu seinem Büro diesen Grundstein überquerte. Selbst, wenn dem nicht so ist, sind doch alle seine Nachfolger mit größter Wahrscheinlichkeit tagein, tagaus darüber hinweggegangen. Auf symbolische Weise haben sie dadurch zugleich die enge Verbindung des Unternehmens zu seiner verlorenen Utopie der Vergangenheit ‚bestätigt‘ – zu einer Vergangenheit, die in diesem Sinne noch immer sehr lebendig ist.

Diese Episode des wieder aufgetauchten Grundsteins und des Ortes, wo er vergraben war, lassen das Dilemma, in dem Volkswagen sich unter der Leitung von Nordhoff befand, in einem anderen Licht erscheinen. Während Nordhoff jeden nur denkbaren Versuch unternommen hatte, das wiederaufgebaute Unternehmen sozusagen von seiner frühen Geschichte und der Politik Hitlers zu befreien, so hat er gleichzeitig jedoch kaum eine Gelegenheit gescheut, seinen Zuhörern zu versichern, dass das Auto sowie das Volkswagenwerk selbst einzig und allein dem Genie Porsches zu verdanken gewesen ist. Obgleich die zunehmend gesteigerte Produktion und der Verkauf von Volkswagen Mitarbeiter wie Kunden in dem Glauben zu bestärken schien, dass es eigentlich nur einem bloßen Zufall zu verdanken gewesen ist, dass das Auto ursprünglich während des Naziregimes entwickelt worden war, so besteht dennoch kein Zweifel daran, dass der Übergang von der Vergangenheit in eine neue Zukunft insofern nur partiell gelang, als das Unternehmen und sein Management die ursprüngliche, aus der Naziideologie übernommene Mobilisierung der Massen weiterverfolgte. Die Tatsache, dass das ursprüngliche Werksemblem des Hakenkreuzes sozusagen gegen eine Friedenstaube ausgetauscht worden war, konnte nicht darüber hinwegtäuschen, dass der ursprüngliche Geist der Mobilisierung sowie die Entschlossenheit zum Sieg auch weiterhin als leitende Idee fortbestanden. Die nach dem Krieg immer wieder propagierte Ökonomie des Friedens scheint weithin, wenn nicht gar vorwiegend, die Fortsetzung einer Politik des Krieges mit anderen Mitteln gewesen zu sein.

Auf dem Hintergrund der vorherrschenden Verleugnung eines großen Teils seiner Geschichte lässt sich vermuten, dass der wiedergefundene Grundstein Volkswagen mit einem Dilemma konfrontiert. Während der Grundstein einerseits den frühen Beginn des Unternehmens sowie die explizite Absicht symbolisiert, in der Automobilindustrie international die Führungsrolle zu übernehmen, verkörpert er andererseits ein ‚bizarres Objekt' im Sinne des englischen Psychoanalytikers Wilfred Bion (1961, 1990), ein ‚Objekt', das eine verfolgende und erschreckende Geschichte sowie tiefe psychotische Ängste und Reaktionen zu neuem Leben erweckt.

# 5 Die weitere Entwicklung des Unternehmens

Wenngleich mit Spoerer (1998, S. 61) auch davon ausgegangen werden kann, dass die Verantwortung und die Schuld für die Gräueltaten des Dritten Reiches nach wie vor einen Einfluss auf Legitimation und Identitätsfindung deutscher Unternehmen in der Gegenwart haben, so scheint es andererseits doch für jedes Unternehmen wie für seine Mitarbeiter eine enorme Überforderung zu bedeuten, sich dieses Teil des Erbes bewusst zu sein. Wie hier am Beispiel von Volkswagen verdeutlicht, ist die Wahrscheinlichkeit recht hoch, dass die Einsicht weithin abgelehnt und verleugnet wird, dass der gegenwärtige Wirtschaftskrieg die Dynamik des früheren (vergessenen) Krieges widerspiegeln könnte.

Das wird beispielsweise darin deutlich, wenn sich das für Öffentlichkeitsarbeit zuständige VW-Vorstandsmitglied in einem Gespräch dahingehend äußert, dass es kein Geheimnis daraus mache, dass Volkswagen alles nur erdenkliche darauf setzt, in dem gnadenlosen Kampf auf dem Automobilmarkt zu den Gewinnern zu zählen (Leyendecker 1998). Wenngleich sich VW darin auch nicht allzu sehr von anderen Unternehmen der Automobilindustrie bzw. auf andern Märkten unterscheidet, so ist dies zugleich doch ein Ausdruck dafür, dass diese Unternehmen von dem Postulat geleitet sind, „Überleben sei ein *Konkurrenzkampf um eine knappe Ressource*, das heißt, Überleben wird zum Schauplatz eines Konfliktes unvereinbarer Interessen, in dem der Erfolg mancher auf dem Nichtüberleben anderer beruht" (Bauman 1998, S. 8; Herv. i.O.).

Dieser Konkurrenzkampf erfuhr erst unlängst einen erneuten Höhepunkt in der Unternehmenspolitik, die der derzeitige Vorstandsvorsitzende, Ferdinand Piëch, verfolgt. Nachdem die nationalen Konkurrenten – Daimler-Benz, BMW, Ford und Opel – im Hinblick auf ihre jährlichen Umsatzzahlen bereits geschlagen waren, entschloss Volkswagen sich mit dem Erwerb von Rolls-Royce und Bentley dazu, mit diesen Luxuswagen in das Terrain der ersten beiden Automobilhersteller vorzustoßen. Damit sowie durch den Erwerb so prestigebesetzter Markennamen wie Lamborghini und Bugatti unternahm

VW den Versuch, sich und seine Reputation neu zu positionieren. Dabei wird die Tatsache, dass VW darauf abzielt, zu den drei oder vier führenden Automobilherstellern zu gehören, als reine Überlebensstrategie rationalisiert. Wie jedoch gerade erst wieder die jüngste Akquisition von Chrysler durch Daimler-Benz (Vlasic/Stertz 2000) allzu deutlich zeigt, scheint der zunehmende Trend zu Fusionen in der Automobilindustrie weniger durch Rationalisierungen oder das Erzielen von Synergieeffekten als vielmehr dadurch gefördert zu werden, dass Wachstum in einer Businesswelt, in der nichts anderes zählt als Größe sowie fortwährende Umsatz- und Gewinnsteigerungen, zum Selbstzweck geworden ist.

Im Vergleich zu anderen Nachfolgern Nordhoffs in den vergangenen 25 Jahren scheint es, dass Ferdinand Piëch in seiner Rolle als Vorstandsvorsitzender in besonderem Maße dazu beiträgt, die in der frühen Geschichte von Volkswagen begründete psychotische Dynamik zu reaktivieren. Indem er von der Vorstellung besessen zu sein scheint, aller Welt beweisen zu wollen, dass er der legitime Nachfolger Ferdinand Porsches ist (N.N. 1998a, S. 93), bringt er das Unternehmen in ein unvermeidbares Dilemma. Während Piëch als Enkel und Erbe Ferdinand Porsches einerseits deutlich an die Ursprungsgeschichte des Unternehmens und die Genialität des Erfinders und technischen Vaters des Volkswagens anknüpft, ist er andererseits beflissentlich darum bemüht, dass die politische und ideologische Vaterschaft Hitlers und die Rolle des Unternehmens im Dritten Reich nicht ins öffentliche Bewusstsein geraten. Dass Volkswagen unter den allerersten deutschen Unternehmen war, die zu dem Wiedergutmachungsfond für Zwangsarbeiter im Zweiten Weltkrieg beigetragen haben, erscheint in diesem Zusammenhang weniger als ein Indiz moralischer Wiedergutmachung, als vielmehr als ein strategischer Schritt, die näheren politischen und historischen Begleitumstände des damaligen Zwangsarbeitereinsatzes deshalb in Vergessenheit zu belassen, um eine öffentliche Diskussion über die Verstrickung des Unternehmens im Dritten Reich – vor allem in den USA als einem der Hauptmärkte – zu vermeiden (vgl. Grässlin 2000, S. 279 f.).

Die darin zum Ausdruck kommende Spaltungsdynamik beschränkt sich jedoch nicht allein auf die Abspaltung jener Teile der frühen Geschichte, die bei den Mitarbeitern wie in der Umwelt des Unternehmens Verunsicherung, Erschrecken und Entsetzen hervorrufen und sich vermutlich auch auf Kaufentscheidungen auswirken würden; sie geht letztlich mit einer Spaltung von Rationalität (Technik) und Emotionalität im Unternehmen einher. Während einerseits gerade in jüngster Zeit das VW Marketing, wie gesagt, eifrig darum bemüht ist, den Erwerb und den Besitz eines Autos des Volkswagenkonzerns als emotionales Erleben zu stylen, scheint andererseits der Vorstandsvorsitzende ein Image von sich als jemand zu propagieren, der nichts von Menschen, aber alles über Autos versteht. Ein solches technokratisches Selbstbild ist, wie Colari (1998, S. 295) deutlich macht, nur allzu konform mit einem orthodoxen Modell strategischen Managements. Es ist Ausdruck einer Unfähigkeit, nicht akzeptierte psycho-soziale Dynamiken zu tolerieren (Moses 1990, S. 211) sowie eines Mangels an Bewusstheit über die eigene Beziehung zu anderen und darüber, was in einen selbst als Führer projiziert wird. Wie ein Journalist es kürzlich beschrieb, fühlt der misstrauische Piëch sich fortwährend von

Feinden umgeben; er glaubt ständig in einem Krieg zu sein – mit der Konkurrenz, den Japanern und wem auch immer. Und insofern als es in einem Krieg immer auch Gewinner und Verlierer gibt, macht Piëch selbst keinen Hehl daraus, dass er der Gewinner sein will (N.N. 1998a, S. 93). Eine solche Haltung als Abwehr von Schwäche zu verstehen (Fornari 1975, S. 231), mag freilich nur für einen externen Beobachter relativ einfach sein. Wie schwer es ist, intern Kritik zu äußern, spiegelt nicht zuletzt auch die Tatsache wider, dass der Brief anonym verfasst war, mit dem sich einige Manager im November 1994 mit ihrer Kritik gegenüber Piëch an Dr. Liesen, den Aufsichtsratsvorsitzenden, gewandt hatten (Grässlin 2000, S. 213).

Insofern ist es auch nicht allzu verwunderlich, dass sich, von wenigen Ausnahmen abgesehen (Stiens 1999; Grässlin 2000), die kritischen Stimmen zu Piëchs Führungsstil bislang vorwiegend in der Presse und vor allem in Managementzeitschriften finden. So beschreibt beispielsweise Linden (1998, S. 59) Piëch ganz unverhohlen als jemanden, der von Autos geradezu besessen ist, als einen fanatischen Autokonstrukteur und einen unerschrockenen einsamen Kämpfer. Er tendiert nicht nur dazu, Volkswagen als ein Familienunternehmen zu führen; zusätzlich zu seiner Vorstandsrolle der AG hat er die Markenleitung von Volkswagen sowie die Leitung der Forschungs- und Entwicklungsabteilung, des Einkaufs, der Produktion und der Qualitätskontrolle des Konzerns übernommen.

Während Ferdinand Porsche sich noch eher darüber amüsierte, als Hitler ihn zum *Reichs-Auto-Konstrukteur* ernannte und es ablehnte, von diesem Titel je Gebrauch zu machen, scheint Piëch von der Idee besessen, die Weltherrschaft auf dem Automobilmarkt anzutreten. In welchem Maße er dabei von der Überzeugung eines globalen Krieges geleitet ist, wird beispielsweise in einer Rede deutlich, die er 1993 im Zusammenhang mit der Lopéz-Affäre hielt: Nie zuvor in der Nachkriegshistorie „hat ein Volkswagen-Vorsitzender derart martialische Worte gewählt: Piëch spricht vom ‚General-Motors-Krieg gegen Volkswagen', Piëch warnt vor ‚unlauteren Machenschaften', Piëch bezichtigt GM der ‚Irreführung der Öffentlichkeit', Piëch propagiert den ‚Kampf mit Produkten' auf ‚den Kriegsschauplätzen' der Automobilindustrie. Selbst als ein Journalist nachhakt, wieso er diese Kriegsterminologie eingeführt habe, fährt der Österreicher mit seinem Szenario munter fort: Die ‚Diktion Krieg' beruhe darauf, dass ‚wir für rund 40 Millionen Lkws weltweit Kapazität haben und 30 verkaufen'. Wenn dem Pressevertreter ‚die Diktion Krieg' nicht gefalle, könne man stattdessen auch vom ‚Überlebenskampf' sprechen. Es gehe ‚um einen Verdrängungswettbewerb', und der werde von VW mit Modellen, Neuerungen, Attraktivitäten geführt, während sich andere Unternehmen ‚andere Methoden' überlegten. Das ‚ist für mich eine Form von Krieg', wiederholt der Volkswagen-Vorsitzende eisern" (Grässlin 2000, S. 183).

Piëch wurde 1993 zu einer Zeit zum Vorstandsvorsitzenden bestellt, als das Unternehmen unter seinem Vorgänger Carl Hahn aufgrund seiner überaus schlechten Ertragslage nahezu vor dem Ruin stand. Während die Vision, die Piëch mit Übernahme dieser Rolle für die Zukunft des Unternehmens aufzeigte, von vielen der VW Mitarbeiter sowie von

Mitbewerbern ernsthaft in Frage gestellt und gelegentlich als Ausdruck bloßen Größenwahns verstanden wurde (N.N. 1998b, S. 99), konnte Piëch andererseits nicht nur auf die Unterstützung des Landes Niedersachsen als des größten Anteilseigners, sondern auch auf die des Aufsichtsrates bauen, in dem seine Position nachdrückliche Unterstützung fand und jeder Kritik enthoben war (Linden 1998, S. 61). Die einhellige Einmütigkeit von Seiten des Ministerpräsidenten des Landes Niedersachsen, des Aufsichtsrats insgesamt sowie der Gewerkschaft scheint eine eher generelle Erfahrung im Umgang mit Krisen zu bestätigen: „In Krisenzeiten sehnen wir uns alle so sehr nach Omnipotenz, dass wir nur allzu sehr dazu bereit sind, jemanden als Helden zu akzeptieren, den wir unter normalen Umständen als einen Verrückten bezeichnen würden" (Steiner 1993, S. 130). Wie sehr Piëch entschlossen war, diesen Omnipotenzwünschen zu entsprechen und sie einzulösen, hatte er erst kurz zuvor in einer Rede zum Ausdruck gebracht: „Der weltweite Wettbewerb ist hart, ... vor allem in Europa tobt in den nächsten Jahren ein mörderischer Kampf." Um erfolgreich aus diesem Kampf hervorzugehen, „braucht der VW-Konzern die Scharfschützen vorn" und muss „gemeinsam operieren ... ähnlich wie Luftwaffe und Heer" (zit. nach Grässlin 2000, S. 257).

So sehr auch Piëchs Phantasien und Wunschvorstellungen von dem Gründungsmythos Volkswagens geleitet sein mögen, so würde ihnen dennoch nicht die vorherrschende Bedeutung für die Unternehmenspolitik zukommen, wenn sie nicht ähnlichen, weithin unbewussten Phantasien auf Seiten eines Teils des Managements und der Belegschaft von VW entsprechen würden. Die Möglichkeit, sich selbst mit dem gigantischsten Projekt in der Geschichte der Menschheit identifizieren zu können, fördert die Illusion, wenn nicht gar die Überzeugung, zu den Auserwählten zu gehören und fähiger und wichtiger zu sein als der Durchschnitt. Der schon früher mobilisierte Glaube an die Unsterblichkeit des Volkswagens, der erst unlängst durch den *New Beetle* auf nostalgische Weise (Gabriel 2000, S. 169 ff.) wiederbelebt wurde, hat sich mittlerweile auf das Unternehmen insgesamt übertragen und ist zu einem wichtigen Bestandteil des Images geworden, das das Unternehmen in der Öffentlichkeit aufrecht erhält.

Bereits 1948, zur Zeit des Neubeginns von VW, hatte Nordhoff (1992, S. 64) seinen Arbeitern gesagt, dass „niemand ... sich mehr sicher fühlen (soll), der seinen Platz nicht mit einer vollwertigen Leistung behaupten kann." Heute konfrontiert Piëch seine Belegschaft noch vorbehaltloser. Als Vorstandsvorsitzender von Audi hatte er sein Management bereits wissen lassen, wie er dessen Leistung beurteilte und welche Konsequenzen er daraus zu ziehen gedachte: „‚Mit 15 Prozent von Ihnen bin ich zufrieden, mit 45 Prozent will ich gern zusammenarbeiten, wenn die Leistungen besser werden. Von der restlichen Führungsmannschaft aber,' so Piëch, ‚werde ich mich wohl trennen müssen'" (Grässlin 2000, S. 102). In seiner jetzigen Rolle bei Volkswagen lässt Piëch seine Belegschaft unverhohlen wissen, dass sich *niemand* mehr sicher fühlen darf, weder in seiner gegenwärtigen Stellung noch im Unternehmen insgesamt. Obwohl eine solche Einstellung einerseits leicht rational dadurch zu erklären und zu legitimieren ist, dass die brutale Konkurrenz auf dem gegenwärtigen internationalen Automobilmarkt und die weltweit eklatanten Überkapazitäten alle Automobilhersteller vor die grundlegende Ungewissheit stellen, nicht zu wissen, ob sie selbst in Zukunft noch zu den Überlebenden zählen werden oder aber nicht doch eines nicht zu fernen Tages das Feld räumen müssen, so kann eine solche Position andererseits jedoch nicht den Abwehrcharakter gegenüber den zugrunde liegenden Verlust- und Verfolgungsängsten verbergen. Wie in einem militärischen Krieg zwischen Nationen, so wird auch hier die nicht akzeptierte Schuld in die Konkurrenten projiziert, die dann oft genug als Feinde betrachtet und entsprechend behandelt werden. Und so ist es schließlich die gewalttätige Aggressivität der Konkurrenten, die VW gar keine andere Wahl lässt, als von einem globalen Krieg auszugehen und ihn am Leben zu erhalten.

Die Affäre um Lopéz, den ehemaligen Topmanager von General Motors, der sich selbst als Krieger bezeichnete und von Volkswagen vor allem aufgrund seines umfangreichen Insiderwissens über Opels Planungen und Einkaufspolitik eingestellt und schließlich nach einer für Volkswagen fast existenzbedrohenden Auseinandersetzung mit GM wieder entlassen wurde, ist ein ebenso überzeugendes Beispiel für diese nicht eingestandene Schuld wie die jüngste Auseinandersetzung mit der Europäischen Kommission über Volkswagens Verkaufspraktiken in Italien. Der Vorwurf der vorsätzlichen Verletzung von EU-Wettbewerbsregelungen wurde von Piëch in demselben Moment mit aller Vehemenz als böswillige Unterstellung zurückgewiesen, in dem er ausgesprochen wurde. Es ist nicht nur wahrscheinlich, dass die Reaktion Piëchs auf beide Episoden das öffentliche Image Volkswagens geschädigt hat; der Umgang mit diesen Episoden macht zugleich ein generelleres Muster deutlich, mit dem im Kriegszustand das bewusste Eingeständnis eigener Fehler und Verluste verhindert wird. Dass dem Feind die Schuld zugeschrieben wird, ist wie Fornari (1975, S. 22) betont, eines der zentralen Phänomene, um dem Schuldgefühl zu entgehen, das der Krieg in den Menschen hervorruft.

Wie bereits erwähnt, ist die psychotische Dynamik des Krieges keineswegs auf den Krieg des Unternehmens gegen seine Mitbewerber um maximale Verkaufszahlen beschränkt. Es kann vielmehr angenommen werden, dass das Vorherrschen der Kriegsmetapher bei VW ein Indiz für eine weitere entfremdete Verarbeitung von Trauer innerhalb des Unternehmens ist, die die Kriegsrhetorik auf euphemistische Weise verdeckt. Wie Unternehmen ganz allgemein, so opfern gerade Großunternehmen immer wieder einen Teil ihrer Belegschaft, um so das Überleben des Unternehmens in der Zukunft sicherzustellen (Stein 1999). Ebenso neigt auch das Topmanagement dazu, den unteren Managementebenen die Schuld für einen unzureichenden Unternehmenserfolg zuzuschreiben. Dies ist nicht nur ein Zeichen dafür, dass Führung im Krieg zu einer persönlichen Monopolisierung von Gewalt und absoluter Machtausübung neigt, um sich vor eigenem Leiden zu schützen; die damit oft einhergehenden paranoiden Manöver fördern ein Wettbewerbsverständnis, dass von der Überzeugung ausgeht, dass es vor allem die Anderen im Management wie in der Belegschaft sind, die für den mangelnden Erfolg die Verantwortung und die Schuld zu übernehmen haben.

Angesichts der derzeitigen Dynamik bei Volkswagen, dass der Vorstandsvorsitzende sich selbst als den ausschlaggebenden Faktor für den Erfolg und das Überleben des Unternehmens betrachtet, ist es nicht allzu verwunderlich, dass Piëch in seiner Rolle gleichzeitig auch innerhalb der Belegschaft sehr ambivalent erlebt wird. Die Anerkennung, die er für seinen Erfolg und seine Genialität als Autokonstrukteur erfährt, basiert zu einem großen, wenn nicht gar überwiegenden Teil auf Idealisierung (Brown/Starkey 2000, S. 106 f.) und geht insofern zugleich auch mit einem nicht zu unterschätzenden Maß an Feindseligkeit auf Seiten der Mitarbeiter einher, die freilich nicht öffentlich zum Ausdruck kommen darf. Sowohl innerhalb wie außerhalb des Unternehmens scheut Volkswagens derzeitiger Vorstandsvorsitzender nicht davor zurück, sich selbst als „Feldherren“ zu charakterisieren, der in einen Eroberungskrieg eintritt und sich selbst als jemanden darzustellen, der nur allzu bereit ist, dem extremen Konkurrenzkampf auf dem globalen Markt mit der ihm angemessenen Brutalität zu parieren. Insofern als sich dadurch niemand im Unternehmen mehr sicher fühlen kann, ruft er zugleich Hass hervor. Wenngleich dies öffentlich auch negiert wird, so kann doch angenommen werden, dass diese Feindseligkeit an der „Heimatfront“ das Topmanagement nicht unberührt lässt. Die darin zum Ausdruck kommende psychotische Dynamik des entfremdeten Umgangs mit Schuldgefühlen lässt letztlich einen Teufelskreis entstehen: In dem Maße, wie die Ambiguität des Topmanagements dem Management auf unteren Ebenen und der Belegschaft gegenüber zunimmt, steigt unbewusst wiederum die Tendenz der Unternehmensleitung zu manischen Reaktionen als Abwehr des in der Ambiguität enthaltenen eigenen Imageverlustes. Indem die damit einhergehende Verachtung gegenüber den Mitarbeitern die Unternehmensleitung als potentielle Verfolger erscheinen lässt, wird es zugleich schwierig, die erforderliche Vertrauens- und Kooperationsbasis aufrechtzuerhalten (Sievers 2001b).

Da in der Beschreibung und Analyse der Geschichte von Volkswagen bislang vor allem die Rolle der beiden Gründer (Hitler und Porsche) sowie des ersten und des jetzigen Unternehmensleiters nach dem Krieg (Nordhoff und Piëch) im Vordergrund standen, könnte der Eindruck entstanden sein, dass ich eine psychoanalytische Organisationsanalyse im Sinne von Kets de Vries (Kets de Vries 1979, 1980, 1990; Kets de Vries/Miller 1984) propagieren würde, bei der die Neurose eines Unternehmens in erster Linie ein Ausdruck der Psychopathologie des Topmanagers ist. Wenngleich Volkswagen auch ein hervorragendes Beispiel für eine solche Betrachtungsweise sein mag, so geht meine Intention doch von einer anderen Sichtweise aus. Wenn dies in den bisherigen Überlegungen gelegentlich nicht deutlich genug geworden sein mag, so möchte ich doch noch einmal betonen, dass mir nicht daran gelegen ist, besondere Charaktereigenschaften oder Persönlichkeitsdefizite dieser Personen aufzuzeigen oder gar deren biographisch fundiertes Psychogramm zu erstellen. Auch ist mir nicht daran gelegen, das jeweilige individuelle Verdienst zu negieren oder abzuwerten, das sie für das Unternehmen und seine Entwicklung gehabt haben. Mein Fokus liegt vielmehr auf der Vorstellung, dass Hitler, Porsche, Nordhoff und Piëch als besondere Protagonisten für das vorherrschende Denken in diesem Unternehmen in mehreren kritischen Phasen während der relativ kurzen Geschichte von sechs Jahrzehnten zu verstehen sind. Mein vorrangiges Interesse besteht darin, aufzuzeigen zu versuchen, in welchem Maße diese Protagonisten in ihren organisatorischen bzw. unternehmerischen Rollen als ‚Inkarnation' der Ideologien, Mythen sowie des ‚Zeitgeistes' der jeweiligen sozio-politischen und historischen Konstellation in Deutschland und der besonderen Technologie der Massenproduktion von Automobilen zu verstehen sind.

# 6 Konkurrenz als Krieg

Die grundlegende Einsicht dieses Beitrages besteht sicherlich darin, dass die Verachtung der Menschlichkeit ein bedeutendes Moment der frühen Geschichte Volkswagens darstellte und dass diese Verachtung, weithin unbewusst, mit der Neugründung des Unternehmens nach dem Krieg wieder aktiviert wurde. Obgleich in der Nachkriegsphase unter der Leitung von Nordhoff immer wieder alle nur erdenklichen Versuche unternommen wurden, sich dieser Vergangenheit zu entledigen und ihr zu entkommen, stellen diese frühe Geschichte und der Gründungsmythos Volkswagens bis in die Gegenwart hinein einen wesentlichen Teil des Vermächtnisses dar, das dies Unternehmen angetreten hat (vgl. Sievers 2001c). Angesichts der hier dargestellten Fakten und meiner Interpretationen stellt sich jedoch die Frage, warum dieser Kontext innerhalb der internen Diskussion bislang keine und in der Öffentlichkeit nur eine recht beschränkte Aufmerksamkeit gefunden hat.

Bei meinem eigenen Versuch, auf diese Frage eine Antwort zu finden, habe ich auf die psychoanalytische Sichtweise Christopher Bollas' (1989, 1997) und insbesondere auf den von ihm geprägten Begriff des ‚ungedacht Gewussten' bzw. des ‚ungedachten Bekannten' (unthought known) zurückgegriffen. Bollas beschreibt damit jene „Form des Wissens, das offensichtlich noch nicht gedacht ist, obwohl es bereits vom Neugeborenen insofern ‚gewusst' wird, als es Teil des Wissens ist, mit dem es seine Objektwelt wahrnimmt, organisiert, erinnert und von ihr Gebrauch macht" (Bollas 1989, S. 10). Wenngleich der Begriff des ungedacht Gewussten auch aus der psychoanalytischen Arbeit mit Individuen entstanden ist, lässt er sich, wie Armstrong (1994) und Lawrence (1999b, 2000) gezeigt haben, doch auf den Bereich von Organisationen übertragen. Er bezieht sich auf jenes Wissen einer Organisation, über das eigentlich jeder verfügt, das aber dennoch in seiner Bedeutung und seinen Konsequenzen nicht gedacht werden kann und unausgesprochen bleibt. „Dennoch bewirkt es, wird es einmal wahrgenommen, einen entscheidenden Unterschied für das Leben der Organisation" (Lawrence 1999b, S. 312), der das bisherige Realitätsverständnis in einem neuen Licht erscheinen lässt und somit andere Sinnbezüge ermöglicht. Am Beispiel der politischen Dynamik in Israel nach dem Attentat auf den Premierminister Itzhak Rabin hat Biran (1998) beschrieben, wie das ungedacht Gewusste, das in Organisationen keine Sprache finden kann, dazu führt, Lügen zu schaffen und zu propagieren. Dass so Lügen an die Stelle von ‚Wahrheit' treten, beruht auf „einem kollusiven Prozess, sich gemeinsam davon zu entledigen, die unbequemen, unangenehmen und unbeschreiblichen Anteile der Realität wahrzunehmen und zu verstehen. Ein solcher Prozess dient dazu, das Unbehagen und die Schmerzen zu vermeiden, die mit der Benennung des ungedacht Gewussten verbunden wären" (Lawrence 2000, S. 12 f.).

Ein Erklärung dafür, weshalb Volkswagen bislang kaum oder allenfalls nur sehr beschränkt in der Lage gewesen ist, sich seine frühe Geschichte und deren Bedeutung für die weitere Entwicklung einzugestehen, besteht wie gesagt darin, dass der im Gründungsmythos enthaltene Teil der Generalmobilmachung, Expansion, Okkupation und des Endsieges weithin unbewusst aus dem Denken im Unternehmen ausgeschlossen wird und somit auch nicht dem offiziellen öffentlichen Diskurs verfügbar ist. Im wörtlichen wie im metaphorischen Sinne hat Volkswagens Sprache der Verachtung, der expansionistischen Kriegsführung, der Vernichtung der Feinde und der tief verwurzelten Gewalt bis zum Ende des Dritten Reiches bislang deshalb keine ‚Übersetzung' finden können (Biran 1998, S. 96), weil die für die emotionale Erfahrung dieses Verlustes, der Schmerzen und der Scham erforderlichen Begriffe im Unternehmenskontext keine Bedeutung haben und somit sinnlos bleiben. Die frühe Geschichte des Unternehmens ist vielmehr zu einem ‚Ding-in-sich-selbst' (Bion 1990) geworden, das vorwiegend in dem durch Ferdinand Porsche konstruierten Käfer symbolisiert ist. Die Art und Weise, wie mit weiten Teilen des Wissens über die Vergangenheit umgegangen wird, hat dieses Wissen zu einem ‚ungedacht Gewussten' werden lassen. Dadurch bleiben die frühe Vergangenheit und die damit einhergehenden emotionalen Erfahrungen ‚unverdaut'; sie stellen eine Art ‚psychotischen Kern' dar. Und da dieser psychotische Kern nicht öffentlich anerkannt, angesprochen und reflektiert werden kann, trägt er dazu bei, dass sich vor allem das Topmanagement des Unternehmens fortlaufend dazu mobilisiert sieht, ihn in einer als Kriegsführung deklarierten Konkurrenz strategisch umzusetzen und zu perpetuieren.

Auf dem Hintergrund der zuvor skizzierten Überlegungen kann Nordhoffs früher und nachhaltiger Versuch, seine Belegschaft auf eine Friedenswirtschaft einzuschwören (Nordhoff 1992, S. 46 f.), für die „der Export von Industrie-Erzeugnissen ... eine Frage von Leben und Tod" ist (ebd., S. 70), ebenso als eine große Lüge betrachtet werden wie die extensiven Bemühungen seines derzeitigen Nachfolgers, die Weltherrschaft auf dem Automobilmarkt vorwiegend deshalb zu gewinnen und zu erhalten, um der überaus bedrohlichen Verdrängung und Vernichtung zu entgehen. Die Konstruktion und die Fortschreibung dieser Lügen beruht freilich nicht auf einer bewussten Absicht; sie dient vielmehr dazu, die Erinnerung an die emotionalen Erfahrungen der Vergangenheit zu vermeiden und nicht mit deren traumatischem Charakter in Berührung zu kommen. Die Tragödie und die Traumen der Vergangenheit werden so vor allem durch die vermeintliche Genialität und das Heldentum verdeckt, das mit dem Image von Ferdinand Porsche und Heinrich Nordhoff verknüpft ist. Und auch Ferdinand Piëch hat sich diesem Image – vor allem dem seines Großvaters – verschrieben, indem er unaufhörlich und unwiderruflich der Welt beweisen zu wollen scheint, was für ein Genie von Autoentwickler er selbst ist und wie erfolgreich er die Autos des Konzerns überall auf der Welt zu verkaufen vermag.

Angesichts der bislang nicht in Erfüllung gegangenen Hoffnung und Absicht, dass Volkswagen und seine Marken die größten Verkaufszahlen auf dem weltweiten Automobilmarkt erzielen, können auch die Akquisition von Rolls-Royce und Bentley, der Erwerb der Marken Lamborghini und Bugatti sowie weitere bevorstehende Akquisitionen nicht nur als der Versuch verstanden werden, unmittelbar mit DaimlerChrysler und BMW auf dem Teilmarkt der Luxuslimousinen zu konkurrieren, sondern sie sind zugleich Ausdruck und Fortführung des ursprünglichen Anspruchs nach Weltherrschaft, der das Unternehmen seit seiner Gründung begleitet. Die tragische Dimension dieses Anspruchs aus der frühen Vergangenheit wird damit zugleich dem öffentlichen kollektiven Denken vorenthalten (Biran 1998, S. 99). Sie bleibt unerreichbar, weil sie nicht einmal in einer Metapher zum Ausdruck gebracht werden und daher auch nicht gedacht, benannt oder als Idee formuliert werden kann. Die Befürchtung, dass Volkswagens Image – und damit seine Marktanteile – deutlich Schaden nehmen würden, wenn auch nur der Versuch unternommen würde, das ‚ungedacht Gewusste' um die Rolle des Unternehmens im Dritten Reich anzuerkennen und zu verstehen, macht es Volkswagen unmöglich, die in der frühen Geschichte verborgene emotionale Erfahrung anzuerkennen und ihr durch Trauer und Scham Sinn und Bedeutung zu verleihen. Es spricht manches dafür, dass die offenbare Unfähigkeit, die Sprache der Gewalt zu ‚dekodieren', dazu beiträgt, unbewusst im Unternehmen ein Gefühl aufrechtzuerhalten, das Bion als ‚nameless dread', als eine namenlose und unbenennbare Furcht, bezeichnet hat. Zumindest derzeit ist nicht absehbar, dass diese vorherrschende Dynamik in dem Sinne verändert werden könnte, dass dem auf psychotische Weise unterdrückten ungedacht Gewussten eine Bedeutung beigemessen wird. Allein der Gedanke, dass das Offenbarwerden und die Anerkennung dieses Wissens einen entscheidenden Unterschied für das Leben der Organisation ausmachen würde (Lawrence 2000, S. 12 f.), entzieht sich bei Volkswagen offenbar jeder Vorstellung.

Wenngleich auch Volkswagens Topmanagement und insbesondere Piëch unverkennbar einen gewichtigen Anteil an den fortlaufenden Manövern haben, die frühe Geschichte weiterhin auf sich beruhen zu lassen, so bedeutet es sicherlich eine grobe Vereinfachung anzunehmen, dass sie allein die damit einhergehenden unbewussten Strategien am Leben erhalten und zu verantworten hätten. Dieser fortlaufende Prozess, eine Unwahrheit zu schaffen und fortzuschreiben, muss, wie bereits erwähnt, vielmehr als „ein kollusiver Prozess" verstanden werden, als ein Prozess, „sich gemeinsam davon zu entledigen, die unbequemen, unangenehmen und unbeschreiblichen Anteile der Realität wahrzunehmen und zu verstehen" (ebd., S. 12). In diesem Zusammenhang hat Hoggett (1998) darauf hingewiesen, dass eine solche Kollusion von ihrer psycho-sozialen Dynamik her durch ein ‚inneres Establishment', eine Art geheimes Komitee, initiiert und aufrechterhalten wird. Im Falle von Volkswagen ebenso wie in vielen anderen Unternehmen „fungiert das Establishment als eine unsichtbare, geheime und reaktionäre Kraft, die die Grenze eines Bereiches des institutionellen ungedacht Gewussten kontrolliert – eines Wissens, das die institutionellen Illusionen gefährdet“ (ebd., S. 9). Dabei ist es wichtig, dass dieses innere Establishment bzw. das geheime Komitee nicht im Sinne einer simplen Verschwörungstheorie missverstanden wird, die womöglich mehr über die paranoiden Verfolgungsängste ihres Autors bzw. derer aussagen, die sie vertreten. Dieses Establishment oder Komitee kann vielmehr als eine Dimension der innerorganisatorischen psycho-sozialen Dynamik verstanden werden, die unbewusst von einer Mehrzahl der Organisationsmitglieder geteilt und aufrechterhalten wird. Ein solches geheimes Komitee konstituiert sich freilich nicht aus konkreten, mehr oder weniger geheimnisumwobenen Individuen oder Personen, sondern vielmehr dadurch, dass die in einer Organisation vorherrschende psycho-soziale Dynamik einen mehr oder weniger großen Teil seiner Mitarbeiter unbewusst darin bestärkt, entsprechende, innerpsychisch latente, reaktionäre Anteile im Sinne einer unbewussten Phantasie in ihren organisatorischen Rollen zu aktivieren. In dem Versuch, der internen destruktiven Kräfte der namenlosen Furcht in einer Organisation Herr zu werden, neigt das interne Establishment bzw. das geheime Komitee in der Regel dazu, den inneren Terror durch Projektion in eine externe und undefinierbare Bedrohung umzuwandeln, auf den es dann entsprechend zu reagieren gilt.

Die Verlagerung des inneren Terrors nach außen lässt für ein Unternehmen jedoch nahezu unausweichlich einen Teufelskreis entstehen. Im Falle von Volkswagen liegt die Vermutung nahe, dass die Vorstellung, dass es die Konkurrenten auf dem Markt seien, die Volkswagen gar keine andere Wahl lassen als mit Kriegsmanövern zu reagieren, auf einem deutlichen projektiven Anteil des nicht zugelassenen inneren Terrors aus der ‚frühen Kindheit‘ des Unternehmens während des Dritten Reiches und des Zweiten Weltkriegs basiert. Die Tatsache, während des Krieges sowie in dem anschließenden ‚Krieg für den Frieden‘ selbst als ‚Krieger‘ tief in die Ausführung von Krieg involviert gewesen zu sein, wird in dem Bemühen negiert, die Konkurrenz für den Krieg auf dem Automobilmarkt verantwortlich zu machen. Eine solche ‚Verschiebung‘ und die damit einhergehende Interpretation sind Ausdruck einer unbewussten Phantasie, durch die das Unternehmen in der Überzeugung bestätigt wird, dass es angesichts der erlebten Attacken und Vernichtungsversuche von Seiten der Konkurrenz selbst gar keine andere Wahl habe, als mit einem ebenso deutlichen, wenn nicht gar noch aggressiveren Kriegsverhalten zu reagieren. Indem der Terror, der auf dem Markt erlebt wird, nicht als ein Ausdruck des eigenen inneren Terrors akzeptiert werden kann, wird er der Konkurrenz und ihren Vernichtungsabsichten zugeschrieben. Das führt dann zu dem Schluss, dass das Unternehmen gar keine andere Wahl hat, als sich für diesen vermeintlich äußeren Terror zu wappnen, ihn zu ertragen oder ihn bestenfalls durch eigene Aktivitäten zum Schaden der anderen zu übertrumpfen. Indem der Terror so ausagiert wird, wird der Versuch unternommen, sich selbst des internen Terrors zu entledigen, der im Falle von Volkswagen zu einem deutlichen Teil aus dem ungedacht Gewussten über die frühe Geschichte resultiert.

Wie eingangs bereits angedeutet, scheint Volkswagen sich in seinem Konkurrenz*krieg* nicht allzu sehr von anderen Unternehmen zu unterscheiden, zumindest nicht, was die Mittel und Ziele der Kriegsführung betrifft. Mit großer Wahrscheinlichkeit greifen auch sie bei ihrem Bemühen, nicht der eigenen namenlosen Furcht und dem internen Terror zu begegnen, ebenso und in vergleichbarem Maße auf psychotische Strategien zurück. Auch wenn sie sich in Bezug auf ihre Entstehungsgeschichte deutlich von Volkswagen unterscheiden, so ist dennoch anzunehmen, dass sie in dem Konkurrenzkrieg gleichfalls unbewusste aggressive und destruktive Anteile mobilisieren und ausagieren, die aus ihrem jeweiligen Gründungsmythos und ihrer frühen Geschichte herrühren. Was Volkswagen jedoch von der Mehrzahl anderer Unternehmen unterscheidet und die hier vertretene Hypothese in besonderer Weise stützt, ist die Tatsache, dass VW von seinem Anfang her zu einer Zeit des bevorstehenden Krieges konzipiert und gegründet worden ist und von seinen Gründern – Hitler wie Porsche – (wie von Krause-Schmitt 1986 deutlich belegt) explizit als Kriegsinstrument für das Erringen des Endsieges vorgesehen war. Nach Ende des Krieges hat Volkswagen alles darauf angelegt, nicht weiter mit dem Dritten Reich und Hitler, dem politischen Initiator des Volkswagens, identifiziert zu werden. Und um die Hagiographie Porsches als genialem Erfinder und Ingenieur nicht zu gefährden, musste auch die Tatsache in Vergessenheit gebracht werden, dass er sich als Technokrat erfolgreich und nachhaltig zum Handlanger des nationalsozialistischen Terrors gemacht hatte.

Ein Wissen, das zumindest in der ersten Zeit nach der Neugründung 1948 noch weithin mehr oder wenig offenkundig gewesen sein mag, wurde so schließlich zu einem ungedacht Gewussten, das zumindest auf der formalen und rationalen Ebene des Unternehmens unberücksichtigt und ungedacht bleiben konnte. Das hat schließlich mit dazu beigetragen, dass die Verachtung der Menschlichkeit, der Millionen von Menschen im Krieg und im Holocaust als Feinde oder Nicht-Arier zum Opfer fielen, heutzutage kaum noch erinnert, geschweige denn in einem größeren, das Unternehmen übergreifenden Kontext gedacht werden kann. Dieser Teil der Vergangenheit kann gegenwärtig nicht zuletzt deshalb nicht ‚gewürdigt' werden, weil befürchtet werden muss, dass allein das Eingeständnis seiner Anerkennung einen Schatten auf das Unternehmen und seine Produkte werfen würde, der zu deutlichen Markteinbußen und -verlusten führen würde. Indem Volkswagen sich nach wie vor als Verfechter eines Wirtschaftskampfes für Frieden und Wohlstand versteht, kann die zugrundeliegende durchaus bekannte Wahrheit weder gedacht noch zum Ausdruck gebracht werden, dass der Wettbewerb auf dem Automobilmarkt, wie auf vielen anderen Märkten, tatsächlich Krieg ist.

In einem paradoxen Sinne scheint es, als diene die zunehmende Verwendung von Kriegsmetaphern in der Automobilindustrie, ebenso wie in anderen Industrien, dazu, diese an und für sich bekannte Wahrheit ungedacht zu lassen, die Wahrheit nämlich, dass die Welt in vielen Großunternehmen und in weiten Bereichen der globalen Wirtschaft im Zustand eines fortlaufenden und sich verstärkenden Kriegs ist. Diese Wahrheit wird dadurch hinter einer Lüge verborgen, dass entgegen allem Anschein der Glaube aufrechterhalten wird, dass Konkurrenz sich so grundsätzlich von Krieg unterscheidet, dass sie nun wirklich kein Krieg sein kann. Dabei kann ich mich des Eindrucks nicht erwehren, dass die fortlaufenden größenwahnsinnigen Bemühungen vieler Großunternehmen Ausdruck einer *reflexiven* Kriegsführung in dem Sinne sind, dass sozusagen der

Wahrnehmung und Anerkennung der Erfahrung des Krieges selbst mit all seiner Zerstörung, Verwüstung und seinem Terror der Krieg erklärt wird. Der Versuch, der Idee und dem Wissen den Krieg zu erklären, dass Konkurrenz in weitem Maße heute tatsächlich Krieg ist, ist eine Art reflexiver Lüge, die dazu dient, die zugrunde liegende Lüge zu verschleiern, dass Konkurrenz einfach nicht Krieg sein kann und nicht sein darf. Die Vorstellung, dass Krieg nicht nur in ‚fernen Landen', sondern tatsächlich vor unserer Haustür oder gar im eigenen Haus stattfindet, ist so erschreckend, unerträglich und unaussprechlich, dass sie ungedacht bleiben muss.

Inwieweit diese Lüge sozusagen darauf angelegt ist, sowohl das Wissen als auch die ungedachte Wirklichkeit zu verschleiern, wird beispielsweise darin deutlich, dass man als Mitglied eines Unternehmens oder als dessen Berater oftmals mit der Tatsache konfrontiert wird, dass einerseits im informellen Gespräch viele, wenn nicht gar alle Rolleninhaber einer Organisation ihre emotionale Erfahrung als die eines Krieges bezeichnen, dass diese erlebbare und erlebte Wahrheit andererseits jedoch weder öffentlich eingestanden noch ausgedrückt werden kann. Da es undenkbar wäre, sich innerhalb der formalen Geschäftsprozesse und -meetings auf diese organisatorische Kriegsführung zu berufen oder sie gar zu hinterfragen, ist es auch nicht allzu verwunderlich, dass der Zusammenhang von Krieg und Konkurrenz in den Wirtschaftswissenschaften bislang nicht explizit thematisiert wird. Die Mehrzahl der großen internationalen Unternehmen und ihre internen Establishments scheinen nicht unmaßgeblich dazu beigetragen zu haben, dass auch eine Mehrzahl der Wissenschaftler sich immer noch damit abgefunden hat, die Lüge aufrechtzuerhalten, dass die Welt ein globales Dorf ist, in dem alle in Frieden leben.

# Anmerkungen

1 Der Fordismus als die für die Fordwerke typische Form der Massenproduktion von Automobilen wurde bereits seit 1935/36 zum tragenden Leitbild der Automobilproduktion in Deutschland (Roth 1990, S. 88).

# Literaturverzeichnis

Ahrens, K. (2000): Mit Vollgas in die Volkswagen-Freizeit. In: Manager Magazin (10), S. 210-223.

Aichinger, P. (1975): The American soldier in fiction, 1880 - 1963: A history of attitudes towards warfare and the military establishment. Ames, Iowa.

Amati, S. (1987): Some thoughts on torture. In: Free Associations 8, S. 94-114.

Armstrong, D. G. (1994): The „unthought known". London.

Auer-Hunzinger, V./Sievers, B. (1991): Organisatorische Rollenanalyse und -beratung: Ein Beitrag zur Aktionsforschung. In: Gruppendynamik 22, S. 33-46.

Bain, A. (1999): On socio-analysis. In: Socio-Analysis 1, S. 1-17.

Bartels; E. (1994): Opel. Militärfahrzeuge. Wölfersheim-Berstadt.

Bastian, T./Theml, H. (1990): Unsere wahnsinnige Liebe zum Auto. Weinheim.

Bauman, Z. (1998): Ansprache des Preisträgers anläßlich der Überreichung des Theodor W. Adorno-Preises 1998. Manuskript. Frankfurt a.M.

Berthold, W. (1966): Die mobilen Manager. Glanz und Größe der deutschen Autoindustrie. München.

Beumer, U./Sievers, B. (2000): Einzelsupervision als Rollenberatung. Die Organisation als inneres Objekt. In: Supervision (3), S. 10-19.

Bies, R.J./Tripp, T.M. (1996): Beyond distrust: „Getting even" and the need for revenge. In: Kramer, R.M./Tyler, T.R. (Hrsg.): Trust in organizations: Frontiers of theory and research. Thousand Oaks, CA, S. 246-260.

Bion, W.R. (1961): Experiences in groups. London.

Bion, W.R. (1971): Erfahrungen in Gruppen und andere Schriften. Stuttgart.

Bion, W.R. (1990): Zur Unterscheidung von psychotischen und nicht-psychotischen Persönlichkeiten. In: Bott Spilius, E. (Hrsg.): Melanie Klein Heute. Entwicklungen in Theorie und Praxis. Bd. 1: Beiträge zur Theorie. München, S. 75-99.

Biran, H. (1998): An attempt to apply Bion's alpha- and beta-elements to processes in society at large. In: Bion Talamo, T./Borgogno, F./Merciai, S.A. (Hrsg.): Bion's legacy to groups. London, S. 95-100.

Bollas, C. (1989): Forces of destiny. Psychoanalysis and human idiom. London.

Bollas, C. (1997): Der Schatten des Objekts. Stuttgart.

Brown, D./Starkey, K. (2000): Organizational identity and learning: A psychodynamic perspective. In: The Academy of Management Review 25, S. 102-120.

Brückner, W. (1998): „Arbeit macht frei". Herkunft und Hintergrund der KZ-Devise. Opladen.

Brüninghaus, B./Habeth, S./Pohl, H. (1986): Die Daimler-Benz AG in den Jahren 1933 bis 1945. Stuttgart.

Burnham, C. (1991): Volkswagen. Die Geschichte eines Klassikers. Hamburg.

Colari, R. (1998): Philosophizing on strategic management models. In: Organization Studies 19, S. 281-306.

deMause, L. (1989): Grundlagen der Psychohistorie. Frankfurt a.M.

Der Spiegel (1998): Geschichte: VW-Grundstein entdeckt (36), S. 19.

Dönhoff; T. (1998): Der eiserne Ferdinand. In: Max 4, S. 126-133.

Edelmann, H. (1992): Die Reden Heinrich Nordhoffs – Zeugnisse einer Ära. In: Nordhoff, H.: Reden und Aufsätze – Zeugnisse einer Ära. Düsseldorf, S. 15-45.

Eisold, K. (1997): Psychoanalysis today: Implications for organizational application. In: Free Associations 6, 2, 38, S. 174-191.

Eisold, K. (2000): Rezension: D. Kirsner (2000a). In: Freie Assoziation 3, S. 407-411.

Elias, N. (1989): Studien über die Deutschen. Machtkämpfe und Habitusentwicklung im 19. und 20. Jahrhundert. Frankfurt a.M.

Elieli, R. B.-L. (1994): Psychoanalytic thinking and organizations. In: Psychiatry 57, S. 78-91.

Fenichel, O. (1939): Über Trophäe und Triumph. In: Internationale Zeitschrift für Psychoanalyse 24 (1954): Trophy and triumph. In: Collected papers. New York.

Fings, K. (1996): Messelager Köln. Ein KZ-Außenlager im Zentrum der Stadt. Köln.

Fleischhauer, J. (1999): „Wir handeln die Zukunft“. In: Der Spiegel (12), S. 104-105.

Ford, H. (1922): Der internationale Jude. Ein Weltproblem. Leipzig.

Ford, H. (1923): Mein Leben und Werk. Leipzig.

Fornari, F. (1975): The psychoanalysis of war. Bloomington.

Gabriel, Y. (1999): Organizations in depth. The psychoanalysis of organizations. London.

Gabriel, Y. (2000): Storytelling in organizations. Facts, fictions, and fantasies. Oxford.

Gall, L./Pohl, M. (Hrsg.)(1998): Unternehmen im Nationalsozialismus. München.

Goldman, P. (1994): Searching for history in organizational theory: Comment on Kieser. In: Organization Science 5, S. 621-623.

Grässlin, J. (2000): Ferdinand Piëch. Techniker der Macht. München.

Gregor, N. (1997): Stern und Hakenkreuz. Daimler-Benz im Dritten Reich. Berlin.

Grieger, M. (1998): Das Volkswagenwerk – Unternehmensentwicklung zwischen Rüstung und Zwangsarbeit. In: Gall, L./Pohl, M. (Hrsg.): Unternehmen im Nationalsozialismus. München, S. 55-57.

Hamburger Stiftung für Sozialgeschichte des 20. Jahrhunderts (Hrsg.)(1987): Das Daimler-Benz-Buch. Ein Rüstungskonzern im Tausendjährigen Reich. Nördlingen.

Hamburger Stiftung zur Förderung von Wissenschaft und Kultur (Hrsg.)(1991): Deutsche Wirtschaft. Zwangsarbeit und KZ-Häftlinge für Industrie und Behörden. Hamburg.

Hauser, H. (1937): Opel. Ein deutsches Tor zur Welt. Frankfurt a.M.

Heidermann, H. (1958): Zur Geschichte des Volkswagenwerkes. In: Schriftenreihe der Gesellschaft für öffentliche Wirtschaft e.V. (Hrsg.): Um die Zukunft des Volkswagenwerkes. Berlin, S. 7-15.

Herbert, U. (1985): Fremdarbeiter. Politik und Praxis des „Auslands-Einsatzes“ in der Kriegswirtschaft des Dritten Reiches. Berlin.

Herbert, U. (1999): Das Millionenheer des modernen Sklavenstaates. In: Frankfurter Allgemeine Zeitung, 16. März, Nr. 63, S. 54.

Hirsch, P.M./Andrews, J.A.Y. (1983): Ambushes, shootouts, and knights of the roundtable: The language of corporate takeovers. In: Pondy, L.R./Frost, P.J./Morgan, G./ Dandridge, T.C. (Hrsg.): Organizational symbolism. Greenwich, Connecticut, S. 145-155.

Hoggett, P. (1998): The internal establishment. In: Bion Talamo, P./Borgogno, F./Merciai, S.A. (Hrsg.): Bion's legacy to groups. London, S. 9-24.

Holzapfel, F. (1968): Volkswagenwerk – Werk des Volkes? Berlin.

Hopmann, B./Spoerer, M./Weitz, B./Brüninghaus, B. (1994): Zwangsarbeit bei Daimler-Benz. Stuttgart.

Kaes, G.E.J. (1975): Ferdinand Porsche. Einhundert Jahre nach seiner Geburt. Stuttgart: Manuskript.

Kaiser, E./Knorn, M. (1996): „Wir lebten und wir schliefen zwischen den Toten". Rüstungsproduktion, Zwangsarbeit und Vernichtung in den Frankfurter Adlerwerken. Frankfurt a.M.

Kets de Vries, M.F.R. (1979): Managers can drive their subordinates mad. In: Harvard Business Review 57, S. 125-134.

Kets de Vries, M.F.R. (1980): Organizational paradoxes. Clinical approaches to management. London.

Kets de Vries, M.F.R. (1990): The organizational fool: Balancing a leader's hubris. In: Human Relations 43, S. 751-770.

Kets de Vries, M.F.R. (1996): Leben und Sterben im Business. Düsseldorf.

Kets de Vries, M.F.R. (1998): Führer, Narren und Hochstapler. Essays über die Psychologie der Führung. Stuttgart.

Kets de Vries, M.F.R./Miller, D. (1984): Neurotic style and organizational pathology. In: Strategic Management Journal 5, S. 35-55.

Kieser, A. (1994): Why organization theory needs historical analysis – And how this should be performed. In: Organization Science 5, S. 608-620.

Kirsner, D. (2000a): Unfree associations: Inside psychoanalytic institutes. London.

Kirsner, D. (2000b): Life among the analysts. In: Free Associations 7, 3, Nr. 43, S. 416-436.

Knights, D./McCabe, D. (1997): Innovate to subjugate: The self-reconstituting manager and the reconstitution of employees in a motor manufacturing company. In: Conference proceedings „Organizing in a multi voiced world". Leuven, June 4-6.

Krause-Schmitt, U. (1986): Ferdinand Porsche. Vom genialen Konstrukteur zum Technokraten des Krieges. Gegenrede gegen die herrschende Porschelegende. In: Arbeitskreis kirchlicher Mitarbeiter (AKM) im Kirchenkreis Wolfsburg (Hrsg.): Porsche, Dr. Körbel und die Kirche in Wolfsburg. Wolfsburg, S. 27-35.

Kubisch, L.-U. (1995): Ohne Blitz kein „Blitzkrieg". Heinrich Nordhoff und seine Karriere vom Opel-Rüstungsmanager zum Wolfsburger Käfer-König. In: Museum für Verkehr und Technik (Hrsg.): Ich diente nur der Technik. Sieben Karrieren zwischen 1940 und 1950. Berlin, S. 41-52.

Lawrence, W.G. (1995): The seductiveness of totalitarian states-of-mind. In: Journal of Health Care Chaplaincy 7, S. 11-22.

Lawrence, W.G. (1998a): Soziales Träumen und Organisationsberatung. In: Freie Assoziation 1, S. 304-328.

Lawrence, W.G. (Hrsg.)(1998b): Social dreaming @ work. London.

Lawrence, W.G. (1999a): Centring of the sphinx for the psychoanalytic study of organisations. In: Socio-Analysis 1, S. 99-126.

Lawrence, W.G. (1999b): Das Denken im Spiegel der Organisationen. Das Endliche und das Unendliche – Das Bewußte und das Unbewußte. In: Freie Assoziation 2, S. 303-322.

Lawrence, W.G. (2000): Thinking refracted. In: Lawrence, W.G.: Tongued with fire. Groups in experience. London, S. 1-30.

Lawrence, W.G./Armstrong, D. (1998): Destructiveness and creativity in organizational Life: Experiencing the psychotic edge. In: Bion Talamo, P./F./Borgogno, F./Merciai, S.A. (Hrsg.): Bion's legacy to groups. London, S. 53-68.

Leyendecker, H. (1998): Lieber Hooligan als Muckefuck-Trinker. In: Süddeutsche Zeitung. 26. Juni, Nr. 144, S. 3.

Linden, F.A. (1998): Volles Rohr voraus. In: Manager Magazin 4, S. 59-75.

Maccoby, M. (2000): Narzisstische Unternehmensführer im Kommen. In: Harvard Business Manager 22 (4), S. 9-21.

Mayer-Stein, H.-G. (1993): Volkswagen. Militärfahrzeuge 1938-1948. Friedberg.

McDowell, L. (1998): Fictional money (or, greed isn't so good in the 1990s). In: Hassard, J./Holliday, R. (Hrsg.): Organization – Representation. Work and organization in popular culture. London, S. 167-183.

McWhinney, W./Batista, J. (1988): How remythologizing can revitalize organizations. In: Organizational Dynamics 17 (2), S. 46-58.

Menzies, I.E.P. (1974): Die Angstabwehr-Funktion sozialer Systeme. Ein Fallbericht. In: Gruppendynamik 5, S. 183-216.

Mitscherlich, A./Mitscherlich, M. (1967): Die Unfähigkeit zu trauern. Grundlagen kollektiven Verhaltens. München.

Mommsen, H. (1998): Erfahrungen mit der Geschichte der Volkswagenwerk GmbH im Dritten Reich. In: Gall, L./Pohl, M. (Hrsg.): Unternehmen im Nationalsozialismus. München, S. 45-54.

Mommsen, H./Grieger, M. (1996): Das Volkswagenwerk und seine Arbeiter im Dritten Reich. Düsseldorf.

Morrill, C. (1991): Conflict management, honor, and organizational change. In: American Journal of Sociology 97, S. 585-622.

Morrill, C. (1992): Vengeance among executives. In: Virginia Review of Sociology 1, S. 51-76.

Moses, R. (1990): The leader and the led: A dyadic relationship. In: Volkan, V.D./Julius, D.A./Montville, J.V. (Hrsg.): The psychodynamics of international relationships. Vol. I: Concepts and theories. Lexington, Mass., S. 205-217.

N.N. (1998a): „Zusammenprall der Egos“. In: Der Spiegel (10), S. 92-94.

N.N. (1998b): Laster und Limousinen. In: Der Spiegel (11), S. 98-100.

Nelson, W.H. (1966): Die Volkswagen-Story. Biographie eines Autos. München.

Neumann, J.E./Hirschhorn, L. (Hrsg.)(1999): Towards the integration of the social sciences. In: Human Relations 52 (6) (Special Issue).

Nordhoff, H. (1992): Reden und Aufsätze – Zeugnisse einer Ära. Düsseldorf.

O'Shaughnessy, E. (1990): Klinische Untersuchung einer Abwehrorganisation. In: Bott Spilius, E. (Hrsg.): Melanie Klein Heute. Entwicklungen in Theorie und Praxis. Bd. 1: Beiträge zur Theorie. München, S. 367-390.

O'Shaughnessy, E. (1992): Psychosis: Not thinking in a bizzare world. In: Anderson, R. (Hrsg.): Clinical lectures on Klein and Bion. London, S. 89-101.

Pierenkemper, T. (1999): Unternehmensgeschichte. Eine Einführung in ihre Methoden und Ergebnisse. Stuttgart.

Polany, K. (1944): The great transformation. New York.

Porsche, F. mit Bentley, J. (1976): We at Porsche. Garden City, N.J.

Projektgruppe „Messelager“ im Verein EL-DE-Haus e.V. Köln (Hrsg.)(1996): Zwangsarbeit bei Ford. Köln.

Recker; M.-L. (1998): Beweggründe und Zwangslagen des VW-Managements. In: Gall, L./Pohl, M. (Hrsg.): Unternehmen im Nationalsozialismus. München, S. 58-60.

Reed, B. (1976): Organizational role analysis. In: Cooper, C. (Hrsg.): Developing social skills in managers. London, S. 89-102.

Riviére, J. (1983): Haß, Gier und Aggression. In: Klein, M./Riviére, J.: Seelische Urkonflikte. Liebe, Haß und Schuldgefühl. Frankfurt a.M., S. 9-72.

Roth, K.H. (1990): Nazismus gleich Fordismus? Die deutsche Autoindustrie in den dreißiger Jahren. In: Zeitschrift für Sozialgeschichte des 20. und 21. Jahrhunderts 5 (4), S. 82-91.

Rüsen, J./Straub, J. (1998): Die dunkle Spur der Vergangenheit. Psychoanalytische Zugänge zum Geschichtsbewußtsein. Frankfurt a.M.

Sammons, J.L. (Hrsg.)(1998): „Die Protokolle der Weisen von Zion." Die Grundlage des modernen Antisemitismus – eine Fälschung. Text und Kommentar. Göttingen.

Schenzinger, K.A./Simon, H./Zischka, A. (1969): Heinrich Nordhoff. München.

Schröter, H.G. (2000): Die Institutionalisierung der Unternehmensgeschichte im deutschen Sprachraum. In: Zeitschrift für Unternehmensgeschichte 45, S. 30-48.

Shirer, W.L. (1961): Aufstieg und Fall des Dritten Reiches. Köln.

Siegfried, K.-J. (1999): Rüstungsproduktion und Zwangsarbeit im Volkswagenwerk 1939-1945. Wiesbaden.

Sievers, B. (1994): Work, death, and life itself. Essays on management and organization. Berlin.

Sievers, B. (1995): Die Schlacht am Lerchenfeld: Mythos als Metapher. In: Volmerg, B./Leithäuser, T./Neuberger, O./Ortmann, G./Sievers, B.: Nach allen Regeln der Kunst. Macht und Geschlecht in Organisationen. Freiburg, S. 172-204.

Sievers, B. (1998): Verrücktheit in Organisationen. In: Freie Assoziation 1, S. 113-133.

Sievers, B. (1999a): „Psychotische Organisation" als metaphorischer Rahmen zur Sozio-Analyse organisatorischer und interorganisatorischer Dynamiken. In: Freie Assoziation 2, S. 21-51.

Sievers, B. (1999b): Das Management psychosozialer Dynamik und unbewußter Prozesse in Organisationen. In: Pühl, H. (Hrsg.): Supervision und Organisationsentwicklung: Handbuch 3. Opladen, S. 260-273.

Sievers, B. (2001a): „Im Traum erscheint alles als normal und logisch": Die Matrix sozialer Träume. In: Oberhoff, B./Beumer, U. (Hrsg.): Theorie und Praxis psychoanalytischer Supervision. Münster (im Druck).

Sievers, B. (2001b): Counterpoint position statement „trust". In: Westwood, R./Clegg, S. (Hrsg.): Point/counterpoint: Central debates in organisation theory (in Vorbereitung).

Sievers, B. (2001c): „I WILL NOT LET THEE GO, EXCEPT THOU BLESS ME!" (Genesis 32, 26). Some considerations regarding the constitution of authority, inheritance, and succesion. In: Human Resource Development International (im Druck).

Spoerer, M. (1998): Die Automobilindustrie im Dritten Reich. Wachstum um jeden Preis? In: Gall, L./Pohl, M. (Hrsg.): Unternehmen im Nationalsozialismus. München, S. 61-68.

Spoerer, M. (1999): Profitierten Unternehmen von KZ-Arbeitern? Eine kritische Analyse der Literatur. In: Historische Zeitschrift 268 (1), S. 61-93.

Stein, H.F. (1995): Domestic wars and the militarization of American biomedicine. In: Journal of Psychohistory 22, S. 406-415.

Stein, H.F. (1997): Euphemism in the language of managed care. In: Journal Oklahoma State Medical Association 90, S. 243-247.

Stein, H.F. (1998): Euphemism, spin, and the crisis in organizational life. Westport, CT.

Stein, H.F. (1999): Todesvorstellungen und die Erfahrung organisatorischen Downsizing – oder: Steht Dein Name auf Schindlers Liste? In: Freie Assoziation 2, S. 155-185.

Stein, H.F. (2000): In Sachen verschwundener Autor: Von der Parapraxis über die Poesie zu einem Einblick in die Organisationsforschung. In: Freie Assoziation 3, S. 201-237.

Steiner, J. (1990a): Pathological organisations as obstacles to mourning. In: International Journal of Psycho-Analysis 71, S. 87-94.

Steiner, J. (1990b): Die Wechselwirkung zwischen pathologischen Organisationen und der paranoid-schizoiden und depressiven Position. In: Bott Spilius, E. (Hrsg.): Melanie Klein Heute. Entwicklungen in Theorie und Praxis. Bd. 1: Beiträge zur Theorie. München, S. 408-431.

Steiner, J. (1993): Psychic retreats. Pathological organization in psychotic, neurotic and borderline patients. London.

Steingard, D.S./Fitzgibbons, D.E. (1993): A postmodern deconstruction of total quality management (TQM). In: Journal of Organizational Change Management 6 (5), S. 27-42.

Stiens, R. (1999): Ferdinand Piëch. Der Auto-Macher. Wiesbaden.

Streit, C. (1978): Keine Kameraden. Die Wehrmacht und die sowjetischen Kriegsgefangenen 1941-1945. Stuttgart.

Virilio, P./Lotringer, S. (1984): Der reine Krieg. Berlin.

Vlasic, B./Stertz, B.A. (2000): Taken for a ride. How Daimler-Benz drove off with Chrysler. New York.

Volkan, V.D. (1988): The need to have enemies and allies. From clinical practice to international relationships. Northvale, N.Y.

Volkan, V.D. (1999): Das Versagen der Diplomatie. Zur Psychoanalyse nationaler, ethnischer und religiöser Konflikte. Gießen.

Vorstand und Gesamtbetriebsrat der Volkswagen AG (1988): Das Buch. Wolfsburg.

Weiss, U. (2000): Motivation statt Dressur. In: Frankfurter Allgemeine Zeitung Nr. 270, 20. November, S. 32

Wiegrefe, K. (1998): Orden für Henry. In: Der Spiegel (50), S. 184-185.

Willmott, H.C. (1993): Strength is ignorance: Slavery is freedom: Managing culture in modern organizations. In: Journal of Management Studies 30, S. 515-553.

Wollschläger, H. (1998): Das Gedenken und sein Schatten. Vom Aufstieg eines deutschen Defektes: Die Verdrängung ist das Andere des Erinnerns und eine Krankheit, über die man nicht gern spricht. In: Frankfurter Allgemeine Zeitung, Nr. 279, 1. Dezember, S. 45.

Zald, M.N./C.K. Barnette (2000): History, metanarratives, and organizational theory. In: Journal of Management Inquiry (im Druck).

Prof. Dr. Burkard Sievers
Bergische Universität Wuppertal
Wirtschaftswissenschaft mit sozialwissenschaftlicher Ausrichtung (Organisationsentwicklung)
Gaußstr. 20
D-42097 Wuppertal
sievers@uni-wuppertal.de

Michael Nippa

# Intuition und Emotion in der Entscheidungsforschung – State-of-the-Art und aktuelle Forschungsrichtungen

Emotion; Entscheidungsforschung; Intuition; Management; Organisation; Rationalität

## Zusammenfassung

Der Beitrag gibt einen Überblick über die Emotions- und Intuitionsdiskussion in der wirtschaftswissenschaftlichen Entscheidungsforschung. Um aktuelle Konzepte und Ansätze richtig einstufen zu können, ist es notwendig, historische Entwicklungslinien nachzuzeichnen und grundlegende Querschnittsthemen wie die andauernde Rationalitätsdiskussion in der Ökonomie darzustellen. Aufbauend auf der Differenzierung organisatorischer Entscheidungen sowie Zuordnung relevanter Forschungsdisziplinen werden wesentliche Richtungen der entscheidungsbezogenen Emotions- und Intuitionsforschung beschrieben und abschließend eine Neuausrichtung der wirtschaftswissenschaftlichen Entscheidungsforschung angeregt.

Managementforschung 11 (2001), hrsg. von G. Schreyögg und J. Sydow,
Gabler-Verlag • Wiesbaden, S. 213-247

## Abstract

The paper offers a broad perspective on the discussion of emotions and intuition within organizational decision research. In order to evaluate current concepts and approaches properly, it is essential to review briefly historical pathways and fundamental issues of economic behavior and decision making such as the rationality debate. Based on a sketch of the variety of factors and processes influencing organizational decisions and disciplines involved, the main approaches that deal with emotions and intuition as variables of human decision making in organizational settings are described. Finally a reorientation of organizational decision research is suggested.

## Inhaltsübersicht

# 1 Einführung[1]

Nach wie vor ist festzustellen, dass Emotion und Intuition sowie verwandte Begriffe in den Sachregistern der meisten Standardwerke zur Organisationstheorie und sogar zu Organizational Behavior fehlen (Fineman 1996, S. 543). Von wenigen Ausnahmen (z.B. Staehle 1991, 1999) abgesehen, werden diese organisatorischen Phänomene in der Managementforschung und dem Personalmanagement nicht thematisiert. Auch in angloamerikanischen Übersichtswerken zum Organizational Behavior spielen sie nur eine untergeordnete (Hellriegel et al. 1989) oder gar keine Rolle (Gordon 1998; Martin 1998; Randolph/Blackburn 1989).

In den letzten Jahren hat sich jedoch die verhaltenswissenschaftlich orientierte Betriebswirtschaftslehre der Analyse und Diskussion des Einflusses von Emotionen und Intuition auf das Verhalten von Menschen in Organisationen geöffnet. Diese Resonanz in der Organisations- bzw. Managementforschung wurde, wenn auch nicht ausschließlich, von den Zusammenfassungen einiger viel beachteter Autoren wie Fineman (insbesondere 1993a, 1996), Goleman (insbesondere 1995, 1998), Hochschildt (insbesondere 1983) und Lazarus (insbesondere 1991, 1993) auf dem Gebiet Emotion sowie Agor (insbesondere 1984, 1989) und Cappon (insbesondere 1990, 1994) auf dem Gebiet Intuition gefördert.

Wenngleich die meisten der genannten Beiträge, insbesondere zur Intuition, das Entscheidungsverhalten bzw. den Entscheidungsprozess aufgreifen, so steht dieser Aspekt dort nicht im Vordergrund. Die umfangreiche Literatur, die sich speziell mit menschlichen Entscheidungen und Verhaltensweisen auseinandersetzt, betrachtet den Einfluss emotionaler Faktoren und der Intuition mit wenigen Ausnahmen (z.B. Elster 1998, 1999; Simon 1987) nicht systematisch und umfassend, sondern je nach Herkunft der Autoren in sehr heterogener Weise. Das Spektrum reicht von grundsätzlicher Negierung der ökonomischen Relevanz dieser Phänomene, über die Immunisierung durch Anpassung der Annahmen bis hin zur Modifikation von Theorien und dem Ausruf eines unabdingbaren Paradigmenwechsels.

Die grundlegende Frage, die in all diesen Auseinandersetzungen berührt wird, ist die Frage nach der Rationalität menschlicher Entscheidungen und ihre Beeinflussung durch emotionale Faktoren oder Intuition. Emotionen und Intuition rütteln an den Grundfesten vieler ökonomischer Theorien und Paradigmen, und so überrascht die Vielschichtigkeit und Intensität der wissenschaftlichen Diskussion nicht. Obwohl man davon ausgehen sollte, dass die generelle Existenz andersartiger theoretischer Bezugsrahmen und Erklärungsansätze wahrgenommen wird, so erscheint fraglich, ob damit auch in jedem Fall eine nähere Auseinandersetzung mit den bestehenden theoretischen Fundamenten und methodischen Vorgehensweisen dieser Forschungsrichtungen erfolgt bzw. aufgrund der hohen Komplexität und Dynamik der gesamten Entscheidungsforschung erfolgen kann.

Vor diesem Hintergrund stellt sich dieser Beitrag das Ziel, den Leser über die aktuellen Strömungen der Emotions- und Intuitionsdiskussion im Rahmen der Entscheidungsforschung zu informieren. Bis auf sehr wenige Ausnahmen lässt sich in den Fachpublikationen nachvollziehen, dass diese Diskussion vom Paradigmenstreit um den Stellenwert der Rationalitätsannahme in der Ökonomie dominiert wird, der alle Forschungsrichtungen tangiert. Aus diesem Grund ist eine angemessene Darstellung des Status quo der Rationalisierungsdebatte voranzustellen. Daran anschließend soll das Spektrum des untersuchten Forschungsfeldes skizziert werden. Aufbauend auf dieser Fundierung werden spezielle Richtungen des betrachteten Forschungsfeldes systematisch dargestellt, aus denen sich Erfolg versprechende Pfade für die Weiterentwicklung der Entscheidungsforschung und Ökonomie ableiten lassen.

# 2 Fundamente der wirtschaftswissenschaftlichen Entscheidungsforschung

## 2.1 Historische Quellen aktueller Strömungen der Entscheidungsforschung

Zum Verständnis und zur Einordnung moderner Ansätze der Entscheidungsforschung in die Wirtschaftswissenschaften ist ein knapper Rückblick auf historische Entwicklungen sowie auf Philosophien, die das Denken großer Nationalökonomen wie Smith, Mill und Marshall beeinflusst haben, ausgesprochen nützlich.

Es entspricht unter anderem westlicher Weltanschauung, dass logisch begründbare Vernunft das anzustrebende Ideal des Denkens, Entscheidens und Handelns ist und Rationalität dokumentiert. Emotionen und Leidenschaft werden als dysfunktional und destruktiv eingestuft (z.B. Loewenstein 2000; Zeelenberg 1999).

In seiner Abhandlung „Rationality in Decision Making“ veranschaulicht Simon (1997, S. 3 ff.) die Entwicklungsstufen des Rationalitätskonzepts einschließlich der Veränderungen der Begriffsinhalte von Adam Smith bis in das 20. Jahrhundert (mit anderen Akzenten: Arrow 1987; McCormick 1997).

Adam Smith (1723-1790) trifft keine expliziten Annahmen bezüglich eines rationalen, nutzenmaximierenden Entscheiders, sondern unterstellt nur einen überwiegend eigennützigen Entscheider (Brown 1996; Simon 1997). Die Begründung der Nutzendoktrin bzw. des Utilitarismus wird Jeremy Bentham (1748-1832) zugeschrieben. Bentham erhebt die Maximierung des Glücks im Sinne einer positiven Differenz von positiven (happiness, pleasure) und negativen (pain) Emotionen zur ethisch-moralischen Norm (vgl. z.B. Loewenstein 2000).

Mit Alfred Marshall (1842-1924) werden zwei wesentliche Verschiebungen der Forschungsausrichtung verbunden. Zum einen betont Marshall die vormals untergeordnete Bedeutung des Individuums, womit zum anderen individuelle Entscheidungen und Erklärungsansätze wie die Marginalanalyse und die Nutzenmaximierung in den Vordergrund rücken. In den Werken Marshalls wie auch Benthams erfolgt keine Beschränkung auf reines Selbstinteresse (Simon 1997, S. 11).

Größeren Einfluss auf die Entwicklung der Entscheidungstheorie sowie die neoklassische Ökonomie hat nach allgemeiner Auffassung Walras (1834-1910). Er postulierte freie, offene Märkte mit perfekter symmetrischer Information und nutzen- bzw. gewinnmaximierende Agenten (z.B. Maital 1998; s. auch Bausor 1988).

Häufig vergessen wird die Tatsache, dass die theoretische Betrachtung von Entscheidungen und Entscheidungsprozessen Ende des 19. und Anfang des 20. Jahrhunderts in stärkerem Maße von psychologischen Erklärungen und Ansätzen geprägt wurde. Mit der Zunahme kritischer Äußerungen insbesondere von Seiten der Psychologie orientierte sich die Hauptströmung der Ökonomen bei ihrer Modellbildung zunehmend an den Naturwissenschaften (Schwartz 1998).

In der ersten Hälfte des 20. Jahrhunderts und verstärkt nach dem Zweiten Weltkrieg ignorierten mehr und mehr Ökonomen die Erkenntnisse der Sozial- und Verhaltenswissenschaften (Schwartz 1998; Staehle 1999; Economist 1999). Die weitgehende Quantifizierung ökonomischer Sachverhalte, umfassende Versuche zur Formalisierung sowie die Konzentration auf Gleichgewichtszustände zuungunsten von Prozessen dominieren die neoklassische Ökonomie. Grundlage der darunter zu subsumierenden Theorien und Modelle wurde das Menschenbild des Homo Oeconomicus bzw. Rational Man (z.B. Simon 1993).

Der Homo Oeconomicus der neoklassischen Ökonomie und die ihm zugrunde liegenden Entscheidungs- und Verhaltensannahmen sind vielfach charakterisiert worden (z.B. Frey 1992; Mack 1994; Miller et al. 1996; Schwartz 1998; Tietzel 1981), so dass sich eine detaillierte Exegese hier erübrigt. Drei Annahmen sind von zentraler, axiomatischer Bedeutung: Alle Entscheider streben nach Maximierung ihres eigenen Nutzens. Alle Entscheider folgen einem logischen und linearen Entscheidungsprozess. Alle Entscheider verfügen zu jeder Zeit über vollkommene Information bezüglich aller relevanten Aspekte des Entscheidungsproblems. In dieser Modellannahme bzw. diesem Menschenbild wird intuitives oder emotionales Entscheidungsverhalten ausgeschlossen bzw. als irrational und in jedem Fall unterlegen gekennzeichnet (Loewenstein 2000).

## 2.2 Überlegenheitsansprüche des Rationalmodells und die Diskreditierung von Emotion und Intuition

Die neoklassische ökonomische Theorie basiert auf Annahmen, die eng verbunden sind mit rationalen Entscheidungsmodellen, wie der objektiven und subjektiven Erwartungsnutzentheorie (Eisenführ/Weber 1999; Laux 1998; Schoemaker 1982). Im Allgemeinen gilt demnach eine Entscheidung als rational, in der der Entscheider vom Streben nach Maximierung des eigenen – objektiven oder subjektiven – Nutzens geleitet wird und ein sukzessives, logisches und lineares Vorgehen bei der Lösung des Entscheidungsproblems an den Tag legt. Der Zusatz „im Allgemeinen" ist erforderlich, weil nicht nur in der ökonomischen Literatur verschiedene Rationalitätsbegriffe und -konzepte diskutiert werden und bis heute kein Konsens erzielt wurde (z.B. Eichenberger 1992; Etzioni 1994; Hey 1993; Zundel 1995). Darauf wird zurückzukommen sein (siehe Abschnitt 2.3).

Die axiomatische Ausformulierung der Erwartungsnutzentheorie durch von Neumann und Morgenstern (1944) sowie der subjektiven Erwartungsnutzentheorie insbesondere durch Savage (1954) kann als Manifestation bzw. Basis des Rationalitätskonzepts angesehen werden, das auch von der neoklassischen Ökonomie verwendet wird (Klose 1994; Mack 1994; Schwartz 1998; Shapira 1998). Es entwickelte sich zum dominierenden Theorem der Wirtschaftswissenschaften des 20. Jahrhunderts und beeinflusste in hohem Maße auch angrenzende Sozialwissenschaften (Maital 1998; Thaler 1991), obgleich schon früh Kritik an den Annahmen der perfekten und symmetrischen Information und der Nutzenmaximierung geübt wurde. Vereinfachend lässt sich die zunehmende und vielfach empirisch belegte Kritik in der Feststellung zusammenfassen, dass das Rationalitätskonzept und damit die auf ihm gründenden ökonomischen Theorien die beobachtbare Realität nicht abbilden und damit ihren Zweck nicht erfüllen (Brunsson 1982; Keren 1996). So entsprächen viele ökonomische Entscheidungsprobleme nicht den Modellannahmen, seien in der Regel keine ausreichenden Informationen verfügbar oder würden von Menschen nicht genutzt, obwohl sie verfügbar sind, und würden Entscheidungen häufig intuitiv getroffen und durch Emotionen beeinflusst (Colinsk 1996). Die vornehmliche Reaktion auf diese Kritik war die Normativierung der Theorien (z.B. McCormick 1997, S. 18). Diese widmen sich fortan der Frage, wie das menschliche Verhalten idealerweise sein sollte und nicht wie es tatsächlich ist (Etzioni 1994, S. 259 ff.; Payne 1990). In Verbindung mit dem Konzept der begrenzten Rationalität und der bereits erwähnten subjektiven Nutzenmaximierung wurde dadurch eine weitgehende Immunisierung des Rationalitätsparadigmas geschaffen. Das Ergebnis wird auch als Herrnstein-Paradox beschrieben: „[T]he economic theory of rational choice ... accounts only poorly for actual behavior, yet it comes close to serving as the fundamental principle of the behavioral sciences. No other well-articulated theory of behavior commands so large a following in so wide a range of disciplines" (Herrnstein 1990, S. 356).

Trotz unbestreitbarer Widerlegungen dominieren das Rationalitätsparadigma und seine Axiome die Hauptströmungen der Ökonomie sowie speziell der Entscheidungsforschung (z.B. Diedrich 1996). Unterschiedliche Hypothesen werden als Erklärung für dieses

Paradoxon angeführt. Thematisch von besonderem Interesse sind solche, die als eine Ursache die offensichtliche Diskreditierung von Emotionen und Intuition in übergeordneten Menschen- und Organisationsbildern sehen.

Ein Ansatz rekurriert auf die durch das Entstehen industrieller Strukturen forcierte Arbeitsteilung (z.B. Ashforth/Humphrey 1995, S. 101; Mumby/Putnam 1992, S. 470 f.). Neben der zweckgerichteten, rationalen Bürokratie, die nach Weber dann ideal sei, wenn die Effizienz nicht von Liebe, Hass und anderen rein persönlichen, irrationalen und emotionalen Elementen getrübt werde (vgl. z.B. Fineman 1993b, S. 9), werden aber auch die westliche Kultur (Putnam/Mumby 1993) oder die – kognitive Gegenkonzepte herausfordernden – psychoanalytischen und behavioristischen Erklärungsansätze in den Sozialwissenschaften Anfang des 20. Jahrhunderts (Keren 1996) für das mechanistische Menschen- und Organisationsbild des Rationalitätsparadigmas (Morgan 1986; Perrow 1986) verantwortlich gemacht.

Der Glaube an die Überlegenheit logisch-analytischer und bewusster kognitiver Prozesse und an die Determinierung technischer und organisatorischer Strukturen und Abläufe in Unternehmen führt zu einer Übertragung des Maschinengedankens auf die menschlichen Elemente des Systems (Domagalski 1999, S. 835). Ziel ist eine möglichst genaue Vorhersage und Quantifizierung des Mitarbeiterverhaltens und der Aufgabenerfüllung. Übertragen auf menschliche Entscheidungsprozesse zeigt sich diese Vorstellung in dem Glauben an rationale, kalkulierende Akteure oder Agenten (wie auch Prinzipale), die bei vollem Bewusstsein und exakter Kontrolle ihrer geistigen Fähigkeiten, Gedanken und Handlungen den normativen Idealvorstellungen logisch-analytischer Nutzenmaximierung folgen (z.B. Stigler 1987). In der Erkenntniswelt dieses Paradigmas werden real beobachtbare suboptimale Entscheidungen oder Minderleistungen verschiedenen „Fehlfunktionen" des individuellen Wahrnehmungs- und Erkenntnisapparats zugeschrieben, die sich z.B. durch verstärkte geistige Anstrengung oder entsprechende Schulung vermeiden lassen sollten (z.B. Brunsson 1982; Howell/Jägle 1997; Keren 1996). Aber selbst unter Berücksichtigung von Transaktions- bzw. Koordinations- und Denkkosten, mangelnder Kompetenz der Entscheider sowie kognitiver Fehlleistungen lassen sich Verletzungen des Nutzenmaximierungspostulats beobachten, die weiterer Erklärungen bedürfen (z.B. Colinsk 1996; Romer 2000; Selten 1990).

Ein Review der einschlägigen Literatur lässt erkennen, dass Abweichungen über die oben genannten hinaus überwiegend dem Einfluss von intuitiven Eingebungen und emotionalen Faktoren zugeschrieben werden (z.B. Domagalski 1999; Fineman 1996, S. 547 f.). Die Hauptvertreter neoklassischer oder institutionenökonomischer Theorien betrachten beides als ökonomisch unerwünscht bzw. schädlich, weil sie das Erreichen der objektiv richtigen, da logisch-analytisch erfassten bzw. erfassbaren, ökonomisch optimalen Lösung be- oder gar verhindern. Elster (1998), Loewenstein (1996), Keren (1996) und andere weisen darauf hin, dass Definitionen des ökonomischen Rationalitätskonzeptes und des Nutzenmaximierungskalküls psychologische Aspekte und Erklärungen sowie emotionale Faktoren bis auf vereinzelte Ausnahmen ausklammern.

Darüber hinaus besteht die immanente Neigung normativer Theorien, Wertungen zu implizieren, die die Norm als gut und von der Norm abweichendes Verhalten als schlecht charakterisieren (Hey 1993, S. 17). So heben verschiedene Autoren hervor, dass die Vereinnahmung der Rationalität durch die normative Entscheidungstheorie und die darauf aufbauende normative Ökonomik zu einer Dichotomisierung zwischen rationalem versus irrationalem Entscheiden und Handeln führt. Vernunft, Kognition und Denken sind demnach Begriffe, die mit Rationalität verbunden werden, während Leidenschaft, Affekt und Gefühle für Emotionen stehen (vgl. dazu auch den Beitrag von Gertraude Krell und Richard Weiskopf in diesem Band). Gleichzeitig wird Irrationalität, d.h. die Abwesenheit von Vernunft, Intelligenz und Auffassungsvermögen, als Gegensatz der Rationalität betrachtet. Aus beiden Gegensatzpaaren ist dann abzuleiten, dass Emotionalität – und in einem gewissen Ausmaß auch Intuition – gleichzusetzen sind mit Irrationalität (Domagalski 1999; Fineman 1996; Putnam/Mumby 1993, S. 40 sowie Günther Ortmann in diesem Band).

Mit dem Hinweis darauf, dass insbesondere in westlichen Kulturkreisen die so verstandene Rationalität einen positiven Wert hat, d.h. als objektiv, geordnet, geistig und dem Willen unterworfen, angesehen wird, währenddessen Emotionen als subjektiv, chaotisch, körperlich und unwillkürlich gekennzeichnet sind und daher insbesondere im öffentlichen Raum oder Organisationsrahmen negativ beurteilt werden, unternehmen Mumby und Putnam (1992, 1993) einen weitergehenden Erklärungsversuch. Eine Abwertung intuitiver und emotionaler Einflüsse auf menschliche Entscheidungsprozesse bedeutet demnach gleichzeitig eine Aufwertung des rationalen oder begrenzt rationalen logisch-analytischen Entscheidungsverhaltens.

Mit diesen Erklärungsversuchen schließt sich der Kreis der historischen Fundierung der Entscheidungsforschung. Er verdeutlicht, dass auch ökonomische Theorien in umfassende Kulturen, Sozialsysteme und vorherrschende Denkströmungen eingebettet sind und von diesen beeinflusst werden. Eine kontextlose Verwendung führt daher oftmals zu Fehlinterpretationen.

## 2.3 Die Vielfalt der Rationalitäten

Eingedenk der Bedeutung des Rationalitätsparadigmas für die ökonomische Entscheidungsforschung und speziell die Auseinandersetzung mit Emotionen und Intuition, ist es notwendig, unterschiedliche Arten bzw. Konzepte der Entscheidungsrationalität in knapper Form zu skizzieren (aktuelle Übersichten: Arrow 1987; Halpern/Stern 1998a; Feldman/Lindell 1990; March 1997).

Von grundlegender Bedeutung ist die Differenzierung zwischen *vollkommener* und *begrenzter* Rationalität („bounded rationality"; z.B. Simon 1957, 1977, 1997; March 1978 u.v.a.). Die Annahme vollkommen informierter Entscheidungsträger, die ihre Informationen vollständig im Sinne der Maximierung ihres Nutzens verarbeiten, wird im Konzept der *begrenzten* Rationalität durch die Modellvorstellung eines Entscheidungsträgers ersetzt, der nur unvollständige und ungenaue Informationen über Alternativen und ihre Konsequenzen besitzt und sich aus diesem Grund oder aufgrund seiner begrenzten kognitiven Fähigkeiten für Lösungen entscheidet, von denen er ein zufrieden stellendes Ergebnis erwartet (insbesondere Simon 1997, S. 17; Cyert/March 1992; March/Simon 1958). Zu den wesentlichen Konsequenzen dieser Unterscheidung zählt Simon (1997) unter anderem die Öffnung des Blicks für den Entscheidungsprozess sowie die Notwendigkeit der Einbeziehung der Soziologie und Psychologie. Die unter dem Einfluss der Human Relations Bewegung entstandene Vorstellung von nicht-rationalen Individuen und rationalen Organisationen (Barnard 1938) wird damit wieder verlassen. Nach Simon handeln Menschen intendiert rational und ist weitgehende Rationalität aufgrund ihrer Überlegenheit erstrebenswert (z.B. Perrow 1986, S. 120 ff.)

Des Weiteren sei zwischen *substantieller* und *prozeduraler* Rationalität zu unterscheiden. Während erstere zum Ziel hat, auf der Basis der Analyse der Entscheidungssituation die Entscheidung bzw. Handlung zu identifizieren, die zur Maximierung des Nutzens führt, rückt bei der prozeduralen Rationalität der Entscheider und die Analyse seiner kognitiven Prozesse in den Mittelpunkt (Etzioni 1994 verwendet dafür den Begriff „instrumentelle" und March 1978 „intentionale" Rationalität).

Schließlich sei offensichtlich, dass die vollkommene und die substantielle Rationalität inhaltliche Parallelen aufwiesen, wie auch die begrenzte und prozedurale Rationalität. Obwohl das vollkommene, substantielle Rationalitätskonzept zur Lösung einfacher Entscheidungsprobleme und als Grundlage für eine rein-normative, theoretisch-modellierende Ökonomie ausreichend sei, lässt Simon keinen Zweifel daran, dass das begrenzte, prozedurale Rationalitätskonzept in vielen Fällen zu essentiell anderen Schlussfolgerungen führt und für praktische Entscheidungsprobleme einen adäquaten theoretischen Bezugsrahmen mit Erklärungsgehalt liefert: „In a wide range of important situations, we cannot understand economic behavior without a correct theory of the processes and knowledge the actors are actually using to make their choices" (Simon 1997, S. 19; vgl. auch Arrow 1987).

Ein weiterer Aspekt, der Einfluss auf die Entscheidungsforschung hat bzw. umgekehrt durch Beiträge der angewandten Management- und Organisationsforschung sowie Psychologie und Soziologie induziert wurde, ist die Relevanz des jeweiligen Entscheidungskontextes für die Rationalitätsbetrachtung. Vorschläge, die klassisch synoptischen Rationalitätsannahmen zu überwinden, mündeten z.B. in der Konzeption einer kommunikativen Rationalität (Kirsch 1992), die auf der Theorie kommunikativen Handelns von Habermas basiert (ähnlich auch v. Werder 1994). Aber auch diese Konzepte setzen auf logische Begründbarkeit der Handlungen und sind im Endeffekt Spielarten der intentionalen Rationalität. Des Weiteren werden Entscheidungen nicht in einem beziehungs- und zeitlosen Vakuum, sondern in sozialen Milieus und mit zeitlichen Abhängigkeiten getroffen (Coleman 1990; Etzioni 1994; Halpern/Stern 1998b). Faktoren wie Fairness, Freundschaft, Vertrauen und andere eher mit Emotionen verbundene soziale Faktoren üben einen Druck auf die individuelle Wahrnehmung von Nutzen und Rationalitätskalkülen aus. Ökonomische Theorien versuchen, diesen Aspekt durch die Integration eines sozialen Nutzenfaktors in das Modell abzubilden (z.B. Akerlof 1970). Jedoch weisen Arrow (1987) und andere darauf hin, dass Rationalität streng genommen damit seine individuelle Dimension verliert und vom sozialen Kontext mitbestimmt wird.

Darüber hinaus betont Arrow, dass nicht die generelle Rationalitätshypothese, sondern die mit den jeweiligen ökonomischen Theorien verbundenen speziellen Annahmen in den Mittelpunkt zu stellen sind: „The lesson is that the rationality hypothesis is by itself weak. To make it useful, the researcher is tempted into some strong assumptions" (Arrow 1987, S. 71). Etzioni urteilt in ähnlicher Weise und beklagt die ungenügende Differenzierung des neoklassischen Konzepts der Realität: „Es definiert individuelles Verhalten entweder als rational (was erreicht wird, indem man ‚ausgewachsene' Tautologien bastelt) oder es definiert Rationalität so, dass die meisten Verhaltensweisen aller Akteure als rational qualifiziert werden" (Etzioni 1994, S. 259 f.). Selbst vordergründig nicht-rationales Verhalten wird durch entsprechende Argumente oder Annahmenanpassung in irgendeiner Weise als rational erklärt. Das Ersetzen der objektiven durch eine intendierte, subjektive Nutzenmaximierung des individuellen Entscheiders ist eine Basis dieser generellen Immunisierung, die Leibenstein (1986, S. 14, zit. nach Maital 1998) als Catch-22-Klausel kennzeichnet: „[S]uppose the options are A and B, and the economic agent selects A; and an observer argues that this is a sub-optimal choice since the profits under A are less than under B. ... [An] unidentified and unmeasured [sic] Factor F ... ‚fudge factor' ... is stuck in, ... [so that the] utility of A ... plus F is greater or equal to the utility of B. ... There is no information whether the ‚fudge factor' really exists ... such [factors] almost always come to mind."

In einer Gesamtschau des aktuellen Erkenntnisstandes kann man zu dem berechtigten Schluss gelangen, dass das Rationalitätsparadigma auf tönernen Füßen steht und vor allem nicht geeignet ist, um eine tragfähige und die Fortentwicklung der Entscheidungsforschung befruchtende Abgrenzung zwischen rationalem und nicht-rationalem, d.h. emotionalem oder intuitivem, Entscheidungsverhalten zu bieten.

Wie jedoch noch näher darzustellen sein wird, fehlt ein alternatives Theoriegebäude. Um die aktuelle Diskussion der Emotion und Intuition in den verschiedenen Teildisziplinen der wirtschaftswissenschaftlichen Entscheidungsforschung einordnen zu können, soll deshalb überblicksartig dargestellt werden, welches Spektrum die Analyse und Gestaltung organisatorischer Entscheidungsprozesse aufweist.

## 2.4 Das Forschungs- und Gestaltungsspektrum ökonomischer Entscheidungen

Trotz anderweitiger Sichtweisen schließt sich die Verwendung eines allgemeinen Entscheidungsbegriffs und -konstrukts aus. Entscheidung ist eben nicht Entscheidung, sondern differenziert sich in vielerlei Hinsicht (z.B. Schoemaker/Russo 1993; für strategische Entscheidungen: Nippa 2001). Es sind von verschiedener Seite und aus unterschiedlicher Forschungsperspektive Versuche unternommen worden, organisatorische Entscheidungen zu systematisieren.

Beispielsweise haben Baird und Thomas (1985) auf der Basis eines Literaturreviews *Kontingenzfaktoren* identifiziert und systematisiert, die die Risikoübernahme bei strategischen Entscheidungen beeinflussen (für Risikoverhalten: March/Shapira 1987). Die übergeordneten Faktoren wie allgemeines und branchenspezifisches Organisationsumfeld, Organisationsspezifika, Problem- bzw. Aufgabenmerkmale sowie Charakteristika der Entscheidungsträger dürften ohne weiteres als genereller Bezugsrahmen organisatorischer Entscheidungen wie auch zur Analyse des Einflusses von Emotionen und Intuition auf die Entscheidungsqualität geeignet sein (vgl. auch die Ansätze von Fischhoff 1996; Nippa 1999). Bereits diese statischen Modelle verdeutlichen die Vielfalt von Einflussfaktoren auf das Verhalten des oder der Entscheider, die in den bislang im Mittelpunkt stehenden ökonomischen Theorien nicht oder nur ungenügend Berücksichtigung finden (vgl. Messick/Bazerman 1996; Nutt 1989).

Teilweise auf empirischen Untersuchungen basierend, wurden eine Reihe von Systematisierungen von *Entscheidungsprozessen* sowie Kategorisierungen der *Entscheidungsformen* vorgenommen (z.B. Dean/Sharfman 1996; von der Oelsnitz 1999; Literaturreviews: Huff/Reger 1987; Schwenk 1995). So unterscheiden beispielsweise Mintzberg et al. (1976) die Phasen: Identifizierung (mit Problemerkennungs- und Diagnoseroutinen), Entwicklung (mit Such- und Gestaltungsroutinen) sowie Auswahl (mit Überprüfungs-, Bewertungs- und Autorisierungsroutinen). Sie betonen, dass dieser Prozess bzw. die Teilprozesse nicht sukzessive, sondern parallel, zirkulär und wiederholt ablaufen und häufig von Unterbrechungen, Verzögerungen und Nachprüfungen gekennzeichnet sind. Aspekte, die zum einen nicht in rationalen Entscheidungsmodellen enthalten sind und zum anderen vielfältige emotionale Einflüsse aufweisen. Neben dem Zeitfaktor beeinflussen aber weitere Faktoren die konkrete Ausprägung des Entscheidungsprozesses zwischen den Extremen eines durchgeplanten, geordneten und eines sich quasi ergebenden, chaotischen Vorgehens (Miller et al. 1996, S. 299 f.).

Eine ganze Reihe von Vertretern der Organisationsforschung sehen *Machtstrukturen und -prozesse* als die eigentliche Erklärungsgrundlage für organisatorische Entscheidungen an (z.B. Pettigrew 1973; Pfeffer 1981; Salancik/Pfeffer 1974). Die durch Arbeitsteilung zwangsläufig entstehenden Interessengruppen wetteifern unter Nutzung unterschiedlicher Machtfaktoren um knappe Ressourcen (Überblick über diese Perspektive z.B. bei Miller et al. 1996). In diesem Umfeld zeigen sich organisatorische Realphänomene wie Machtspiele, Intrigen, Konfliktbewältigung, Koalitionsbildung oder Entscheidungsunterdrückung. Obgleich diese Aspekte theoretisch und empirisch nur schwer fassbar sind, müssen sie Bestandteil einer umfassenden Forschung sein, die sich die Beschreibung, Erklärung und Gestaltung organisatorischer Entscheidungen zum Ziel setzt.

Dazu gehört auch die Perspektive des so genannten *„Garbage can"-Modells* (insbesondere Cohen/March 1986; Brunsson 1982, 1985; von der Oelsnitz 1999). Demnach lassen sich Entscheidungen in Organisationen auch als intendiertes oder zufällig entstandenes Ergebnis mehr oder weniger chaotischer Prozesse erklären. Diese Sichtweise stellt vor allem die Kopplung von Zielen und Mitteln, kausale Ursache-Wirkungszusammenhänge sowie systematisch geplante und umgesetzte Entscheidungsprozesse auf individueller und organisatorischer Ebene in Frage. Einen darauf aufbauenden Bezugsrahmen zur Erforschung von Manager- und Organisationsentscheidungen, der kontinuierliche und überlappende Entscheidungsprozesse in einer Organisation ansatzweise thematisiert, bietet beispielsweise Butler (1997).

Als Zusammenfassung der unterschiedlichen Perspektiven normativer und deskriptiver Ansätze zur Erklärung organisatorischer Entscheidungen kann die folgende Kategorisierung nach March (1997) verwendet werden. Die Sichtweise von Entscheidungen als regel-basierte Handlungsweisen, die keiner Auswahlentscheidung, sondern der Einschätzung von Situationen und Rollen bedürfen kontrastiert die vorab ausführlich dargestellte Vorstellung auf klaren Axiomen basierender rationaler Auswahlprozesse. Eine weitere Perspektive betrachtet Entscheidungen als Input und Output von organisatorischen Prozessen, die geeignet sind, der Organisation und ihren Mitgliedern Sinn und Ordnung zu vermitteln. Schließlich sei offensichtlich, dass sich Entscheidungen häufig nur unter Einbeziehung ihres konkreten zeitlichen, lokalen und personalen Umfelds erklären ließen.

Die nähere Analyse ausgewählter Systematisierungen organisatorischer Entscheidungen offenbart ein sehr komplexes Gebilde unterschiedlicher Einflussfaktoren anstelle einer stark vereinfachenden Vorstellung eines allgemein verwendbaren Entscheidungsbegriffs. Um die Ansatzpunkte der aktuellen Emotions- und Intuitionsdiskussion aufzeigen zu können, sollen im Folgenden betriebswirtschaftlich relevante Forschungsrichtungen zusammengefasst dargestellt werden.

## 2.5 Relevante Disziplinen der organisatorischen Entscheidungsforschung

Die maßgeblich von Heinen (1969) begründete entscheidungsorientierte Betriebswirtschaftslehre verdeutlicht die Durchdringung zentraler Forschungsfelder der Wirtschaftswissenschaften mit Entscheidungsproblemen. Nahezu alle Teildisziplinen thematisieren in der einen oder anderen Weise Entscheidungen. Es lassen sich jedoch Forschungsrichtungen identifizieren, in deren Erkenntnismittelpunkt Entscheidungen stehen oder für die bestimmte Entscheidungsmodelle und -annahmen das theoretische Fundament bilden und die wiederum in hohem Maße Erkenntnisse von Nachbardisziplinen bündeln (vgl. Abb. 1).

Der überwiegend normativen Entscheidungsforschung zuzuordnen sind die formale, quantitativ orientierte Entscheidungstheorie (bekannte Vertreter im deutschsprachigen Raum sind z.B. Laux 1998; Eisenführ/Weber 1999), die sich selbst als Interdisziplin versteht und wiederum unterschiedliche Orientierungen aufweist (z.B. mit Literaturüberblick bei Klose 1994) sowie die damit verbundenen neoklassischen und institutionenökonomischen Theorien.

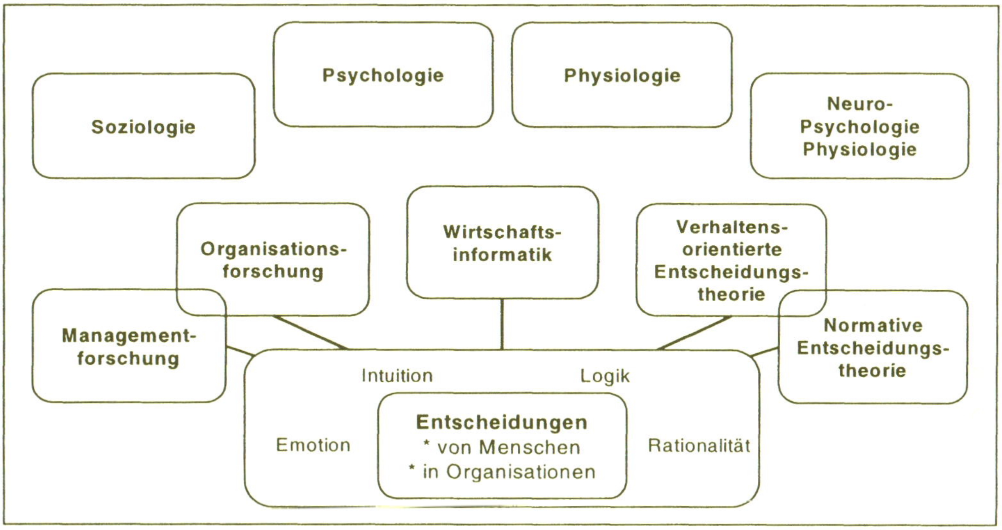


Abb. 1: Forschungsrichtungen im Überblick

Aus der überblicksartig dargestellten Kritik an der unzureichenden Erklärungsreichweite normativer Ansätze und insbesondere aus dem Blickwinkel der Emotions- und Intuitionsdiskussion heraus erscheint es sinnvoll, explizit die verhaltensorientierte Entscheidungstheorie („behavioral decision theory") hervorzuheben. Diese orientiert sich am realen Entscheidungsverhalten von Individuen und versucht systematische Abweichungen vom normativen Entscheidungsverhalten zu erklären.

Die Wirtschaftsinformatik beschäftigt sich mit der Unterstützung menschlicher Entscheidungsprozesse durch daten- und informationsverarbeitende Systeme im wirtschaftlichen Umfeld. Die entscheidungsrelevante Aufbereitung von Daten sowie die Entwicklung von Entscheidungsunterstützungssystemen bis hin zur so genannten künstlichen Intelligenz bedarf einer intensiven Auseinandersetzung sowohl mit dem realen Entscheidungsverhalten in Organisationen als auch der Umsetzung normativer Vorstellungen.

Die verschiedenen Teildisziplinen der Wirtschaftswissenschaften erhalten viele Anstöße zur Beschäftigung mit Emotionen und intuitivem Entscheidungsverhalten und zur Integration in normative und deskriptive Modelle von anderen Sozial- und auch Naturwissenschaften wie zum Beispiel der Psychologie, der Soziologie oder auch der Neurophysiologie. Die wichtigsten Impulse für die Emotions- und Intuitionsdiskussion in der aktuellen wirtschaftswissenschaftlichen Entscheidungsforschung werden nachfolgend thematisiert.

# 3 Die Rolle der Intuition und Emotion bei menschlichen Entscheidungen in Organisationen

## 3.1 Abwehr- und Integrationsansätze der Entscheidungstheorie

Die Diskussion des Einflusses von Emotionen auf Entscheidungen sowie die Relevanz intuitiver Problemlösungsverfahren wird – wie bereits ausgeführt – in der traditionellen Entscheidungstheorie überwiegend mit der bereits grundlegend dargestellten Rationalitätsdebatte verbunden, die hier nicht nochmals aufgegriffen werden muss. Von prinzipieller Bedeutung für die Diskussion von Emotionen und Intuition innerhalb des Gedankengebäudes der Entscheidungstheorie wie auch der damit eng verbundenen ökonomischen Theorien sowie deren Weiterentwicklungen sind vor allem zwei Aspekte. Zum einen die Differenzierung hinsichtlich des Erkenntnisinteresses bzw. des Erklärungsgehalts in normative und deskriptive theoretische Ansätze[2] und zum anderen die zentrale Ausrichtung dieser hinsichtlich kognitiv-erkennender oder nicht-kognitiver Erklärungen für menschliche Verhaltensweisen und Entscheidungsprozesse.

Generell basiert die klassische Entscheidungs- und auch Spieltheorie mit sehr wenigen Ausnahmen auf einer rein normativen Perspektive, wenngleich dies regelmäßig von deren Vertretern in Zweifel gezogen wird (Keren 1996; Lopez 1996). Es wurden und werden Entscheidungsmodelle entwickelt, die auf der Basis unterstellter kognitiver Vorgehensweisen zu optimalen Problemlösungen führen. In dieser Sichtweise haben nicht-kognitive Faktoren wie Emotionen, Motive, ethische Bedenken oder Intuitionen keine Relevanz für den Entscheidungsprozess, sofern sie sich nicht rationalisieren lassen (McCormick 1997) bzw. besser: sie sollten sie nicht haben. Emotionen und intuitives Entscheiden werden als Ursache für Normabweichungen im Entscheidungsprozess, bei der Nutzenbewertung und damit auch für die Wahl „suboptimaler" Lösungen gesehen. Parallel zur Entwicklung der formalen, quantitativ orientierten Entscheidungstheorie mehrten sich die Anzeichen für systematische und konsistente Abweichungen menschlichen Entscheidungsverhaltens von den kognitiven Normvorstellungen (z.B. Schmidt 1996). Diese nicht offensichtlichen Diskrepanzen haben drei unterschiedliche Reaktionsmuster der Entscheidungstheorie hervorgerufen: Negierungs-, Abwehr- und Integrationsansätze.[3]

Unter dem „*Abwehransatz*" lassen sich alle die Beiträge subsumieren, die beobachtete systematische Unterschiede als Anomalien, d.h. als Abweichung vom Normalverhalten, behandeln (Übersichten bei Eichenberger 1992; Klose 1994). Die Frage nach der deskriptiven Validität normativer Standardannahmen der Erwartungsnutzentheorie sowie den Verhaltensannahmen ökonomischer Modelle steht nach Klose (1994, S. 43) im Mittelpunkt empirischer Untersuchungen zu Entscheidungsanomalien. Vertreter des Abwehransatzes sind in der Regel nicht an einer über die Zuordnung zu angegriffenen Standardannahmen und Axiomen hinausgehenden inhaltlichen Systematisierung und Analyse empirisch nachgewiesener Abweichungen interessiert. Es geht ihnen vielmehr um deren Widerlegung und Neutralisierung, z.B. durch Aggregationsversuche, Vorschläge zur Einrichtung von Institutionen, beziehungsweise um deren Integration durch Anpassung von Annahmen des jeweiligen Modells – z.B. die Betrachtung von Fehlentscheidungs-, Transaktions- oder Denkkosten des Entscheiders (z.B. Eichenberger 1992; Klose 1994). Etwas breiteren Raum nimmt die Auseinandersetzung mit intuitivem Entscheidungsverhalten im Sinne von kognitiven Heuristiken ein (z.B. Klose 1994, S. 124 ff.). Wertfrei ist festzustellen, dass in dieser Entwicklungsrichtung der formalen Entscheidungstheorie keine explizite und differenzierte Betrachtung emotionaler und intuitiver Einflussfaktoren organisatorischer Entscheidungsprozesse erfolgt, diese Begriffe in der Regel nicht oder nur am Rande Erwähnung finden und daher auch nicht definiert oder spezifiziert werden. Die in unterschiedlichen Versionen ausdifferenzierte und weiterentwickelte Erwartungsnutzentheorie wird im Rahmen der organisatorischen Entscheidungsforschung weiter als theoretischer und empirischer Bezugsrahmen verwendet (Diedrich 1996; Langevoort 1998; Schmidt 1996; Svenson 1996).

Die zunehmende Evidenz von Erklärungsdefiziten der klassischen normativen Entscheidungstheorie hat dazu geführt, dass sich in den letzten Jahrzehnten mit der verhaltensorientierten Entscheidungstheorie eine eigenständige Richtung im Sinne eines „*Integrationsansatzes*" entwickelt hat (Keren 1996; Shapira 1997; Literaturüberblick bei Langevoort 1998). Es ist aber darauf hinzuweisen, dass weder zur normativen Entscheidungsforschung noch zur theoriebasierten Organisationsforschung klare Abgrenzungen bestehen. Die vor allem von Vertretern der Psychologie geprägte verhaltensorientierte Entscheidungstheorie fokussierte zunächst darauf, die Implikationen des normativen Ansatzes zu widerlegen, ein Umstand, der selbstverständlich Kritik der Normativen Schule hervorruft (z.B. Schauenberg 1985). Arbeiten vor allem von Tversky, Kahneman, Einhorn, Thaler und anderen demonstrieren Heuristiken, Verzerrungen und andere systematische und vorhersagbare Abweichungen von den Modellvorhersagen der normativen Entscheidungstheorie und zeigen auf, dass sich diese modellieren und empirisch testen lassen. Besondere Resonanz haben psychologische Effekte und Erklärungen bei Wahrscheinlichkeitsschätzungen und Auswahlentscheidungen gefunden, die zur Entwicklung von Heuristik- und Abweichungsparadigmen bei der Analyse von Entscheidungen unter Unsicherheit (z.B. Kahneman et al. 1982) sowie zur Entwicklung der Prospect Theorie und Framing Modellen (z.B. Kahneman/Tversky 1984) geführt haben (vgl. Shapira 1997).

Die Forschungen der verhaltensorientierten Richtung der Entscheidungstheorie basieren größtenteils auf Laborexperimenten und konzentrieren sich auf die kognitiven Aspekte individuellen Entscheidungsverhaltens (Quattrone/Tversky 1988), so dass soziale und nicht-kognitive emotionale Effekte vernachlässigt werden. Sofern die verhaltensorientierte Entscheidungstheorie Emotionen aufgreift, wie zum Beispiel Bedauern (Loomes/Sugden 1982; Leland 1998), so werden diese nicht näher spezifiziert, sondern als kognitiv verarbeitete Konstrukte in rationale Kalküle überführt. Der subjektive Wert, den aktuelle und zukünftige Emotionen im Zusammenhang mit den betrachteten Entscheidungsalternativen haben, wird in die Nutzenfunktion integriert. Bezogen auf die Diskussion der Beeinflussung von Entscheidungen durch emotionale und intuitive Faktoren liegen die Stärken der verhaltensorientierten Entscheidungstheorie bzw. kognitiven Psychologie auf der klaren Beschreibung von unterschiedlichen, systematisch zu beobachtenden Heuristiken und realen Verhaltensweisen von Entscheidern. Dazu zählen zum Beispiel die Erklärung und theoretische Modellierung der Verlust- anstelle einer Risikoaversion von Entscheidern (z.B. Tversky/Kahneman 1991), Überbewertung des Status quo (z.B. Thaler 1992, Kap. 5; Issacharoff 1998), übermäßiges Selbstvertrauen (z.B. Brenner et al. 1996) oder auch der Fluch der nachträglichen Einsicht (z.B. Camerer et al. 1989) sowie so genannte Finanzmarktanomalien (z.B. Daniel et al. 1998; Kahneman/Riepe 1998).

Die verhaltensorientierte Entscheidungstheorie sieht sich – wie auch die damit verbundene verhaltensorientierte Ökonomie und Finanztheorie – dem Dilemma ausgesetzt, zwar über eine Vielzahl von Falsifizierungen der normativen Entscheidungstheorie oder neoklassischen und Institutionen-Ökonomie, aber über kein geschlossenes Theoriegebäude zu verfügen, das annähernd so einfach, reduktionistisch und abstrakt ist (Frank 1988, S. 258 f.; Langevoort 1998; Schwartz 1998; Simon 1999). Der Preis, den die deskriptive Entscheidungstheorie für die Erklärung realer Entscheidungsvorgänge zahlt, ist die Komplexität und partielle Unvereinbarkeit einzelner theoretischer Ansätze.

## 3.2 Wirtschaftsinformatik: Begrenzte Fortschritte für die Intuitionsdiskussion

Wenngleich die Zuordnung von Herbert Simon zu den Computerwissenschaften bzw. der Wirtschaftsinformatik der Vielfalt seiner Arbeiten und seinem Wissenschaftshintergrund nicht gerecht wird, so lassen sich durch die grobe Verallgemeinerung doch stringente Entwicklungen aufzeigen. Das bereits erwähnte Konzept der begrenzten Rationalität ist im Wesentlichen ein Konzept der begrenzten kognitiven Informationsverarbeitungskapazität von Individuen. Es stellt jedoch die Dominanz des kognitiven Entscheidungsprozesses und dessen normativen Anspruch nicht in Frage. Das Konzept der begrenzten Rationalität findet daher als Bestätigung des generellen Rationalitätsparadigmas Eingang in Weiterentwicklungen der neoklassischen Ökonomie wie zum Beispiel die Neue Institutionenökonomie (z.B. Picot et al. 1997). Darüber scheint in Vergessenheit zu geraten, dass das Konzept aus der Analyse der Informationsverarbeitung bei organisatorischen Entscheidungen entstanden ist und im Zuge der nahezu vollständigen Durchdringung wirtschaftlicher Prozesse durch Informations- und Kommunikationstechnologien wichtige Impulse für die Entscheidungsforschung liefern kann. Simon wird zum Wegbereiter der

Entdeckung der Potenziale der Intuition zur effizienten Lösung individueller und organisatorischer Entscheidungen. Am Beispiel des Schachspiels demonstriert er die Überlegenheit erfahrungsbasierter Intuition und von Erfahrungswissen in bestimmten Problemstellungen und Entscheidungsprozessen[4] und kommt zum Schluss: „It is a fallacy to contrast ‚analytic' and ‚intuitive' styles of management. Intuition and judgment – at least good judgment – are simply analyses frozen into habit and into the capacity for rapid response through recognition" (Simon 1987, S. 63). Es ist allerdings festzuhalten, dass im Weltbild der begrenzten Rationalität weiterhin zwischen einer nicht-rationalen, ökonomisch vorteilhaften und einer emotionalen, irrationalen und daher ökonomisch unvorteilhaften Intuition unterschieden wird: „We must not confuse the ‚nonrational' decisions of the experts – the decisions that derive from expert intuition and judgement – with the irrational decisions that stressful emotions may produce" (Simon 1987, S. 62).

Es bleibt zu hoffen, dass die Wirtschaftsinformatik von dieser Neubestimmung des Standpunktes hinsichtlich der Relevanz der Intuition für organisatorische Entscheidungsprozesse befruchtet wird. Denn, obwohl spätestens seit dem Scheitern des zentralen Management-Informations-System Ansatzes in den 70er-Jahren deutlich ist, dass sich die Prämissen von Entscheidungsunterstützungssystemen („Decision Support Systems") in vielerlei Hinsicht von den realen Anforderungen unterscheiden, finden sich nur wenige Beiträge, die dies zur Grundlage verstärkter Forschungsbemühungen machen. Die Unterstützung der Managerintuition wird zwar insbesondere für komplexe Managemententscheidungen als erfolgsrelevant erkannt (z.B. Brynjolfsson/Hitt 1995; Eisenhardt 1999; Sauter 1999) bzw. die Kombination von analytischen Entscheidungsunterstützungssystemen mit der Intuition erfahrener Entscheider als den reinen Modellen überlegen gekennzeichnet (z.B. Blattberg/Hoch 1990; Whitecotton et al. 1998). Eigenständige Forschungen haben aber noch keinen nachhaltigen Eingang in die wissenschaftliche Diskussion gefunden. Vielmehr werden in der Regel Erkenntnisse zur Intuition bzw. zu intuitivem, urteilendem Entscheiden von der angewandten Management- und Organisationsforschung (z.B. Agor 1984) oder der kognitiven Psychologie (z.B. Larkin et al. 1980) übernommen.

## 3.3 Impulse von der Neuropsychologie und -physiologie

Um die folgenden Ausführungen pointierter darzustellen, soll die traditionelle Sichtweise, wonach Emotionen Sand im Getriebe ökonomischen Handelns sind, kurz rekapituliert werden: Emotionen können zur Auswahl suboptimaler Lösungen, zu irrationalen Nutzenkalkülen und zu Fehleinschätzungen bezüglich der Kosten und des Nutzens der in die Entscheidung einzubeziehenden Informationen führen. Offensichtliche Verzerrungen der Wahrscheinlichkeits- und Glaubwürdigkeitsannahmen, das Vertrauen in die Effizienz von Handlungsweisen, denen unter anderen Bedingungen nicht vertraut wird, sind Beispiele für emotional induziertes Wunschdenken, d.h. für eine irrationale Festlegung grundlegender Überzeugungen. Darüber hinaus werden spontane Entscheidungen häufig von starken Emotionen ausgelöst, das heißt, eine weitere rationale Betrachtung der Kosten und des Nutzens zusätzlicher Informationen unterbleibt. Rationalitätsverzerrungen werden demnach vor allem durch Selbsttäuschung oder innere, nicht willentlich zu steuernde Antriebe[5] verursacht (vgl. Elster 1999, S. 291 ff.).

Die Gegenposition zur These einer negativen „Verzerrung" des rationalen Entscheidungskalküls durch Emotionen hat in jüngster Zeit insbesondere durch Arbeiten von de Sousa (1987) und Damasio (1994, 1999) Auftrieb erhalten. Emotionen können demnach nicht nur neutral sein, sondern auch rationale Verhaltensweisen fördern, indem sie beispielsweise in vagen, unbestimmten Situationen oder bei bedrohlichen und komplexen Entscheidungsproblemen ein weiteres Hinauszögern der Entscheidung verhindern (vgl. auch LeDoux 1996). In der Managementforschung haben die auf neurophysiologischen Analysen basierenden Erklärungen Damasios Beachtung erhalten (z.B. Schanz 1997).

Dabei geht eine Reihe von Forschern davon aus, dass das logisch-analytische, das intuitive und das emotionale Denken und Fühlen in menschlichen Gehirnen miteinander gekoppelt sind. Darauf wiesen Beobachtungen bei Patienten mit verletzten bzw. funktionsunfähigen Gehirnpartien hin (z.B. Damasio 1999, S. 59 ff.; Bechara et al.1997; LeDoux 2000; kritisch z.B. Elster 1999, S. 291 ff.). Eine andere Richtung der Neuropsychologie und -physiologie scheint eher die Abgrenzung von Zentren analytischer, intuitiver und emotionaler Funktionen im menschlichen Gehirn zu fördern (z.B. MacLean 1990; Panksepp 1998; Rolls/Treves 1998; Rolls 1999). Es erscheint allerdings eine gewisse Vorsicht gegenüber der raschen Übertragung der Erkenntnisse der Neurowissenschaften auf individuelle und organisatorische Entscheidungsprozesse im ökonomischen Umfeld angebracht. Zum einen sind die Ergebnisse wie angedeutet noch widersprüchlich (vgl. Bower 1999; Johnston 1999, S. 109 ff.; Lane/Nadel 2000; Rao et al. 1992) und zum anderen ist zu befürchten, dass trotz allen Bemühens mitunter die Kompetenz zur wissenschaftlich fundierten Reflexion fachfremder Erkenntnisse doch beschränkt ist.[6]

Trotz letztgenannter Vorbehalte haben die Erkenntnisse der Neuropsychologie und -physiologie mit dazu beigetragen, die Bedeutung der Intuition und Emotion für individuelle und organisatorische Entscheidungsprozesse in den Wirtschaftswissenschaften hervorzuheben. Sie fördern das Verständnis der – aus meiner Sicht sinnvollen und nützlichen – Interaktion verschiedener Vorgehensweisen bei unterschiedlichen Entscheidungssituationen und die Weiterentwicklung deskriptiver wie auch normativer ökonomischer Theorien (vgl. z.B. Elster 1999).

## 3.4 Eine Skizze der Beiträge der Sozialwissenschaften

Die separate Darstellung originärer Beiträge der unterschiedlichen Sozialwissenschaften zur Emotions- und Intuitionsdiskussion in der organisatorischen Entscheidungsforschung ist nur bedingt möglich. Die Analyse wichtiger Veröffentlichungen auf diesem Gebiet lässt erkennen, dass die Transformationsleistung meist von interessierten Ökonomen vorgenommen wird (Elster 1998, S. 47).

### 3.4.1 Sensibilisierung der Entscheidungsforschung

Die Erkenntnisse der Sozialwissenschaften haben zunächst einmal wesentlich dazu beigetragen, allgemein die Wirtschaftswissenschaften und speziell die Entscheidungsforschung für die Relevanz emotionaler und intuitiver Hintergründe für menschliche Verhaltensweisen zu sensibilisieren und eine andauernde Diskussion in Gang zu setzen. Dieses wurde bereits im Rahmen der Darstellung der Entwicklungsrichtungen der traditionellen Entscheidungstheorie deutlich, die in hohem Maße von der kognitiven Psychologie bzw. deren prominenten Vertretern wie Daniel Kahneman und Amos Tversky herausgefordert und befruchtet wurde. Darüber hinausgehend wurde die Rationalitätsdebatte vor allem durch Beiträge der Soziologie (z.B. Etzioni 1994), der Politikwissenschaft (z.B. Elster 1999) oder der Philosophie (z.B. de Sousa 1987; Greenspan 1988, 2000; Sutherland 1995) zu neuen Perspektiven angeregt. Schließlich haben die in der Einführung erwähnten Autoren allgemein dazu beigetragen, das Interesse der Wirtschaftswissenschaften an Emotionen und Intuition zu steigern.

### 3.4.2 Beschreibung und Systematisierung menschlicher Emotionen

In verschiedenen Veröffentlichungen werden Versuche unternommen, den Begriff Emotion eindeutig zu beschreiben und von verwandten Konzepten wie Gefühl, Intuition, Affekt, Leidenschaft abzugrenzen (vgl. neben ausgewählten Beiträgen in diesem Band z.B. Damasio 1999; Fineman 1996; Frijda 1986; Lazarus 1991, 1993). Elster (1999) und andere Autoren (z.B. Ekman/Davidson 1994; LeDoux 1996) kommen aufgrund von Literaturreviews bzw. Expertenbefragungen zu dem Ergebnis, dass es keine definitorische Übereinstimmung gibt. Emotion und emotionales Verhalten sind multidimensionale Konzepte, die sich nur schwer in einer allgemeingültigen Definition fassen lassen. Weitgehende Übereinstimmung besteht jedoch darüber, welche Emotionen sich unterscheiden lassen (Domagalski 1999; Elster 1998, S. 48 ff. und die dort angegebene Literatur).

### 3.4.3 Wechselwirkungshypothesen

Aus Sicht der Entscheidungsforschung sind Beiträge anderer Sozialwissenschaften dann von besonderer Bedeutung, wenn sie Hypothesen über Wirkungen von Emotionen und Intuition auf das menschliche Verhalten bzw. die Qualität der Entscheidungsprozesse beinhalten. In Erweiterung der Systematisierung von Fineman (1996) sollen diese Hypothesen nach ihren Wechselwirkungen klassifiziert werden. Unterschieden wird zwischen analytischen, intuitiven und emotionalen Vorgehensweisen zur Lösung organisatorischer Entscheidungsprozesse.

Im Einklang mit der traditionellen Sichtweise der normativen Ökonomie finden sich eine Reihe von Beiträgen, die eine negative Beeinflussung menschlicher Entscheidungen insbesondere durch Emotionen, aber auch durch spontane Intuitionen konstatieren. Einsichten in die Bedeutung und Wirkungsweise unterschiedlicher psychologischer Effekte bei strategischen und politischen Entscheidungen haben die zunächst deskriptiven Arbeiten von Irving Janis geliefert (z.B. Janis 1982; Janis/Mann 1977). Über das Phänomen des Gruppendenkens hinaus zeigen Janis' und darauf aufbauende Arbeiten Wechselwirkungen zwischen kognitiven, affektiven und sozialen Sachzwängen auf, die die Entscheidungsqualität maßgeblich beeinflussen (z.B. Janis 1989). In die gleiche Richtung sozialer und psychologischer Erklärungen für Abweichungen von logisch-analytischer Entscheidungsfindung weisen zum einen Arbeiten, die sich mit dem Einfluss von Machtstreben und -faktoren auf Entscheidungen beschäftigen (Überblick bei Miller et al. 1996). Zum anderen arbeiten psychoanalytisch fundierte Studien Wahrnehmungsverzerrungen der Entscheider heraus, die zum Großteil von emotionalen Faktoren bzw. affektiven Motiven hervorgerufen werden (Überblick bei Fineman 1996). In vergleichsweise wenigen psychologisch fundierten Studien und Analysen werden einzelne Emotionen auf ihre Wechselwirkung mit individuellen und organisatorischen Entscheidungsprozessen hin untersucht. Aktuelle Beispiele für solche isolierten Analysen sind der Einfluss von bedrohlichen Situationen und Angst (Gray 1999), von Bedauern (Zeelenberg 1999), Fairness (Boiney 1995), Schuldgefühle (Gervey et al. 1999) oder Traurigkeit und Glück (Alloy/Abramson 1988).

Eine andere Forschungsausrichtung haben Beiträge, die die kognitive Steuerung von Emotionen oder emotionalen Ausdrucksformen thematisieren. Hier steht nicht die Verzerrung logisch-analytischer Entscheidungsprozesse, sondern die Rationalisierung, d.h. kognitiv bewusste Nutzung von Emotionen zur Erreichung individueller oder organisatorischer Ziele im Vordergrund. Die viel beachtete und von anderen Forschern weitergeführte Arbeit der Soziologin Arlie Hochschild (1983) ist ein prominentes Beispiel. Eine Reihe von Studien konzentriert sich auf – kognitiv gesteuerte – Demonstration positiver oder Vermeidung negativer Emotionen im organisatorischen Kontext (vgl. z.B. Callahan 2000; Domagalski 1999; Fineman 1996). Weitere Möglichkeiten der kognitiven Auswahl von Emotionen wie zum Beispiel die gezielte Suche nach emotional ansprechenden Alternativen sowie das Herausfordern oder Einimpfen von Emotionen bei anderen Personen, erörtert darüber hinaus Elster (1998, 1999). Welchen Einfluss die individuelle Kontrolle von Emotionen auf Entscheidungsprobleme haben kann, verdeutlicht beispielsweise Frank (1988) anhand des Gefangenendilemmas.

Nicht nur von Vertretern der Neurophysiologie und -psychologie, sondern auch der angewandten Sozialwissenschaften wird die These vertreten, dass Emotionen im Zusammenspiel mit Intuition die Qualität logisch-analytischer Entscheidungsprozesse verbessern können (z.B. Elster 1998; Greenspan 2000). Dabei wird unter anderem auf Zusammenhänge mit dem Konzept der begrenzten Rationalität verwiesen (z.B. Kaufman 1999), welches Menschen unter anderem vor das Problem stelle, die befriedigende Lösung als solche zu definieren. Emotionen wie Angst, Zorn oder Zuneigung können in komplexen Entscheidungssituationen richtungsweisend sein (vgl. Fineman 1996). Sie können unter anderem Hyperrationalität, d.h. ein zwanghaftes Festhalten an analytisch-logischen Problemlösungsansätzen in dafür ungeeigneten Situationen wie bei Entscheidungen unter Zeitdruck, verhindern und intuitives Verhalten fördern (de Sousa 1987; Johnson-Laird/Oatley 1992). Berücksichtigt man vor allem, dass organisatorische Entscheidungen in der Regel keine isolierten individuellen Entscheidungen zwischen zwei wohldefinierten Alternativen sind, sondern der Interaktion und Kommunikation bedürfen, dann wird die Notwendigkeit eines Verständnisses von Emotionen als Grundlage rationaler organisatorischer Entscheidungen deutlich (Collins 1981).

Schließlich lassen sich Beiträge der Sozialwissenschaften identifizieren, die die Hypothese vertreten, dass emotionale, intuitive und logisch-rationale Denkprozesse bei Entscheidungsprozessen miteinander so verwoben sind, dass eine analytische Trennung wenig Sinn macht (allgemein Fineman 1996). Diese Vorstellung deckt sich in gewissem Umfang mit der von einigen angesehenen Vertretern der Neurowissenschaft dargelegten Vermutung einer Verflechtung dieser Denkvorgänge im menschlichen Gehirn. Sie leistet darüber hinaus den bereits erörterten Vorbehalten hinsichtlich einer weiteren Aufrechterhaltung der allgemeinen Rationalitätshypothese in Abgrenzung zu irrationalem, emotionalem und nicht-rationalem, intuitivem Verhalten weiter Vorschub. Die Rationalisierung von Emotionen, die zum Beispiel von Gary Becker (1976, 1991, 1996) exerziert wird, basiert auf der Annahme einer Generalisierbarkeit subjektiver Nutzenmaximierung durch individuelle Entscheider und überführt auch Emotionen wie Neid, Liebe, Hass als quantifizierbare Werte in das Nutzenkalkül. Unabhängig von der Bewertung der Sinnhaftigkeit und Praktikabilität einer ökonomischen Quantifizierung von Emotionen kann somit argumentiert werden, dass interpersonell und intertemporal unterschiedliche Emotionen, Motive und Gefühlszustände permanent menschlichen Entscheidungen zugrunde liegen und integraler Bestandteil des folgenden analytisch-logischen Bewertungsvorgangs sind (vgl. Fineman 1996; Messick/Bazerman 1996).

## 3.5 Die Vielfalt der Management- und Organisationsforschung

Die Management- und Organisationsforschung ist kein klar abgegrenztes Wissenschaftsgebiet. Im Weiteren sollen darunter Forschungsaktivitäten verstanden werden, in denen das Management von Organisationen auf unterschiedlichen Ebenen im Vordergrund steht und die aufgrund des Gestaltungsinteresses eine deskriptiv-empirische Wissenschaftsorientierung aufweisen. Allerdings existiert kein einheitlicher theoretischer Bezugsrahmen oder Überbau, so dass sich das Feld der Entscheidungsforschung im Rahmen der Management- und Organisationsforschung als sehr heterogen erweist. Relevant für das Thema sind vor allem drei Forschungsgebiete. Zum einen ist dies die Beschreibung, Systematisierung und Erklärung organisatorischer Entscheidungen wie sie selektiv in Abschnitt 2.4 dargestellt wurde. Zum anderen lässt sich eine zunehmende Beschäftigung mit Funktionen, Wirkungsweisen und Erfolgsbeiträgen der Intuition für das Management von Organisationen feststellen. Schließlich finden sich erste Arbeiten von Management- und Organisationsforschern zur Rolle von Emotionen in Organisationen, die auch Entscheidungen thematisieren.

### 3.5.1 Facetten der angewandten Intuitionsforschung

Obwohl sich die Erkenntnis immer mehr durchsetzt, dass Intuitionen eine wichtige Rolle insbesondere bei komplexen und dynamischen organisatorischen Problemstellungen spielen und dieser Begriff auch im Alltagsgebrauch häufig Verwendung findet, lässt sich Intuition offensichtlich nicht einfach definieren: „One of the reasons that intuition continues to resist definition is that it seems so often to be completely idiosyncratic“ (Parikh 1994, S. 25). Ein nicht zu unterschätzender Beitrag der angewandten Management- und Organisationsforschung sind daher Versuche zur Klärung der Begriffsinhalte.

In der Managementforschung wird Intuition grundsätzlich als „Erkennen ohne bewusstes Reflektieren“ (Schanz 1997, S. 640) bzw. „choices made without obvious formal analysis“ (Behling/Eckel 1991, S. 47) gekennzeichnet. Vielfach wird auf Carl Jung Bezug genommen, der Intuition neben Erkennen, Denken und Fühlen in ein Quaternion menschlicher Wahrnehmung und Urteilsfähigkeit einordnet (z.B. Nutt 1993; Parikh 1994; Vaughan 1989). Darüber hinaus wird auf die Existenz und Notwendigkeit abweichender Definitionen hingewiesen (z.B. Behling/Eckel 1991; Burke/Miller 1999). Dies sei auf die Multidimensionalität, Kontextgebundenheit und den Bezug zu unterschiedlichen Bewusstseinsebenen von Intuitionen zurückzuführen (Parikh 1994, S. 25 ff.). Von anderen Forschern wird Intuition als genetisch strukturierte und gespeicherte Kapazität oder angeborene Fähigkeit zur intuitiven Intelligenz definiert (Cappon 1994, S. 15 ff.). Wieder andere, wie zum Beispiel Agor (1984, 1986), sehen Intuition als geistige Fähigkeit der rechten Gehirnhälfte (Struktur- bzw. Mustererkennung), die es zu fördern gelte. Man kann nach heutigem Wissensstand davon ausgehen, dass die Fähigkeit zur Intuition zwar als prinzipielles Potenzial angeboren ist, aber durch Sozialisation und Lernen aktiviert werden muss.

Große Aufmerksamkeit widmet die angewandte Management- und Organisationsforschung der Frage, welche Beiträge intuitives Entscheiden zur Lösung ökonomischer Probleme bzw. zur Verbesserung von Managemententscheidungen liefern können, wobei eine verstärkte wissenschaftliche Auseinandersetzung mit der Intuition und ein Paradigmenwechsel gefordert wird (Cappon 1994; Khatri/Ng 2000; Parikh 1994). Die Mehrzahl der praxisorientierten Forschungsvertreter propagieren Vorteile intuitiver Entscheidungsprozesse, wobei zum einen darauf verwiesen wird, dass die Charakteristika vieler Managemententscheidungen keine sinnvolle oder effiziente Anwendung analytischer Problemlösungsstrategien zulässt (Behling/Eckel 1991).

Vor dem Hintergrund, dass verschiedene Autoren unter Verweis auf veränderte Wettbewerbsbedingungen die Notwendigkeit zur Beschleunigung strategischer Entscheidungen sehen (z.B. D'Aveni 1994; Denton/Richardson 1999; Eisenhardt 1989), erstaunt nicht, dass empirische Untersuchungen für so genannte instabile Wettbewerbsumfelder auch ein höheres Maß an intuitiven Entscheidungen ermittelt haben (Kathri/Ng 2000, insbesondere S. 77 ff.). Intuition ermögliche aufgrund verschiedener Faktoren die Betrachtung einer größeren Anzahl strategischer Alternativen und die Einbeziehung reichhaltigerer Informationen und führe in sich schnell veränderten Märkten zu Wettbewerbsvorteilen und zu besseren Geschäftsergebnissen (Eisenhardt 1989; Judge/Miller 1991; Kathri/Ng 2000). Darüber hinaus finden sich sporadische Hinweise auf andere positive Effekte. So wird beispielsweise darauf hingewiesen, dass tazites Wissen, das zur Entscheidungsfindung wesentlich beiträgt, nur dann von Managern ausgeschöpft werden kann, wenn diese über Intuition verfügen (Brockmann/Simmonds 1997). Über Jahre gesammeltes Wissen allein reicht nicht aus – als Katalysator ist Intuition notwendig. Befragungen von Managern haben zum einen personelle und kulturelle Unterschiede verdeutlicht (z.B. Agor 1984, 1986), zum anderen deren generell positive Einschätzung bzw. Einstellung gegenüber intuitivem Entscheidungsverhalten (Burke/Miller 1999).

Der letztgenannte Punkt ist vielfach Anlass zur Kritik. Eine positive Einstellung allein kann wohl kaum als Beweis für die Überlegenheit gelten. Sie ist im Gegenteil eher ein Indiz für die Gefahr der Selbstüberschätzung und der Verdrängung sinnvoller, aber gegebenenfalls anstrengenderer Analysen. Dadurch kann es zu falschen oder suboptimalen Entscheidungen kommen (Burke/Miller 1999; Marino 2000). Bereits erwähnte empirische Studien weisen darauf hin, dass rein intuitive Entscheidungen rein logisch-analytischen Vorgehensweisen unterlegen sind, jedoch eine Kombination zu den besten Entscheidungsergebnissen führt (z.B. Blattberg/Hoch 1990; Whitecotton et al. 1998).

### 3.5.2 Die Entdeckung der emotionalen Intelligenz in Organisationen

Angeregt durch soziologische, psychologische und physiologische Beiträge haben Management- und Organisationsforscher Emotionen als Erklärungs- und Gestaltungsphänomen aufgegriffen (z.B. Sosik/Megerian 1999). Neben den mehrfach erwähnten Werken von Stephen Fineman ist insbesondere Daniel Goleman (1995, 1998) zu nennen, der das Konzept der „emotionalen Intelligenz" populär gemacht hat.[7]

Eigenständige Definitionsversuche der Management- und Organisationsforschung sind kaum zu erkennen. In der Regel wird auf Differenzierungen der Psychologie oder der Physiologie (Lazarus 1991, 1993, 1999) zurückgegriffen (Ashforth/Humphrey 1995; Domagalski 1999). Vielfach wird keine klare Trennung zwischen Emotion und Intuition vorgenommen (z.B. Elster 1998; Schanz 1997), dafür in nahezu jedem Fall die Abgrenzung zur Rationalität thematisiert. Auch Goleman übergeht diese wissenschaftlich zu fundierenden Problembereiche weitestgehend. Das Forschungsfeld leidet daher unter definitorischen Defiziten, einer unzureichenden Systematisierung und einem fehlendem Forschungsrahmen (vgl. kritisch dazu auch den Beitrag von Barbara Sieben in diesem Band).

Beiträge der Management- und Organisationsforschung zur Emotionsdiskussion in der Entscheidungsforschung haben somit eher punktuellen, isolierten Charakter. Ambivalente Ergebnisse liegen zum Beispiel hinsichtlich so genannter positiver Emotionen wie Stolz und Freude vor. Diese können – möglicherweise als Verstärker einer analytischen Hybris – zum einen zu Arroganz, Selbstüberschätzung und Wunschdenken führen (Fineman 1993b; Hirschhorn 1988). Auf der anderen Seite motivieren Stolz und Freude bzw. die dabei entstehenden Gefühle auch zu zusätzlichem Engagement und verringern Stress und dessen Konsequenzen (Ashforth/Humphrey 1995; de Vries 1999; zum Zusammenhang zwischen Stress und Emotionen vgl. z.B. Lazarus 1993, S. 8 ff.). Eine ausgeprägte „emotionale Intelligenz" (Goleman 1995, 1998) kann sich in Entscheidungsprozessen als effizient erweisen, weil Emotionen notwendig sind, um ein vollständiges Abbild der Umwelt im Entscheider zu projizieren. Die Sensibilität für Emotionen ermöglicht zudem das Reflektieren und die Bewertung potenzieller emotionaler Faktoren, Effekte und Reaktionen von Betroffenen und Beteiligten im organisatorischen Umfeld. Selbst eine „emotionslose", logisch-analytische Entscheidungsfindung muss diese berücksichtigen, um sie als „Fakten" in das analytische Kosten-Nutzen-Kalkül und somit den Entscheidungsvorgang einbeziehen zu können (Sosik/Megerian 1999). Schließlich wird darauf hingewiesen, dass Effekte wie die Übertragung von Emotionen („contagion" – vgl. Ashforth/Humphrey 1995) oder Kohäsion (Domagalski 1999) entweder ein bestehendes Momentum oder die Entscheidungsträgheit verstärken können.

# 4 Die Perspektive einer integrativen Entscheidungsforschung

Neben spezifischen Problemstellungen der jeweiligen Forschungsrichtung, die von vielen Autoren entwickelt wurden, ergeben sich aus der Gesamtschau der verschiedenen Strömungen der Entscheidungsforschung grundsätzliche Zukunftsperspektiven.

Zunächst scheint ein weiteres Anrennen gegen das dominante Rationalitätsdogma reine Ressourcenverschwendung zu sein. So häufig widerlegt die Überlegenheitsthese des rein logisch-analytischen Vorgehens wie auch die individuelle Nutzenmaximierungs- bzw. Eigennutzthese auch ist, was fehlt ist ein alternatives Theoriegebäude, welches auch normative Funktionen besser erfüllt (z.B. Frank 1988; Simon 1999).

Dazu bedarf es nicht einer universellen Entscheidungstheorie oder ökonomischen Theorie, sondern in erster Linie eines ganzheitlichen Forschungsrahmens, der die systematische und fortschrittsorientierte Aufnahme interdisziplinärer Erkenntnisse zu individuellen und organisatorischen Entscheidungsprozessen ermöglicht. Die Management- und Organisationsforschung erscheint prädestiniert, die architektonischen Fundamente in Form einer Darstellung aller Ebenen und Elemente eines solchen Forschungsrahmens zu liefern, in den sich Forschungsergebnisse jeglicher Provenienz einordnen lassen. Ein nonkonformistisches Beispiel für eine traditionellen Denkstrukturen entwichene Darstellung der Problemfacetten und Lösungsvielfalt menschlicher Entscheidungsfindung bietet die Arbeit von Gary Klein (1998). Noch weit davon entfernt, einen fertigen Forschungsrahmen zu bieten, weisen solche Beiträge die Richtung von monistischen zu pluralistischen Denkansätzen: „... the new theory will resemble the grand laws of physics much less than the numerous painstaking empirically-based generalizations of chemistry and biology. Truly complex systems do not lend themselves to summarization in a few laws of motion" (Simon 1999, S. 94).

# Anmerkungen

1 Für die, Konzeption und Argumentation schärfenden Hinweise der drei anonymen Gutachter bezüglich einer früheren Fassung dieses Beitrags, Anregungen der Herausgeber, die eine umfassendere Perspektive begünstigten sowie die konstruktiven Diskussionsbeiträge und Unterstützungsleistungen meiner Assistentin, Frau Dipl. Ing. Kerstin Petzold, bedanke ich mich. Besondere Erwähnung verdienen auch die idealen Forschungsbedingungen, die mir als Visiting Scholar während zweier Aufenthalte an der Marshall School of Business der University of Southern California geboten wurden.

2 Auf eine weitere Differenzierung, wie sie zum Beispiel Klose (1994) unter Hinweis auf verschiedene andere Autoren darstellt, soll hier zugunsten klarerer Argumentationslinien verzichtet werden. Es ist an dieser Stelle auch darauf zu verweisen, dass normative und deskriptive Theorien enge Wechselbeziehungen aufweisen (z.B. Coombs et al. 1970).

3 Zum Umgang mit Entscheidungsanomalien vgl. auch Frey/Eichenberger (1989). Negierungsansätze, die empirische Beweise des Einflusses von Emotionen und Intuitionen ignorieren und quasi unbeirrt von der Realität die Ausdifferenzierung normativer Entscheidungstheorien bzw. ökonomischer Theorien vorantreiben, werden im Rahmen dieser Abhandlung aus nachvollziehbaren Gründen nicht weiter betrachtet.

4 Eine reale, aber unbekannte Kombination von 25 Schachfiguren kann ein Großmeister nach einer Betrachtungszeit von ca. 5 bis 10 Sekunden im Durchschnitt mit einer Genauigkeit von 23 bis 24 Figuren nachvollziehen, während ein Schachanfänger nur ca. sechs Figuren aus dem Gedächtnis korrekt platzieren kann. Ein weiteres Experiment, bei dem die 25 Figuren willkürlich auf dem Brett verteilt werden, zeigt, dass diese Leistung nicht auf ein besseres visuelles Auffassungsvermögen oder trainiertes Kurzzeitgedächtnis zurückzuführen ist. Wie der Anfänger kann nun auch der Schachmeister nur etwa sechs Figuren richtig setzen. Intuition basiert auf Mustererkennung und -bewertung. Daraus lassen sich in programmierbaren (z.B. Schachspiel) und bedingt programmierbaren Entscheidungsprozessen (z.B. komplexe Auslandsinvestition, Neuproduktentwicklung) schnellere sowie ausreichend genaue Entscheidungen treffen, ohne dass jeweils bewusste, analytische Denkprozesse ablaufen müssen. Wissenbasiertes, intuitives wird daher von Simon in bestimmten Situationen als gleichwertig zu analytischem Vorgehen bei der Entscheidungsfindung angesehen.

5 Der Terminus „weakness of the will", den Elster in verschiedenen Veröffentlichungen wählt und der mir darüber hinaus mit „Willensschwäche" nicht gut, da aus dem Kontext gerissen, übersetzt zu sein scheint, trifft m.E. nicht den Kern. Es handelt sich ja vielmehr um einen sehr starken Antrieb, der sich sogar gegen besseres Wissen durchsetzt – nur, er ist willentlich nicht steuerbar! Zur verwandten „multiple-selves"-Thematik vgl. insbesondere Bazerman et al. (1998).

6 Meiner Meinung nach führen Versuche, zwischen den unterschiedlichen Formen der bewussten sowie unbewussten menschlichen Entscheidungsfindung zu unterscheiden und diesen einen konkreten Platz im Gehirn zuzuweisen, um damit der weiteren Trennung in rationale (z.B. Berater) und irrationale Bereiche (z.B. King) Vorschub zu leisten, wie sie zum Beispiel von Egon Franck und Josef Zellner (in diesem Band) unter Bezug auf die eher semi-wissenschaftlich einzustufende Arbeit Golemans (1995, deutsch 1998) sowie Selten (1990) vorgenommen wird, die organisatorische Entscheidungsforschung nicht weiter. Sie fördern vielmehr die von vielen Seiten als kontraproduktiv gekennzeichnete Konfrontierung rationaler und irrationaler Entscheidungen und Verhaltensweisen anstelle eines Zusammenwirkens.

7 Die konkrete Zuordnung Daniel Golemans zu den hier unterschiedenen Forschungsrichtungen wird dadurch erschwert, dass er nach seinem Psychologiestudium Wissenschaftsjournalist wurde und in leicht lesbaren Werken, die sich an ein breites Publikum wenden, zu unterschiedlichen Sachverhalten Stellung bezieht.

# Literaturverzeichnis

Agor, W.H. (1984): Intuitive management. Englewood Cliffs.

Agor, W.H. (1986): The logic of intuitive decision making – A research-based approach for top management. New York.

Agor, W.H. (Hrsg.)(1989): Intuition in organizations. Newbury Park.

Alloy, L.B./Abramson, L. (1988): Depressive realism. In: Alloy, L.B. (Hrsg.): Cognitive processes in depression. New York, S. 223-265.

Akerlof, G.A. (1970): The market for „lemons": Quality uncertainty and the market mechanism. In: Quarterly Journal of Economics 84, S. 488-500.

Arrow, K.J. (1987): Economic theory and the hypothesis of rationality. In: Eatwell, J./Milgate, M./Newman, P. (Hrsg.): The new palgrave: A dictionary of economics. Vol. 2. London, S. 69-75.

Ashforth, B.E./Humphrey, R.H. (1995): Emotion in the workplace: A reappraisal. In: Human Relations 48 (2), S. 97-125.

Baird, I.S./Thomas, H. (1985): Toward a contingency model of strategic risk taking. In: Academy of Management Review 10 (2), S. 230-243.

Barnard, C.I. (1938): The functions of the executive. Cambridge.

Bausor, R. (1988): Human adaptability and economic surprise. In: Earl, P.E. (Hrsg.): Psychological economics. Boston, S. 11-33.

Bazerman, M.H./Tenbrunsel, A.E./Wade-Benzoni, K. (1998): Negotiating with yourself and losing: Making decisions with competing internal preferences. In: Academy of Management Review 23 (2), S. 225-241.

Bechara, A./Damasio, H./Tranel, D./Damasio, A.R. (1997): Deciding advantageously before knowing the advantageous strategy. In: Science 275, S. 1293-1295.

Becker, G. (1976): The economic approach to human behavior. Chicago.

Becker, G. (1991): A treatise on the family. Cambridge.

Becker, G. (1996): Accounting for tastes. Cambridge.

Behling, O./Eckel, N.L. (1991): Making sense out of intuition. In: Academy of Management Executive 5 (1), S. 46-54.

Blattberg, R.C./Hoch, S.T. (1990): Database models and managerial intuition: 50 % model + 50 % manager. In: Management Science 36 (8), S. 887-899.

Boiney, L.G. (1995): When efficient is insufficient: Fairness in decisions affecting a group. In: Management Science 41 (9), S. 1523-1537.

Bower, B. (1999): Emotional judgement seek respect. In: Science News 156, S. 59.

Brenner, L.A./Koehler, D.J./Liberman, V./Tversky, A. (1996): Overconfidence in probability and frequency judgements: A critical examination. In: Organizational Behavior and Human Decision Processes 65 (3), S. 212-219.

Brockmann, E.N./Simmonds, P.G. (1997): Strategic decision making: The influence of CEO experience and use of tacit knowledge. In: Journal of Managerial Issues 9 (4), S. 454-467.

Brown, K.L. (1996): Was Adam Smith an economist? – Comment on Maerdon and Ortmann. In: Rationality and Society 8 (3), S. 343-347.

Brunsson, N. (1982): The irrationality of action and action rationality: Decisions, ideologies and organizational actions. In: Journal of Management Studies 19 (1), S. 29-44.

Brunsson, N. (1985): The irrational organization. Chichester.

Brynjolfsson, E./Hitt, L. (1995): InformationWeek 500: The productive keep producing. In: Informationweek 545, S. 38-42.

Burke, L.A./Miller, M.K. (1999): Taking the mystery out of intuitive decision making. In: Academy of Management Executive 13 (4), S. 91-99.

Butler, R. (1997): Decision making. In: Sorge, A./Warner M. (Hrsg.): The IEBM handbook of organizational behaviour. London, S. 308-329.

Callahan, J.L. (2000): Emotion management and organizational functions: A case study of patterns in a not-for-profit organization. In: Human Resource Development Quarterly 11 (3), S. 245-267.

Camerer, C./Loewenstein, G./Weber, M. (1989): The curse of knowledge in economic settings. In: Journal of Political Economy 97 (5), S. 1232-1254.

Cappon, D. (1990): Intuition. Toronto.

Cappon, D. (1994): Intuition and management. Research and application. Westport.

Cohen, M.D./March, J.G. (1986): Leadership and ambiguity. 2. Aufl. Boston.

Coleman, J.S. (1990): The foundations of social theory. Cambridge.

Colinsk, J. (1996): Why bounded rationality? In: Journal of Economic Literature 34 (2), S. 669-700.

Collins, R. (1981): On the microfoundations of macrosociology. In: American Journal of Sociology 86, S. 984-1014.

Coombs, C.H./Dawes, R.M./Tversky, A. (1970): Mathematical psychology: An elementary introduction. Englewood Cliffs.

Cyert, R.M./March, J.G. (1992): A behavioral theory of the firm. 2. Aufl. Cambridge.

Damasio, A.R. (1994): Descartes' error: Emotion, reason, and the human brain. New York.

Damasio, A.R. (1999): The feeling of what happens: Body and emotion in the making of consciousness. New York.

Daniel, K./Hirshleifer, D./Subrahmanyan, A. (1998): Investor psychology and security market under- and overreactions. In: Journal of Finance LIII (6), S. 1839-1885.

D'Aveni, R.A. (1994): Hypercompetition: Managing the dynamics of strategic maneuvering. New York.

Dean, J.W./Sharfman, M.P. (1996): Does decision processes matter? A study of strategic decision making effectivenes. In: Academy of Management Journal 39 (2), S. 368-396.

Denton, D.K./Richardson, P. (1999): Making speedy decisions. In: Industrial Management 41 (5), S. 6-9.

Diedrich, R. (1996): Paradigmenwechsel in der Entscheidungstheorie. In: Betriebswirtschaftliche Forschung und Praxis 48 (6), S. 616-708.

Domagalski, T.A. (1999): Emotion in organizations: Main currents. In: Human Relations 52 (6), S. 833-852.

Economist (1999): Rethinking thinking. Ohne Verfasserangabe in: The Economist 353 (8150), S. 63-65.

Eichenberger, R. (1992): Verhaltensanomalien und Wirtschaftswissenschaft – Herausforderungen, Reaktionen, Perspektiven. Wiesbaden.

Eisenführ, F./Weber, M. (1999): Rationales Entscheiden. 3. Aufl. Berlin.

Eisenhardt, K. (1989): Making fast strategic decisions in high-velocity environments. In: Academy of Management Journal 32 (2), S. 543-576.

Eisenhardt, K. (1999): Strategy as strategic decision making. In: Sloan Management Review 40 (3), S. 65-72.

Ekman, P./Davidson, R. (1994): The nature of emotion. New York.

Elster, J. (1998): Emotions and economic theory. In: Journal of Economic Literature 36 (2), S. 47-74.

Elster, J. (1999): Alchemies of the mind: Rationality and the emotions. Cambridge.

Etzioni, A. (1994): Jenseits des Egoismus-Prinzips – Ein neues Bild von Wirtschaft, Politik und Gesellschaft. Stuttgart.

Feldman, J./Lindell, M.K. (1990): On rationality. In: Horowitz, I. (Hrsg.): Organization and decision theory. Boston, S. 83-169.

Fineman, S. (Hrsg.)(1993a): Emotion in organizations. London.

Fineman, S. (1993b): Organizations as emotional arenas. In: Fineman, S. (Hrsg.): Emotion in organizations. London, S. 9-35.

Fineman, S. (1996): Emotion and organizing. In: Clegg, S.R./Hardy, C./Nord, W.R. (Hrsg.): Handbook of organization studies. London, S. 543-564.

Fischhoff, B. (1996): The real words: What good is it? In: Organizational Behavior and Human Decision Processes 65 (3), S. 232-248.

Frank, R.H. (1988): Passions within reason: The strategic role of the emotions. New York.

Frey, B. (1992): Economics as a science of human behaviour – Towards a new social science paradigm. Boston.

Frey, B./Eichenberger, R. (1989): Zur Bedeutung entscheidungstheoretischer Anomalien für die Ökonomik. In: Jahrbücher für Nationalökonomie und Statistik 206 (2), S. 81-101.

Frijda, N. (1986): The emotions. Cambridge.

Gervey, B.M./Chiu, C./Hong, Y./Dweck, C.S. (1999): Differential use of person information in decisions about guilt versus innocence: The role of implicit theories. In: Personality and Social Psychology Bulletin 25 (1), S. 17-27.

Goleman, D. (1995): Emotional intelligence. New York.

Goleman, D. (1998): Working with emotional intelligence. New York.

Gordon, J.R. (1998): Organizational behavior – A diagnostic model. 6. Aufl. Englewood Cliffs, N.J.

Gray, J.R. (1999): A bias toward short-term thinking in threat-related negative emotional states. In: Personality and Social Psychology Bulletin 25 (1), S. 65-75.

Greenspan, P.S. (1988): Emotions and reason. New York.

Greenspan, P.S. (2000): Emotional strategies and rationality. In: Ethics 110 (4), S. 469-487.

Halpern, J.J./Stern, R.N. (Hrsg.)(1998a): Debating rationality: Nonrational aspects of organizational decision making. Ithaca.

Halpern, J.J./Stern, R.N. (1998b): Beneath the social science debate: Economic and social notions of rationality. In: Halpern, J.J./Stern, R.N. (Hrsg.): Debating rationality: Nonrational aspects of organizational decision making. Ithaca, S. 1-17.

Heinen, E. (1969): Zum Wissenschaftsprogramm der entscheidungsorientierten Betriebswirtschaftslehre. In: Zeitschrift für Betriebswirtschaftslehre 39, S. 207-220.

Hellriegel, D./Slocum, J.W./Woodman, R.W. (1989): Organizational behavior. 5. Aufl. St. Paul.

Herrnstein, R. (1990): Rational choice theory: Necessary but not sufficient. In: American Psychologist 45 (3), S. 356-367.

Hey, J.D. (1993): Rationality is as rationality does. In: Gerrard, B. (Hrsg.): The economics of rationality. London 1993, S. 6-21.

Hirschhorn, L. (1988): The workplace within: Psychodynamics of organizational life. Cambridge.

Hochschild, A.R. (1983): The managed heart. Berkeley.

Howell, S.D./Jägle, A. (1997): Laboratory evidence on how managers intuitively value real growth options. In: Journal of Business Finance and Accounting 24 (7/8), S. 915-936.

Huff, A./Reger, R. (1987): A review of strategic process research. In: Journal of Management 13, S. 211-236.

Issacharoff, S. (1998): Can there be a behavioral law and economics? In: Vanderbilt Law Review 51 (6), S. 1729-1745.

Janis, I.L. (1982): Groupthink: Psychological studies of policy decisions and fiascoes. 2. Aufl. Boston.

Janis, I.L. (1989): Crucial decisions. New York.

Janis, I.L./Mann, L. (1977): Decision making: A psychological analysis of conflict, choice, and commitment. New York.

Johnson-Laird, P.N./Oatley, K. (1992): Basic emotions, rationality, and folk theory. In: Cognition and Emotion 6 (3-4), S. 201-223.

Johnston, V.S. (1999): Why we feel: The science of human emotions. Reading.

Judge, W.Q./Miller, A. (1991): Antecendents and outcomes of decision speed in different environmental contexts. In: Academy of Management Journal 34 (2), S. 449-463.

Kahneman, D./Riepe, M.W. (1998): Aspects of investor psychology. In: Journal of Portfolio Management 24 (4), S. 52-65.

Kahneman, D./Slovic, P./Tversky, A. (Hrsg.)(1982): Judgement under uncertainty: Heuristics and biases. Cambridge.

Kahneman, D./Tversky, A. (1984): Choices, values and frames. In: American Psychologist 39, S. 341-350.

Kaufman, B.E. (1999): Emotional arousal as a source of bounded rationality. In: Journal of Economic Behavior & Organization 38 (2), S. 135-144.

Keren, G. (1996): Perspectives of behavioral decision making: Some critical notes. In: Organizational Behavior and Human Decision Processes 65 (3), S. 169-178.

Khatri, N./Ng H. A. (2000): The role of intuition in strategic decision making. In: Human Relations 53 (1), S. 57-86.

Kirsch, W. (1992): Kommunikatives Handeln, Autopoiese, Rationalität. Herrsching.

Klein, G. (1998): Sources of power: How people make decisions. Cambridge.

Klose, W. (1994): Ökonomische Analyse von Entscheidungsanomalien. Frankfurt a.M.

Lane, R.D./Nadel, L. (Hrsg.)(2000): Cognitive neuroscience of emotion. New York.

Langevoort, D.C. (1998): Behavioral theories of judgement and decision making in legal scholarship: A literature review. In: Vanderbilt Law Review 51 (6), S. 1499-1540.

Larkin, J./McDermott, J./Simon, D.P./Simon, H.A. (1980): Expert and novice performance in solving physics problems. In: Science 208 (6), S. 1335-1342.

Laux, H. (1998): Entscheidungstheorie. 4. Aufl. Berlin.

Lazarus, R.S. (1991): Emotion and adaptation. Oxford.

Lazarus, R.S. (1993): From psychological stress to the emotions: A history of changing outlooks. In: Porter, L.W./Rosenzweig, M.R. (Hrsg.): Annual Review of Psychology 44. Palo Alto, S. 1-21.

Lazarus, R.S. (1999): Stress and emotion. New York.

LeDoux, J. (1996): The emotional brain. New York.

LeDoux, J. (2000): Cognitive-emotional interactions: Listen to the brain. In: Lane, R.D./Nadel, L. (Hrsg.): Cognitive neuroscience of emotion. New York, S. 129-155.

Leibenstein, H. (1986): On relaxing the maximation postulate. In: Journal of Behavioral Economics 15, S. 3-63.

Leland, J.W. (1998): Similarity judgements in choice under uncertainty. In: Management Science 44 (5), S. 659-672.

Loewenstein, G. (1996): Out of control: Visceral influences on behavior. In: Organizational Behavior and Human Decision Processes 65 (3), S. 272-292.

Loewenstein, G. (2000): Emotions in economic theory and economic behavior. In: American Economic Review 90 (2), S. 426-438.

Loomes, G./Sugden, R. (1982): Regret theory. In: The Economic Journal 92 (368), S. 805-824.

Lopez, L.L. (1996): When time is of the essence: Avaraging, aspiration, and the short run. In: Organizational Behavior and Human Decision Processes 65 (3), S. 179-189.

Mack, E. (1994): Ökonomische Rationalität. Berlin.

MacLean, P.D. (1990): The triune brain in evolution. New York.

Maital, S. (1998): Foreword. In: Schwartz, H. (1998): Rationality gone awry? Decision making inconsistent with economic and financial theory. Westport, S. ix-xiii.

March, J.G. (1978): Bounded rationality, ambiguity, and the engineering of choice. In: Bell Journal of Economics 9, S. 587-608.

March, J.G. (1997): Understanding how decisions happen in organizations. In: Shapira, Z. (Hrsg.): Organizational decision making. Cambridge, S. 9-32.

March, J.G./Simon, H.A. (1958): Organizations. New York.

March, J.G./Shapira, Z. (1987): Managerial perspectives on risk and risk taking. In: Management Science 33 (11), S. 1404-1418.

Marino, S.F. (2000): Rely on science, not your gut. In: Industry Week 249 vom 24.1.2000, S. 18.

Martin, J. (1998): Organizational behaviour. London.

McCormick, K. (1997): An essay on the origin of the rational utility maximation hypothesis and a suggested modification. In: Eastern Economic Journal 23 (1), S. 17-30.

Messick, D.M./Bazerman, M.H. (1996): Ethical leadership and the psychology of decision making. Sloan Management Review 37 (2), S. 9-22.

Miller, S.J./Hickson, D.J./Wilson, D.C. (1996): Decision-making in organizations. In: Clegg, S.R./Hardy, C./Nord, W.R. (Hrsg.): Handbook of organization studies. London, S. 293-312.

Mintzberg, H./Raisinghani, D./Theoret, A. (1976): The structure of „unstructured" decision processes. In: Administrative Science Quarterly 21 (2), S. 246-275.

Morgan, G. (1986): Images of organization. Beverly Hills.

Mumby, D.K./Putnam, L.L. (1992): The politics of emotion: A feminist reading of bounded rationality. In: The Academy of Management Review 17 (3), S. 465-486.

Neumann, J. von/Morgenstern O. (1944): Theory of games and economic behavior. Princeton.

Nippa, M. (1999): Risikoverhalten von Managern bei strategischen Unternehmensentscheidungen: Eine erste Annäherung. Freiberger Arbeitspapiere Nr. 33/1999.

Nippa, M. (2001): Strategic decision making: Nothing else than mere decision making? Freiberger Arbeitspapiere Nr. 01/2001.

Nutt, P.C. (1989): Making tough decisions. San Francisco.

Nutt, P.C. (1993): Flexible decision styles and the choices of top executives. In: Journal of Management Studies 30 (5), S. 695-721.

Oelsnitz, D. von der (1999): Stand und Entwicklungsperspektiven der betriebswirtschaftlichen Entscheidungsforschung. In: Zeitschrift für Planung 10, S. 157-176.

Panksepp, J. (1998): Affective neuroscience: The foundations of human and animal emotions. New York.

Parikh, J. (1994): Intuition: The new frontier of management. Oxford.

Payne, J.W. (1990): Commentary. In: Horowitz, I. (Hrsg.): Organization and decision theory. Boston, S. 165-170.

Perrow, C. (1986): Complex organizations: A critical essay. 3. Aufl. New York.

Pettigrew, A.M. (1973): The politics of organizational decision making. London.

Pfeffer, J. (1981): Power in organizations. Marshfields.

Picot, A./Dietl, H./Franck, E. (1997): Organisation. Stuttgart.

Putnam, L.L./Mumby, D.K. (1993): Organizations, emotion and the myth of rationality. In: Fineman, S. (Hrsg.): Emotion in organizations. London, S. 36-57.

Quattrone, G.A./Tversky, A. (1988): Contrasting rational and psychological analyses of political choice. In: American Political Science Review 82 (3), S. 719-736.

Randolph, W.A./Blackburn, R.S. (1989): Managing organizational behavior. Homewood.

Rao, H.R./Jacob, V.S./Lin, F. (1992): Hemispheric specialization, cognitive differences, and their implications for the design of decision support systems. In: MIS Quarterly 16 (2), S. 145-151.

Rolls, E.T. (1999): The brain and emotion. Oxford.

Rolls, E.T./Treves, A. (1998): Neural networks and brain function. Oxford.

Romer, P.M. (2000): Thinking and feeling. In: American Economic Review 90 (2), S. 439-443.

Salancik, G.R./Pfeffer, J. (1974): The bases and use of power in organizational decision-making: The case of the university. In: Administrative Science Quarterly 19 (4), S. 453-473.

Sauter, V.L. (1999): Intuitive decision-making. In: Communications of the ACM 42 (6), S. 109-115.

Savage, L.J. (1954): The foundations of statistics. New York.

Schanz, G. (1997): Intuition als Managementkompetenz. In: Die Betriebswirtschaft 57, S. 640-654.

Schauenberg, B. (1985): Jenseits von Logik und Empirie – Anmerkungen zur Pragmatik betriebswirtschaftlicher Entscheidungstheorie. In: Stöppler, S. (Hrsg.): Information und Produktion. Stuttgart, S. 277-292.

Schmidt, U. (1996): Entwicklungstendenzen in der Entscheidungstheorie unter Risiko. In: Betriebswirtschaftliche Forschung und Praxis 48 (6), S. 663-678.

Schoemaker, P.J.H. (1982): The expected utility model: Its variants, purposes, evidence and limitations. In: Journal of Economic Literature 20, S. 529-563.

Schoemaker, P.J.H./Russo, J.E. (1993): A pyramid of decision approaches. In: California Management Review 36 (1), S. 9-31.

Schwartz, H. (1998): Rationality gone awry? Decision making inconsistent with economic and financial theory. Westport.

Schwenk, C.R. (1995): Strategic decision making. In: Journal of Management 21, S. 471-493.

Selten, R. (1990): Bounded rationality. In: Journal of Institutional and Theoretical Economics 146, S. 649-658.

Shapira, Z. (1997): Introduction and overview. In: Shapira, Z. (Hrsg.): Organizational decision making. Cambridge, S. 3-8.

Shapira, Z. (1998): Prescriptive models in organizational decision making. In: Halpern, J.J./Stern, R.N. (Hrsg.): Debating rationality: Nonrational aspects of organizational decision making. Ithaca, S. 21-35.

Simon, H.A. (1957): Administrative behavior. 2. Aufl. New York.

Simon, H.A. (1977): The new science of management decision. Englewood Cliffs, N.J.

Simon, H.A. (1987): Making management decisions: The role of intuition and emotion. In: Academy of Management Executive 1 (1), S. 57-64.

Simon, H.A. (1993): Homo rationalis. Die Vernunft im menschlichen Leben. Frankfurt a.M.

Simon, H.A. (1997): An empirically based microeconomics. Cambridge.

Simon, H.A. (1999): Book review: Rationality gone awry? Decision making inconsistent with economic and financial theory. In: Business Economics 34 (3), S. 93-94.

Sosik, J.J./Megerian, L.E. (1999): Understanding leader emotional intelligence and performance. In: Group & Organization Management 24 (3), S. 367-390.

Sousa, R. de (1987): The rationality of emotion. Cambridge.

Staehle, W.H. (Hrsg.)(1991): Handbuch Management. Wiesbaden.

Staehle, W.H. (1999): Management. 8. Aufl. überarbeitet von P. Conrad and J. Sydow. München.

Stigler, G. (1987): The theory of price. New York.

Sutherland, S. (1995): Irrationality: Why we don‘t think straight. New Brunswick.

Svenson, O. (1996): Decision making and the search for fundamental psychological regularities: What can be learned from a process perspective? In: Organizational Behavior and Human Decision Processes 65 (3), S. 252-267.

Thaler, R. (1991): Quasi rational economics. New York.

Thaler, R. (1992): The winner‘s curse. New York.

Tietzel, M. (1981): Die Rationalitätsannahme in den Wirtschaftswissenschaften oder: Der homo oeconomicus und seine Verwandten. In: Jahrbuch für Sozialwissenschaft 32, S. 115-137.

Tversky, A./Kahneman, D. (1991): Loss aversion in riskless choice: A reference-dependent model. In: Quarterly Journal of Economics 106 (4), S. 1039-1061.

Vaughan, F.E. (1989): Varieties of intuitive experience. In: Agor, W.H. (Hrsg.): Intuition in organizations. Newbury Park, S. 40-61.

Vries, Kets de (1999): Organizational sleepwalkers: Emotional distress at midlife. In: Human Relations 52 (11), S. 1377-1401.

Werder, A. von (1994): Unternehmungsführung und Argumentationsrationalität. Stuttgart.

Whitecotton, S.M./Sanders, D.E./Norris, K.B. (1998): Improving predictive accuracy with a combination of human intuition and mechanical decision aids. In: Organizational Behavior and Human Decision Processes 76 (3), S. 325-348.

Zeelenberg, M. (1999): The use of crying over spilled milk: A note on the rationality and functionality of regret. In: Philosophical Psychology, 12 (3), S. 325-340.

Zundel, S. (1995): Der methodologische Status der Rationalitätsannahme in der Ökonomie. Berlin.

Prof. Dr. Michael Nippa
Technische Universität Bergakademie Freiberg
Lehrstuhl für Allgemeine Betriebswirtschaftslehre
speziell Unternehmensführung und Personalwesen
Lessingstr. 45
D-09599 Freiberg
Email: nippa@bwl.tu-freiberg.de

Egon Franck / Josef Zellner

# Emotionale Grenzen der Vernunft und ihre Konsequenzen für die Neue Institutionenökonomie

Begrenzte Rationalität; Emotionsgrenzen

## Zusammenfassung

Die Lockerung der Rationalitätsannahme in der Neuen Institutionenökonomie hat gegenüber der neoklassischen ökonomischen Theorie zweifellos zu beachtenswerten Fortschritten geführt. Dennoch erheben Vertreter der verhaltenswissenschaftlichen Entscheidungsforschung den Vorwurf, dass das Konzept der „bounded rationality" von den Institutionenökonomen nur in sehr verkürzter Form rezipiert wurde. Wir greifen diese Kritik auf und schlagen vor, neben Informations- auch Emotionsgrenzen in das „bounded-rationality"-Konzept aufzunehmen. Dabei basiert das propagierte Konzept der Emotionsgrenzen auf zwei Thesen. Die erste These postuliert eine Spaltung zwischen einem dominanten Emotions- und einem als Berater fungierenden Vernunftszentrum, die in Entscheidungsprozessen interagieren. Die zweite These beschreibt das Emotionszentrum als einen Speicher von Verhaltensrepertoires, die evolutionsgeschichtlich nützlich waren. Wir versuchen, aus dem Konflikt eines Emotionszentrums, das noch in „grauer Vorzeit" agiert, und einem in der Gegenwart optimierenden Vernunftszentrum erste Schlüsse für die (Fehl-)Funktion von institutionellen Gestaltungsvorschlägen der Neuen Institutionenökonomie zu ziehen. Schließlich erarbeiten wir beispielhaft erste Hinweise für den ökonomisierenden Umgang mit Emotionsgrenzen.

Managementforschung 11 (2001), hrsg. von G. Schreyögg und J. Sydow,
Gabler-Verlag • Wiesbaden, S. 249-276

## Abstract

The concept of bounded rationality has led to significant progress within economic theory. However, behaviorists criticize that New Institutional Economics has viewed the concept too narrowly. With respect to this criticism, we suggest that bounded rationality should not be interpreted in the context of informational limits only, as in the traditional concept, but should also consider emotional limits. Our concept of emotional limits is based on two theses. The first thesis postulates a split between an emotional center, which dominates, and a center of reason. In this context, decision making is a process of interaction between these centers. The second thesis describes the emotional center as an historically superior repertoire of patterns of behavior, whereas the center of reason functions according to the modern utility maximization thesis. Considering the conflict between an emotional center that still lives in the „stone age", and a center of reason based in the present, we seek to identify the first consequences for New Institutional Economics and then give some examples of how to economize on emotional limits.


## Inhaltsübersicht

# 1 Problemstellung und Überblick

Es ist schon Lehrbuchwissen, dass sich die Neue Institutionenökonomie (NIÖ) von der neoklassischen ökonomischen Theorie vor allem durch eine modifizierte Verhaltensannahme abgrenzt: An die Stelle rationaler ökonomischer Akteure treten nur begrenzt rationale (vgl. z.B. Picot et al. 1999, S. 40 ff.). Ohne Zweifel hat diese Lockerung der Rationalitätsannahme beachtenswerte Fortschritte in der ökonomischen Theorie ermöglicht, wie man anhand des Transaktionskostenansatzes, des Agency-Ansatzes und des Property Rights-Ansatzes leicht nachvollziehen kann.

Auch wenn die so genannte Bewirtschaftung begrenzter Rationalität[1] als Fortschrittsformel in der NIÖ gefeiert wird, erheben doch Vertreter der verhaltenswissenschaftlichen Entscheidungsforschung den Vorwurf, dass das Konzept der „bounded rationality" von den Institutionenökonomen nur in sehr verkürzter Form rezipiert wurde. So schreibt z.B. Nobelpreisträger Selten (1990, S. 651) sogar, dass die Betonung der „bounded rationality" in der Transaktionskostentheorie rein verbal sei.

Nach unserer Auffassung sind die „Beschädigungen", welche die NIÖ am klassischen Rationalitätskonzept vornimmt, als Informationsgrenzen interpretierbar. Auch die komplexeren Argumentationen innerhalb dieses Rahmens, die z.B. das Konzept der Denkkosten bemühen, liefern keine ausreichende Erklärungsgrundlage für eine Vielfalt empirisch festgestellter Entscheidungsanomalien. Wir schlagen daher vor, neben Informations- auch Emotionsgrenzen in das „bounded-rationality"-Konzept der NIÖ aufzunehmen. Dabei basiert das propagierte Konzept der Emotionsgrenzen, das auf neurophysiologische und evolutionspsychologische Überlegungen zurückgreift, auf zwei Thesen. Die erste These postuliert eine Spaltung zwischen einem dominanten Emotions- und einem Vernunftszentrum, die in Entscheidungsprozessen interagieren. Die zweite These beschreibt das Emotionszentrum als einen Speicher von Verhaltensrepertoires, die evolutionsgeschichtlich nützlich waren. Der Konflikt zwischen einem Emotionszentrum, das noch in „grauer Vorzeit" agiert, und einem in der Gegenwart optimierenden Vernunftszentrum kann als Ursache verschiedener Verhaltensanomalien angesehen werden.

Wir versuchen, aus diesem Konflikt erste Schlüsse für die (Fehl-)Funktion von institutionellen Gestaltungsvorschlägen der NIÖ zu ziehen. Des Weiteren versuchen wir beispielhaft, erste Hinweise für den ökonomisierenden Umgang mit Emotionsgrenzen zu erarbeiten.

# 2 Informationsgrenzen rationalen Handelns als Basis der Neuen Institutionenökonomie

Individuelle Nutzenmaximierung und vollkommene Information sind bekanntlich die zentralen Verhaltensannahmen der Neoklassik. Ökonomische Akteure, denen alle Handlungsalternativen und deren Zielwirkungen bekannt sind, wählen die Handlungsalternative mit dem größten Zielerreichungsgrad.

Versteht man Entscheidungsverhalten als einen Informationsverarbeitungsprozess, dann umfasst das Rationalitätskonzept der neoklassischen Ökonomie

1) eine Annahme über das Kalkül, nach dem Informationen verarbeitet werden (Nutzenmaximierung), und
2) eine Annahme über die Informationsbasis, auf der dieses Kalkül zur Anwendung kommt (vollkommene Information).

Um nicht in Paradoxien, wie z.B. das von Morgenstern beschriebene Problem der interagierenden Prognostiker[2] verstrickt zu werden, kann die Annahme vollkommener Information auf den zu einem gegebenen Zeitpunkt insgesamt verfügbaren Wissensstand und nicht auf das zeitpunktunabhängig irgendwann verfügbare „Gesamtwissen" bezogen werden. Statt von vollkommener Rationalität, die perfekte Information im letzteren Sinne voraussetzen würde, spricht man dann von objektiver Rationalität (vgl. ausführlich Tietzel 1981, S. 126 ff.).

Die NIÖ behält das Nutzenmaximierungskalkül der Neoklassik bei, gibt aber die Annahme vollkommener Information auf. Diese Annahmenkombination wird als begrenzte bzw. subjektive Rationalität beschrieben. Sie wird bis heute vornehmlich mit dem Hinweis auf Kapazitätsgrenzen des menschlichen Erkenntnis- und Wahrnehmungsapparates erklärt, die dazu führen, dass kognitive Modelle der Welt mehr oder weniger unzutreffend sein können (vgl. Simon 1986, S. 210 f.). Ökonomische Akteure können demzufolge allenfalls im Hinblick auf ihre subjektive und begrenzte Weltsicht optimal entscheiden. Vor dem Hintergrund einer zwangsläufig unvollkommenen Sicht der Dinge wird Nutzenmaximierung zur subjektiv erwarteten Nutzenmaximierung.

# 3 Weitere Fassung des „bounded-rationality"-Konzeptes

Obwohl das so verstandene „bounded-rationality"-Konzept zweifellos zu erheblichen Fortschritten in den Wirtschaftswissenschaften geführt hat, gibt es nicht wenige Autoren, die direkte oder indirekte Kritik an diesem Konzept üben.

So referiert z.B. Conlisk (1996) sehr umfangreiche Ergebnisse der experimentellen Entscheidungsforschung, die in vielen Versuchen nachgewiesen hat, dass Akteure systematische Probleme haben können, ihnen zur Verfügung stehende Informationen nach dem Nutzenmaximierungskalkül zu verarbeiten. Conlisk (1996, S. 670) schreibt:

> „There is a mountain of experiments in which people: display intransitivity; misunderstand statistical independence; mistake random data for patterned data and vice versa; fail to appreciate the law of large number effects; fail to recognize statistical dominance; make errors in updating probabilities on the basis of new information; understate the significance of given sample sizes; fail to understand covariation for even the simplest 2X2 contingency tables; make false inferences about causality; ignore relevant information; use irrelevant information (as in sunk cost fallacies); exaggerate the importance of vivid over pallid evidence; exaggerate confirming over disconfirming evidence relative to initial beliefs; give answers that are highly sensitive to logically irrelevant changes in questions; do redundant and ambiguous tests to confirm an hypothesis at the expense of decisive tests to disconfirm; make frequent errors in deductive reasoning tasks such as syllogisms; place higher value on an opportunity if an experimenter rigs it to be the ‚status quo' opportunity; fail to discount the future consistently; fail to adjust repeated choices to accommodate intertemporal connections; and more."

## 3.1 Denkkosten als Grenzbereich des „bounded-rationality"-Konzeptes

Nun kann man solche „systematic reasoning errors" in einer ersten Reaktion mittels „Denkkosten" zu erklären versuchen, indem man einen übergeordneten trade-off zwischen den Kosten des „reasoning" und dem Einsatz einfacher und eben nicht immer ganz richtig funktionierender Faustregeln zugrunde legt (vgl. Conlisk 1996, S. 671). Korrekte Nutzenmaximierung verursacht dann einfach in vielen Situationen „Denkkosten", die durch verbesserte Ergebnisse nicht mehr aufgewogen werden. Es ist also so gesehen rational, auf den konsequenten Einsatz des Rationalkalküls zu verzichten. Damit lassen sich Abweichungen vom Nutzenmaximierungskalkül also wiederum auf das Problem unvollständiger Information zurückführen, denn „Denkkosten" sind ja Kosten der Informationsverarbeitung.

Schauenberg (1985) erklärt z.B. anhand dieses Konzepts den in vielen Versuchen festgestellten Verzicht der Versuchspersonen auf die Einhaltung der Transitivitätsnorm (vgl. Tversky 1969). Dieser Verzicht kann – so Schauenberg (1985, S. 285) – nur nachgewiesen werden, wenn die Alternativen durch mehrere Bewertungskriterien beschrieben werden, die Unterschiede der Alternativen nur gering sind und wenn es einen Konflikt bei der Bewertung nach den verschiedenen Kriterien gibt. In einer solchen Situation können die Kosten für die Ermittlung einer Präferenzordnung aber nicht mehr mit Null angesetzt werden. Da die Erstellung einer solchen Ordnung aufgrund der geringen Unterschiede auch nur geringen Zusatznutzen verspricht, dürfte ein Verstoß gegen die Transitivitätsnorm nutzenmaximierend sein. Die Kosten der vermeintlich „richtigen" Entscheidung sind höher anzusetzen, als der Zusatznutzen, den sie verspricht.

## 3.2 Jenseits der Grenzen des traditionellen „bounded-rationality"-Konzeptes: Entscheidungsanomalien

Allerdings stößt unseres Erachtens auch das Denkkostenargument an prinzipielle Grenzen. Es eignet sich nämlich offensichtlich nur, wenn dem Entscheider zwei Dinge bekannt sind: seine Denkkosten, die er in eine bessere Entscheidung investieren müsste, und der durch die „bessere" Entscheidung erreichbare Gewinn. Auch wenn er deren Höhe nicht genau kennt, so muss er zumindest wissen, dass die Denkkosten über dem Gewinn liegen. In dieser Situation ist der Akteur aber in Bezug auf das Entscheidungsproblem vollkommen informiert (i.S. einer rationalen Entscheidung) und trifft die – dann bereits triviale – insgesamt nutzenmaximale Entscheidung. Was anhand dieses Konzepts nach unserem Verständnis nicht zu erklären ist, sind Situationen,

1) bei denen nicht von Anfang an klar ist, dass die zu investierenden Denkkosten über dem einzusparenden Gewinn liegen, und solchen,
2) bei denen Denkkosten von (annähernd) null auftreten, weil es sich um offensichtlich sehr einfache Nutzenmaximierungskalküle handelt, und es dennoch zu vom Nutzenmaximum abweichenden Entscheidungen kommt.

Im ersten Fall sind dem Entscheider die Denkkosten oder der Gewinn oder beides nicht bekannt. Das ist i.d.R. der Fall bei nicht-trivialen Entscheidungen. Dort aber wird der Entscheider auf der übergeordneten Ebene (auf der die Entscheidung über den Denkaufwand zu treffen ist, den eine Entscheidung verdient) die Höhe des Denkaufwandes erst kennen, wenn er in die Quantifizierung dieses Aufwands investiert hat. Da er aber den Quantifizierungsaufwand nicht kennen kann, muss er zunächst in die Quantifizierung des Quantifizierungsaufwandes investieren usw. Gleiches gilt für den einzusparenden Gewinn. Um diesem Dilemma zu entgehen, wird er sich entschließen müssen, den Denkprozess zu denken, kennt dann aber auch das Ergebnis dieses Prozesses und wird sich schließlich auf dieser Basis für die nutzenmaximale Alternative entscheiden. Wenn also in nicht-trivialen Entscheidungssituationen die Akteure in der Lage sind, auf der übergeordneten Ebene rationale (kluge) Entscheidungen zu treffen, dann können sie offensichtlich nicht zu dem Ergebnis kommen, auf der Grundebene gegen die Axiome rationalen Verhaltens verstoßen zu müssen, weil sich nur mit der Lösung des Problems auf der Grundebene die Parameter der Entscheidung auf der übergeordneten Ebene offenbaren.

Im zweiten Fall liegt offensichtlich überhaupt kein Denkkostenproblem vor, denn hier kommt es zu Fehlentscheidungen, obwohl es nur um einfache Denkaufgaben geht, die leicht erklärbare und objektiv richtige Lösungen haben. Das Denkkostenkonzept kommt also hier gar nicht erst zur Anwendung.

Auch wenn die Denkkostenargumentation den Erklärungsbereich des institutionenökonomischen „bounded-rationality"-Konzeptes zu erweitern vermag, bleibt sie also dennoch an prinzipielle Grenzen verwiesen. Hinter diesen Grenzen beginnt der Bereich der echten Entscheidungsanomalien. Wir verstehen darunter Situationen, in denen Akteure vorhandene Informationen offensichtlich nicht nach dem Nutzenmaximierungskalkül verarbeiten bzw. offensichtlich nutzenmaximale Entscheidungsalternativen ablehnen und deshalb schließlich suboptimale bzw. Fehlentscheidungen treffen (vgl. ausführlich Eichenberger 1992, S. 5 ff.; Klose 1994).

Es gibt in der einschlägigen Literatur (vgl. z.B. Schoemaker 1980, 1982; Thaler 1987 oder Weber/Camerer 1987) eine Vielzahl von in umfangreichen empirischen Studien nachgewiesenen Entscheidungsanomalien, von denen wir lediglich einige wenige herausgreifen wollen, die uns für die NIÖ als besonders relevant erscheinen.

### *Willensschwäche*

Selten (1990) berichtet von Experimenten, bei denen sich Versuchspersonen ganz einfach nicht nach dem Prinzip der subjektiv erwarteten Nutzenmaximierung verhielten, obwohl sie kein intellektuelles Problem mit der Beherrschung des entsprechenden Kalküls hatten. Da sie ohne weiteres in der Lage waren, die Versuchslogik zu durchschauen, konnte man ihr Verhalten nur noch als Willensschwäche deuten. Es gab offensichtlich überlegene Handlungsalternativen, aber den Versuchspersonen fehlte schlicht der Wille, diese auch zu ergreifen.

### *Referenzpunktbezogenheit („prospect theory[3]")*

Die traditionelle Ökonomie geht bekanntlich davon aus, dass die Nutzenfunktion von Individuen nur Endvermögenszustände und damit nur totale, nicht relative Größen berücksichtigt. Dem widersprechen umfangreiche Ergebnisse der experimentellen Entscheidungsforschung. So weisen beispielsweise Kahneman/Tversky (1979), Tversky/Kahneman (1987) oder Knetsch (1992) nach, dass auch Vermögensänderungen bezüglich eines Referenzpunktes das Nutzenniveau des Einzelnen beeinflussen können und dass dabei Gewinne (positive Abweichungen vom Referenzpunkt) geringer gewichtet werden als Verluste (negative Abweichungen). Der Referenzpunkt bestimmt sich dabei zumeist nach dem Status Quo (vgl. Samuelson/Zeckhauser 1988) – etwa nach den zu einem gewissen Zeitpunkt bestehenden Vermögensverhältnissen – aber auch vergangene Investitionen finden Berücksichtigung („sunk costs" beispielsweise führen oft dazu, dass Menschen gutes Geld schlechtem Geld hinterherwerfen). Dieses Phänomen erklärt etwa die Beobachtung an der Börse, dass Anleger sich an ihrem Einstandskurs orientieren und Gewinne zu früh realisieren, während sie versuchen, ihre Verluste „auszusitzen“ (vgl. Shefrin/Statman 1985).

### *Systematische Selbstüberschätzung („illusion of control“, „overconfidence“)*

Viele Menschen überschätzen die eigenen Fähigkeiten im Vergleich zu anderen Menschen. Betreiben sie gefährliche Sportarten, fahren Motorrad oder heiraten, so sind sie überzeugt, dass gerade ihnen kein Unfall zustoßen oder ihre Ehe nicht scheitern wird, obgleich statistische Ergebnisse häufig dagegen sprechen. Der größte Teil der Autofahrer hält sich z.B. für überdurchschnittlich geschickt (vgl. Job 1990). Offenbar müssen sich viele überschätzen, wenn die Mehrzahl so denkt. Als „illusion of control“ bezeichnet man die Überschätzung der eigenen Einflussmöglichkeiten auf den Ausgang von Ereignissen, die ganz oder zum großen Teil vom Zufall abhängen. Signifikante Fehleinschätzungen von Wahrscheinlichkeitsverteilungen sind die unmittelbare Folge dieser Anomalie. Lichtenstein et al. (1982) belegen experimentell, dass die Mehrzahl der Menschen ein systematisch zu großes Vertrauen in das eigene Wissen hat („overconfidence“). Dies kann wiederum dazu führen, dass Individuen zu geringe Vorsicht walten lassen oder neuen Informationen systematisch zu geringes Gewicht beimessen.

### *Systematische Gegenwartsbezogenheit („Planungsaversion“)*

Die traditionelle ökonomische Theorie impliziert, dass Individuen zukünftige, also zeitlich verschobene Einkommens- und Kostenströme bei der Nutzeneinschätzung gleichermaßen und zu einem gängigen Marktzins auf die Gegenwart „abdiskontieren“. Auch zu dieser Annahme stehen vielerlei Experimente im Widerspruch (vgl. etwa Loewenstein/Thaler 1989). Sie belegen, dass die der Abzinsung zugrunde liegenden Diskontraten vom Einzelnen stets deutlich höher angesetzt werden, als der gängige Marktzinssatz. Sofort realisierbare Einkommens- bzw. Einsparpotentiale werden deshalb bevorzugt, auch wenn ein in der Zukunft liegendes Einkommen (bzw. eine entsprechende Einsparung) adäquat abgezinst sogar deutlich größer ist.

### *Reziprozität („Vergeltung“)*

Die Bedeutung von Reziprozität[4] für die Ökonomie stellen Fehr und Gächter (2000) heraus. Das folgende Beispiel soll den Fall der negativen Reziprozität veranschaulichen. In dem so genannten „ultimatum bargaining game“ müssen zwei anonyme Individuen Einigkeit über die Aufteilung eines bestimmten Geldbetrags erlangen. Einer erhält ein einmaliges Vorschlagsrecht, sein Gegenüber kann diesen Vorschlag annehmen oder ablehnen. Es gibt keine Verhandlungen und das Spiel wird nicht wiederholt. Lehnt er das Angebot ab, bekommt keiner der beiden etwas, nimmt er an, wird das Geld entsprechend dem Vorschlag aufgeteilt. Eine große Zahl von Experimenten hat gezeigt, dass ein Angebot, das dem Vorschlagsberechtigten mehr als 70 % der Summe zubilligt, mit großer Wahrscheinlichkeit abgelehnt wird (vgl. zu diesem Beispiel Güth et al. 1982; Camerer/Thaler 1995 und Roth 1995). Es wird also eine Selbstschädigung in Kauf genommen, nur um einen „unfairen Partner" abzustrafen.

In allen diesen Fällen kommt es entweder zur Abweichung vom Nutzenmaximierungskalkül oder zur Unterlassung offensichtlich nutzenmaximaler Handlungen. Aus der Perspektive der NIÖ steht man angesichts derartiger Entscheidungsanomalien, die auch mittels Informationsgrenzen im weitesten Sinne nicht erklärbar sind, vor zwei Alternativen:

Entweder man klammert diese Phänomene aus seiner theoretischen Betrachtung aus, indem man begrenzte Rationalität weiterhin allein auf Informationsgrenzen (einschließlich der Informationsverarbeitungs- bzw. Denkkosten) bezieht. Man läuft dann allerdings Gefahr, dass die zur Lösung praktischer Probleme empfohlenen Institutionen zu dysfunktionalen Ergebnissen führen, wann immer Entscheidungsanomalien die Reaktion der Adressaten verfälschen.

Oder man unternimmt den Versuch, das Rationalitätskonzept noch weiter aufzuweichen, um Platz für eine systematische Berücksichtigung von Entscheidungsanomalien zu schaffen. Wir wollen dieses im Folgenden versuchen und neben Informationsgrenzen auch so genannte Emotionsgrenzen rationalen Handelns berücksichtigen. Dabei behaupten wir aber keineswegs, alle Entscheidungsanomalien ließen sich auf den Einfluss von Emotionen reduzieren. Um die emotionalen Beschränkungen der Vernunft näher zu beschreiben, greifen wir auf Arbeiten aus den Verhaltenswissenschaften, aus der Neurophysiologie und aus der Evolutionspsychologie zurück.

## 3.3 Die Berater-King-Metapher nach Selten als Hypothese über die Spaltung zwischen Vernunfts- und Emotionszentrum

Unter anderem, um die als Willensschwäche umschriebene Anomalie – also Situationen, in denen eine nachvollziehbar überlegene Handlungsalternative vorliegt, aber Versuchspersonen dennoch nichts unternehmen – zu erklären, hat Selten (1990, S. 651 f.) das Konzept der begrenzten Rationalität wesentlich weiter radikalisiert, als die NIÖ das bisher tut. Seine Theorie der begrenzt rationalen Entscheidungen, die er als „decision emergence view" bezeichnet, illustriert er mit Hilfe der so genannten Berater-King-Metapher. Der Kern dieser Metapher ist eine Hypothese über die Spaltung zwischen einem Vernunftszentrum und einem dominanten Emotionszentrum, die bei Entscheidungsprozessen interagieren.

Demnach spielen sich die Kalküle der Vernunft – ob man sie als rational im Sinne der neoklassischen Ökonomie oder begrenzt rational im Sinne der NIÖ beschreiben mag – in einem Teil des Gehirns ab, den Selten vielsagend den „advisor to the king", den Berater des Königs, nennt. Der King selbst ist ein der Introspektion unzugänglicher Teil unseres Gehirns und Sitz des emotionalen Systems. Er ist es, der letztlich Entscheidungen auslöst. Der King kann oder kann nicht auf seinen Berater hören, ganz so wie das etwa bei Unternehmensberatern und ihren Klienten der Fall ist. Und er kann den Berater auch einfach übergehen, indem er Handlungen vollkommen an ihm vorbei auslöst, wie das in lebensgefährlichen Situationen notwendig sein kann, bei denen keine Zeit zum bewussten Überlegen bleibt.

Mit der Betonung der Entscheidungskompetenz des King unterstreicht Selten, dass die Rationalität nur begrenzte Kontrolle über das menschliche Verhalten hat. Gleichzeitig verweist Selten bereits auf ein weiteres Problem, nämlich den erheblichen Einfluss von Emotionen auf die Ratio (vgl. Selten 1990, S. 652). Gefühle wie Hunger oder Angst fokussieren beispielsweise die Aufmerksamkeit auf die Befriedigung dieser kurzfristigen Ziele und schränken die Möglichkeiten des bewussten Überlegens erheblich ein. Umgekehrt übt aber auch die Ratio Einfluss auf unsere Emotionen aus. Sie zeigt uns zukünftige Handlungskonsequenzen auf und lenkt so die Konzentration auf eher langfristige Ziele.

Der maßgebliche Unterschied zwischen dem Rationalitätskonzept der NIÖ und dem des Berater-King-Modells liegt auf der Hand: Die begrenzte Rationalität der NIÖ kennt keinen King! Entscheidungsverhalten wird dort allein vom Berater bestimmt, dessen Ratschläge möglicherweise durch unvollkommene Information „beschädigt" sind. Auf einer übergeordneten Ebene wird die vorhandene Information dennoch streng nach dem Nutzenmaximierungskalkül verarbeitet.

Wählt man die Berater-King-Metapher als Bezugsbasis, dann lassen sich Entscheidungsanomalien auf die Interaktion zwischen Emotionszentrum und Vernunftzentrum zurückführen. Wir sprechen im Folgenden von *Emotionsgrenzen*, wenn das Nutzenmaximierungskalkül des Beraters durch den Einfluss des King verfälscht bzw. komplett ausgeschaltet wird oder wenn der Berater zwar nach dem strengen Nutzenmaximierungskalkül arbeitet, das Beraterkalkül vom King jedoch nicht umgesetzt wird. Der King übergeht den Berater, löst Handlungen vollkommen an ihm vorbei aus, oder nimmt durch „emotionale Restriktionen" von vornherein Einfluss auf den „Vorschlag" des Beraters.

Die Plausibilität der durch die Berater-King-Metapher propagierten Spaltung zwischen einem dominanten Emotions- und einem untergeordneten Venunftzentrum wird durch neuere Arbeiten aus der Neurophysiologie keineswegs widerlegt.

## 3.4 Neurophysiologische Hinweise für die Spaltung zwischen Vernunfts- und Emotionszentrum

An dieser Stelle scheint sich zunächst eine Diskussion darüber aufzudrängen, welchen Wert neurophysiologische Erkenntnisse für die Entwicklung sozialwissenschaftlicher Theorien haben können. Abstrahiert man zunächst einmal von dem zu einigen Komplikationen führenden Sonderfall, dass biologische Befunde zum Beweis konstruktivistischer Erkenntnisstandpunkte herangezogen werden sollen (vgl. ausführlich Franck 1991, S. 114 ff.), ist die Lage wesentlich entspannter, als viele Sozialwissenschaftler sie bei ihren durchaus verständlichen Abgrenzungsversuchen wahrhaben wollen. Die Diskussion über das so genannte Körper-Geist-Problem in ihrer ganzen Tradition (vgl. ausführlich Franck 1991, S. 9 ff.) erschöpft sich letztlich in einem Geschmacksurteil. Jeder der beiden Standpunkte – dass Geistesvorgänge auf neuronale Vorgänge im Gehirn bzw. Körper reduzierbar seien bzw. dass sie es nicht seien – erfordert metaphysische Annahmen a priori. Gerade weil diese Diskussion theoretisch nicht entscheidbar ist, wurde sie ja zum Dauerbrenner. Wenn aber die Entscheidung unserem Geschmack überlassen bleibt, dann wählen wir im Folgenden die Position des Reduktionismus. Die Fortschritte in den biologischen Disziplinen (von der Neurophysiologie bis zur Genforschung) sind unübersehbar, so dass sich ein theoretisch zwar noch nicht entscheidbares Problem in absehbarer Zukunft vielleicht sogar praktisch überholt haben könnte.

Neuere Forschungen aus der Neurophysiologie stehen in erstaunlichem Einklang zu Seltens Berater-King-Metapher (vgl. Goleman 1998, S. 19 ff.). Auch wenn dort der Begriff des King nicht gebraucht wird, so scheint das, was Selten als King bezeichnet, in den stammesgeschichtlich ältesten Strukturen unseres Gehirns zu „wohnen“, dem Hirnstamm einschließlich des Mandelkerns als Zentrum des limbischen Gehirns. Der Berater sitzt dagegen im Neokortex und ist eine relativ junge Entwicklung, zuständig für geistige Vorstellungskraft und bewusstes Denken.

Obwohl es sich beim menschlichen Gehirn um ein außerordentlich komplexes System von Zellen und Zellverbindungen handelt, lässt sich eine gewisse Grundstruktur in vereinfachter und den Bedürfnissen dieser Arbeit angepasster Form darstellen. Unser Gehirn in der heutigen Form entstand über mehrere Evolutionsschübe aus seinem ältesten Teil, dem Hirnstamm, der grundlegende Lebensfunktionen wie das Atmen oder den Stoffwechsel und einfache Bewegungen koordiniert. Darüber liegen der visuelle und der olfaktorische Lappen, die mit ihrem Entstehen die Gesichts- und eine ausgeprägte Geruchswahrnehmung ermöglichten. Von dort werden auch heute noch stereotype Reaktionen auf Sinneswahrnehmungen ausgelöst, wenn man z.B. bei üblem Geruch die Nase rümpft.

Erst durch die Entwicklung des limbischen Systems aus dem olfaktorischen Lappen kam es zur Entstehung von Emotionen im eigentlichen Sinne und damit zu differenzierteren Handlungsweisen. Man nimmt an, dass im limbischen System vorwiegend ererbte, aber auch ein Anteil selbst erlebter Erfahrungen abgelegt sind. Der Mandelkern als ein Zentrum des limbischen Systems prüft sämtliche Wahrnehmungen auf Übereinstimmung mit den abgespeicherten Erfahrungen. Kommt es zu einer Assoziation, löst er Emotionen aus, die wiederum zur Auslösung einer entsprechenden Reaktion führen können. Werden wir angegriffen, kommt es zu Zorn oder Furcht und wir wehren uns oder flüchten.

Alles, was als spezifisch menschlich angesehen wird, etwa zu denken, Strategien zu entwickeln und langfristig zu planen, aber auch über eigene Gefühle zu reflektieren, wurde erst mit der Entwicklung des Neokortex ermöglicht. Er befähigt uns, Sinneswahrnehmungen zusammenzufügen, zu begreifen und Empfindungen über Empfindungen zu haben. Der Neokortex ist über eine Vielzahl von Verbindungen mit den stammesgeschichtlich älteren emotionalen Zentren vernetzt. Die Reaktionsauslösung obliegt nach wie vor dem Mandelkern, der Ergebnisse des Neokortex nicht von den im emotionalen System abgespeicherten Erfahrungen unterscheidet, sondern mit diesen gleichsetzt. Der Neokortex wirkt für den Mandelkern sozusagen als „Generator künstlicher Erfahrungen".

Neuere Untersuchungen haben die hergebrachten Auffassungen über neurale Funktionsmuster teilweise widerlegt, nach denen sämtliche Sinneswahrnehmungen über den Thalamus, der Reize in die Sprache des Gehirns übersetzt, zuerst zum Neokortex gelangen und erst von dort an den Mandelkern weitergeleitet werden, wo es schließlich zur Auslösung einer Reaktion kommt. Tatsächlich nimmt zwar der größte Teil neuraler Information diesen Weg. LeDoux hat jedoch auch eine Direktverbindung zwischen Thalamus und limbischem System entdeckt (vgl. Golemann 1998, S. 34). Auf dieser Abkürzung feuert der Thalamus Signale direkt zum Mandelkern, der bereits eine emotionale Reaktion auslösen kann, während der langsamere Neokortex noch nach einem angemessenen Verhaltensmuster sucht. Wird der Mandelkern über diese Direktverbindung aktiviert, sendet er eine Krisenbotschaft an alle Teile des Gehirns und übernimmt bis zur Entwarnung die „Befehlsgewalt". In einer solchen Situation kann es zur vollkommenen Ausschaltung der Ratio kommen.

Aber auch wenn es nicht zu einer „Alarmauslösung" über diese Direktverbindung kommt, beeinflusst das limbische System die Arbeit des Neokortex, denn Lernen, Erinnern und die individuelle Vorstellungskraft basieren weitgehend oder überwiegend auf diesem System. Denken wir nach, so kommt es stets zu einem intensiven Austausch neuraler Signale zwischen Mandelkern und Neokortex. Vorschläge des Beraters werden dort vom Mandelkern auf gleicher Stufe mit den von unseren Vorfahren ererbten Erfahrungen behandelt. Widersprüche zwischen dem Beratervorschlag und den im limbischen System vorhandenen Erfahrungen führen dann zu einer Unterdrückung oder Abänderung der „rational geplanten" Reaktionsauslösung.

Auch wenn also plausibel erscheint, dass der King – wie von Selten beschrieben – beträchtlichen Einfluss auf den Berater und damit auf die Kalküle der Vernunft nehmen kann, bleibt natürlich die Frage weiterhin offen, nach welchem übergreifenden Muster die Eingriffe des King erfolgen. Eine vollständige Charakterisierung der vom King verursachten Emotionsgrenzen rationalen Handelns würde eine Offenlegung des Funktionsprinzips des King erfordern. Wir können an dieser Stelle lediglich mit einer auf evolutionspsychologischen Überlegungen basierenden, allgemeinen Hypothese aufwarten.

## 3.5 Eine evolutionspsychologische Hypothese zum Funktionsprinzip des King: „Historische Nützlichkeit“

Die soeben beschriebenen biologischen Strukturen bergen auch ein ernsthaftes Problem, denn die Plastizität der „älteren“ Gehirnschichten ist gering. Die ererbten Erfahrungen des Mandelkerns als King und letzter Instanz der Reaktionsauslösung passen sich an Veränderungen nur im Maßstab der biologischen Evolution an, also sehr, sehr langsam. Diese grundlegenden neuralen Schaltungen spiegeln – so Goleman (1998, S. 21) – das wider, was sich in 50 000 Generationen am besten bewährt hat. Die letzten 500 Jahre haben also dort kaum Spuren hinterlassen.

Gerade wenn wir davon ausgehen, dass sich die Welt in dieser Zeitspanne aber beträchtlich verändert hat, können zwischen Verhalten, das aus diesen „historisch“ nützlichen Strukturen hervorgebracht wird, und den Anforderungen der Gegenwart beträchtliche Divergenzen auftreten. Unsere Hypothese lautet daher, dass Emotionen nichts anderes sind als die Einflüsse dieser „historischen Vernunft“ auf unser gegenwärtiges Verhalten.

Nach dieser Sicht der Dinge lebt der King also auch heute noch in einer Welt, in der es darauf ankommt, Tag für Tag das eigene Überleben und das seiner Sippe sicherzustellen, sich fortzupflanzen und gegen Feinde zur Wehr zu setzen. Mag ein aufbrausendes Temperament in jener grauen Vorzeit zur Erhöhung der Kampfbereitschaft überlebenswichtig gewesen sein, so kann es heute etwa angesichts komplexer Koordinationsanforderungen in einem arbeitsteiligen Innovationsprozess erhebliche Nachteile verursachen. Setzten sich zu Zeiten des Neandertalers die Furchtlosen durch, die frei von Selbstzweifeln waren, so kann die emotionale Verdrängung rationaler Erkenntnisse heute beim Kapitän eines Airbus zu schwerwiegenden Bedienungsfehlern führen. Wieso sollte es verwundern, dass der King langfristigen Optimierungsversuchen sehr skeptisch gegenüber steht? Wer ständigen Bedrohungen aus der Umwelt relativ schutzlos ausgesetzt ist, für den machen Langfristpläne wenig Sinn. Stattdessen ist schnelles Handeln entscheidend. Evolutionsgeschichtlich waren emotionale Reaktionen unter „Umgehung" des Beraters wahrscheinlich immer wieder nützlich, so z.B. wenn man in Sekundenbruchteilen reagieren musste, ohne dass der Neokortex die einzelnen Alternativen erst „durchbilanziert" hätte. Schnelligkeit gewinnt in einer Welt ohne Schutzvorkehrungen an Bedeutung gegenüber der Genauigkeit. Reziprozität ist das schnellste und einfachste Interaktionsmuster.

Die „historische Vernunft“, die im King waltet, kollidiert aber nicht nur mit gegenwärtigen Nutzenmaximierungskalkülen, wie es in den Entscheidungsanomalien zum Ausdruck kommt. Emotionale Einflüsse können auch günstige Wirkungen zeitigen.[5] So spricht man bekanntlich vom „siebten Sinn", stellen sich auf den ersten Blick unvernünftige Entscheidungen im Nachhinein als lebensrettend heraus. Antonio Damasio (1994) betont in seinen Forschungen die grundlegende Wirkung emotionaler Einflüsse auf den Neokortex. Offensichtlich wird komplexe Entscheidungsfindung erst ermöglicht, indem das emotionale Raster die grobe Richtung weist, wo dann die nüchterne Logik den größten Nutzen erreicht.[6] Da unser primäres Erkenntnisinteresse institutionellen Korrekturmechanismen gegen emotionale „Beschädigungen“ der Vernunft gilt, wollen wir diese positiven Effekte der Emotion im Folgenden bewusst ausklammern.[7]

Offensichtlich lassen sich aus dem angenommenen Konflikt zwischen „historischer Vernunft“ im hier verstandenen Sinne und gegenwärtiger Nutzenmaximierung durchaus Bezüge zu den Verhaltensanomalien herstellen. Ganz explizit berücksichtigt das Konzept der kognitiven Dissonanz einen derartigen Konflikt.

## 3.6 Eine denkbare Spielart des Konflikts zwischen „historischer Nützlichkeit“ und gegenwärtiger Nutzenmaximierung: Das Konzept der kognitiven Dissonanz

In Situationen kognitiver Dissonanz werden Informationen, die dem positiven Selbstbild, eine „smart and nice person” zu sein, widersprechen, ignoriert oder verdrängt und gezielt solche Informationen priorisiert, die dieses Selbstbild stützen (vgl. Festinger 1962; Akerlof/Dickens 1982). Dieser gezielte „Selbstbildschutz” wurde in einer Vielzahl von Experimenten bestätigt. Das Konzept der kognitiven Dissonanz hat bereits seit langem hohe Akzeptanz in der Wirtschaftswissenschaft gefunden. So benutzte es Hirschman (1965) zur Erklärung von Innovationshürden und Akerlof/Dickens (1982) haben es auf eine ganze Reihe weiterer ökonomischer Probleme angewandt.

Aus einer evolutionspsychologischen Perspektive betrachtet lässt sich dieses Verhalten relativ plausibel erklären. In der Welt des King waren Selbstzweifel wahrscheinlich nur hinderlich, wenn es darum ging, sich gegen Feinde, bei der Jagd oder bei der Frage der Fortpflanzung gegen Artgenossen durchzusetzen. Selbstzweifel und Angst schwächen, während ein ausgeprägtes Selbstbewusstsein tatsächlich zu einer stärkeren Kräfteausbeutung führen kann. Auch heute ist in Kampfsportarten, wie z.B. dem Boxen, eine positive Haltung zur eigenen Stärke unabdingbar. So hielten viele Experten den deutschen Schwergewichtsboxer Axel Schulz für einen ausgezeichneten Techniker, der jedoch in entscheidenden Kämpfen nicht über die psychologische Kraft verfügte, sich durchzusetzen.

„Selbstbildschutz” kann aber auch erhebliche Fehleinschätzungen und entsprechende Fehlentscheidungen verursachen. Sehr oft trifft dies bei der Einschätzung von Risiken zu.[8] So berichtet Ben-Horin (1979) von Chemiearbeitern, die verdrängten, dass sie mit gefährlichen chemischen Substanzen umgingen, und Akerlof/Dickens (1982) über Angestellte in Atomkraftwerken, die es ausnahmslos unterließen, das Messgerät zu tragen, das ihre persönliche Kontamination messen sollte. Damit aber entfiel die Möglichkeit, Verstrahlungen zu erkennen und den Betroffenen vorübergehend keiner weiteren Strahlung auszusetzen. Kunreuther et al. (1978) verweisen auf Personen in Regionen mit hohem Erdbeben- und Überflutungsrisiko, die es versäumten, entsprechende Versicherungen abzuschließen, weil sie der Überzeugung waren, keinem erhöhten Katastrophenrisiko ausgesetzt zu sein. Ähnliche Beobachtungen konnten die Verfasser dieses Beitrags bei den ehemaligen Arbeitern einer Arsenhütte in Ostdeutschland machen, die wenig Verständnis dafür aufbrachten, während der Aufräumungs- und Abrissarbeiten nach der Wende die nun vorgeschriebene Schutzkleidung zu tragen.

Der King erscheint also in dieser Betrachtungsperspektive als ein eitler Geselle, für Schmeicheleien anfällig, die sein Selbstbewusstsein stärken, und aufbrausend, sollte dies gestört werden. Negativinformationen nimmt er erst gar nicht wahr oder verdrängt sie. Permanente Erfolgserlebnisse sind ihm zur Selbstbestätigung wichtiger, als der langfristige, große Erfolg. Kommt es zu einer dem Selbstbild widersprechenden Handlungsempfehlung durch den Berater, macht er selbstherrlich von seinem Vetorecht Gebrauch und entscheidet anders.

## 3.7 Ist der homo oeconomicus noch zu retten?

Wenn man aber nun die Restriktionen des neoklassischen Rationalitätskonzepts so weit lockert und sowohl eine Beschädigung der Informationsbasis als auch eine Verzerrung des Nutzenmaximierungskalküls durch Emotionen zulässt, muss man dann nicht konsequenterweise das „homo oeconomicus"-Modell als solches aufgeben? Wir sind nicht dieser Ansicht.

Versteht man das „economizing on bounded rationality"-Konzept der NIÖ als die „rationale Bekämpfung" begrenzter Rationalität, dann verweist dies auf zwei Stufen der Rationalitätsbetrachtung: Den Akteuren im Gegenstandsbereich werden, gemessen am neoklassischen Rationalitätsideal, unter dem Stichwort der begrenzten Rationalität verschiedene Imperfektionen unterstellt. Wenn aber Institutionen damit erklärt werden, dass sie genau diese Rationalitätslücken der Akteure im Gegenstandsbereich „ausbügeln", dann nimmt man offensichtlich auf der Meta- oder Beobachterebene weiterhin Rationalität in einem stärkeren, also klassischen Maße an.

Es ist unseres Erachtens ausschließlich diese Meta- oder Beobachterrationalität, die eine ökonomische Theorie definiert.[9] Man kann folglich bei der Lockerung der Rationalitätsannahme für die Akteure im Gegenstandsbereich den Verhaltenswissenschaften beliebig weit entgegenkommen, wenn dies den wissenschaftlichen Erklärungsspielraum erweitert, solange man an der Rahmenbedingung der Beobachterrationalität festhält und Institutionen weiterhin als „Abhilfen" auch gegen die neu eingeführten „Defekte" der Akteursrationalität erklärt. Dabei ist die Beobachter- bzw. Metarationalität nicht als Tatsachenbehauptung mit Beschreibungsanspruch aufzufassen, sondern als ein Bestandteil des Untersuchungswerkzeugs zu interpretieren, wie das z.B. von Becker[10] und anderen bereits vorgemacht wurde.[11] Für eine so verstandene NIÖ ergeben sich durch die Berücksichtigung „emotionaler Imperfektionen" im Gegenstandsbereich interessante Konsequenzen.[12]

# 4 Konsequenzen für die Neue Institutionenökonomie

Die Akteure der NIÖ maximieren ihren Nutzen vor dem Hintergrund prinzipiell unvollkommener Information. Die Bewirtschaftung begrenzter Rationalität bedeutet vor diesem Hintergrund, Institutionen als Schutzvorkehrungen gegen „Betrüger, Blender und Opportunisten"[13] zu entwerfen, die ihre Informationsvorteile zur Verwirklichung eigener Ziele, unter Umständen sogar rücksichtslos auf Kosten anderer, ausnutzen. Diese Institutionen wirken, indem sie entweder die Informationsnachteile potentieller Opfer mildern oder zu einer Angleichung der Interessen der Beteiligten führen, so dass die induzierten Handlungen jeweils beiden Seiten nutzen. Die Vielfalt der in der NIÖ diskutierten Informations- und Anreizinstrumente können wir aus offensichtlichen Gründen hier nicht referieren (vgl. überblicksartig Picot et al. 1999). Wir greifen stattdessen mit dem Self-Selection-Mechanismus ein typisches Informations- und mit der Selbstbeteiligung ein typisches Anreizinstrument heraus. Nach der Erläuterung ihrer intendierten Funktionsweise in der NIÖ gehen wir auf ihre Wirksamkeit angesichts von Emotionsgrenzen ein.

## 4.1 Informations- und Anreizinstrumente der Neuen Institutionenökonomie am Beispiel von Self-Selection und Selbstbeteiligung

Der Self Selection-Mechanismus führt auf indirekte Weise zur Verringerung des Informationsnachteils, den ein Auftraggeber (Prinzipal) gegenüber einem potentiellen Auftragnehmer (Agent) hat. Indem er dem Agenten verschiedene Vertragsalternativen anbietet, delegiert der Prinzipal das Auswahlproblem auf den besser informierten Akteur. In Kenntnis seiner Eigenschaften bzw. in Kenntnis der Qualität seiner angebotenen Leistung wird sich dieser nach dem individuellen Nutzenmaximierungskalkül eingruppieren. Dadurch offenbart er gleichzeitig seine Selbsteinschätzung gegenüber dem Prinzipal.

Die Wirkung von Anreizinstrumenten konzentriert sich auf die Angleichung der Interessen des Agenten an die des Prinzipals, so dass eine Schädigung des Prinzipals einer Selbstschädigung des Agenten gleichkommt. Die verschiedenen Spielarten der Selbstbeteiligung – von ergebnisabhängigen Entlohnungsschemata bis zu den unterschiedlichen Selbstbehaltsklauseln in Versicherungsverträgen – sind als derartige Anreizinstrumente gedacht, die schwer kontrollierbare Agenten zu zielkongruentem Verhalten animieren sollen.

## 4.2 Eingeschränkte Wirksamkeit dieser Instrumente angesichts von Emotionsgrenzen

Die Wirksamkeit dieser Instrumente kann unseres Erachtens ganz erheblich von der Existenz emotionaler Einflüsse auf das Entscheidungsverhalten beeinträchtigt werden.

Der Self-Selection-Mechanismus basiert auf der Annahme, dass sich der besser informierte Agent aufgrund eines differenzierten Vertragsangebots „seiner Qualität" entsprechend eingruppiert und damit diese Information auch für den Prinzipal offenlegt. Emotionsgrenzen lassen allerdings Zweifel angebracht erscheinen, dass der Agent alle relevanten Informationen bei seiner Eingruppierung auch tatsächlich berücksichtigt.

Nimmt man Anomalien wie „overconfidence", „illusion of control" usw. ernst, dann dürfte gerade in solchen Fällen die Self-Selection nicht richtig funktionieren, in denen der Agent die eigenen Fähigkeiten oder die eigenen Einflussmöglichkeiten relativ zum exogenen Risiko einzuschätzen hat. Das Problem der Unterversicherung (vgl. Kunreuther et al. 1978) könnte damit erklärt werden. Wer systematisch annimmt, sich gut gegen Flutkatastrophen schützen zu können, obwohl der eigene Einfluss auf die zu erleidende Schadenshöhe vermutlich sehr gering ist, wird zumindest tendenziell auf den Abschluss einer entsprechenden Versicherung verzichten.

Aber auch z.B. das Funktionieren von „up-or-out"-Regeln (vgl. z.B. Milgrom/Roberts 1992, S. 379) und von „deferred-compensation"-Mechanismen (vgl. Lazear 1981; Rosen 1986) als so genannte „Talentfilter" sind bei der Berücksichtigung von Emotionsgrenzen in Frage zu stellen. So wird z.B. Neueinsteigern in großen Unternehmensberatungen ein relativ zum Arbeitseinsatz geringes Gehalt gezahlt, im Beförderungsfall zum Partner winkt dafür eine überproportionale Kompensation. Auf jeder Stufe erfolgt eine relative Leistungsbewertung der Kandidaten. Wer nicht befördert wird („up"), muss gehen („out"). Er rechnet nicht mehr mit dem „Preisgeld" aus den nächsten Turnierstufen und würde seinen Arbeitseinsatz entsprechend reduzieren. Derartige relative Leistungsturniere sind auch als Self-Selection-Mechanismus gedacht. Das Angebot sollte besonders für jene Bewerber interessant sein, die aufgrund ihres Talentes bessere Chancen haben, den Partnerstatus zu erreichen. Auf diese Weise sollen daher systematisch talentierte Bewerber „angelockt" werden.

Wenn wir jedoch von der Möglichkeit ausgehen müssen, dass Menschen die eigenen Schwächen gar nicht erst wahrnehmen und ihre Fähigkeiten überschätzen, dann funktioniert dieser Mechanismus nicht mehr reibungslos. Statt die talentiertesten anzulocken, spricht man jene mit dem ausgeprägtesten Selbstbildschutz an. Sie werden im späteren Arbeitsprozess besonders aktiv relevante Informationen ignorieren, an aussichtslosen Projekten festhalten usw. Eine unzureichende Stellenbesetzung (vgl. Akerlof 1984) und die Fehlallokation von Talent könnten also ebenfalls die Folge von „deferred-compensation"-Mechanismen und „up-or-out"-Regeln sein.

Ein weiteres Problem für die Wirksamkeit von Self-Selection-Mechanismen stellt die Planungsaversion von Individuen dar. Die übertriebene Gegenwartsfixierung und Diskontierung zukünftiger Zahlungsströme zu weit überhöhten Marktzinsen kann nämlich dazu führen, dass auch sehr aussichtsreiche Kandidaten sich für das Angebot mit der höheren Einstiegsentlohnung entscheiden und auf die überproportional hohe, spätere Kompensation verzichten, obgleich sie diese relativ leicht erreichen könnten. Damit entziehen sie sich dem potentiellen Arbeitgeber, der seine Stelle mit einem schlechteren Kandidaten besetzen muss, und verringern die eigenen Gesamtverdienstmöglichkeiten.

Schließlich schafft die Tatsache, dass Self-Selection die „Qualitäten" des Agenten für sich selbst und die Umwelt offenlegt, auch Anreize zur fehlerhaften Eingruppierung. Wer sich aus gutem Grunde nicht der „Spitzengruppe" zuordnet, der muss sich zunächst selber eingestehen, nur unterlegenes Talent zu verkörpern. Gleichzeitig wird dieser „Mangel" auch nach außen hin erkennbar. Warum sollte der King diese schmerzhafte Selbstbildbeschädigung in Kauf nehmen?

Die Selbstbeteiligung beseitigt zwar nicht den diskretionären Verhaltensspielraum des Agenten, soll aber seine Interessen so an die des Prinzipals angleichen, dass eine Schädigung weitgehend unterbleibt. Auch hier können Emotionsgrenzen die Wirksamkeit behindern.

So wird z.B. die Beteiligung des Kranken an den Behandlungskosten einer Unfallverletzung nur bedingt geeignet sein, jemanden vom Fußballspielen, Ski- oder Motorradfahren abzuhalten und so die Verletzungsgefahr zu mindern.[14] Da die auftretenden Verletzungen ohnehin sehr schmerzhaft sind und ein langer Krankenhausaufenthalt i.d.R. hohe Opportunitätskosten verursacht, ist der Einzelne bereits erheblich am Verletzungsrisiko beteiligt. Eine weitere finanzielle Beteiligung würde nicht die gewünschte Vermeidungswirkung erreichen. Wie weiter oben argumentiert, werden die Risiken solcher Vergnügungen wie Motorradfahren einfach systematisch unterschätzt. Informationen über Risiken werden entweder verdrängt – der King will davon nichts hören – oder nur verzerrt wahrgenommen, weil die eigenen Fähigkeiten („overconfidence") oder Einflussmöglichkeiten („illusion of control") überschätzt werden. Der King ist „smart" und der beste Motorradfahrer der Welt.

Ein weiteres Problem für die Wirksamkeit von Selbstbeteiligungsvereinbarungen kann von der weiter oben beschriebenen Reziprozitätsanomalie ausgehen. Individuen sind offensichtlich häufig bereit, eine Selbstschädigung hinzunehmen, nur um einen unfairen Partner abzustrafen. Die Vergeltung kann sich sowohl direkt gegen den Prinzipal richten oder gegen einen als unfair empfundenen außenstehenden Dritten, wenn dessen Schädigung teilweise auch den Prinzipal trifft. Giacalone/Greenberg (1997) berichten z.B. vom deutlichen Anstieg der Diebstahlsraten innerhalb von Unternehmen nach der Durchsetzung von Lohnkürzungen. Und Fehr/Gächter (2000) setzen sich ausführlich mit Entlohnungsschemata unter Berücksichtigung von Reziprozitätsreaktionen auseinander.

## 4.3 Beispiele für Institutionen zur Handhabung von Emotionsgrenzen

Anhand einiger Beispiele wollen wir nun der Frage nachgehen, mit welchen spezifischen Institutionen die negativen Folgen der emotionalen Facetten begrenzter Rationalität eingedämmt werden können.

### 4.3.1 Verzögerungsinstitutionen

Innerhalb der hergebrachten Ökonomie lässt sich das Aufschieben von Entscheidungen[15] damit erklären, dass weitere Informationen zur Alternativenbewertung erforderlich sind, auf die noch gewartet werden muss. Die folgenden Beispiele sollen zeigen, dass das Verzögern von Entscheidungen mit Bezug auf Emotionsgrenzen auch dann sinnvoll sein kann, wenn die Verzögerung nicht zu einer weiteren Informationsaufnahme genutzt wird.

Unseres Erachtens ist es sinnvoll, dort Verzögerungsinstitutionen einzubauen, wo starkes emotionales Engagement zu vermuten oder der Schaden einer emotionalen Fehlentscheidung besonders hoch ist. Die Verzögerung kann emotionale „Schnellschüsse" bzw. stark emotional beeinflusste Entscheidungen verhindern. Sie gibt dem Berater die nötige Zeit, den King wieder in den Griff zu bekommen und emotionale Entscheidungen noch einmal rational zu überprüfen. Durch das zeitliche Verschieben einer Reaktion kann der langsamere, aber genauer arbeitende Berater die „Kosten-Nutzen-Bilanz" einzelner Handlungsalternativen vorlegen, Konsequenzen aufzeigen und dadurch die Entscheidung erheblich beeinflussen. Informationsverdrängung kann erkannt und bewusst gemacht werden.

Beispielsweise darf in Kalifornien zwar grundsätzlich jeder Erwachsene eine Schusswaffe erwerben, bekommt sie aber erst mit einer einwöchigen Verzögerung nach Erwerb ausgehändigt. Dadurch soll verhindert werden, dass sich jemand in einem Anfall von Zorn eine Waffe besorgt und damit Handlungen begeht, die er bei rationaler Abwägung nicht begehen würde. Beim deutschen Militär besteht eine Norm, die es verbietet, eine Beschwerde gegen einen Vorgesetzten einzureichen, bevor man eine Nacht darüber geschlafen hat. „Haustürgeschäfte" können gemäß dem deutschen Haustürwiderrufsgesetz innerhalb einer Woche ohne Angabe von Gründen rückgängig gemacht werden. Dies soll die Betroffenen vor den „Tricks" der „Hausierer" schützen, mit denen emotionale Käufe ausgelöst werden.

Aber auch technische Korrektureinrichtungen für emotionale Fehlreaktionen sind zu beobachten. Normale Automobile reagieren beispielsweise weniger stark auf plötzliche Lenkbewegungen als das bei Formel-1-Rennwagen der Fall ist. So werden viele Unfälle verhindert, die entstehen könnten, wenn der Fahrer z.B. durch ein plötzliches, vermeintlich bedrohliches Ereignis erschreckt wird. Dagegen scheint die Lenkeinrichtung der Tornado-Kampfflugzeuge äußerst sensibel zu sein. Was im Ernstfall wohl von Wichtigkeit ist, hat aber bereits zu häufigen Abstürzen aufgrund kleinster Fehlreaktionen der Piloten geführt.

### 4.3.2 Kollektivierung von Entscheidungen

Gruppen- und Gremienentscheidungen scheinen ebenfalls ein geeignetes Mittel zum Umgang mit Emotionsgrenzen zu sein. Die Delegation von Entscheidungskompetenzen an Gremien und Gruppen wird in der Wirtschaftswissenschaft in erster Linie mit der Erhöhung der Entscheidungsqualität, der Mitarbeiterzufriedenheit oder mit gemeinsamer Ressourcennutzung begründet.

Aus Sicht dieses Beitrages wirken diese Strukturen jedoch zuallererst als Verzögerungsinstitutionen, denn statt als Einzelner direkt entscheiden zu können, müssen hier Verhandlungslösungen gefunden werden. Aber es kommt ein weiterer Aspekt hinzu: Die Kollektivierung von Entscheidungen dämpft nämlich auch den emotionalen Einfluss auf die Entscheidung. Eigene Positionen müssen gegenüber der Gruppe begründet und verteidigt werden. Nun kann es zwar sein, dass bei Menschen, die für ihren „guten Riecher“ bekannt sind, auch eine „gefühlsmäßige“ Argumentation akzeptiert wird. Davon abgesehen werden sich Argumentationen im Allgemeinen doch stärker am Berater orientieren. Die Kollektivierung von Entscheidungen wirkt in diesem Zusammenhang wie ein Filter zum Aussortieren der Emotionen einzelner Gruppenmitglieder.

Der Werbung und dem Marketing werden bisweilen die Manipulation der Konsumenten vorgeworfen.[16] Abgesehen von der Informations- und Signalfunktion der Werbung und dem durch Werbung erreichbaren zusätzlichen Prestigewert des Produktes, versuchen tatsächlich gerade die Anbieter relativ homogener Produkte, eine Differenzierung über die werbliche Emotionalisierung der Nachfrager zu erreichen. Und auch die Ausgestaltung des sonstigen marketingpolitischen Instrumentariums ist zum großen Teil daran orientiert, den Emotionalisierungzielen gerecht zu werden. So rät z.B. die „Prospect Theory“ bezogen auf die Preissetzung (vgl. von Nitzsch 1998, S. 622 ff.), einen hohen „Mondpreis" festzusetzen, um gleichzeitig einen erheblichen Preisnachlass gewähren zu können, wodurch der Kunde das Angebot als günstiger empfindet.[17]

Nicht zuletzt, um sich gegen die „emotionalen Angriffe" des Marketing und der Werbung zu schützen, arbeiten institutionelle Nachfrager im Einkauf mit „Buying Centers“ (vgl. Backhaus 1992, S. 60 ff.). Statt eines Einzelnen entscheidet eine Gruppe darüber, welche Produkte gekauft werden. Dadurch kann eine größere Objektivierung von Einkaufsentscheidungen erreicht werden. Die Mitglieder des Buying Centers setzen sich gegen Emotionalisierungsversuche besser zur Wehr, weil sie wissen, dass ihre Position von im Bezug auf die Kaufentscheidung relativ gut informierten Kollegen rational überprüft wird.[18] Der Berater der jeweils Anderen hält sozusagen den King des Einzelnen in Schach. Daneben erschweren Probleme bei der Identifikation von Einfluss und Macht einzelner Gruppenmitglieder durch den Anbieter die Konzentration der „Emotionalisierungsangriffe". Wenn sich Emotionalisierungsversuche dann aber nur an eine inhomogene Gruppe von Personen richten können, wird es schwierig, für alle den „richtigen Ton" zu treffen. Während das eine Mitglied hofiert werden möchte, tut ein anderes entsprechende Bemühungen als unangenehmes „Anbiedern" ab. Emotionalisierungsmöglichkeiten werden dadurch erheblich eingeschränkt.

### 4.3.3 Etappenziele

Bei sehr umfangreichen und komplexen Aufgaben dient die Zerlegung eines Projektes in Teilaufgaben und die Festlegung von Zwischenzielen vor allem der Komplexitätsreduktion. Allerdings kommt den Zwischenzielen unseres Erachtens ebenso eine Motivationsfunktion zu, denn auch bei vollkommen unkomplexen, aber langwierigen Aufgaben überlistet man den King leichter in Etappen.

Die Planungsaversion des King führt tendenziell dazu, dass langfristig nutzenmaximierende Alternativen vernachlässigt und stattdessen kurzfristig nutzensteigernde Handlungen vorgenommen werden. Auf lange Sicht mag es für den Studenten nutzenmaximierend sein, mit den Vorbereitungen auf das Examen rechtzeitig zu beginnen und schon während der Semester mitzulernen. Dagegen steht die kurzfristig nutzensteigernde Alternative, sich erst einmal im Schwimmbad auszuruhen. Auch hier setzen die Hochschulen Etappenziele. An den Universitäten müssen Semesterscheine erlangt werden, um am Examen teilnehmen zu dürfen, so wie es an Berufsschulen z.B. Zwischenprüfungen gibt, auf die sich die Schüler vorbereiten müssen. Auch langfristige Versicherungsverträge, wie kapitalbildende Lebensversicherungen, ließen sich leichter verkaufen, böte man den Kunden periodische und ernsthafte Exitoptionen, statt schon bei Vertragsabschluss mit dem Verlust eines großen Teils der angesparten Summe für den Fall zu drohen, dass der Versicherungsnehmer vorzeitig aus dem Vertrag aussteigen möchte. Die Hürde „Planungsaversion des King" könnte so sehr viel leichter überwunden werden.

### 4.3.4 Versicherungspflicht

In den USA ist die Frage einer gesetzlichen Versicherungspflicht für Krankheit und Rente in der öffentlichen Diskussion ein immer wiederkehrendes Problem. Dagegen gibt es in Deutschland eine Vielzahl von Versicherungsbereichen, in denen weite Teile der Gesellschaft seit langem staatlich verpflichtet werden, sich gegen das jeweilige Risiko abzusichern. Dazu zählen z.B. die Kranken-, die Renten-, die Arbeitslosen- und die Pflegeversicherung.

Sucht man nach Gründen für diese Versicherungsverpflichtung, so kann man sich an Akerlofs (1970) Beitrag „The Market for ‚Lemons'" halten und argumentieren, sie sei notwendig, um das Zusammenbrechen des jeweiligen Marktes aufgrund von Qualitätsunsicherheiten und des daraus resultierenden Adverse Selection-Problems zu verhindern. Da aber beispielsweise die Behandlungskosten schwerer oder chronischer Erkrankungen die Garantiefähigkeit eines Einzelnen überstiegen, sei die Aufrechterhaltung eines solchen Marktes von sozialem Interesse. Bezüglich der Kranken- und Arbeitslosenversicherung mag diese Argumentation auch zutreffend sein. Der Einzelne hat gegenüber einem Versicherer erhebliche Informationsvorteile bei der Beurteilung seiner Krankheitsanfälligkeit und seiner persönlichen Arbeitsneigung. Da der Versicherer das individuelle Risiko nicht kennt, muss er mit Durchschnittsprämien arbeiten. Durchschnittsprämien des Versicherers sind aber gerade für solche Individuen attraktiv, die mit einem hohen Krankheits- bzw. Entlassungsrisiko belastet sind; besonders gesunde oder fleißige Personen würden aufgrund des für sie zu hohen Prämiensatzes ausscheiden. Es käme zu dem klassischen Adverse Selection-Vorgang, wie Akerlof ihn am Beispiel des Gebrauchtwagenmarktes beschreibt.

Auf die Renten- und die Pflegeversicherung trifft diese Argumentation jedoch nicht zu. Hier besteht nämlich kein erheblicher Informationsvorsprung des Versicherungsnehmers, wie das für die Adverse Selection-Problematik grundlegend ist. Auch der Betroffene selbst hat keine Information, ob er das Rentenalter erreicht oder nicht und wie alt er wird, genauso wie er nicht wissen kann, ob er die letzten Jahre seines Lebens hohen Pflegeaufwands bedarf oder ob er schnell und unerwartet sterben wird. Da zudem in beiden Bereichen keine erheblichen Moral Hazard-Probleme bestehen – niemand wird absichtlich zum Pflegefall und ein langes Leben kann auch aus Sicht der Rentenkasse nicht als Moral Hazard bezeichnet werden –, handelt es sich um beinahe ideale Versicherungsmärkte.

Warum also eine Versicherungspflicht? Abstrahiert man von Umverteilungsmotiven des Staates, dann liegt es nach unserer Auffassung an Emotionsgrenzen, wenn nicht jeder freiwillig bereit ist, individuell für Alter und Pflege vorzusorgen. Bei der Pflegeversicherung dürfte das Phänomen der kognitiven Dissonanz eine wesentliche Rolle spielen. Der Gedanke, selbst alt, gebrechlich und von der Hilfe anderer abhängig zu sein, steht in Widerspruch zum Bild von der „smart, nice person" und dürfte deshalb tendenziell ignoriert oder verdrängt werden. Pflegebedürftig werden die anderen. Außerdem muss sowohl bei der Pflege- wie auch bei der Rentenversicherung ein sehr langer Planungshorizont zugrunde gelegt werden, was wiederum mit der Planungsaversion des King kollidiert. Auch das steht einer langfristig angelegten, individuellen Alters- und Pflegevorsorge im Wege.

Der Staat sollte also jene Handlungen erzwingen, für die sich der Einzelne bei rein rationaler Überlegung auch entscheiden würde, die jedoch durch emotionale Einflüsse verhindert werden. Die staatliche Verpflichtung kann dann wiederum zu einer weitgehenden Akzeptanz führen, wie das heute für das Tragen von Sicherheitsgurt und Helm der Fall ist. Dass die Rentenversicherung in Deutschland derzeit stark in der Kritik steht, liegt wohl weniger an der Verpflichtung zur individuellen Altersvorsorge als an der damit verbundenen erheblichen versteckten Umverteilung.

# 5 Ausblick

Zu dem für die NIÖ konstitutiven interpersonalen Aspekt (Transaktionsbeziehungen) tritt durch die Einbeziehung von Emotionen in das Konzept der begrenzten Rationalität auch ein intrapersonaler (Berater-King-Beziehung) und eventuell auch ein gesellschaftspolitischer Aspekt. Zweifellos kann die Berücksichtigung von Emotionen sehr fruchtbar für den Bau von Institutionen auf der interpersonalen Ebene sein, wenn beispielsweise ein Self Selection-Mechanismus zur Lösung von Adverse Selection-Problemen nicht funktioniert, weil der Agent an systematischer Selbstüberschätzung leidet, oder wenn es aufgrund von Selbstbildschutz trotz einer erheblichen Selbstbeteiligung – genauer Selbstschädigung – des Agenten zum Absetzen negativer externer Effekte auf den Prinzipal kommt.

Man kann aber Institutionenbau auch auf der intrapersonalen Ebene diskutieren, in der Art, wie Elster (1987) das etwa mit der Beschreibung so genannter „Odysseus-Strategien“[19] tut. Er berichtet u.a. von dem Jazz-Musiker Johnny Hodges, der wegen seiner Neigung, alles Geld sofort auszugeben, darauf bestand, von seinem Band-Leader täglich ausbezahlt zu werden. Institutionen dienen in solchen Fällen dazu, sich selbst gegen die Unzulänglichkeiten des eigenen King zu schützen.

Schließlich kann der interpersonale Aspekt auch auf die Gesellschaftsebene verallgemeinert werden. So lässt sich z.B. der Weg zur Demokratie westlicher Prägung und die damit verbundene, schrittweise Kollektivierung und Verzögerung von Entscheidungen auch als Entwicklung interpretieren, die Politik zunehmend von Emotionen befreit und rationale Begründbarkeit mehr und mehr in den Vordergrund gestellt hat. Angesichts des erheblichen Wachstums technischer, aber auch ökonomischer „Hebel“, die von den jeweiligen Staatsführern bedienbar sind, ist der „Preis“ emotionaler Ausbrüche beachtlich gestiegen. Evolutionsgeschichtlich gesehen liegen das Atomzeitalter und die Zeit, in der Konflikte noch mit Lanze und Morgenstern Mann gegen Mann ausgetragen wurden, sehr eng zusammen. Die bekannten Formen emotionaler Selbstüberschätzung, die einst die individuelle Kampfkraft steigerten, haben in der Gegenwart dank eines Regimes institutioneller Kontrollen hoffentlich immer geringere Entfaltungschancen.

# Anmerkungen

1 Williamson (1990), S. XII, spricht von „... (to) economize on bounded rationality ...“.

2 Berücksichtigt man, dass ökonomische Akteure interagieren, dann kommt es zur Paradoxie „der sich zu Tode jagenden Prognosen (Morgenstern 1928, S. 98)“: Jeder Prognoseversuch über das Verhalten der Gegenseite wird von dieser bei perfekter Information antizipiert und in eine entsprechende Reaktion einge-

baut, die aber ebenfalls antizipiert wird usw., so dass es nie zu einer einzigen Handlung kommt (vgl. auch Tietzel 1981, S. 127 f.).

3 Vgl. Kahneman/Tversky (1979), die dieses Phänomen als neue Elemente in der Nutzenfunktion berücksichtigen.

4 Fehr/Gächter (2000, S. 1) definieren Reziprozität wie folgt: „Reciprocity means that in response to friendly actions, people are frequently much nicer and much more cooperative than predicted by the self interest model; conversely, in response to hostile actions they are frequently much more nasty and even brutal."

5 Vgl. dazu grundlegend Frank (1988), der sich mit der strategischen Rolle der Emotionen innerhalb des Vernunftkalküls befasst.

6 Vgl. zu den positiven Einflüssen von Emotionen auf Entscheidungen den sehr aufschlussreichen Beitrag von Günther Ortmann in diesem Band.

7 So eingrenzend die Fokussierung auf eine Defektlogik auch erscheinen mag, sie hat auch einige handfeste Vorteile. Man vermeidet strategische Interaktionsprobleme, die auftreten können, wenn man zulässt, dass mehrere Akteure Emotionen strategisch einsetzen. Es ist unklar, ob es dann noch Interaktionsgleichgewichte gibt und wie diese aussehen. Für diesen Hinweis danken wir einem der Gutachter.

8 Die Verdrängung von Information kann natürlich vorteilhaft sein, wenn dies beim risikoaversen Akteur zur Verhinderung bzw. Reduzierung von emotionalen Risikoschäden führt. Vgl. zur Abgrenzung des emotionalen von rein ökonomischen Risikoschaden Zellner (2000, S. 28 ff.). Dieser Vorteil kann jedoch von dem Schaden überkompensiert werden, der sich aus der häufig festgestellten Unterinvestition in die Schadensminimierung als Folge der Verdrängung ergibt.

9 Natürlich können Institutionen in der Realität auch dysfunktional sein (vgl. dazu z.B. Terberger 1994). Als „Annäherungstechnik" an Probleme kann es dennoch nützlich sein, diesen Fall auszuschließen, wie weiter unten begründet wird.

10 Becker (1996, S. 242) bekennt sich ganz ausdrücklich zur reinen Instrumentalisierung der Rationalitätsannahme: Er fange bei der Analyse von Problemen stets mit der Rationalitätsannahme an und frage sich dann, ob es bei der Anwendung dieser Annahme auf ein spezifisches Problem ein Verhalten gebe, das nicht mit dem Rationalitätsmodell erklärt werden kann.

11 Mit Popper plädiert einer der einflussreichsten Philosophen für die Beibehaltung des Rationalprinzips als unfalsifizierbare Annahme, die dazu beiträgt, die Falsifizierbarkeit sozialwissenschaftlicher Erkärungsversuche insgesamt sicherzustellen. Bei einem Erklärungsfehlschlag schlägt Popper vor, das Rationalprinzip beizubehalten und stattdessen die Aussagen über die Informationen und Ziele der Handelnden zu revidieren. Diese Reinterpretation des Basismaterials ist fruchtbarer, als das Rationalprinzip fallenzulassen, was erstens keinen Informationsgewinn bringt und zweitens nicht falsifizierbaren Willkürerklärungen Tür und Tor öffnet; vgl. im Original Popper (1967, S. 144) und die Analyse bei Tietzel (1981, S. 134 f.).

12 Der Ansatz, Institutionen als Mechanismen zur Kompensation von Entscheidungsanomalien zu verstehen, ist natürlich relativ naheliegend. Vgl. dazu bereits Schauenberg/Schmidt (1983), Frey (1990) oder Klose (1994). Unser Beitrag kann in dem Sinne als eine Ergänzung verstanden werden, als wir versuchen, eine Brücke von den Entscheidungsanomalien zur Rolle von Emotionen zu schlagen. Dies tun wir, indem wir ein bestimmtes Konzept der Emotionsgrenzen zu Grunde legen, bei dem ein Konflikt zwischen „historischer Nützlichkeit" und „gegenwartsbezogener Vernunft" besteht.

13 „Von Betrügern, Blendern und Opportunisten" lautet der Titel einer einschlägigen Veröffentlichung von Tietzel/Weber (1991).

14 Dass eine solche Selbstbeteiligung als Anreiz zur Kontrolle der Arztrechnungen wirkt, steht außer Zweifel.

15 Natürlich kann man auch sagen, das Aufschieben einer Entscheidung sei die Entscheidung dafür, bis auf Weiteres nichts zu tun.

[16] Beispielsweise begründet die Europäische Union ihr Werbeverbot für Zigaretten vor allem mit dem Manipulationsvorwurf.

[17] Das deutsche Wettbewerbsrecht setzt dieser Strategie jedoch erhebliche Grenzen.

[18] Voraussetzung ist allerdings, dass die Gruppenmitglieder in Bezug auf die zu treffende Entscheidung nicht über eine deckungsgleiche emotionale Struktur verfügen. Deswegen sollten jeweils unterschiedliche „Typen" zu einem „Buying Center" zusammengeschlossen werden. Zu den Informations- und Entscheidungsverhaltenstypen in Buying Centers (vgl. ebenfalls Backhaus 1992, S. 68 ff.).

[19] Um den Gesang der Sirenen hören zu können, ohne dessen Anziehungskraft zum Opfer zu fallen, verstopfte Odysseus seinen Matrosen die Ohren mit Wachs und ließ sich selbst dann am Schiffsmast festbinden. Erst dann lenkte man das Schiff an den Sirenen vorbei (vgl. Elster 1987, S. 67 ff.).

## Literaturverzeichnis


Akerlof, G.A. (1970): The market for „lemons": Quality uncertainty and the market mechanism. In: Quarterly Journal of Economics 84, S. 488-500.

Akerlof, G.A. (1984): Jobs as dam sites. In: An economic theorist's book of tales. Cambridge, MA, S. 101-122.

Akerlof, G.A./Dickens, W.T. (1982): The economic consequences of cognitive dissonance. In: The American Economic Review 72, S. 307-319.

Backhaus, K. (1992): Investitionsgütermarketing. München.

Becker, G. (1996): Familie, Gesellschaft und Politik – die ökonomische Perspektive. Tübingen.

Ben-Horin, D. (1979): Dying to work: Occupational cynicism plagues chemical workers. In: In these times. June 27/July 3, S. 24.

Camerer, C./Thaler, R. (1995): Anomalies: Ultimatums, dictators and manners. In: Journal of Economic Perspectives 9, S. 209-219.

Conlisk, J. (1996): Why bounded rationality? In: Journal of Economic Literature 34, S. 669-700.

Damasio, A.R. (1994): Descartes' error: Emotion, reason, and the human brain. New York.

Eichenberger, R. (1992): Verhaltensanomalien und Wirtschaftswissenschaft. Wiesbaden.

Elster, J. (1987): Subversion der Rationalität. Frankfurt a.M.

Fehr, G./Gächter, S. (2000): Fairness and retaliation: The economics of reciprocity. Working paper series of the Institute for Empirical Research in Economics, University of Zürich; erscheint in: Journal of Economic Perspectives.

Festinger, L. (1962): A theory of cognitive dissonance. Stanford.

Franck, E. (1991): Künstliche Intelligenz. Tübingen.

Frank, R.H. (1988): Passions within reason. New York.

Frey, B.S. (1990): Ökonomie ist Sozialwissenschaft. München.

Giacalone, R./Greenberg, J. (1997): Antisocial behavior in organizations. Thousand Oaks.

Goleman, D. (1998): Emotionale Intelligenz. München.

Güth, W./Schmittberger, R./Schwarze, B. (1982): An experimental analysis of ultimatum bargaining. In: Journal of Economic Behavior and Organization 3, S. 367-388.

Hirschman, A.O. (1965): Obstacles to development: A classification and a quasi-vanishing act. In: Economic Development and Cultural Change 13, S. 385-393.

Job, J. (1990): The application of learning theory to driving confidence: The effect of age and the impact of random breath testing. In: Accident Analysis and Prevention 22 (2), S. 97-107.

Kahneman, D./Tversky, A. (1979): Prospect theory: An analysis of decision under risk. In: Econometrica 47, S. 263-291.

Klose, W. (1994): Ökonomische Analyse von Entscheidungsanomalien. Frankfurt a M.

Knetsch, J. (1992): Preferences and nonreversibility of indifference curves. In: Journal of Economic Behavior and Organization 17, S. 131-139.

Kunreuther, H./Ginsberg, R./Miller, L./Sagi, P./Slovic, P./Borkan, B./Katz, N. (1978): Disaster insurance protection: Public Policy Lessons. New York.

Lazear, E. (1981): Agency, earnings profiles, productivity, and hours restrictions. In: American Economic Review 71, S. 606-620.

Lichtenstein, S./Fischhoff, B./Philips, L. (1982): Calibration of probabilities: The state of the art to 1980. In: Kahneman, D./Slovic, P./Tversky, A. (Hrsg.): Judgement under uncertainty: Heuristics and biases. Cambridge, MA, S. 306-334.

Loewenstein, G./Thaler, R. (1989): Anomalies. Intertemporal choice. In: Journal of Economic Perspectives 3 (4), S. 181-193.

Milgrom, P./Roberts, J. (1992): Economics, organization and management. New Jersey.

Morgenstern, O. (1928): Wirtschaftsprognose. Eine Untersuchung ihrer Voraussetzungen und Möglichkeiten. Wien.

Nitzsch, R. von (1998): Prospect Theory und Käuferverhalten. In: Die Betriebswirtschaft 58, S. 622-634.

Picot, A./Dietl, H./Franck, E. (1999): Organisation – Eine ökonomische Perspektive. Stuttgart.

Popper, K.R. (1967): La rationalité et le statut du principe de rationalité. In: Claassen, E.-M. (Hrsg.): Les fondements philosophiques des systèmes économiques. Paris, S. 142-150.

Rosen, S. (1986): Prizes and incentives in elimination tournaments. In: American Economic Review 76, S. 701-715.

Roth, A. (1995): Bargaining experiments. In: Roth, A./Kagel, J. (Hrsg.): Handbook of experimental economics. Princeton, S. 253-348.

Samuelson, W./Zeckhauser, R. (1988): Status quo bias in decision making. In: Journal of Risk and Uncertainty 1, S. 7-60.

Schauenberg, B. (1985): Jenseits von Logik und Empirie – Anmerkungen zur Pragmatik betriebswirtschaftlicher Entscheidungstheorie. In: Stöppler, S. (Hrsg.): Information und Produktion. Stuttgart, S. 277-292.

Schauenberg, B./Schmidt, R.H. (1983): Vorarbeiten zu einer Theorie der Unternehmung als Institution. In: Kappler, E. (Hrsg.): Rekonstruktion der Betriebswirtschaftslehre und ökonomische Theorie. Stuttgart, S. 329-356.

Schoemaker, P. (1980): Experiments on decisions under risk: The expected utility hypothesis. Boston.

Schoemaker, P. (1982): The expected utility model: Its variants, purposes, evidence and limitations. In: Journal of Economic Literature 20, S. 529-563.

Selten, R. (1990): Bounded rationality. In: Journal of Institutional and Theoretical Economics 146, S. 649-658.

Shefrin, H./Statman, M. (1985): The disposition to sell winners too early and ride loosers too long: theory and evidence. In: Journal of Finance 40, S. 777-792.

Simon, H.A. (1986): Rationality in psychology and economics. In: The Behavioral Foundations of Economic Theory, Supplement to The Journal of Business 59, S. 209-224.

Terberger, E. (1994): Neo-institutionalistische Ansätze. Entstehung und Wandel, Anspruch und Wirklichkeit. Wiesbaden.

Thaler, R. (1987): The psychology of choice and the assumption of economics. In: Roth, A. (Hrsg.): Laboratory experimentation in economics. Cambridge, S. 99-130.

Tietzel, M. (1981): Die Rationalitätsannahme in den Wirtschaftswissenschaften oder Der homo oeconomicus und seine Verwandten. In: Jahrbuch für Sozialwissenschaft 32, S. 115-138.

Tietzel, M./Weber, M. (1991): Von Betrügern, Blendern und Opportunisten: Eine ökonomische Analyse. In: Zeitschrift für Wirtschaftspolitik 40, S. 109-137.

Tversky, A. (1969): Intransitivity of preferences. In: Psychological Review 76, S. 31-48.

Tversky, A./Kahneman, D. (1987): Rational choice and the framing of decisions. In: Hogarth, R./Reder, M. (Hrsg.): Rational choice. Chicago, S. 67-94.

Weber, M./Camerer C. (1987): Recent developments in modelling preferences under risk. In: OR Spectrum 9, S. 129-151.

Williamson, O.E. (1990): Die ökonomischen Institutionen des Kapitalismus: Unternehmen, Märkte, Kooperationen. Tübingen.

Zellner, J. (2000): Governance Structure für die Handhabung wirtschaftlicher Risiken – Eine theoretische Analyse und Anwendung auf den Umgang mit dem Lieferantenkreditrisiko. Dissertation. TU Bergakademie Freiberg.

Prof. Dr. Egon Franck
Institut für betriebswirtschaftliche Forschung
Universität Zürich
Plattenstrasse 14
CH-8032 Zürich

Dr. Josef Zellner
Direkt Anlage Bank AG
Landsberger Straße 428
81241 München
Email: Josef.Zellner@dab.com

Günther Ortmann

# Emotion und Entscheidung

Emotionen; Entscheidung; Paradoxien; Rationalität; Wahrnehmungsschemata

## Zusammenfassung

Wenn Rationalität – rationales Entscheiden – ohne Emotionalität nicht gedacht werden kann, weil Letztere den Antrieb, die Präferenzen, die Unterscheidung des Erwünschten vom Unerwünschten und ferner jene Wahrnehmungs- und Deutungsfähigkeit stiftet, die wir brauchen, um uns rational auf die Emotionen der anderen und auf soziale Normen zu beziehen: wie ist dann das Verhältnis beider zu bestimmen? Helfen Emotionen, die Paradoxie des Entscheidens zu bearbeiten, die darin liegt, dass wir uns genau dann entscheiden müssen, wenn wir es mit guten, gar perfekten Begründungen nicht können? Der Beitrag eruiert solche Fragen unter Rekurs auf die neurobiologische Forschung zu Emotionen (Damasio), auf Francks und Zellners institutionenökonomischen Umgang mit emotional bedingten Rationalitätsgrenzen und mögliche funktionalistische Fallstricke bei der Erklärung von Institutionen, ferner auf evolutionstheoretische Rettungsversuche. Körperlich eingeschliffene Engramme und Wahrnehmungs- und Deutungsschemata, die ohne Emotionen nicht entstehen und nicht angemessen zu handhaben sind, werden als Orte inspiziert, an denen die Ergänzung *und* Ersetzung, also auch die immer bedrohliche Unterminierung der Ratio durch Emotionen stattfindet. Der Beitrag schließt mit einigen programmatischen Hinweisen auf Konsequenzen aus der Berücksichtigung von Emotionen für die organisationstheoretische Forschung und die Managementpraxis.

Managementforschung 11 (2001), hrsg. von G. Schreyögg und J. Sydow,
Gabler-Verlag • Wiesbaden, S. 277-323

## Abstract

Rationality – rational decision making – is not only constrained but also enabled by emotionality. It is emotions that lie beneath the drive, that energize our preferences to make the distinction between the desired and the unwanted. Moreover, it is our emotions that provide the perceptive and interpretative faculty necessary to deal in a rational way with the emotions of others and with social norms. This raises the question of how to determine the relationship between the two. Does understanding the role of emotions help us to deal with the paradox of decision making as expressed by Heinz von Foerster: „Only those questions that are in principle undecidable can we decide"? The article is concerned with such questions, examining recent neurological research about emotions (Damasio), Franck's and Zellner's approach to emotions by means of institutional economics, possible functionalist fallacies in explaining institutions, and theories of evolution as a last resort. I will argue that physically established engrams and perceptive and interpretative schemes should be considered as the very places where the supplementation and substitution of rationality by emotions takes place. Finally, I will draw conclusions about the role of emotions within organization studies and management practice.

## Inhaltsübersicht

# 1 „La vie en rose“

Was könnte vernünftiger sein, als die Dinge so zu sehen, wie sie sind? Nüchtern zu urteilen? Realitätssinn zu wahren?

Die Antwort auf diese nur scheinbar bloß rhetorische Frage lautet, merkwürdigerweise: Vernünftiger ist es, die Dinge – und ganz besonders sich selbst – in ein rosa Licht zu tauchen.

Wunschdenken, in Maßen praktiziert, ist hilfreich, wie einschlägige psychologische Untersuchungen nahe legen (Alloy/Abrahamson 1979; Lewinsohn et al. 1980; siehe auch Elster 1985), weil es den Menschen jenen unverzichtbaren, aber manchmal eben nicht realitätsgerechten Antrieb zum Entscheiden und Handeln beschert, den wir mangels genauerer Kenntnis Motivation nennen. Realistischer, jedenfalls mit Blick auf sich selbst und ihre Fähigkeiten, in dieser Welt etwas zu bewirken, sind Depressive, denen es aber an diesem *motivationalen* Antrieb mangelt. Nicht-Depressive leiden an einem *kognitiven* Defizit.

In den Worten Jon Elsters (1985, S. 400): „This makes us wonder whether a little mania could not be a good thing.“ Und die Antwort muss heißen: Ja, denn die Alternative lautet „depressiver Realismus“ – aber die Betonung liegt natürlich auf „little“.

Dieses wahrlich „depressing set of results“ (Elster 1985, S. 401; siehe auch 1999, S. 298 ff.) der psychologischen Forschung lässt sich stützen und stärken durch die phänomenologische Einsicht, dass wir Menschenkinder uns nur durchs Leben schlagen können, wenn wir die Kraft zu zwei alltagspraktischen Idealisierungen immer wieder aufbringen, die durch die Realität nie ganz gedeckt sind und uns doch erst realitätstüchtig machen: die Idealisierungen des „und so weiter“ und des „ich kann immer wieder“:

> „Die Erste führt zu der Annahme, dass, was sich bisher in unserer Erfahrung als gültig erwiesen hat, auch weiterhin gültig bleiben werde; die Letztere führt zu der Erwartung, dass ich, was ich bisher in dieser Welt und auf sie wirkend vollbringen konnte, in Zukunft wieder und immer wieder vollbringen können werde“ (Schütz 1971, S. 153).[1]

# 2 Emotion, Ökonomie, Organisation

In die ökonomische und organisationstheoretische Diskussion ist das Argument von Albert O. Hirschman (1967) eingebracht worden, dass uns nicht etwa vollkommene, sondern unvollkommene Information unsere Entscheidungs- und Handlungsfähigkeit beschert, weil erst unsere Unwissenheit, betreffend all das Ungemach, das in der Zukunft unserer harrt, und, mehr noch, unsere „ignorance of ignorance" sich als eine verbergende, aber schützende Hand über uns legt und uns davor bewahrt, in Lähmung zu verfallen. Im Lichte der erwähnten psychologischen Forschung können wir nun sehen: Ignoranz und *ignorance of ignorance* allein genügen nicht, sondern es muss hinzukommen: Elsters „little mania".

Oskar Morgenstern hat schon 1928 gezeigt, dass vollkommene Information zu Paradoxien führt, die jedwede Handlungsfähigkeit ruinieren müssen, etwa zur Paradoxie „der sich zu Tode jagenden Prognosen" (Morgenstern 1928, S. 127 f.) jedes Akteurs, betreffend das zu erwartende Handeln des je anderen. Und Sidney Winter hat, nun auch schon vor rund 40 Jahren, vorgeführt, dass der verführerische Ausweg über Informations- oder, wie Franck und Zellner in diesem Band erwägen, „Denkkosten" – korrekte Nutzenmaximierung unterbleibe, wenn und weil sie zu teuer käme, und das sei eben rational – in einen infiniten Regress führt, weil Informationskostenoptimierung Informationen voraussetzt, die wir gerade nicht haben und nicht haben können: *et cetera ad infinitum* (Winter 1964, 1975). Natürlich ist *manchmal* absehbar, dass die Denkkosten indiskutabel hoch sein werden (Schauenberg 1978, 1985). In den interessanten Fällen echter Entscheidungen pflegen wir das jedoch gerade nicht zu wissen, sondern ins Platonische Suchparadox verstrickt zu sein.[2]

Dies alles stiftet Irritation in Sachen „Emotion und Entscheidung", weil es uns eine Ahnung davon gibt, dass schiere Rationalität – im Sinne eines Gegensatzes zu Emotionalität – nicht einfach an menschlichen Unzulänglichkeiten scheitert,[3] sondern vielmehr eine Denkunmöglichkeit ist: Ohne Emotionen hätten wir keinen Grund und kein Motiv, rational – oder überhaupt – zu entscheiden.

Wer, wie Morgenstern, Simon, Winter, in Deutschland übrigens schon früh, aber ohne durchschlagende Wirkung, Hans Albert (1964, 1967) unter Rekurs auf Popper (1963), und nun auch die Neue Institutionenökonomie, diese Büchse der Pandora aufmacht, die wir mittels Rationalitätsprämissen so lange geschlossen und versiegelt gehalten hatten, der muss sich auf unliebsamere Überraschungen, der kann sich aber auch auf frischeren Wind gefasst machen als am Anfang absehbar war, und er sollte dabei und dadurch die Gründe derer besser verstehen und respektieren lernen, die jene Black Box lieber mittels rigider Rationalitätsfiktionen fest geschlossen halten.

Der Preis dafür ist: Emotionen sind ein vernachlässigtes Thema, und die Vernachlässigung durch die Ökonomen, ist, in Jon Elsters Worten, „second to none" (Elster 1996, S. 1386) – nicht zu überbieten. Das ist kaum übertrieben und nicht gerade selbstverständlich, wo die Ökonomen es doch mit der Befriedigung von Bedürfnissen in einer Welt knapper Ressourcen zu tun haben und alle Befriedigung, ausgenommen schiere sinnliche Empfindungen, die Form einer emotionalen Erfahrung hat. Es ist umso befremdlicher, als Gefühle wie Wetteifer – der Wunsch, es anderen gleich zu tun und sie zu übertreffen – und Neid, beide in der philosophischen Tradition von Aristoteles bis Rousseau und Hobbes breit diskutiert und noch von Adam Smith (1759/1966) im Namen der „sympathy" kritisch reflektiert, für wirtschaftlichen Wettbewerb nicht unerhebliche Antriebskräfte liefern (Palaver 1999). Smith allerdings hat „The Theory of Moral Sentiments" als sein wichtigstes Werk begriffen. Längst erkennen ferner auch Ökonomen die Relevanz von, zum Beispiel, Vertrauen, das nur für hartleibige Rational-Choice-Theoretiker wie Coleman ein Resultat purer Berechnung und nicht auch emotionaler Orientierung ist. Von Robert Frank lässt sich viel über die strategische Rolle von „passions within reason" lernen, vor allem: „Emotions often predispose us to behave in ways that are contrary to our narrow interests, and being thus predisposed can be an advantage" (Frank 1988, S. 7). Und Hirschman (1978) hat Loyalität – „feelings of loyalty" (S. 82) – als Schlüsselkonzept zwischen *exit* und *voice* namhaft gemacht. Man denke auch an Akerlofs Beitrag zu „loyalty filters" (1983). Derlei Ausnahmen indes bestätigen die Regel: *„Economists have totally neglected the most important aspect of their subject matter"* (Elster 1996, S. 1386; Herv. i.O.). Elster sieht die starken Gründe – Messprobleme, der Mangel an brauchbaren Theorien darüber, wie Emotionen ausgelöst und in Konfrontation mit der Welt transformiert werden, und andere Gründe. Das große „Als Ob" eines Erich Gutenberg[4] oder das eines Milton Friedman[5] aber – entwickeln wir unsere Theorie auf Basis der Theoriefiktion, als ob Emotionen in wirtschaftlichen Entscheidungen keine Rolle spielten – erleidet eine gefährliche Unterminierung durch die Idee, dass Rationalität ohne Emotionalität gar nicht zu haben ist. Was Adorno (1995) gegen Kant eingewandt hat: dass Vernunft als reiner Wille nicht möglich sei, sondern ein Drang, ein Impetus, ein Begehren hinzukommen müsse, das lässt sich auch auf ökonomische Vernunft beziehen, und natürlich ist der Boden für diese Idee bei Personalwirtschaftlern, die sich über so etwas wie Arbeitsqualität, Arbeitszufriedenheit und deren emotionale Aspekte, oder bei Marketing-Wissenschaftlern, die sich über Produktanmutungen und Konsumgewohnheiten potentieller Käufer Gedanken machen müssen, besser vorbereitet als anderswo. Organisationstheoretisch gesprochen geht es nicht nur um die Frage, ob und wie Organisationen so etwas wie Freude und gar Glück an und in der Arbeit, zumindest aber Zufriedenheit gewährleisten können, sondern allgemeiner um den Mythos des rationalen Akteurs und Entscheiders in Organisationen. Zu dem Ergebnis, dass Kognition und Emotion nicht voneinander getrennt sind, dass Emotion nicht einfach durch Kognition ausgelöst, determiniert und eingedämmt wird, sondern in einer derridaesken Logik das Supplément „Emotion" die Kognition ihrerseits steuert, ergänzt und womöglich ersetzt,[6] kann man auch von der anderen Seite des Verhältnisses von Emotion und Entscheidung gelangen: von der Seite der Aporien des Entscheidens.

# 3 Paradoxien des Entscheidens

Im deutschsprachigen Raum war es – nach Hermann Lübbe[7] – vor allem Niklas Luhmann, der das Problem gesehen und den Gedanken ausgearbeitet hat, dass „Unentscheidbarkeiten ... zugleich die Voraussetzung für die Möglichkeit des Entscheidens (sind)" (Luhmann 2000, S. 111). In den Worten Heinz von Foersters (1992, S. 14):

„Only *those* questions that are in principle undecidable, *we* can decide." Ich muss mich hier kurz fassen und merke daher nur an, dass bei beiden Denkern die Begründung lautet: Wenn es perfekte Begründungsbrücken über die „Kluft der Kontingenz" (Ortmann et al. 1990, S. 376) gibt, handelt es sich nicht um Entscheidung, die diesen Namen verdient, sondern um eine Rechenoperation. Das hat auch Jacques Derrida so gesehen, der dieses Denkmotiv der „Heimsuchung durch das Unentscheidbare" (Derrida 1991, S. 49; zu alledem jetzt auch Stäheli 2000, S. 230 ff.) mit den beiden teilt, allerdings mit der Frage von Recht und Gerechtigkeit, also rechtlichen Entscheidungen befasst ist; nichts ändert sich jedoch am Problem und nichts brauchen wir an der Formulierung zu ändern, wenn es um Rationalität und betriebswirtschaftliche Entscheidungen geht:

> „Das Unentscheidbare ist nicht einfach das Schwanken oder die Spannung zwischen zwei Entscheidungen, es ist die Erfahrung dessen, was dem Berechenbaren, der Regel nicht zugeordnet werden kann, weil es ihnen fremd ist und ihnen gegenüber ungleichartig bleibt, was dennoch aber – dies ist eine Pflicht – der unmöglichen Entscheidung sich ausliefern und das Recht und die Regel berücksichtigen muß. Eine Entscheidung, die sich nicht der Prüfung des Unentscheidbaren unterziehen würde, wäre keine freie Entscheidung, sie wäre eine programmierbare Anwendung oder ein berechenbares Vorgehen" (Derrida 1991, S. 49 f.).

Ein Gutachter macht darauf aufmerksam, dass ich hier der Sache nach mit Gödels Unentscheidbarkeitstheorem argumentiere – wie Kenneth Arrow mit seinem Unmöglichkeits-Theorem. Das ist nun wirklich ein weites Feld. Soviel immerhin sei gesagt: Erstens rückt Luhmann selbst (2000, S. 132 ff.), wie auch von Foerster (1988, 1992) und Derrida (1995, S. 245 f.), die Figur in die Nähe des Gödel'schen Theorems. Zweitens aber geht es mir hier nicht nur und nicht primär um Unentscheidbarkeiten à la Arrow, also bei „social choices", sondern um eine ganz allgemeine Entscheidungsproblematik. Allerdings lässt sich Arrows Theorem auch auf Individualentscheidungen beziehen, wenn wir nur Individuen annehmen, in deren Brust mehr als eine Seele wohnt – wie in uns allen (vgl. Steedman/Krause 1986). Daraus resultierende Unentscheidbarkeiten betreffen drittens „nur" *eine* Klasse von Fällen – solche nämlich, bei denen zwei oder mehr inkompatible Präferenzordnungen – Seelen, „multiple selves" – eine Rolle spielen. Diese Fälle allerdings sind für mein Thema von größter Bewandtnis. Viertens möchte ich meine Zustimmung zu dem Gutachter-Hinweis in den programmatischen Vorschlag kleiden, auch nur die Seiten 17-30 aus Hofstadters „Gödel, Escher, Bach" (deutsch 1985) für die Entscheidungstheorie fruchtbar zu machen. Dort wird als Paradoxie im Sinne Gödels unter anderem der Versuch beschrieben, Intelligenz in Regelsysteme zu bringen – man denke an Entscheidungsregeln – *und* dabei zu berücksichtigen, dass intelligente, kreative Regelverletzung gewiss zu den wichtigsten Merkmalen intelligenten Sprachgebrauchs und Denkens zählt.[8]

Entscheidungen sind dann nötig (und möglich), wenn sie unmöglich sind – unmöglich im Sinne von: (vollständig) begründbar. Es ist gerade die Begründungs*lücke*, die uns eine Entscheidung abverlangt. Und die Frage unten, im 6., 8. und 9. Abschnitt, wird sein müssen: Helfen vielleicht hier Emotionen?

Bevor ich – nach einigen notwendigen Zwischenschritten – diese Frage angehe, möchte ich das Argument unter Rekurs auf einen Autor stärken, dessen Wort unter Ökonomen und Rational-Choice-Theoretikern mehr Gewicht haben dürfte als die in diesem Lager vielleicht etwas fremd wirkenden Vertreter systemtheoretischen, konstruktivistischen oder gar dekonstruktivistischen Denkens: Ich meine Jon Elster, der vor der Prämisse gewarnt hat,

> „that rationality amounts to what I have called elsewhere an addiction to reason (Elster 1989b, S. 117). Some people do indeed have a craving to make all decisions on the basis of ‚just' or sufficient reasons."

Das wären die oben erwähnten perfekten Begründungsbrücken, und unschwer erkennt man: Es ist das Geschäft betriebswirtschaftlicher Entscheidungslehre, diese (Sehn-) Sucht stillen. (Damit meine ich natürlich *nicht* solche Autoren, die ihre Lektionen in Sachen *muddling through*, *piecemeal engineering*, *trial and error* und *conjectures and refutations* von Autoren wie Lindblom bis Popper gelernt haben, sondern solche, die suggerieren, solche perfekten Begründungsbrücken in Gestalt von Entscheidungsmodellen liefern zu können, deren modellplatonistische Annahmen – zum Beispiel: Bekanntheit der Eintrittswahrscheinlichkeiten, der Ergebnisfunktionen, Suchkosten und Erwartungsnutzen – die Risse und Lücken in solchen Brücken nur notdürftig verbergen.) Elster fährt fort:

> „That however makes them irrational rather than rational. A rational person would know that under certain conditions it is better to follow a simple mechanical decision rule than to use more elaborate procedures with higher opportunity costs" (Elster 1998, S. 60).

An anderer Stelle (ebd., S. 63) spricht Elster auch von „hyperrational cost-benefit calculation" (vgl. auch Elster 1989a, S. 98, Fn. 3, mit weiterer Literatur.). Elster weiß im Übrigen nur zu gut, dass der Versuch, den Punkt der optimalen Suche oder der optimalen Elaboriertheit der Entscheidungsprozedur zu bestimmen, kein Ausweg ist, weil das in Sidney Winters infiniten Regress führt.[9] Die Paradoxien des Entscheidens erweisen sich als späte Abkömmlinge des Platonischen Suchparadox.

Zu diesen Paradoxien zähle ich es, dass, wie gerade von Ökonomen gesehen und gesagt worden ist, Präferenzen, Ziele und Präferenzordnungen nicht etwa *vor* und *unabhängig von* der Entscheidung existieren, sondern erst *durch* diese Entscheidung etabliert werden. Kein Geringerer als James Buchanan (1979, S. 111) hat darauf aufmerksam gemacht: „*Not even* individuals have well-defined and well-articulated objectives that exist independently of choices themselves." Auch für Buchanan übrigens folgt, wie für von Foerster und Derrida, gerade aus dem unlösbaren Zusammenhang von Entscheidung und Unsicherheit – „choice requires the presence of uncertainty for its very meaning" (Buchanan 1979, S. 109) – die Verantwortlichkeit für die Konsequenzen der Entscheidung. Das unterscheidet diese Denker vom Dezisionismus. Noch präziser ist die Formulierung von Steedman und Krause (1986, S. 226):

> „... *there does not pre-exist* an overall ordering R, but rather *the decision* establishes, at least partially, what R could be used *ex-post* to describe the decision as a result of a maximizing exercise. *Ex-ante*, however, that R *does not exist* and the decision process cannot properly be characterized as one of passive constrained optimization, involving *given* constraints and objective function" (Herv. i.O.).

Oswald Neuberger hat kürzlich (2000) die „Dilemmata und Paradoxa im Managementprozess“ und die „Grenzen der Entscheidungsrationalität“ einer umfassenden Analyse unterzogen. In der älteren Institutionenökonomie ist die endogene Bestimmung der Präferenzen schon lange gesehen worden (vgl. dazu Ortmann 1995a, S. 84, Fn. 3). Das sind Einsichten, die dekonstruktiv genannt zu werden verdienen, weil sie die Idee ursprünglicher Präferenzen unterminieren, ohne von einer ökonomischen Perspektive zu lassen. Sie lassen uns aber mit der folgenreichen Erkenntnis zurück, dass Ziele und Präferenzen nicht unabhängig von eben den Wahlakten sind, die sie doch steuern sollen. Geleiten uns vielleicht unsere Emotionen zu *Paaren* von Präferenzen *und* Alternativen, die zur Situation *und zueinander* passen? Das könnte Weisheit oder auch Dogmatismus sein – die Weisheit dessen, der seine Präferenzen dem Möglichen anmisst, der Dogmatismus dessen, der für seine vielleicht seltsamen Entscheidungen noch jederzeit passende Ideologien und Präferenzen (er-)findet, wie zum Beispiel Eugen Roths „Mensch, der sich ein Schnitzel briet.“ (Der „bemerkte, daß ihm das mißriet./ Jedoch da er es selbst gebraten,/ Tut er, als wär‘ es ihm geraten,/ Und, um sich nicht zu strafen lügen,/ Ißt er‘s mit herzlichem Vergnügen“).

Mit Elsters Warnung vor einer illusionären und in sich widersprüchlichen Hyperrationalität und mit der Einsicht in die Paradoxien des Entscheidens gewinnen wir

- erstens die rational-choice-theoretisch gestützte Einsicht, dass rationales Entscheiden keineswegs an der Elle einer solchen Hyperrationalität gemessen werden darf, wie es aber in der betriebswirtschaftlichen Entscheidungslehre verbreitet ist;
- zweitens eine auch für Ökonomen und Rational-Choice-Theoretiker seriöse und anschlussfähige Erläuterung, dass nicht etwa auf einen Irrationalismus hinaus will, wer die bisher vorliegenden Theorieangebote für rationales Entscheiden ganz und gar unzulänglich findet, ja, der Ansicht zuneigt, (rationales) Entscheiden beginne dort, wo die betriebswirtschaftliche Entscheidungslehre endet;
- drittens Unterstützung für die oben gestellte Frage: Helfen uns Emotionen an dieser Stelle weiter? Denn nun haben wir es ja mit dem Problem zu tun, wie Menschen sich trotz allfälliger Begründungslücken und -zirkel – und gar: rational – entscheiden.

Eine dem angemessene Entscheidungstheorie dürfte, das sei nur *en passant* notiert, nicht hinter die luziden Erläuterungen des „Problems der Kür“ bzw. des „Wählens zwischen Handlungsentwürfen“ bei Schütz (1971, S. 77 ff.; 1974, S. 88 ff.) zurückfallen. Sie könnte an die Bergson-Husserl-Schütz‘sche Idee anschließen, dass wir Entscheidungen meist gar nicht *fällen*, sondern dass sie *fallen*, dass am Ende eines Entscheidungsprozesses „die freie Handlung sich von ihm (dem Subjekt der Entscheidung, G.O.) ablöst gleich einer überreifen Frucht“ (Schütz 1974, S. 90). Ich sehe starke Parallelen zwischen dieser Idee und Reinhard Seltens *decision emergence view* (Selten 1988, 1990). Selten spricht, in ähnlicher Metaphorik, vom Reifen und vom Aufquellen einer Entscheidung. Das alles ist vom orthodoxen Entscheidungsmodell weit entfernt, und es lässt den nötigen Raum, die Rolle von Emotionen in diesem Prozess zu berücksichtigen (Selten 1990, S. 652) – mittels der „advisor-king“-Metapher, auf die ich jetzt zu sprechen komme.

# 4 König Mandelkern

Egon Franck setzt in diesem Band, gemeinsam mit Josef Zellner, die Reihe seiner einfalls- und geistreichen Beiträge fort, in denen er einen so fruchtbaren Gebrauch von der Neuen Institutionenökonomie zur Durchführung seines zentralen Theoriemotivs macht: Bewirtschaftung begrenzter Rationalität durch gezielten Bau von Institutionen. Es ist schon dieses Anliegen, das ihn vor ökonomistischen Fallstricken bewahrt und die beträchtliche Aufmerksamkeit erklärt, die er Ineffizienzen widmet, welche sich im Gefolge einzelwirtschaftlichen Nutzenstrebens ergeben.[10] Natürlich verschafft er sich diese überlegene theoriestrategische Position durch Rekurs auf einen gesamtwirtschaftlichen und durch gelegenheitsabhängigen Verzicht auf einen einzelwirtschaftlichen Effizienzbegriff. Mit gutem Grund dient er uns, zusammen mit Zellner, „Institutionen als Schutzvorkehrungen gegen ‚Betrüger, Blender und Opportunisten'"[11] an, übergeht aber, dass, wie er und Zellner wenige Zeilen zuvor selbst andeuten, ökonomische Akteure Informationsvorteile auch auf Kosten und zum Schaden anderer und unter Missachtung sozialer Normen ausspielen, und zwar *auch bei der Schaffung organisations- und sogar gesellschaftsweit gültiger Institutionen.* Ob Institutionen jene Schutzfunktion wahrnehmen oder umgekehrt es bestimmten Akteuren erst erlauben, Informationsvorteile zur Verwirklichung eigener Ziele auszunutzen, ist eine empirische Frage, und in einzelwirtschaftlicher Perspektive hätte Letzteres wohl eher den normativen Fluchtpunkt abzugeben als die von Franck und Zellner an dieser Stelle anvisierte gesamtwirtschaftliche Effizienz. Dann aber geraten wir in die Nähe eines einzelwirtschaftlich motivierten Einflusses auf supraorganisationale Institutionen – Stichwort: Rent-seeking –, den die Betriebswirtschaftslehre lieber meidet.[12] Das können wir hier auf sich beruhen lassen, wenn und weil wir mit Francks und Zellners normativer Perspektive sympathisieren – um eine Formulierung zu wählen, die den Anteil von Emotionen auch an wissenschaftlichen Entscheidungen andeutet.

Franck hatte aber schon 1992, in einem zu wenig beachteten Beitrag mit dem Titel „Körperliche Entscheidungen", das orthodoxe Informationsverarbeitungsmodell der Entscheidungstheorie angegriffen, und zwar mit dem Argument, zumindest für Routineentscheidungen sei es schon mit Blick auf den erheblichen Zeitbedarf der postulierten Informationsverarbeitungsprozesse einigermaßen unplausibel. Diese Selbstbeschränkung auf Routineentscheidungen ist im Übrigen gar nicht zwingend, sondern das Argument ließe sich zwanglos auch auf strategische Entscheidungen ausdehnen (Ortmann 1999a). Wichtig für unseren Zusammenhang hier ist nun, dass schon in der älteren Arbeit Francks so etwas wie Routinisierung und geradezu körperlich eingespielte, eingeschliffene Engramme, Schemata oder Skripts eine zentrale Rolle spielen, Denkfiguren, die den Autor selbst in eine gewisse Nähe zu phänomenologischen Konzepten gebracht hatte,[13] und die im weiteren Verlauf meiner Überlegungen an entscheidender Stelle wieder vorkommen werden. Dass irgendwo zwischen blindem Reagieren auf sinnliche Empfindungen und voller gedanklicher Durchdringungen von Objekten und Situationen solche

Schemata der Erfahrung eine unterschätzte Rolle spielen und uns ein Verständnis für das ansonsten schwer erklärliche Tempo vieler Entscheidungsvorgänge erlauben, war Francks Argument in der älteren Arbeit gewesen. Dass wir die Denkfigur auch nutzen können, um der Emotionalität den Ort und den Stellenwert zu geben, die ihr im Entscheidungsprozess zukommen, wird hier mein Argument sein. In diesem Band operieren Franck und Zellner mit einer etwas anderen Figur, und auf sie möchte ich zunächst eingehen: auf die Berater-King-Metapher von Reinhard Selten.

Selten (1990) hatte diese Metapher gewählt, um die beträchtliche, aber doch begrenzte Rolle in ein Bild zu fassen, die der Rationalität bei der Steuerung des menschlichen Verhaltens zukommt: eben die eines Beraters des Königs, eines Königs, der auf den Berater hören kann oder auch nicht, und der ihn sogar vollkommen übergehen kann. Der Berater steht für den Teil des Gehirns, dem die Kalküle der Vernunft obliegen, der König aber für jenen – stammesgeschichtlich älteren – Teil, welcher Sitz des emotionalen Systems ist. Diese Metapher Seltens stützen und ergänzen Franck und Zellner mit den Ergebnissen der jüngeren Gehirnforschung und identifizieren im limbischen System mit seinem Zentrum, dem Mandelkern, Seltens King und im jüngeren und langsameren Neokortex den vernünftig abwägenden Berater.

Diese Konstruktion nun wirft eine Frage auf, die Franck und Zellner, weil es nicht ihr Hauptthema ist, nur beiläufig behandeln und beantworten: Wenn derjenige Teil des Gehirns, „der letztlich Entscheidungen auslöst" (Franck/Zellner in diesem Band, S. 257) dabei nicht selbst noch rationalen Gesichtspunkten folgt, sondern Rationalitätserwägungen nach Maßgabe emotionaler Gesichtspunkte – beliebig? – unterdrücken, übergehen und modifizieren kann, was gewährleistet dann noch eine wie auch immer begrenzte Rationalität der Entscheidung? Dieser König Mandelkern sieht sehr nach einem (vorläufig) letzten Statthalter des Dezisionismus aus. Und erhält diese Frage nicht noch viel größeres Gewicht, wenn man mit der Selten'schen und Franck/Zellner'schen Einsicht Ernst macht, dass die Emotionen ihrerseits einen erheblichen Einfluss auf die Ratio – den Berater – haben, mehr noch: dass der Neokortex gleichsam das letzte, jüngste – und daher vielleicht schwächste? – Glied in der Kette der Evolutionsgeschichte des Gehirns bildet?

Natürlich meine ich damit nicht, dass Franck, Zellner oder Selten das Programm eines Dezisionismus postulierten oder auch nur *de facto* verfolgten. Ich weise nur auf eine drohende Implikation hin. Sympathien für Seltens *decision emergence view* habe ich oben ja bekundet. Der dezisionistische Ausweg aus Begründungsschwierigkeiten aber ist immer wieder gewählt worden, wenn sich gezeigt hat, dass die jeweilige Spitze einer Entscheidungs- oder Begründungshierarchie ihrerseits begründungsbedürftig ist. Schon Simon hatte die Frage, worauf sich Wissenschaftler als Ziel(e) einer Entscheidung oder gar einer Organisation beziehen, für weitgehend arbiträr und damit eine Sache zweckmäßiger Dezision gehalten (Ortmann 1976, S. 77 ff.). Das Wertfreiheitspostulat überlässt ausgerechnet die höchsten Ziele und Werte, die unseren Entscheidungen zugrunde liegen, der nicht wissenschaftlich begründbaren Dezision. Die hellsichtigste, radikalste und auch gefährlichste Zuspitzung der Idee, dass wir uns angesichts fundamentaler Begründungsaporien eher für *irgendeine* Ordnung entscheiden sollten, ja: müssten, als gefährliches Chaos in Kauf zu nehmen, findet sich bekanntlich im Werk von Carl Schmitt (dazu Ortmann 2001b). Die Idee *irgendeiner* Ordnung indes gibt den Anspruch auf eine *rationale* Ordnung *de facto* preis.

# 5 Evolution als letzte Bewahrerin der Rationalität?

Immer wenn der Theorie die Rationalität der bei näherem Hinsehen nicht ganz so rationalen Akteure abhanden zu kommen droht, lockt der Ausweg in sozialdarwinistische Evolutionstheorie. Das war schon eine verführerische Alternative, als der *contingency approach* der Organisationsforschung ernstlich des Problems innewurde, wie es zu optimalen situativen Fits soll kommen können, wenn nicht durch das Entscheiden und Handeln rationaler Akteure. Er lockt auch dann noch, wenn die avancierte Evolutionstheorie den Sozialdarwinismus längst hinter sich gelassen hat (siehe als Überblick Kappelhoff 2000). Wenn schon nicht die Akteure, der Neokortex und, als letzte Instanz, König Mandelkern höchstselbst für Rationalität einstehen können, dann aber vielleicht Evolution und Auslese?

Mit dieser Lösung liebäugeln auch Franck und Zellner, zum Glück ohne sich wirklich darauf festzulegen. Deutlich genug operieren sie mit einem Konzept evolutionärer Fitness. Emotionen sind für sie Einflüsse einer „historischen Vernunft" der Evolution (S. 261).

> „Evolutionsgeschichtlich waren emotionale Reaktionen unter ‚Umgehung' des Beraters wahrscheinlich immer wieder nützlich, so z.B. wenn man in Sekundenbruchteilen reagieren musste, ohne dass der Neokortex die einzelnen Alternativen erst ‚durchbilanziert' hätte. Schnelligkeit gewinnt in einer Welt ohne Schutzvorkehrungen (in Gestalt moderner Institutionen, G.O.) an Bedeutung gegenüber der Genauigkeit" (Franck/Zellner, in diesem Band, S. 261).

Natürlich fragt man sich: Wie hätte sich ein bilanzierender Neokortex, wie hätte sich vorausschauende Rationalität evolutionär ausbilden können in einer Welt derart flinker und wohl auch heißsporniger *und eben deswegen überlegener* Mitmenschen? Und wie sollen wir uns den Zeitbedarf und den Zeitverlauf vorstellen, nötig für die erforderliche evolutionäre Entwicklung? Wenn, wie Franck und Zellner unter Rekurs auf Goleman zu bedenken geben, die letzten 500 Jahre kaum Spuren in den grundlegenden neuralen Schaltungen hinterlassen haben, Letztere vielmehr das widerspiegeln, „was sich in 50 000 Generationen *am besten* bewährt hat" (in diesem Band, S. 261; Herv. G.O.): müssten wir Zeitgenossen angesichts solcher Diskrepanzen im Tempo biologischer Evolution einerseits, institutioneller Veränderungen andererseits nicht *in puncto* erforderlicher Rationalität hoffnungslos unterentwickelt sein?

> „Da sich im Zuge des Evolutionsprozesses die selektierende Umwelt selbst veränderte und da sich seit Beginn der Zivilisation die kulturelle Evolution weit schneller vollzog als die natürliche, existieren heute weder nur effiziente Normen noch ist die genetische Ausstattung der Menschen dem Normensystem angepaßt" (Weise 1995, S. 39 f. mit weiterer Literatur).

Man sieht schnell, wie heikel der Rückgriff auf Evolution als supplementäre Stifterin von Rationalität in Wirklichkeit ist. Franck und Zellner sprechen in ihrer vorsichtig positiven Bezugnahme auf Goleman implizit von optimierender Evolution – es überlebt, was sich *„am besten* bewährt hat." Ihr eigenes Beispiel aber zeigt, dass Optimalität, wenn überhaupt, nur relativ auf eine sich verändernde, bei ihnen: institutionelle Umwelt zu bestimmen ist. Sie sind vorsichtig genug, ihr *ad hoc* gegriffenes Beispiel von der früheren Überlegenheit spontaner Emotionalität nur als Vermutung – „wahrscheinlich" – einzuführen, und überwiegend sprechen sie, statt von optimalen, nur von nützlichen, das heisst: viablen Verhaltensmustern. Daran tun sie gut, und *dann* kann man ihnen zustimmen. Es gilt hier im Übrigen die Warnung Jon Elsters (1998, S. 72):

> „Until we know whether the *net* effect of an emotional disposition is positive of negative, it makes no sense to begin looking for an evolutionary explanation. In the case of anger, for instance, it may be true that irascible people often get their way, but that is only part of the story. Others will learn to recognize them as irascible, and walk around them. Sometimes one has no choice, but often one can find alternative and more reasonable partners. Irascible people will find themselves shunned, which detracts from opportunities for mutually favorable interactions with others. They may gain more in each interaction, but interact more rarely. ... I am not saying that the net effect of irascibility is negative, only that one cannot show it to be positive simply by citing a positive impact in isolation from other effects."

Mit Blick auf die Evolution von Normen und Emotionen warnt Elster (1989a, S. 150): „What is true is that a plausible story of the narrow form can almost always be told. ... the very ease with which just-so stories are forthcoming should make us wary of them" (vgl. auch S. 148 f.). Jeder Ökonom, der sein Geld wert sei, könne so eine Geschichte erzählen. Mehr noch: So erfolgreich sie an den *common sense* appellieren – sie implizieren eine Fülle anspruchsvoller unthematisierter Voraussetzungen, betreffend die Zeit, die Evolution braucht; die Frage, ob isolierte Eigenschaften wie Schnelligkeit überhaupt eine generelle Fitness fördern; die Frage, ob Fitness generell durch Kampf- und nicht vielmehr auch durch Kooperationsfähigkeit gesteigert wird (dazu Gould 1994, 374 ff., 1997; Weise 1995; Witt 1995; Ridley 1996; Ortmann 2001e); die Frage, ob wir das Konzept evolutionärer Fitness mit Blick auf Einzelne, auf Gattungen oder auf komplexe adaptive Systeme (Kappelhoff 2000) in Anschlag bringen können; die Frage nach Spandrillen der Evolution (Gould/Lewontin 1979; Gould 1997; Ortmann 2001f), nach zerklüfteten Fitnesslandschaften (Kauffman 1993), Ko-Evolution, durchbrochenen Gleichgewichten (Eldredge/Gould 1972; Gould/Eldredge 1993; Gould 1997) und manche andere.[14] Dies alles beeinträchtigt aber die Eignung der Evolutionstheorie, die aufgetane Rationalitätslücke zu schließen. Denn das kann sie nun nur noch im Sinne des Ausschlusses nicht-viabler Verhaltensmuster, hier: nicht-lebensfähiger Reaktionsmuster des limbischen Systems, sie kann es nicht im Sinne der Selektion *optimaler* Muster. Sie kann, mit anderen Worten, nur ziemlich „ver-rückte" Muster aussortieren, alle anderen, mit Ernst von Glasersfeld (1991) zu sprechen, kommen eben durch. Viabilität meint *nicht* „survival of the *fittest*", sondern nur das Erfordernis des Passens. Passen aber meint „nie ein Angleichen an die Umwelt, sondern lediglich ein ‚Durchkommen'" (von Glaserfeld 1991, S. 165 f.; vgl. auch Gould/Lewontin 1979). Glaserfelds Metapher dafür ist: Durch einen Tunnel „passt" nicht alles, aber vieles: die Erbse ebenso wie der Lastwagen. Es kommt nicht nur das „Passendste" durch (siehe dazu Ortmann 1995a, S. 107 f., S. 118 ff.). Wie die Amerikaner sagen: The hurdle is the floor and not the ceiling. Das aber heißt für mich: als Surrogateinrichtung der Rationalisierung und Optimierung kommt Evolution nicht in Betracht, und für eine recht schwache Art von Vernünftigkeit kann sie nur in Anspruch genommen werden, insofern sie – wir stehen hier haarscharf vor einer Tautologie – dafür sorgt, dass das Überlebensfähige überlebt. (Mit dieser schwachen Rationalität, besser: Viabilität, der ich also durchaus das Wort reden möchte, müssen wir uns insoweit eben begnügen). Erst recht nicht kommt Evolution, gemäß der eigenen Logik des von Franck und Zellner vorgetragenen Arguments, als Stifterin und Garantin einer stärkeren Rationalität in jenen komplexen Entscheidungsprozessen in Betracht, die uns als Betriebswirte interessieren, und die sich doch in einer Welt abspielen, die durch komplexe Institutionen, moderne Technik und stark verlängerte Planungs- und Handlungsketten charakterisiert ist, in einer Welt also, für die das limbische System evolutionär so gar nicht gerüstet sein kann.

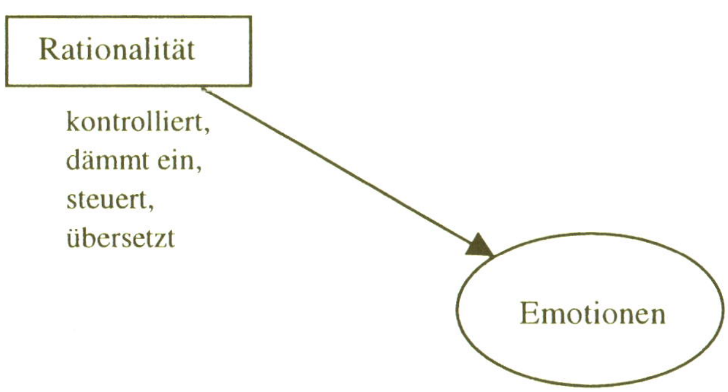


Abb. 1a: Emotionen als Domestik der Rationalität

Wenn wir uns angesichts der von Simon ausgelösten und in der aktuellen Emotionalitäts-Diskussion fortgesetzten Unterminierung der Idee rationaler Entscheidungsprozesse weder einem Dezisionismus, also: Irrationalismus, aussetzen noch die Rationalitätsidee der Evolution anvertrauen wollen, dann müssen wir nach anderen theoriestrategischen Wegen suchen. Bisher sieht alles nach einer Destruktion der Idee aus. Können wir die Idee einer De*kon*struktion durchführen? Die allgemeine Figur dafür steht schon vor Augen. Danach dürfen wir nicht einfach damit rechnen, dass unsere Vernunft die emotionalen Regungen kontrolliert, eindämmt, steuert und gleichsam, á la Hirschmans „Leidenschaften und Interessen" (1980), in vernünftige Interessen übersetzt (Abb. 1a), sondern wir müssen einsehen, dass diese angeleitete, marginalisierte, kontrollierte, gezügelte Emotionalität evolutionsgeschichtlich vorgängig und konstitutionslogisch zumindest mit-konstitutiv für menschliche Entscheidungen ist und bleibt: weil sie erst den

Willen, den Impetus, das Motiv, das Begehren stiftet, sich *überhaupt* zu entscheiden, und weil wir womöglich ohne Emotionen nicht wissen (können), *wie* wir uns entscheiden sollen (Abb. 1b).

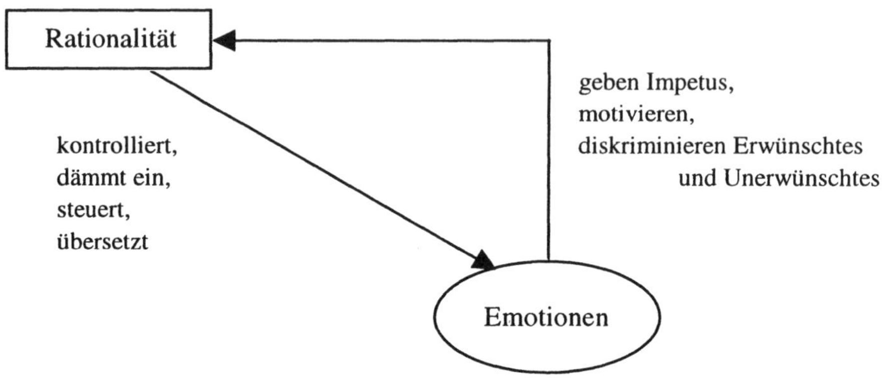


Abb. 1b: Emotionen als Supplément der Rationalität

# 6 Emotionen: nicht nur Rationalitätshindernis

Schon bevor wir die Art und Weise des Einflusses der Emotionen auf die Ratio näher in Augenschein nehmen, können wir daher sagen, dass sie keinesfalls *nur* als Rationalitäts*grenzen* aufgefasst werden können, worauf sich Franck und Zellner in ihrem Beitrag konzentrieren. Vorläufig und versuchsweise können wir beide in eine elliptische Konstruktion bringen (Abb. 2) und dann sehen, dass Gefühle und Kalküle an jeder Entscheidung einen unterschiedlich großen Anteil haben können (niemals jedoch einen Anteil von null), ohne dass wir in der Lage wären, ein günstiges oder gar optimales Verhältnis allgemein, das heißt unter Absehung von situativen Umständen, zu bestimmen.

Wir sollten dabei drei Fälle auseinanderhalten. Der Fall, den ich hier im Auge habe, betrifft Emotionen als unverzichtbare Helfer rationaler Entscheidungen des Einzelnen schon kurzfristig. Ich spüre: der andere ist ein Schlitzohr, und bin vorsichtig. Der zweite Fall betrifft Vorteile anständigen, fairen Verhaltens à la longue. Ich könnte den anderen über den Tisch ziehen, aber auf Dauer zahlt sich Anstand – der ja für Gefühle der Fairness, Schuld und Scham steht – doch aus. (Man beachte: Schon um „tit for tat" gut zu spielen, bedarf es emotionaler Sensibilität!) Der dritte Fall betrifft die Vorteile solchen, am Ende womöglich altruistischen Verhaltens für „das Gemeinwesen": Alle sind besser dran, wenn Fairness waltet und Kooperationsvorteile à la Axelrod winken. Den ersten und zum Teil den zweiten Fall behandele ich im 8. Abschnitt. Dem zweiten und dritten Fall gilt im Kern das Interesse von Robert H. Frank und seinem Buch „Passions within reason“ (1988), dessen Anliegen ihn zu einem würdigen Erben Adam Smith‘ macht: zu zeigen, dass nicht nur „die Gesellschaft“, sondern oft auch der Einzelne, und zwar gemessen an seinen materiellen Interessen, besser dran ist, wenn er „moral sentiments“ respektiert. Dass die Leute sich zum Beispiel ihre Gerechtigkeitsgefühle etwas kosten lassen, ist empirisch gut belegt (Fehr/Schmidt 1999; Osterloh/Rota 2001) und hat *à la longue* solche Effekte. Emotionen restringieren nicht nur, sie ermöglichen auch Rationalität. Wir können daher Francks und Zellners Fragestellung ergänzen durch die Frage nach institutionellen Restriktionen förderlicher Emotionen und nach Alternativen zu solch hinderlichen Institutionen. Robert Frank gibt die Beispiele kooperativer Arbeitsumgebungen (1988, S. 237 ff.), fairer Preisbildung (1988, S. 241) und, generell, als legitim anerkannter Institutionen.

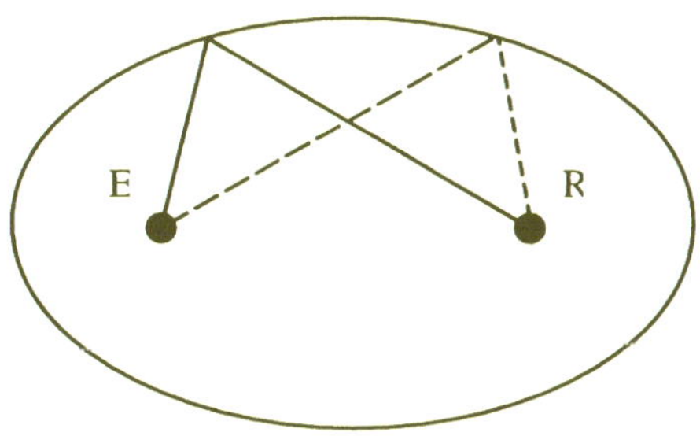


——— hoher Anteil an Rationalität (R)
– – – – hoher Anteil an Emotionalität (E)

Abb. 2: Elliptisches Verhältnis von Emotionalität und Rationalität

Das „Lob der Emotionen“ hindert also nicht, den Fall in Betracht zu ziehen, dass der Anteil der Emotionen *zu hoch* ist, soll heißen, rationales Entscheiden beeinträchtigt. Dass Liebe blind macht oder der Wunsch der Vater des Gedankens ist (wie bei kognitiver Dissonanz, wo der Wunsch nach Selbstbild-Schutz übermächtig werden kann), diese Fälle müssen wir behandeln können – etwa mit den von Franck und Zellner vorgeschlagenen Mitteln der Institutionenökonomie. Der vielleicht wichtigste Fall von Institutionen, die uns vor gefährlichen Emotionen schützen, ist das Gewaltmonopol des Staates und die Institution von Gerichten mit ihrer Funktion, jenen selbstverstärkenden Prozessen der Gewaltausübung ein Ende zu setzen, die durch „mimetisches Begehren“ und den Wunsch nach Rache ausgelöst und in Gang gehalten werden (Girard 1992; Frank 1988, S. 1 ff.). Wie René Girard (1992, S. 30) bemerkte, „ist die Differenz enorm: die Rache wird nicht mehr gerächt, der Prozeß ist an sein Ende gekommen; die Gefahr der Eskalation ist gebannt.“ Ich merke nur noch an, von welch überragender Bedeutung es daher ist, dass eine Institutionenökonomie Commons‘scher Provenienz einen Schiedsrichter – „a judge, priest, chieftain, pater familias, arbitrator, foreman, superintendent, general manager“ (Commons 1951, S. 50) – zu den unverzichtbaren Beteiligten einer jeden

Transaktion zählt. Nicht erst unsere emotionalen Reaktionen auf Gewalt, schon unser Gefühl, unfair behandelt worden zu sein, evoziert oft genug unvernünftige Reaktionen in dem Sinne, dass eigene und/oder organisationale oder sonstwie kollektive Interessen verletzt werden.[15] Dass Gerichte dem Grenzen setzen, ist für die Koordination ökonomischer Aktivitäten, trivial genug und doch leicht zu übersehen, von gar nicht zu überschätzender Bedeutung. Es *wird* leicht übersehen, allgemeiner: die Bedeutung von Institutionen für die Ökonomie wird leicht übersehen, weil die Lösung das Problem verdeckt. Es gibt eben immer schon, so scheint es, Gerichte und mehr oder minder geeignete Institutionen.

# 7 Ein funktionalistischer Trugschluss

Man kann Emotionen, wie Franck und Zellner, institutionenökonomisch in *normativer Orientierung* analysieren – mit der Frage: Welche institutionellen Vorkehrungen können und sollten wir treffen, um emotionale Restriktionen rationalen Entscheidens zu lockern oder zu verhindern? Dann allerdings hat man mehr Probleme zu bedenken, als Franck und Zellner in ihrem Beitrag thematisieren, vor allem: *erstens* den im Falle rationaler Regelwahl – *institutional choice* – drohenden infiniten Regress, wie ihn Langlois (1986, S. 227) beschrieben hat:

> „If rationality consists only in the optimal adjustment of means to ends, then rationality must presuppose some framework of means and ends within which the optimization is to take place. But were do these frameworks come from? As a logical matter, they cannot themselves be explained as the result of maximization choice. For if the choice of framework were the result of maximizing within some higher framework, the choice of that higher framework would remain unexplained – and so on ad infinitum.“

*Zweitens* hat man zu berücksichtigen, dass die Etablierung von Regeln mit Investitionen, zum Beispiel in Humankapital, einhergeht und daher einem *Regelpfad* folgt, den man, wenn er einmal eingeschlagen ist, nicht kostenlos wieder verlassen kann, weil das durch lock-in-Effekte erschwert wird. Wegner (1995), der darauf aufmerksam gemacht hat, hätte zur Stützung seines Arguments auch die umfangreiche Forschung der französischen *économistes des conventions* heranziehen können, deren zentrales Konzept „Investition in Formen“ ist, die also die Etablierung von Standards, Regeln, Verfahren, Institutionen bis hin zu den staatlichen Institutionen als kostspielige Investitionen auffassen, die sich ökonomisch beurteilen lassen (Thévenot 1984). Wegners Fazit: „Wir können nicht eine optimale Regel aus Prämissen, d.h. einem Set von Alternativen, kalkülhaft deduzieren“ (Wegner 1995, S. 74, mit weiteren Argumenten), sondern müssen uns, einmal mehr, mit einem schwächeren Rationalitätskonzept bescheiden.

Im Übrigen hängen Normen und, insofern sie eine normative Dimension haben, auch Institutionen, gerade in Elsters Sicht der Dinge, eng mit Emotionen zusammen, weil sie von Gefühlen der Peinlichkeit oder Scham (im Falle von Normenverletzungen) getragen werden. Schon deshalb ist jeder Versuch, Emotionen mittels Institutionen einzudämmen, seinerseits auf wirksame Emotionen angewiesen.

Die *normative* Analyse ist auch Robert Franks Anliegen, und, um es deutlich zu sagen, ich halte es für außerordentlich wichtig. Man kann es auch, wie es bei Franck und Zellner ebenfalls anklingt, *in positiver Orientierung* versuchen – diesmal mit der Frage: Warum gibt es diese oder jene Institution? Das allerdings führt in Schwierigkeiten. Franck und Zellner sagen selbst:

> „Wenn aber Institutionen damit erklärt werden, dass sie genau diese (emotionsbedingten, G.O.) ‚Rationalitätslücken' der Akteure im Gegenstandsbereich ‚ausbügeln', dann nimmt man offensichtlich auf der Meta- oder Beobachterebene weiterhin Rationalität in einem stärkeren, also klassischen Maße an" (Franck/Zellner in diesem Band, S. 263).

Ich gehe auf die Probleme einer solchen Beobachter- bzw. Metarationalität, die nicht als Tatsachenbehauptung, sondern als Bestandteil des Untersuchungswerkzeugs in Anschlag gebracht wird, nicht näher ein,[16] sondern beschränke mich auf den Hinweis, dass hier funktionalistische Fallstricke drohen. Wie vor allem Jon Elster immer wieder gezeigt hat, ist die Existenz eines Phänomens – hier: Normen und Institutionen – keineswegs erklärt, wenn seine Effizienz oder Funktionalität demonstriert ist. Selbst wenn, mit anderen Worten, Franck und Zellner die rationalitätslückenschließende Qualität von Institutionen haben zeigen können, haben sie damit weder die Entstehung noch die Reproduktion dieser Institutionen erklärt. Institutionen können auch zufällig entstehen, nicht immer werden an sich nahe liegende effiziente Institutionen überhaupt hervorgebracht und reproduziert, und es werden oft genug auch ineffiziente Institutionen reproduziert und effiziente ausgeschieden. Erforderlich ist daher die Angabe der Hervorbringung und der Reproduktionsmechanismen von Institutionen (Elster 1989a, S. 146 ff.). Solche Mechanismen ließen sich für die von Franck und Zellner angeführten Institutionen vielleicht finden. Sie dürften aber nicht mit metarationalen Akteuren der Institutionengenese operieren.

## 8 Emotion und Entscheidung

In seinem instruktiven Überblick zum Thema „Emotion and Organizing" sortiert Stephen Fineman (1996, S. 547) die möglichen Beziehungen zwischen Emotionen und Rationalität so:

(i) Emotionen stören die Rationalität,
(ii) Emotionen dienen der Rationalität, oder
(iii) Emotionen und Kognitionen sind unentwirrbar miteinander verschränkt, Rationalität also ein Mythos.

Der Fall (i) ist *common sense* und wird von Franck und Zellner instruktiv behandelt. Der Fall (iii) – „that rational self-interest is thoroughly imbued with emotion“ (Fineman 1996, S. 550) – wird von manchen Autoren zum Anlass einer radikalen Konsequenz genommen: „that emotion cannot exist outside the thought/symbolic processes of language, so the cognitive/affective distinction cannot be sustained“ (ebd.), und, mehr noch: „Once the emotion/cognition duality is broken down in this manner, the rational actor cannot exist“ (ebd.). Diese Konsequenz schüttet das Kind mit dem Bade aus und beraubte uns, machte man Ernst damit, jeder Möglichkeit einer Unterscheidung zwischen Hitzköpfen und kühlen Strategen, zwischen Aufwallungen des Zorns und kalkulierender Vernunft, und, im Gefolge dessen, jeder Möglichkeit der Identifikation von Zweckrationalität als spezifischer Stärke und Schwäche moderner Gesellschaften und, nicht zuletzt, Organisationen. Ich gehe gleich über zum Fall (ii). Er wird, bezeichnend genug, bei Fineman eher stiefmütterlich behandelt. Ahnungen, guter Glaube, Entscheidungen aus dem Bauch heraus, idiosynkratische Präferenzen könnten als notwendige Ergänzung zur begrenzten Rationalität fungieren. Zorn könne die Glaubwürdigkeit von Drohungen,[17] Liebe die von Versprechungen erhöhen. Gewichtiger: Emotionen seien nötig für aufgabenorientierte Kognition, nämlich um das für eine Problemlösung Relevante vom Irrelevanten unterscheiden zu können.

Mit diesem letzteren Gesichtspunkt rührt Fineman an eine Debatte, die heute an Aktualität gewonnen hat, um nicht zu sagen: die schon in Gefahr ist, zu modischem Gerede zu verflachen. Gemeint ist ein Diskurs, den wohl der Philosoph Ronald de Sousa (1987) eröffnet hat und der sodann durch die neurobiologischen Forschungen von Antonio Damasio (1997) und durch die Arbeiten Golemans (bes. 1998) wichtige Anstöße bekommen hat. De Sousa (1987, S. 195) postuliert: „(The) role of emotion is to supply the insufficiency of reason.“ Diese Ergänzung unzulänglicher Rationalität besorgten Emotionen zum Beispiel durch eine notwendige Begrenzung der Informationen, die in Betracht gezogen würden, der potentiell unendlichen Zahl möglicher Schlussfolgerungen und der Menge der Optionen, aus denen zu wählen sei.

Solche und ähnliche Argumente zielen auf Emotionen als ein, wie Jon Elster (1998, S. 60) es genannt hat, ,„*supplemental*' principle that ,fills' the ,gap' between reflex-like behaviour and fully rational action“ (Herv. G.O.). Sie finden eine Stütze in den Forschungen Damasios, deren für uns wichtigstes Resultat in der These liegt:

> „Mangel an Gefühlen kann eine ... wichtige Ursache für irrationales Verhalten sein“ (Damasio 1997, S. 87; Herv. i.O.).

Gegen diese Ideen richtet Elster eine Kritik, die ich nur zum Teil für überzeugend halte und die ihn im Ergebnis dazu führt, die Rolle von Emotionen im Prozess rationaler Entscheidung zu unterschätzen. Das möchte ich zeigen, bevor ich, ebenfalls in diesem Abschnitt, meine Sicht dieser Rolle skizziere.

Mit Blick auf Autoren wie de Sousa (1987, bes. S. 194), Johnson-Laird/Oatley (1992, bes. S. 206) und Damasio gibt Elster zu bedenken:

„These authors argue that emotional responses enhance our capacity to make good decisions, not by guiding us to the best possible decision, but by ensuring that we make *some* decision in situations where procrastination is likely to be disastrous" (Elster 1998, S. 60; Herv. i.O.; ähnlich Elster 1999, S. 287 ff.).

Das indes ist weit davon entfernt, Kern des Arguments jener Autoren zu sein, die nicht etwa – so wenig wie ich selbst, wie oben erläutert – der dezisionistischen Neigung das Wort reden, lieber *irgendeine* statt überhaupt keine Entscheidung zu fällen, wie Carl Schmitt es für den Ausnahmefall postuliert und sodann mit seinem berühmten Diktum verallgemeinert hat: „Souverän ist, wer über den Ausnahmezustand entscheidet" (Schmitt 1985, S. 11). Elster selbst deutet hier die Bereitschaft an und spricht sie, wie wir gleich sehen werden, wenig später klar aus, eine entsprechende Rolle von Emotionen *für Notfälle* – „emergencies" – anzuerkennen, aber *nur* für solche Ausnahmesituationen. Darin werde ich ihm nicht folgen. Hier kommt es zunächst darauf an, dass die kritisierten Autoren auf solche Ausnahmefälle nur gelegentlich, nicht in ihrem Hauptargument Bezug nehmen. Nicht den Vorzug schneller, aber fast beliebiger Entscheidung in Augenblicken der Gefahr haben sie vor allem im Blick, sondern die Rationalitätsdefizite eines „Wissens, ohne zu fühlen": die Möglichkeit, dass eine Reduzierung des Gefühlslebens zu einer Beeinträchtigung rationalen Entscheidens führen kann (Damasio 1997, S. 11 ff., S. 78, S. 87). Dass Elster sie auf den (Ausnahme-)Fall von Notsituationen festlegt, ist umso merkwürdiger, als zahllose Beispiele Damasios auf das blanke Gegenteil abstellen: auf normale Alltags- und Arbeitssituationen.[18]

Elsters Gegenargument lautet nun: Die genannten Autoren operierten mit der oben bereits zitierten impliziten Prämisse, Rationalität terminiere in jener Hyper-Rationalität, die Elster als Rationalitäts-Sucht, mithin als krankhafte Begierde charakterisiert hat, als eine Art Kalkulations- und Sicherheits-Wahn. Vernünftige Menschen aber wären keineswegs auf eine derart fetischisierte Sicherheit der Entscheidung erpicht.

„A rational person would know that under certain conditions it is better to follow a simple mechanical decision rule than to use more elaborate procedures *with higher opportunity costs*" (Elster 1998, S. 60; Herv. G.O).

Erst wenn man das Entscheiden an der Elle jener Hyper-Rationalität messe, entstünde der Eindruck einer Lücke, die mittels „gut feelings" gefüllt werden müsse.

„In opposing gut feelings to hyperrational cost-benefit calculation Damasio is setting up a strawman" (Elster 1998, S. 63).

Dass Emotionen gleichsam die Führung übernähmen bei einer Entscheidung, gesteht Elster (ebd., S. 60) also nur für einen einzigen Fall zu: einem Ausnahme- und Notfall, in dem wir emotional erregt und daher zeitweise zu irritiert sind, um auch nur mechanische Entscheidungsregeln wie zum Beispiel Daumenregeln anzuwenden. Aber dann gelte:

„The emotion serves as a functional equivalent for the faculties it *suspends*. ... The emotions do solve problems – but problems that are to some extent of their own making. The capacity for the emotions to *supplement* and enhance rationality would not exist if they did not also *undermine* it" (Elster 1998, S. 60; i.O. andere Herv.).

Ich möchte nun meinerseits argumentieren,

(1) dass Elster mit dieser Charakterisierung der suspendierenden, supplementierenden und unterminierenden Kraft der Emotionen in ihrem Verhältnis zur Rationalität *nolens volens* die Denkfigur genau getroffen hat, die Jacques Derrida als Supplément bezeichnet hat,

(2) dass seine Beschränkung dieser Rolle der Emotionen auf Ausnahmefälle seinen eigenen Einsichten in die *generelle* Unmöglichkeit zuwiderläuft, Opportunitätskosten der Suche zu bestimmen, so dass

(3) Emotionen *generell* als Fall derridaesker Supplementierung der Rationalität aufgefasst werden müssen, mit der hässlichen Eigenschaft, dass sich zwischen Ergänzung und Ersetzung (Suspendierung, Unterminierung) der Rationalität keine sichere, beruhigende, trennscharfe und stabile Linie ziehen lässt, und

(4) dass sich weitere, ebenfalls auf Verallgemeinerung hinwirkende Gründe für die unverzichtbare Rolle von Emotionen in Entscheidungsprozessen anführen lassen, die Elster hier gar nicht sieht, die er aber an anderer Stelle sehr wohl erkennt, ja, sogar betont.

(Ad 1) Das zuletzt gegebene Elster-Zitat kann als Musterexemplar einer Opposition – der nämlich von Rationalität und Emotionalität – gelten, bei der der erste Begriff die Priorität hat und der zweite als abgeleitet, sekundär und minderwertig dargestellt und dann doch als konstitutiv in Anspruch genommen wird (so auch Putnam/Mumby 1993), wenn auch von Elster hier nur für den Ausnahmefall – den Notfall. Supplément hat im Französischen die Doppelbedeutung: Ergänzung/Ersetzung, und Derrida will diesen Doppelsinn ausdrücklich bewahren:

> „Das Supplement fügt sich hinzu, es ist ein Surplus; Fülle, die eine andere Fülle bereichert ... Aber das Supplement supplementiert. Es gesellt sich nur bei, um zu ersetzen. Es kommt hinzu oder setzt sich unmerklich *an-die-Stelle-von*; wenn es auffüllt, dann so wie man eine Leere füllt“ (Derrida 1983, S. 250; Herv. i.O.).

So füllen Emotionen die Rationalitätslücke in Notfällen – wenn gilt: „We are temporarily clouded by the emotional arousal caused by the emergency“ (Elster 1998, S. 69). Elsters Kette: Suspendieren und Unterminieren einerseits und Supplementieren andererseits entspricht genau dieser Zwieschlächtigkeit von Ergänzung und Ersetzung, und was Elster an dieser Stelle bedauert, dass nämlich die emotionale Erregung zwar als funktionales Äquivalent für unsere rationalen Möglichkeiten fungiert, aber eben für jene, die von unseren Emotionen selbst suspendiert werden, das erweist sich in Derridas Analyse als unausweichliche, beständige und bedrohliche Unterminierungstendenz, die vom Supplément jederzeit ausgeht, nicht nur in Ausnahmefällen.

(Ad 2 und 3) Dass es sich, entgegen Elsters Annahme, auch im Verhältnis von Rationalität und Emotionalität um eine regelmäßige und nicht etwa nur ausnahmsweise Logik des Supplément handelt, sieht man, sobald man sich klarmacht, dass Elsters „Normalfall“, der Rekurs auf „a simple mechanical decision rule“ mit niedrigeren Kosten als elaborierte Kosten-Nutzen-Vergleiche, keine Lösung darstellt: nicht, weil dieser Weg nicht gewählt würde – das wird er –, sondern weil (wie im 2. Abschnitt unter Rekurs auf Sidney Winter erläutert) der erforderliche Kostenvergleich mangels erforderlicher Informationen, betreffend die Entscheidungskosten, notwendigerweise scheitert. Elsters Lösung lässt daher das Rätsel ungelöst, wann, wie und warum wir zu Daumenregeln und ähnlichen mechanischen Entscheidungsregeln Zuflucht nehmen – jedenfalls nicht auf Basis eines Kostenvergleichs. Ich selbst werde unten, im 9. Abschnitt, argumentieren, dass wir dazu auf Wahrnehmungs- und Interpretations*schemata* zurückgreifen, an deren Genese und an deren Anwendung Emotionen einen unverzichtbaren Anteil haben. Dass Elster (1998, S. 60) mit Kostenvergleichen argumentiert, ist seltsam, weil er Sidney Winters Beweisführung kennt und sogar eine Seite zuvor selbst anführt.

(Ad 4) Ich sehe vier unverzichtbare Modi, in denen Emotionen Anteil an rationalen Entscheidungen haben. *Erstens* brauchen Menschen, um überhaupt entscheiden und handeln zu können, einen Antrieb, einen Willen, einen Impetus, der ihnen mangels jeglicher Emotion abgehen müsste. Der Fall des Mangels solchen Antriebs ist von Selten (1990) als Willensschwäche analysiert worden. Es dürfte klar sein,[19] dass hier kein Fall begrenzter, sondern gewissermaßen ein Fall erschlaffter, antriebsloser Rationalität vorliegt. *Zweitens* basiert auf Emotionen unsere Fähigkeit, Dinge, Eigenschaften, Ereignisse, Situationen, Handlungsalternativen und -resultate zu bewerten, Präferenzen auszubilden und uns Ziele zu setzen. *Drittens* könnten, Elsters Einwänden zum Trotz, Emotionen als Supplément der Rationalität im eben diskutierten Sinne eine Rolle spielen. Wie das gedacht werden kann, erörtere ich im nächsten Abschnitt. *Viertens* aber bedürfen wir eigener Emotionen und, als Voraussetzung und als Resultat eigener Emotionen, emotionaler Wahrnehmungs- und Interpretationsfähigkeit,

- um die Emotionen anderer angemessen zu verstehen,[20] zu antizipieren und in diesem Sinne *sozial* angemessen entscheiden und handeln zu können (Salovey/Mayer 1990), zum Beispiel so, dass andere das Gesicht wahren, sich respektvoll, fürsorglich, freundlich oder auch nur höflich behandelt sehen, sich herausgefordert und motiviert fühlen, aber auch so, dass Unfairness auf Kühle oder auch Abscheu trifft, *et cetera*, und, damit zusammenhängend, aber, soweit ich sehe, in der einschlägigen Diskussion kaum wahrgenommen,
- um Normen zu verstehen und angemessen zu selegieren und zu handhaben. Dies Letztere mag nicht auf den ersten Blick einleuchten, wird aber sofort einsichtig, wenn man sich klar macht, dass Normen nicht nur befolgt werden, weil Sanktionen von außen drohen, sondern vor allem auch, weil ihre Verletzung unter Umständen Gefühle der Peinlichkeit und Scham in uns wachruft. Wer für solche Gefühle „keine Ader hat", kann nicht sozial angemessen handeln, und es ist sehr gut möglich, dass manche der von Damasio berichteten Schwierigkeiten seiner hirngeschädigten Patienten[21] hierin seine Ursache hat (Damasio 1997, S. 43). Darauf – auf diese soziale Dimension rationalen Handelns – geht Elster, mit Ausnahme einer einzigen halbwegs zustimmenden Nebenbemerkung zu Damasio (Elster 1989, S. 292), überhaupt nicht ein, obwohl ihm selbst das Verdienst zukommt, auf den Zusammenhang von Normen und Emotionen nachdrücklich hingewiesen zu haben:

> „... norms are sustained by the feelings of embarrassment, anxiety, guilt and shame that a person suffers at the prospect of violating them, or at least at the prospect of being caught violating them. Social norms have a *grip on the mind* that is due to the strong emotions their violations can trigger. I believe that the emotive aspect of norms is a more fundamental feature than the more frequently cited cognitive aspects" (Elster 1989a, S. 99 f.; Herv. i.O.; ferner Elster 1994).

Später (1999, S. 145 ff.) hat Elster diese Position noch verstärkt: Scham sei nicht *eine*, sondern *die* emotionale Stütze sozialer Normen (und oft allerdings auch ein mächtiger Antrieb, wider das eigene Interesse zu handeln).

Diese Gesichtspunkte lassen sich verallgemeinern: Wer emotional „taub" ist, dem fehlt eine extrem wichtige, aber extrem unterschätzte Wahrnehmungs- und Interpretationsfähigkeit. Sie oder er kann nicht wahrnehmen und nicht verstehen, wer oder was eklig, fies, erfreulich, heiter, mürrisch, stolz, peinlich, beschämend, erniedrigend, ärgerlich ist, um nur einige Beispiele zu nennen. Ihm oder ihr fehlen die eigenen Gefühle als Erkenntnisquelle, Wahrnehmungs- und Beurteilungs„organ". Unterschätzt wird diese Quelle nicht nur, weil sie normalerweise gleichmäßig und unauffällig sprudelt. (Das gilt übrigens auch für unseren Antrieb zu handeln, den „Drive", die „Power": Wir nehmen deren Notwendigkeit erst wahr, wenn sie ausbleiben.) Unterschätzt wird diese Erkenntnisquelle auch, weil, wer nicht über sie verfügt, nicht sehen kann, dass er (insoweit) nicht sieht.

Nehmen wir mit Michael Balint (1957, 1959, S. 42 ff.) an, dass zur Realitätsprüfung neben der Prüfung, ob eine Wahrnehmung von innen oder von außen kommt, noch die Objektbildung (dazu mehr im 9. Abschnitt) und die Deutung oder Sinnfindung gehört, dann ist es leicht, sich den Anteil der Gefühle an Letzterer klarzumachen. Ob ein Karussel Lust oder Angst macht; ob Möbel gemütlich oder spießig wirken; ob der Anblick eines Autos erregend ist; ein Urteil fair; eine Anweisung sanft oder schroff; ein Mitarbeiter oder Vertragspartner ein Schlitzohr oder eine ehrliche Haut; eine Tätigkeit öde; ein Service freundlich oder nur höflich; ob Gier, Angst oder Begeisterung als Motiv wirksam ist; ob Druck die Beschäftigten anspornt oder verängstigt: um derlei Deutungen vornehmen zu können, bedürfen wir der Emotionen und emotionaler Wahrnehmungsfähigkeit. Wir bedürfen ihrer auch, um eine weitere Wahrnehmungsaufgabe zu erfüllen: die der Prüfung unserer eigenen Gemütsbewegungen und Gefühle. In denen können wir uns ja auch täuschen (Balint 1959, S. 44). „Das juckt mich nicht", sagen wir vielleicht, und in Wirklichkeit macht es uns doch etwas aus. Wer sich über die eigenen Gefühle systematisch täuscht, wird auch die anderer falsch beurteilen und so manche insofern falsche Entscheidung treffen.

Es bleibt die Frage, wie wir uns trotz der Einwände Elsters vorzustellen haben, dass Emotionen als Supplément der Rationalität wirksam werden – als Ergänzung oder als Ersatz, Fülle, die zu einer Fülle hinzukommt, oder Fülle, die an die Stelle einer Leere tritt. Ich möchte dazu nicht *gegen* die von Elster angeführten mechanischen Entscheidungsregeln, Simons „rules of thumb" oder Nelsons und Winters (1982) Routinen argumentieren, sondern *mit* ihnen, aber so, dass man sieht: Dafür, für ihren Einsatz, braucht es Gefühl, das nicht umsonst manchmal Fingerspitzengefühl, manchmal auch Augenmaß heißt. Und es bedarf des Rekurses auf Typenbildung und Wahrnehmungschemata.

# 9 Körperliche Entscheidungen und Schemata

Elster sieht nur den Notfall, mit drohender Gefahr, Zeitnot und mit Handlungsdruck, der jedes Zögern riskant erscheinen lässt. Schon Francks Beitrag über „Körperliche Entscheidungen" indes hatte demonstriert, dass die gebotene Schnelligkeit im Falle *jedweder* Routineentscheidungen anders gewährleistet werden muss als über komplizierte Informationsverarbeitungsprozesse. Auch das würde Elster akzeptieren: Letztere seien in solchen Situationen ein Fall abwegiger Hyperrationalität. Seine bevorzugte Lösung lautet: mechanische Entscheidungsregeln:

> „In fact, such methods almost invariably tend to perform better than intuition based on ‚gut feeling' (Dawes, David Faust, and Paul Meehl 1989)" (Elster 1998, S. 63).

Das möchte ich keineswegs bestreiten, sondern argumentieren, dass Elster die Rolle von Emotionen bei der „Wahl" und Anwendung solcher mechanischer Entscheidungsverfahren übersieht: Sie müssen ihrerseits schnell *und angemessen*, besonders: *sozial* angemessen gewählt und angewandt werden, und wie bereits argumentiert, kommt dafür eine kalkulierende Abwägung – „Was bringt bessere Resultate? Daumenregeln oder Intuition?" – keinesfalls in Betracht. Das aber ist der einzige Selektionsmodus, den Elster suggeriert, darin denn doch, bei all seiner rationalitätskritischen Einsicht, Erbe des Rationalismus. *Auch die Selektion und Anwendung mechanischer Entscheidungsverfahren bedarf emotionaler Wahrnehmungs- und Interpretationsfähigkeit. Diese Verfahren stellen daher nicht einfach – gar überlegene – funktionale Äquivalente zu „gut feelings" dar, sondern bleiben ihrerseits auf Emotionen angewiesen* – das ist der Kern meines Arguments. „When food tastes bitter, spit it out" wäre eine solche mechanische Entscheidungsregel, die Elster (1998, S. 69) als kleines Beispiel anführt, die aber selegiert und angemessen angewandt werden muss. Dazu ist eine hohe Regelanwendungskompetenz nötig, also hohe kognitive Kompetenz, aber auch ein „Sinn für Angemessenheit" (Günther 1988), der ohne ein *Gefühl* für Peinlichkeit, für das, was sich gehört, „was man tut" oder „was man nicht tut", nicht auskommt. Nötig ist unter anderem die Kompetenz, diese Regel mit anderen, und auch mit entgegenstehenden, abzugleichen, wie zum Beispiel mit den Regeln: „Auf keinen Fall den Gastgeber beleidigen", „Manierlich essen" *et cetera*. Man sieht, dass auch hier Erwägungen vonnöten wären, für die oft genug die Zeit nicht reicht. Das schlagendste Beispiel für mechanische Entscheidungsregeln, das Elster (1999, S. 295) anführt und das ohne Emotion nicht auskommt, ist Herbert Simons Idee des *satisficing*, verkörpert etwa in Regeln wie „Never change a winning team" oder „If it ain't broken don't fix it". Dazu nämlich braucht es ein *Gefühl* der Zufriedenheit (nicht ein Kalkül, das ja wegen begrenzter Rationalität – das gerade ist der Witz des Simon'schen Arguments – nicht zu haben ist). Auch dass „consulting gut feelings" auf implizites Wissen zielen könnte, wird von Elster, soweit ich sehe, nicht erwogen. Dabei liegt es nahe, das Konzept des impliziten Wissens auf unser Wissen um Gefühle auszudehnen – Wissen um unsere eigenen und die Gefühle anderer.

Ich hatte im 4. Abschnitt schon erwähnt, dass Franck (1992) als Alternative zu den traditionell postulierten Informationsverarbeitungsprozessen routinierte, körperlich eingeschliffene Engramme, Schemata und Skripts zur Diskussion gestellt hat und dass besonders die Wahrnehmungsphänomenologie an dieser Stelle eine Fülle hilfreicher Konzepte bereithält. Die allgemeine Denkfigur lässt sich dabei so zusammenfassen: Um einen Hund als Hund, ein Pferd als Pferd oder eine Situation als Anwendungsfall der mechanischen Entscheidungsregel „Bitter? Ausspucken!" wahrzunehmen, gleichen wir nicht etwa das Wahrgenommene mit allen Eigenschaften ab, die im Allgemeinbegriff „Hund", „Pferd" *et cetera* als Merkmal enthalten sind, sondern wir operieren mit einem bildnahen Typus oder Schema „Hund", der nur wenige solcher Merkmale enthält, die wir eben für typisch halten. (Man beachte, dass es einen Allgemeinbegriff für „Situationen, in denen es angemessen ist, Bitteres auszuspucken", überhaupt nicht gibt und nicht geben kann.) Konzepte für solche Schemata „mittlerer Ebene" zwischen Allgemeinbegriffen und kalkulierender Vernunft einerseits und konditionierten, körperlich programmierten Reaktionen andererseits sind zahlreich und unterscheiden sich nach ihrer Nähe zu Ersteren oder Letzteren. Damasios somatische Marker stehen Francks körperlichen Engrammen nahe, während der Typus eines Alfred Schütz, das Schema bei Kant und sodann der empirische Typus bei Husserl,[22] das Neisser'sche Wahrnehmungsschema (Neisser 1979) und die Frames und Scripts der Kognitionspsychologie wohl weniger körperlich fixiert und offener für das Spiel flexibler Anwendung sind. Darauf gehe ich nicht näher ein,[23] weil es mir hier nur um den *Anteil der Emotionen an der Konstitution und Anwendung solcher Typen, Schemata oder Scripts* zu tun ist.

Die Schemata, von denen hier die Rede ist, gehen von einem Bild aus, etwa „von einem charakteristischen Erinnerungsbild" (Lohmar 1998, S. 149), und sie stellen erste, noch vorbegriffliche Verfestigungsformen unserer Erfahrung dar (ebd., S. 8). Der Schritt von ihnen zu Allgemeinbegriffen, so sehr diese durch die, wie die Philosophen sagen, vorprädikative Erfahrung fundiert sind, ist nicht nur graduell, weil er nämlich aus einem ganz anderen, auf Verallgemeinerung und Mitteilbarkeit abstellenden Wahrnehmungsinteresse resultiert. Für die alltägliche Funktion der Gegenstandskonstitution genügen diese empirischen, erfahrungsgewirkten, zwischen Bild und Begriff liegenden Typen oder Schemata (s. Abb. 3).

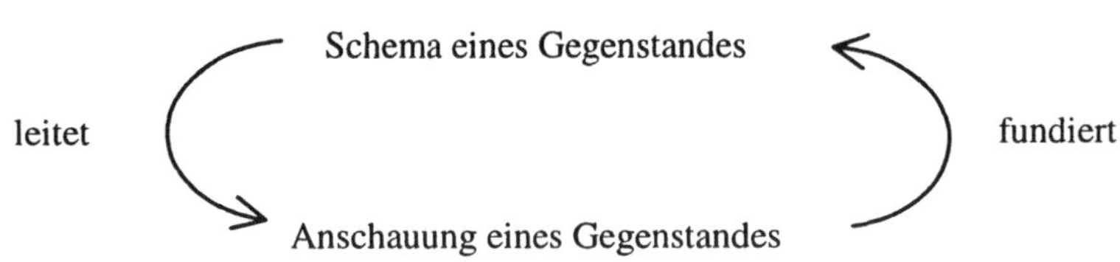


Abb. 3: Gegenstandskonstitution durch Wahrnehmungsschemata

Als ein Beispiel und als eine Weise der Präzisierung dieses Zusammenhanges können wir uns Neissers Wahrnehmungszyklus denken, der bereits den Akzent darauf legt, dass die Wahrnehmungsschemata unsere Wahrnehmung sogar dirigieren (s. Abb. 4).

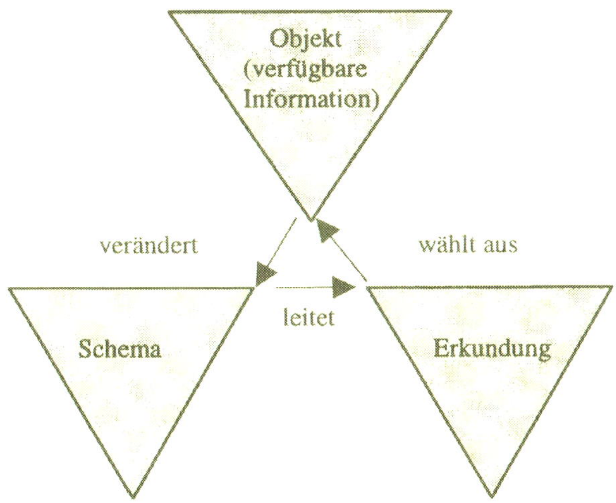


Abb. 4: Neissers Wahrnehmungszyklus (Quelle: Neisser 1979, S. 27)

In den Worten Karl Weicks (1985, S. 223): „Ein Schema dirigiert die Erkundung von Objekten, diese Erkundung wählt Teile eines Objekts aus, die ausgesuchten Samples modifizieren das Schema, welches dann weitere Erkundung und weiteres Sampling dirigiert, welche das Schema weiter modifizieren; diese Art von Prozeß läuft kontinuierlich weiter."

Zwischen diesen Schemata und den Allgemeinbegriffen besteht ein Fundierungsverhältnis, so dass wir die Abb. 3 erweitern können: Die Anschauung fundiert Wahrnehmungsschemata, die ihrerseits die Konstitution von Allgemeinbegriffen fundiert (s. Abb. 5).

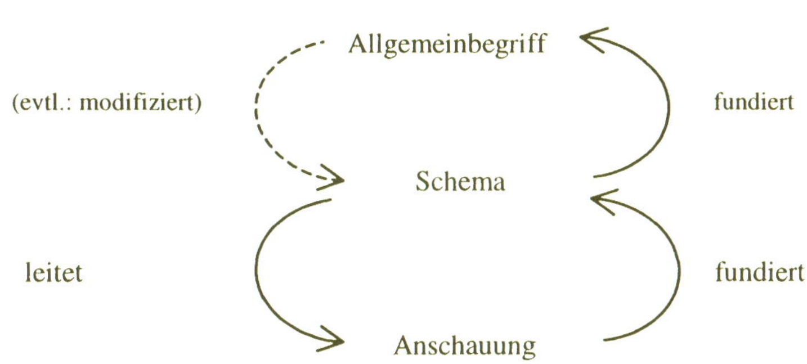


Abb. 5: Allgemeinbegriffe, Schemata, Anschauung: Fundierungsverhältnisse

Wir brauchen nun nur noch die Parallele zwischen Allgemeinbegriffen und dem allgemeinen Modell rationaler Entscheidung aus der Entscheidungslehre herauszustellen, um zu sehen, warum Elster Letzteres für realistische Entscheidungssituationen pejorativ „Hyperrationalität" nennt: So wenig wir einen Hund als solchen identifizieren, indem wir unsere Anschauung mit allen Merkmalen abgleichen, die uns sein Allgemeinbegriff gibt, so wenig kalkulieren wir, kalkulieren vernünftige Menschen alle Alternativen und alle Konsequenzen einer Entscheidungssituation durch. *Auch Entscheider operieren mit Schemata*, mit vereinfachten inneren Modellen der Umwelt, mit Erinnerungsbildern, denen sie sehr schnell die von Elster so betonten mechanischen – schematischen – Entscheidungsregeln zuordnen (s. Abb. 6).

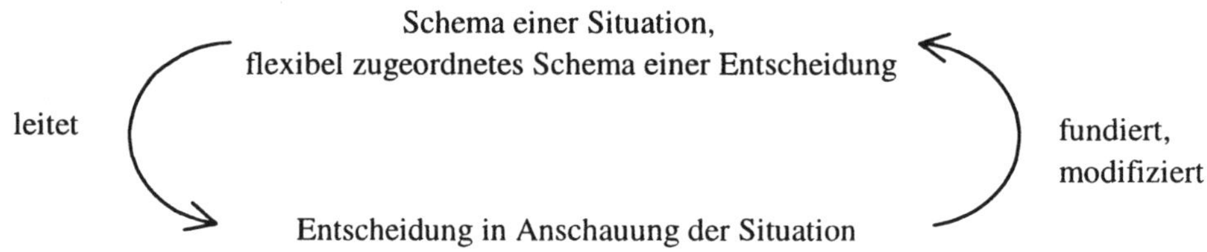


Abb. 6: Wahrnehmungsschema, Entscheidungsschema, Entscheidung

Die Basis für diese blitzschnelle Zuordnung sind also meist nicht Kostenkalkulationen, sondern verfestigte – jedoch nicht gänzlich inflexible – Zuordnungen von Schemata der Wahrnehmung einerseits, der Entscheidung oder Handlung andererseits. Die Selektion und Anwendung von Entscheidungsweisen wird durch diese Schemata orientiert, geleitet, dirigiert. Nun fehlt noch der letzte Schritt in meinem Argumentationsgang: *Bei Aufbau, Selektion und Anwendung der Schemata auf konkrete Situationen spielen Emotionen eine unverzichtbare Rolle.* Was Kant Urteilskraft genannt (und uns Theoretikern nicht ohne weiteres zugetraut) hat, bedarf der Emotionen. Das möchte ich zum Abschluss dieses Abschnitts noch begründen.

Halten wir dazu fest: *Erstens*, wir haben es mit bildnahen Vorstellungen zu tun, die *zweitens* unsere Wahrnehmung dirigieren und uns Handlungsweisen anbieten und *drittens* zwar eine gewisse Verfestigung durchgemacht haben, gleichwohl aber flexibel genug sein müssen, um situationsgerecht angewandt und dabei nötigenfalls modifiziert werden zu können – sonst droht Dogmatismus. Die Schemata oder Typen stiften Erwartungen, aber:

> „Die typische Erwartung muß sich im Laufe unserer Erfahrung an neue Gegenstände anpassen und auch Korrekturen im intersubjektiven Kontext aufnehmen können. Ebenso wie bei den Schemata erweist sich die flüssige Beweglichkeit der typisierenden Auffassung als Möglichkeitsgrund der Wahrnehmung und der Gegenstandskonstitution" (Lohmar 1998, S. 8).

„Ah, ein Bahnbeamter – den frage ich nach der Ankunftszeit des Zuges!" – „Oh, der Neue Markt bricht ein – jetzt verkaufe ich schnell meine Aktien!" So könnten Wahrnehmungs- und Entscheidungsschemata etwa verknüpft sein: typische Situationsmerkmale und typische Entscheidungsweisen.

Einer meiner Lieblingswitze aber demonstriert unsere Fähigkeit, spielerischen und flexiblen Umgang mit den Schemata (und, *nota bene*, mit unseren Emotionen) zu pflegen: Zwei Schulkameraden, die sich noch nie leiden konnten, treffen sich nach Jahrzehnten auf dem Hamburger Hauptbahnhof. Der eine, inzwischen Bischof geworden, wohlgenährt und in seine Soutane gekleidet, erkennt den anderen, der es zum General gebracht hat und seine Ausgehuniform trägt. Der Bischof tritt an den General heran und fragt: „Entschuldigen Sie, Herr Bahnhofsvorsteher, wann geht der nächste Zug nach Kiel?“ „In zwanzig Minuten, gnädige Frau, aber wollen Sie wirklich in Ihrem Zustand noch reisen?“

Wenn nun also die Wahrnehmung durch solche bildhaften Schemata dirigiert wird, dann liegt es nahe, sie in dieser Funktion mit einem Ausdruck aus der Biologie Jakob von Uexkülls (1956, 1980) und der Wahrnehmungsphänomenologie *Suchbilder* zu nennen.

> „Der von J. v. Uexküll geprägte Terminus des ‚Suchbildes‘ ist eine wesentliche Bereicherung unseres Begriffsschatzes, weil er auch im Bereich vorwissenschaftlicher Erfahrung undeutliche Phänomene deutlich zu gewahren hilft. Zunächst zum Begreifen der tierischen Verhaltensweise geprägt, ist er auch zum Begreifen der menschlichen Lebenswirklichkeit höchst förderlich. Während aber der Zoologie seit einigen Jahrzehnten eine Fülle artspezifischer, ererbter Suchbilder nachzuweisen gelungen ist, hat sich bis heute beim Menschen Vergleichbares nicht finden lassen. Wohl finden sich bei den Menschen erworbene Suchbilder in Menge, nach angeborenen Suchbildern aber ist die Suche bisher vergeblich gewesen“ (Flügge 1963, S. 19).

Zwischen Mensch und Tier ist dies ein Unterschied:

> „Der Hirschkäfer und der Specht sind mit dem Suchbild dessen, was sie dann durch die Eiche geboten bekommen, erblich ausgestattet. Die Menschen nicht. Kein Mensch ist als Förster geboren. Wenn er nur noch Förster ist, die Bäume nur noch als Repräsentation dessen sieht, was als Suchbild das Sehen des Försters besetzt hält, dann ist er in diesem Bereich mit endgültig durch Verhaltensschemata determinierten Innenbildern ausgestattet und insofern der Vergreisung verfallen. Die Möglichkeit dazu besteht, und sie würde ihn in dieser Hinsicht in der Tat in eine Reihe mit den Tieren stellen. Allein, es besteht für den Menschen auch immer die andere Möglichkeit, solange er die Augen noch nicht für immer geschlossen hat, über das determinierte innere Bild hinaus den von Verhaltensschemata noch nicht gelenkten Blick in voller Offenheit auf die Erscheinungen der Welt zu richten und sie so in den inneren Bilderschatz aufzunehmen und sich entfalten zu lassen“ (Flügge 1963, S. 162).

Flügge unterscheidet im weiteren Gang seiner „Entfaltung der Anschauungskraft“, einem wunderbaren Buch: bildhafte Verhaltensregler, Orientierungsbilder, triebbesetzte Bilder, Wunschbilder, Erinnerungsbilder, Nachahmungsbilder und archetypische Bilder, die sämtlich humane Variationen der Uexküll‘schen Suchbilder darstellen, und von denen ich hier nun deutlich machen will, wie Emotionen in ihre Konstitution und sodann in ihre „Anwendung“ eingehen. (Da Flügges Buch schon fast 40 Jahre alt, das Werk Jakob von Uexkülls noch älter, ist und wir in Zeiten leben, da „alt“ leicht mit „veraltet“ gleichgesetzt wird, schalte ich den Hinweis auf stupende Ähnlichkeiten der Uexküll‘schen Suchbilder mit den Wahrnehmungs-, Vorstellungs- und Erinnerungsbildern der avancierten neurobiologischen Forschung vor; vgl. Damasio 1997, S. 140 ff.).

Der Anteil der Emotionen an triebbesetzten und Wunschbildern bedarf wohl keiner Begründung. Ich wähle aus der Fülle des von Flügge dargebotenen Materials die Konstitution von Nachahmungsbildern, weil Nachahmung für unser aller Lernen und Bildung eine kaum zu überschätzende Rolle spielt und, nebenbei, auch in der Welt von Organisationen, zumal Unternehmungen, immer am Werk ist (mimetischer Isomorphismus, *me too*, Moden des Organisierens).[24]

Werfen wir also einen Blick auf die Genese von Nachahmungsbildern in der nun schon ein wenig altmodisch anmutenden, aber ungewöhnlich genauen, feinfühligen Darstellung Flügges:

> „Mit zunehmender Inbesitznahme der Funktionen des eigenen Körpers erweitert das Kind den Kreis der Aufmerksamkeit auf Ausdrucksbewegungen liebend ihm zugewandter Personen und damit den Kreis seiner motorischen Entsprechungen. Eindeutig ist Zentrum und Anfang dieses Kreises der freundliche Blick, von dem aufstrahlenden Gegenblick beantwortet. Dieses Phänomen ‚Blick-in-Blick' ist unausschöpfbar. Wie es dem Kinde das erste ‚Sehding' bietet und ihm den ersten rein menschlichen Sozialkontakt erschließt, auch alsbald zum Suchbild höchsten Ranges wird, so bezeichnet es den Anfang menschlicher Nachahmung. Es ist schon Nachahmung. Der Kreis erweitert sich dann: im zweiten Vierteljahr werden, gemäß E. Kaila, Mund und Stirn entdeckt, im dritten Vierteljahr die Bewegungen des Kopfes und der Hände.
>
> Suchen wir das zunächst noch ungeschiedene Ineinander von Wahrnehmung, motorischem Impuls, Verstehen und Sympathie – jene Form, in der sich die Nachahmung im Ursprung darstellt – uns anschaulich zu vergegenwärtigen, so bietet sich als das eigentlich aufschlussreiche Modell die Situation an, wo die Mutter, oder ein anderer liebend fürsorgender Mensch, mit dem Kinde in kosendem Spiel begriffen ist. Das Kind versteht das Tun der Mutter, ihr Sich-zurückbeugen und Sich-annähern, den Klang ihrer Worte, den spannenden Wechsel von ernsthafter und lachender Mimik, ihr Kopfnicken, ihr kleines Sich-verstecken und Wiedererscheinen, das Spiel ihrer Hand, deren Finger langsam heranlaufen, bis sie sich liebkosend auf den kleinen Leib legen. Das Kind versteht all dies, indem es sinngemäß, der mütterlichen Intention entsprechend, das Spiel mitmacht. Es macht nicht nur reagierend mit, sondern es erlebt auch die Erwartungen und Spannungen, den dramatischen Zusammenhang der Phasen des Spiels. Und also übernimmt es seine Rolle im Spiel, im voraus schon durchdrungen von dem Impuls zu seinem nächsten Einsatz, der nur auf Grund der Spielregel, d. h. hier: der fühlbaren Rhythmik des Spiels, erwartet wird.
>
> Fragt man sich nun, wodurch dieses verstehende Verhalten des kleinen Kindes ermöglicht wird, so ist die Antwort einfach: durch die Mutter. Das Kind verhält sich verstehend gegen die Mutter, weil die Mutter das Kind versteht: seine Freude über ihr Nahekommen, sein Warten auf die Begegnung der Blicke, seine Wonne beim Umfangenwerden, sein Warten auf die Funktionslust" (Flügge 1963, S. 191).

Und nun:

> „Das Nachahmungsbild ist immer auch eine Projektion unseres Werdedranges, und wir lieben in ihm unser künftiges Sein" (Flügge 1963, S. 193).

Ohne den hier zum Ausdruck kommenden Anteil von Emotionen könnten wir solche Bilder nicht erwerben (und wären insoweit „blind") und/oder könnten sie nicht angemessen handhaben. Es fehlte uns nicht nur der Antrieb, sondern auch jene emotionale Wahrnehmungs- und Interpretationsfähigkeit, die erst unseren Sinn für Angemessenheit ausmacht oder doch vervollständigt. Dessen aber bedarf es in jeder Interaktion, in jeder Entscheidung, die Menschen betrifft. Schlanke Produktion, dieses fast schon wieder verblasste Nachahmungsbild? Ja, aber nur, wenn die Entscheidung dafür diesen Sinn für

Angemessenheit wahrt, was, wie wir alle wissen, nicht immer der Fall ist. Fusion zwischen Deutscher und Dresdner Bank? Vielleicht – *wenn* eine emotionale Wahrnehmungsfähigkeit mit Blick auf Kunden, Konkurrenten und Mitarbeiter waltet, deren Reaktionen schließlich antizipiert sein wollen.

Damit sind die Schritte zur Beantwortung der oben gestellten Frage getan: Fungieren Emotionen als Supplément der Rationalität? Meine Antwort fällt dreiteilig aus: Ja, und zwar als Ergänzung, insofern emotionale Wahrnehmungs- und Interpretationsfähigkeit ohne sie unmöglich, rationales Entscheiden aber auf diese Fähigkeit angewiesen ist. Und: Ja, und zwar in der Funktion des Ersetzens, insofern bei jeder Entscheidung die Begründungsbrücken über die Kluft der Kontingenz brüchig und lückenhaft sind und Intuition und Risikobereitschaft diese Lücken schließen können, an-die-Stelle-von rationalem Kalkül tretend. Und schließlich kann dieses „an-die-Stelle-von-Kalkül-treten" a priori nie sicher vermeiden, sich zur Beschädigung/Entstellung und im Extrem zur Pervertierung von Rationalität zu verkehren.

Weil wir mit alledem rechnen müssen, lohnt sich die Frage: Was heißt das für das Verhältnis von Emotion und Management, oder, vorsichtiger, von Emotion und Organisation?

# 10 „Can't buy me love" – Emotion, Management, Organisation

Ich muss mich hier mit programmatischen Bemerkungen begnügen.

Der Drang „to manage hearts" wächst natürlich im Maße der Einsicht in die Relevanz von Emotionen. Das ist das Geschäft Golemans (1998)[25] und seiner Epigonen. Ich merke nur an, dass der größte Teil der einschlägigen Literatur auf Individuen und ihre emotionale Intelligenz abstellt, nicht auf Organisationen.[26] Das Management von Emotionen ist im Übrigen in steter Gefahr, sich in den Fallstricken zu verfangen, die Jon Elster unter dem Titel „Zustände, die wesentlich Nebenprodukt sind" so geistreich analysiert hat (Elster 1987, S. 141 ff.). Solche Zustände, die wir intendiert gerade nicht erreichen können, ja, die wir gerade dann verfehlen, wenn und weil wir sie intendieren – etwa die Warmherzigkeit einer Stewardess[27] –, verhalten sich eben deshalb sperrig gegenüber Versuchen ihrer Planung, Steuerung und ihres Managements. Warmherzigkeit auszudrücken, ist entweder eine paradoxale Aufforderung oder das Ansinnen, sie vorzutäuschen. *Can't buy me love.* Gleichwohl mag es Quereinstiege geben, und vielleicht lässt sich die drohende Paradoxie auch so bearbeiten: Nur wenn das Management auf die An-Ordnung von Emotionen (vgl. dazu den Beitrag von Gertraude Krell und Richard Weiskopf in diesem Band) verzichtet (oder sie jedenfalls auf sehr indirekte, vielleicht: nur kontextsteuernde Weise betreibt), kann sie gelingen – und ist dann keine Anordnung mehr. „*Emotional labour*" in Organisationen zeigt die Spuren solcher Paradoxie, wie wir nicht erst seit den Arbeiten von Hochschild (1983) wissen können.[28] Optimierung ist dann keine Möglichkeit. Im Übrigen führt eine Managementperspektive unweigerlich zum Konzept der Motivation mit all seinen bekannten Fallstricken (Sievers 1987, 1994). Ich merke nur an, dass „managing motivation" (Osterloh/Frey 2000) aus der eben entwickelten Sicht zu berücksichtigen erfordert, dass Emotionen nicht (direkt) intendierbar sind. Flow-Erlebnisse lassen sich nicht anordnen, aber indirekt ermöglichen. Herz und Hand, Gefühl und Berechnung werden seit den Hawthorne-Experimenten zusammengedacht. Dass „ökonomische Anreize die (Arbeits-)Moral verdrängen" (Frey 1997), ist eine Erscheinungsform jener Paradoxie. „Fairness als Motivationsfaktor" (Weibel/Rota 2000) etwa erfordert, paradox genug, dass sie *nicht* oder doch *nicht nur* zum Zwecke der Leistungsmotivation kalkuliert eingesetzt, sondern einigermaßen authentisch und als Selbstzweck geübt wird. Als nur zweckmäßige verfehlt sie ihren Zweck. Wohl aber können Fairness, Vertrauen, Respekt, Anerkennung eine motivierende Kraft entfalten, wenn ihre emotionalen Wirkungen innerhalb rekursiver Schleifen sozialer Praxis zur Geltung gebracht werden nach dem Muster: Wem sie (ohne Kalkül) entgegengebracht werden, der wird sich ihrer würdig zu erweisen versuchen – und sodann umso mehr Fairness, Vertrauen, Respekt und Anerkennung erfahren. Lässt sich so etwas organisieren? Gewiss nicht direkt, à la „Haben Sie Ihr Kind heute schon gelobt?" Spätestens die erforderliche Wiederholung würde die dahinter steckende Absicht enthüllen und blamieren. Wohl aber indirekt: durch Regelwerke, die solche Schleifen als positive Zirkel in Gang setzen und stabilisieren, etwa in Teams, in denen ein Gefühl für „peer pressure" und für Fairnessnormen, also Peinlichkeits-, Scham- und Schuldgefühle, aber auch „team spirit" und Freude an der Zusammenarbeit Momente selbstorganisierender Prozesse werden können. (Martin 2000; Osterloh/Rota 2001; für ein Beispiel, das über Teams hinausführt, Ortmann 1995a, S. 291 ff.). Jedwede Funktionalisierung der Gefühle aber impliziert die Gefahr ihrer Missachtung und der Unterminierung ihrer motivierenden Kraft. Schon deshalb sollte Wissenschaft, auch Managementtheorie, nicht einfach die Selektivitäten der Frage nach der Leistungsmotivation aus der Praxis übernehmen. Die altmodische Frage „Was richtet Organisation und Management in und mit den Menschen und ihren Gefühlen an?" (s. nur Argyris 1957) fügt sich diesen Selektivitäten nicht und bleibt doch wichtig.

Indirekte Weisen des Zugangs sehe ich ferner in Jon Elsters (1998, S. 51 ff.) Reflexionen auf unsere (allerdings begrenzten) Möglichkeiten, Emotionen zu wählen, auch in den von Franck und Zellner in diesem Band beschriebenen institutionellen Vorkehrungen zur Eindämmung rationalitätsbeeinträchtigender und, wie zu ergänzen war, zur Forcierung rationalitätsfördernder Effekte von Emotionen. Auch Albert Hirschmans Unterscheidung dreier Umgangsweisen mit „wilden" – das heißt: destruktiven – Leidenschaften kommt einem in den Sinn: sie zu unterdrücken, sie für vernünftige Zwecke einzuspannen oder sie, Feuer mit Feuer bekämpfend, gegeneinander auszuspielen (Hirschman 1980, S. 23 ff., S. 28 ff., S. 39 ff.). Krell und Weiskopf handeln in diesem Band, zunächst ganz in der Nähe Hirschmans, vom Eindämmen, Kanalisieren, Reinigen und Richten, sodann aber, weil nicht nur auf destruktive Emotionen fixiert, von Praktiken der Mobilisierung der Leidenschaften, ohne indes die Paradoxien ihres Managements aus dem Auge zu verlieren. Schanz (1998) schlägt als Konsequenz aus der – auch emotionalen – Einzigartigkeit des Menschen eine Individualisierung der Arbeitswelt und der Unternehmen vor. Greif und Kurtz (1999) handeln von „Angstkontrolle in turbulenten Innovationsprozessen". Martin und Drees (1999) sondieren „Vertrackte Beziehungen" mitsamt ihren Paradoxa und Affekten.

Mir selbst erscheint vordringlich, das Verhältnis von Emotion und Organisation theoretisch angemessen zu bestimmen. Mit Jon Elster einig bin ich auch darin, dass wir über die Relevanz und die Effekte von Emotionen so sehr viel noch nicht wissen. Organisationstheoretisch relevant werden Emotionen, allgemein gesprochen,

- weil Organisationen emotionale Wirkungen haben (die ihrerseits auf Organisationen zurückwirken),
- weil Emotionen organisationale Wirkungen haben (die ihrerseits auf Emotionen zurückwirken).

Um solche rekursiven Konstitutions- und Wirkungszusammenhänge theoretisch angemessen zu fassen, brauchen wir eine Bestimmung des Verhältnisses von Organisation und Psyche, respektive Organisationstheorie und Psychologie, die beider Eigenständigkeit gerecht wird. Dazu habe ich Vorschläge gemacht, die gewiss nicht *die*, oder auch nur *eine* fertige, Lösung präsentieren (Ortmann 1995b, c, d). Emotionen sind nicht Elemente organisierter sozialer Systeme (sondern Elemente psychischer Systeme), aber weil sie unser Handeln, Wahrnehmen und Erleben beeinflussen und durchdringen, entfalten sie Wirkungen für organisierte Handlungssysteme und sind Gegenstand organisationaler Beeinflussung. Organisation ist *auch* die Organisation von Emotionen, wie wir nicht erst an extremeren Beispielen wie Sekten und Lewis Cosers „greedy institutions" (dazu Flam 1993) sehen können. Schon in „normalen" Organisationen rufen Rigiditäten ihrer Formalstruktur oder „starke" Führung eine Infantilisierung der Mitglieder und Gefühle wie Angst, Frustration, Schuld und Aggression hervor (Argyris 1957).

Daher können wir fragen: Gibt es nicht *in Organisationen* typische Emotionen, die als Ursache oder als Effekt nicht mehr nur individuellen, sondern organisationalen Geschehens besonders wichtig werden?[29] Denn natürlich verändern Emotionen im organisationalen Zusammenhang ihren Stellenwert und oft genug auch ihre Bedeutung. Emotionale Sensibilität, zwischen Freunden geschätzt, mag in der Firma hinderlich sein. Dort hilft Ehrgeiz, der „privat" vielleicht eher stört. Wie steht es also mit Emotionen *in Organisationen*?

Seit den Hawthorne-Experimenten wird Zufriedenheit mit oder gar Freude an der Arbeit namhaft gemacht. *Alle* Organisationstheorien von Taylor über Mayo bis zu Simon und der Neuen Institutionenökonomie operieren mit einem Konzept von Anreizen und also mit zumindest impliziten Annahmen über Monotoniegefühle respektive *Freude* bei der Arbeit. Dass in diesem Zusammenhang das Gefühl, gerecht behandelt, geführt und entlohnt zu werden, eine große Rolle spielt, habe ich mit dem Stichwort „Fairness" schon angedeutet. „Ohne starke Gefühle ist die Vernunft schwach", konstatiert, mit Blick auf das Entscheidungsverhalten in Gruppen und deren affektives Klima, Albert Martin (1998, S. 197). Ich habe ferner einmal ein anderes Gefühl hervorgehoben, dessen organisationale Bewandtnis nach meinem Eindruck stark unterschätzt wird: *Angst* (Ortmann 1999b; vgl. auch Flam 1993; Freimuth 1999; Martin 1999, S. 89 ff.) – sei es die Angst vor den Vorgesetzten, vor Kontrolle, vor den Untergebenen, vor dem Verlust des Arbeitsplatzes oder vor Statusverlust, sei es die Angst, von den anderen abzuweichen, sei es die Angst, sich falsch zu entscheiden. Dass *Peinlichkeits- und Schamgefühle* zur stabilen Reproduktion von Normen und daher für den rationalen Rekurs auf organisationale Normen unerlässlich sind, habe ich schon erwähnt. Scham, Schuld und Gruppendruck unter Arbeitern als mögliche Quelle von Leistungsmotivation erörtern Kandel/Lazear (1992) und Kräkel (1999, S. 218 ff.). Schuldgefühle gelten in dieser Diskussion als effektiver denn Scham, weil Scham im Gegensatz zu Schuld eine gewisses Maß an Beobachtbarkeit voraussetzt. Sollen wir mithin etwa anderen Schuldgefühle bereiten – oder treibt uns eine solche Idee vielleicht die Schamesröte ins Gesicht? Auch eine gewisse emotionale Indifferenz, Unempfindlichkeit oder *Gleichgültigkeit* gegenüber emotionalen und moralischen Zumutungen, die sonst etwa Scham oder Schuldgefühle hervorrufen würden, sind organisationale Hervorbringungen – Resultat nämlich dessen, was ich „moralische Arbeitsteilung" nenne: Sofern etwas zu tun ist, das uns Gewissensbisse bereiten könnte, gibt es den Trost: Ich muss jedenfalls nur dies, nicht auch noch jenes tun und verantworten. Ich muss und kann nicht alles wissen, was andere tun. Ich folge nur Befehlen. Die anderen tun es ja auch. Wenn ich es nicht täte, dann täte es ein anderer. Auch den Anteil dieser, der *moralischen und emotionalen* Arbeitsteilung an der Leistungsfähigkeit moderner Organisationen halte ich für weit unterschätzt. Zygmunt Baumann (1994, S. 241) hat von „Adiaphorisierung" gesprochen und damit die Ablösung einer übergeordneten Moral zugunsten einer Funktionsmoral gemeint (vgl. auch Soeffner 2000, S. 328 ff.).

Das in der Literatur zu größter Prominenz gelangte Gefühl aber dürfte jenes Unbehagen sein, das mit Festinger (1957) *kognitive Dissonanz* genannt wird. Aus dem Beitrag von George Akerlof und William Dickens (1982) können wir lernen, wie wir diesem Gefühl, und sodann: wie wir generell Gefühlen in der ökonomischen und organisationstheoretischen Analyse Rechnung tragen können, ohne den Wald vor Bäumen aus dem Auge zu verlieren. Wenn es typisch ist, dass wir uns gern als intelligente Leute sehen, die sich richtig entscheiden; dass wir etwa so unerfreuliche Gefühle wie Angst oder Zweifel vermeiden und daher unsere Überzeugungen so zurechtrücken, dass Angst und Zweifel beschwichtigt werden; dass wir dazu Informationen systematisch (und nicht nur zufällig) verzerrt aufnehmen und interpretieren: dann lassen sich daraus Resultate gewinnen, die von der Standardökonomie und -organisationstheorie abweichen und bessere Erklärungen für bisher schlecht verstandene Phänomene liefern. Arbeiter in gefährlicher Arbeitsumgebung, die notorisch die Gefahren herunterspielen, sind ein prominentes Beispiel. Sie kalmieren Angst und Zweifel durch Modifikation ihrer Überzeugungen, und ihr psychischer Gewinn ist ein Gefühl der kognitiven Konsistenz (statt Dissonanz) und der Beruhigung. Franck und Zellner schließen in diesem Band daran an und machen Vorschläge, wie die durch solchen Selbstbildschutz motivierten Fehleinschätzungen und Fehlentscheidungen durch den Bau geeigneter Institutionen eingedämmt werden können. (Sie hätten auch erwähnen können, dass darunter auch Fehleinschätzungen sind, die, einzelwirtschaftlich gesehen, von Vorteil für Organisationen sind, zum Beispiel die Risikounterschätzung von Arbeitern in Atomkraftwerken, die für deren Betreiber äußerst nützlich ist, oder die Neigung der Leute, ihre kognitive Dissonanz im Zusammenhang mit Kaufentscheidungen durch Werbung beschwichtigen zu lassen).

So, wie wir nach typischen Emotionen von genereller Relevanz für Organisationen fragen können, so können wir nach – wie gezeigt: emotional be- und durchsetzten – Wahrnehmungsschemata, nach ihrer Verursachung durch und nach ihren Wirkungen auf organisationales Geschehen fragen – nach organisationalen Wahrnehmungs- und Deutungsschemata, kognitiven Landkarten, Standards, Gruppendenken, Organisationskultur (Weick 1985, S. 221 ff.; Aldrich 1999, S. 141 ff.). Zur Standardisierung von Deutungsschemata finden sich schon erhellende Bemerkungen bei Schütz (1974, S. 277 ff., S. 282 ff.). Auch deren Analyse könnte gewinnen, wenn wir den Anteil bedenken, den Emotionen an ihrer Genese und ihrer Reproduktion haben. Man denke nur an Prozesse der Identifikation mit Personen, Objekten und einem „Wir" namens Firma, oder der Internalisierung und der beruflichen Sozialisation. Man denke an „group thinking" und „self-enforcing agreements" (Telser 1980). Wir können ferner fragen, wie und wann Emotionen zu organisationalem Lernen[30] und zur Übertragung impliziten Wissens beitragen. Dazu bedarf es – auch emotional geleiteter – Mimesis (Ortmann 2001c) und eines Vertrauens (Osterloh/Frey/Frost 1999), das ohne emotionale Basis gewiss schlecht auskommt. Wie Howard Aldrich bemerkte:

> „When selected routines and competencies are embedded in a web of social affiliations, the power of organizational knowledge intensifies. The web of affiliations conveys not only cognitive knowledge but also emotional knowledge, such as affection and hatred, envy and suspicion, and trust and distrust. Knowledge thus becomes thoroughly intertwined not only with interpretations of what it means, but also with how members feel about it. Mumby and Putnam (1992: 470) argued that managers attempt to *close off* the expression of emotions in organizations or channel them to suit organizational purposes. Similarly, Mitroff and Pauchant (1990) argued that managers who were unable to deal with their anxieties during crises engaged in *bounded emotionality* and thus denied that such feelings existed. However, in many of the studies they cited – such as Rafaeli and Sutton's (1990, 1991) research on checkout clerks, criminal interrogators, and bill collectors – emotion management tactics were actually developed and shared by the workers as part of their community of practice, rather than by managers" (Aldrich 1999, S. 149).

Es bleibt, die Antwort auf die Frage wenigstens zu skizzieren, wie denn nun so etwas wie organisationale Rationalität noch soll gedacht werden können, wenn sie weder von rationalen Akteuren noch durch Auslese, Umwelt und Evolution gestiftet wird. Emotionen, so hat sich gezeigt, stören nicht nur, sondern ermöglichen und ergänzen auch individuelle Rationalität, ohne indes dass hier Sicherheit und übersichtliche Scheidelinien zu haben wären. Die Evolution sorgt allenfalls für Rationalität in einem extrem schwachen Sinne: Es überlebt, was „durchkommt". Womit wir aber rechnen können (auch wenn das ein Resultat ist, das uns Bescheidenheit abverlangt), das sind *Trajektorien* aus rationalen Kalkülen, emotionalen Bewegungen, resultierenden Präferenzen und Entscheidungen, die in iterativen Schleifen sozialer Praxis und mimetischer Orientierung am Handeln der anderen (Ortmann 2001b, 2001c) anhand ihrer Konsequenzen korrigiert, modifiziert, ergänzt und ersetzt oder auch bestätigt, bestärkt und verfestigt werden, derart, dass emotionale Reaktionen, soweit sie unter je gültigen institutionellen und sonstigen Umständen vom Pfad des Gangbaren zu stark abweichen, sanktioniert und ausgeschieden werden. Zum Verständnis solcher pfadabhängigen Entwicklungen steuert, soweit ich sehe, eine Theorie der Evolution komplexer adaptiver Systeme, wie sie mit Blick auf Soziales Peter Kappelhoff (z.B. 2000) vorschwebt, die vielversprechendsten Konzepte bei. Das wäre eine Evolution ohne eingebaute Garantie auf Rationalitätsfortschritte. Eine solche Garantie kann es nicht geben, weil die Regeln, denen wir in unseren Entscheidungen folgen, seien es nun Regeln der Optimierung, der Normenkonformität oder der emotionalen Reaktion, uns stets in die Irre führen können. Denn sie implizieren, auf die eine oder die andere Weise, einen Umgang mit erinnerten Erfahrungen und daraus gespeisten Erwartungen, deren Gültigkeit prinzipiell prekär bleibt, weil sie aus Altem herrühren, aber Neues nicht antizipieren können. Dafür rüstet sie auch die Evolution nicht. Welche Ko-Evolution Emotion und Vernunft, Emotionen und Normen im Verlauf der Geschichte von Organisation und Gesellschaft, im „Prozeß der Zivilisation" (Elias 1977), durchmachen, darüber wissen wir auch deshalb so wenig, weil wir von Ersteren noch kaum Notiz genommen haben.

„Das Herz", wie einmal Pascal bemerkte, „hat seine Gründe, die der Verstand überhaupt nicht kennt." Die Weisheit, das zu respektieren, rechtfertigt nicht jene Ignoranz, die von Emotionen nichts wissen will.

# Anmerkungen

1 Ich bin davon überzeugt, dass wir dafür einen Schuss „overconfidence" brauchen. Auch hier indes gilt: „Allzu viel ist ungesund" (vgl. dazu den Abschnitt 3.2 des Beitrages von Franck und Zellner in diesem Band). Aber was heißt schon „over" in „overconfidence", wenn Letztere uns doch die nötige Tatkraft und Entscheidungsfreude beschert? Sie wäre dann „irrational" im Sinne realistischer (Selbst-)Einschätzung, aber „rational" im Sinne von Ermutigung. Die Kölsche Variante steht für beides, für den beflügelnden und den realitätsblinden Optimismus: „Et hett noch immer jootjejange."

2 So im Ergebnis auch Franck und Zellner in diesem Band, Abschnitt 3.1; für eine umfassende Diskussion vgl. Conlisk (1996, S. 682, S. 686 ff.) mit weiterer Literatur.

3 Die Mängelliste der experimentellen Entscheidungsforschung ist allerdings lang – die Liste dessen, was die Leute in Abweichung von den Prämissen präskriptiver Entscheidungslehre respektive orthodoxer Ökonomik so alles tun und lassen: „(people) display intransitivity; misunderstand statistical independence; mistake random data for patterned data and vice versa; fail to appreciate the law of large number effects; fail to recognize statistical dominance; make errors in updating probabilities on the basis of new information; understate the significance of given sample sizes; fail to understand covariation for even the simplest 2X2 contingency tables; make false inferences about causality; ignore relevant information; use irrelevant information (as in sunk cost fallacies)" (Conlisk 1996, S. 670), und sie tun noch vieles „Irrationales" mehr

(Franck/Zellner in diesem Band). Dass viele dieser „systematic reasoning errors" mit Emotionen zu tun haben, dafür steht als bei weitem prominentestes Beispiel unser Hang zur Selbstbeschwichtigung angesichts *kognitiver Dissonanz*. Ich komme darauf zurück. Welche Fruchtbarkeit die Berücksichtigung solcher und anderer „irrationaler" Verhaltensweisen für die ökonomische Analyse des Geschehens auf Finanzmärkten hat, das demonstriert in einem souveränen Überblick Shiller (1998).

4 Gutenberg hat sich für seine „Als-Ob-Konstruktion" der kapitalistischen Unternehmung, mittels derer er das „psycho-physische Subjekt" als Quelle eigener Probleme gedanklich eliminiert hat, auf Vaihinger (1922) und auf die phänomenologische Methode des Einklammerns berufen. Zu Vaihingers Philosophie des Als Ob vgl. auch Watzlawick (1985).

5 Der locus classicus: Friedman (1953), der natürlich nicht auf phänomenologisches „bracketing" rekurriert, sondern auf „Occam's razor" – und übrigens, wenn auch nur am Rande, auf Gödels Theorem (1953, S. 5, Fn. 3). Kritisch zu Friedmans „Als Ob": Simon (1993, S. 48 ff.).

6 Vgl. zur allgemeinen Figur mit Blick auf Organisationen Ortmann (1999a).

7 Lübbes scharfe Sicht der Dinge steht im Kontext des Versuchs einer Rehabilitation des Entscheidungsbegriffs nach dessen Desavouierung durch Carl Schmitt. Der Begriff sei kompromittiert, gleichwohl brauchbar und unentbehrlich. Und sein Kern sei: „Eine Entscheidung ist fällig, wenn es angesichts alternativer Möglichkeiten zu handeln gilt, ohne daß ‚entscheidende' Gründe für die eine Möglichkeit gegen die andere oder umgekehrt vorhanden sind oder zu beschaffen wären" (Lübbe 1971, S. 17). Wo ich gleich die Metapher von der „Kluft der Kontingenz" wähle, da spricht Lübbe, auch der Sache nach nahezu übereinstimmend, vom „Abgrund des Mangels an festlegenden Gründen fürs Handeln" (Lübbe 1971, S. 20). Von ferne klingt Kierkegaards (und Luhmanns) Angst vor den Schrecken der Überfülle an Möglichkeiten an, am Ende: die alte konservative Angst vor dem Chaos, die Schmitts Denken beherrscht hat. Zu Lübbes, Schmitts und Panajotis Kondylis' Dezisionismus vgl. auch Bolsinger (1998), Ortmann (2001b).

8 Zur Paradoxie regelgerechter Regelverletzung in Organisation und Gesellschaft vgl. meinen Versuch: Ortmann (2001a); zur Rolle von Unentscheidbarkeiten à la Gödel in der Komplexitätstheorie: Kauffman (1996, S. 423 f.).

9 Elster (1987, S. 89 f.). Elster sieht dort übrigens klar, dass hier die Gefahr des Dezisionismus droht.

10 Vgl. zum Beispiel den Gebrauch, den er von Akerlofs Ökonomik des Rattenrennens für kritische Analysen einer „Winner-Take-All Society" (Frank/Cook 1995) macht (Franck/Müller 2000).

11 Franck/Zellner (in diesem Band, S. 264), die sich dabei auf den Titel der Arbeit von Tietzel/ Weber (1991) beziehen.

12 Für eine Ausnahme siehe Wenger (1996). Nicht zu den von mir gemeinten Ausnahmen zähle ich Kräkel (1997), der lediglich innerorganisatorisches Rent-seeking thematisiert, nicht das normativ sehr viel heiklere Rent-seeking gegenüber Recht und Politik; vgl. Ortmann/Zimmer (1998).

13 Bestärkend, mit Verweis auf die Nähe zu Schütz'schen Konzepten wie Typus und Deutungsschema: Ortmann (1999a); vgl. Schütz (1974, S. 105 ff., S. 111 ff., S. 252 ff., S. 261 ff., S. 273 ff.).

14 Für einen Überblick über den enorm (aus)differenzierten Stand moderner Evolutionstheorie mit Blick auf deren Relevanz für die Sozialtheorie vgl. Kappelhoff (1999, 2000); für eine populäre, gleichwohl seriöse Darstellung auch: Kauffman (1996) mit vielen expliziten Rekursen auf die Felder der technologischen und der wirtschaftlichen Entwicklung; für eine abgewogene Erörterung unter dem Gesichtspunkt der Vernunft im menschlichen Leben: Simon (1993, S. 47 ff.).

15 Frank (1988, S. x, 3, 48; s. auch S. 163 ff.). Frank zeigt aber auch einen positiven Effekt solcher Reaktionen, nämlich unfaires Verhalten riskant zu machen.

[16] In unserem Zusammenhang müsste die Hauptfrage wohl lauten: Wie lässt sich eine solche Rationalitätsannahme denken, die ja von Emotionen aller Art absehen müsste, wenn, wie es meine These ist, Rationalität ohne Emotionalität nicht gedacht werden kann – wenn, mit anderen Worten, jener reine Zustand nicht gedacht werden kann, gemessen an dem emotionsdurchsetzte Entscheidungen als verunreinigt beurteilt werden könnten, als „emotionale Imperfektionen" (Franck/Zellner in diesem Band, S. 264)? Natürlich bereiten auch die von Langlois und Wegner genannten Schwierigkeiten erhebliche Probleme.

[17] Vgl. dazu aber den triftigen Einwand Elsters aus dem 5. Abschnitt, dass es hier auf Nettoeffekte ankäme.

[18] Man vgl. etwa die Beschreibung des Patienten Elliot: „Man mußte ihn drängen, damit er aufstand und zur Arbeit ging. Am Arbeitsplatz konnte er sich die Zeit nicht einteilen. Er war unfähig, einen Zeitplan einzuhalten. Wenn er eine Tätigkeit abbrechen und sich einer anderen zuwenden mußte, blieb er oft bei der ersten und schien sein Ziel aus den Augen zu verlieren. Manchmal unterbrach er auch eine bestimmte Tätigkeit, weil ihn in diesem Augenblick etwas anderes mehr interessierte. Stellen wir uns vor, daß er die Unterlagen eines Kunden lesen und einordnen sollte. Die Papiere zu lesen und ihre Bedeutung zu erfassen machte Elliot keine Schwierigkeiten, und gewiß vermochte er solche Dokumente auch nach der Ähnlichkeit oder Unterschiedlichkeit ihres Inhalts einzuordnen. Das Problem bestand darin, daß er dazu neigte, plötzlich das Sortieren zu vergessen, um sich in die Lektüre dieser Papiere zu vertiefen – eine Tätigkeit, der er sorgfältig und intelligent nachging, und mit der er einen ganzen Tag verbrachte. Oder er überlegte den ganzen Nachmittag, welches Ordnungsprinzip er dem Sortiervorgang zugrunde legen sollte: das Datum, die Größe des Dokuments, seine Bedeutung für den Fall? So geriet der Arbeitsfluß ins Stocken. Man könnte sagen, daß Elliot den Arbeitsschritt, an dem er hängengeblieben, *zu sorgfältig* ausführte, und zwar auf Kosten des übergeordneten Ziels. Und man könnte sagen, daß er sich, gemessen am umfassenderen Bezugssystem seines Verhaltens – an der übergeordneten Priorität –, irrational aufführte, während er in den kleineren Bezugssystemen seines Verhaltens, die Teilaufgaben betrafen, eine übermäßige Detailversessenheit an den Tag legte" (Damasio 1997, S. 66 f.; Herv. i.O.).

[19] Zu Recht weist mich ein Gutachter darauf hin, dass dies so klar keineswegs ist. Die Diskussion um Willensschwäche kreist überlicherweise um das, was mit der Redensart gemeint ist: „Der Geist ist willig, aber das Fleisch ist schwach." Ich finde es vernünftig, mich gesund zu ernähren, aber ich nasche trotzdem Süßigkeiten. Das lässt sich, entgegen erstem Anschein, als Informationsbeschränkung behandeln, und das ist seit Sokrates und Aristoteles auch immer wieder geschehen: Dass wir von einem Verlangen überwältigt werden, sei ein Verlust an Freiwilligkeit und dies wiederum ein Verlust an Wissen, weil die Begierde uns zeitweise blind mache. Das führt in erstaunlich komplizierte Diskussionen – vgl. nur Wolf (1985), Rorty (1986) und Coleman (1992, S. 237, S. 363 f.). Ich lasse diese Problematik auf sich beruhen, weil ich mit Willensschwäche etwas anderes im Auge habe: die Antriebslosigkeit des Depressiven, dem nicht Wissen, sondern jeder Antrieb fehlt; der nicht zwischen dem Vernünftigen und dem Verlockenden, sondern überhaupt nicht hin- und hergerissen ist. Ich zweifle nicht, dass man es fertigbringen kann, auch das noch auf ein Informationsdefizit zu reduzieren. Aber dann wird wohl doch der folgende Regress sichtbar: Woher nehmen wir die Kraft zur Informationsaufnahme und -verarbeitung? Wohl kaum aus einer Entscheidung, schon gar nicht aus einer emotionslosen.

[20] Es geht dabei um Fremdverstehen im Sinne Schütz', *nicht* um Einfühlung in dem von Schütz (1974, S. 159 f.) kritisierten Sinne. Mit Blick auf den Ausdruck einer Emotion, hier: auf einen Zornesausbruch, sagt Schütz (1974, S. 163): „(Die) Wendung zum echten Fremdverstehen ist mir nur dadurch möglich, daß ich in meiner Erfahrung von derartigen Affekten weiß, sei es, daß ich sie selbst ... durchlebt habe, sei es, daß ich ihren Ablauf im Bewußtsein Anderer durch deren ‚Äußerung' erfahren habe."

[21] Phineas Gage ist nach seiner Hirnverletzung „launisch, respektlos, flucht manchmal auf abscheulichste Weise, was früher nicht zu seinen Gewohnheiten gehörte, erweist seinen Mitmenschen wenig Achtung, reagiert ungeduldig auf Einschränkungen und Ratschläge, wenn sie seinen Wünschen zuwiderlaufen, ist gelegentlich entsetzlich halsstarrig, und doch launenhaft und wankelmütig ..." (Damasio 1997, S. 31).

22 Für deren philosophische Erörterung vgl. Lohmar (1998); zum Verhältnis der Kantischen Schematismuslehre zur modernen kognitiven Psychologie Leiber (1996). Letztere thematisiert Wahrnehmungsschemata, durchaus im Sinne Kants, im Kontext eines fortlaufenden Handlungs-Wahrnehmungs-Kreises. Dem werde ich mich gleich anschließen. Emotionen kommen bei Leiber allerdings nicht vor.

23 Vgl. Ortmann (2001c). Anzumerken ist, dass auch die Rational-Choice-Theorie seit langem die Relevanz solcher Entscheidungsheuristiken, Schemata, Skripte, Frames und Habits erkannt hat und berücksichtigt, vor allem in ihrer Funktion als Filter im Dienste selektiver Wahrnehmung. Das Problem ist, ob und wie diese Filter mit der Rationalitätskonstruktion verträglich sind. Dafür sehe ich drei Wege: Sie müssten, wie vermittelt auch immer, Resultat rationaler Wahl sein – das ist der Weg, den Hartmut Esser (z.B. 1990, 1996) beschreitet, allerdings mit drohenden infiniten Regressen und anderen Preisen teuer bezahlt; oder ihre Rationalität verdankt sich evolutionärer Auslese – dafür gelten die im 5. Abschnitt erhobenen Einwände; oder die Rationalitätsbehauptung gilt nur im Rahmen irgendwie vorausgesetzter Filter – dann sind die Entscheidungsheuristiken des Anspruchs auf Rationalität enthoben, und noch der neurotischste Entscheider mit pathologischen Wahrnehmungsschemata und Skripten hätte als rational zu gelten. Auch in der neoinstitutionalistischen Ökonomik beginnt man zu sehen, dass *frames* und *agenda setting*-Effekte der Kommunikation die Handlungsmöglichkeiten selegieren und nicht ihrerseits noch bewusster Wahl und rationaler Gestaltung zugänglich sind (Witt 1995).

24 Vgl. dazu näher: Ortmann (2001c), ferner Palaver (1999). Auch Nachahmung, versteht sich, folgt Regeln, über die wir indes noch zu wenig wissen.

25 Für eine minutiöse Kritik der konzeptionellen Ungereimtheiten und der empirischen Haltlosigkeit der Goleman'schen „Emotionalen Intelligenz" als eines Erfolgsfaktors vgl. den Beitrag von Barbara Sieben in diesem Band.

26 Für einen Versuch, das Konzept individueller emotionaler Intelligenz für ein Konzept organisationaler „emotional capability" und für ein besseres Verständnis organisationalen Wandels fruchtbar zu machen, vgl. Huy (1999). Hatch (1999, S. 88 ff.) erörtert „the emotionality of structure" am Beispiel von Jazzorchestern und flachen Hierarchien. Auch sie hätte von Alfred Schütz Hilfestellung in Anspruch nehmen können, der in dem klugen Aufsatz über „Gemeinsam Musizieren" (1972) gezeigt hat, dass dabei Leib und Bewegungen des anderen „als ein Ausdrucksfeld von Ereignissen in der inneren Zeit ausgelegt werden ... müssen" (S. 149 f.). Dazu bedarf es ersichtlich auch emotionaler Wahrnehmungsfähigkeit.

27 Vgl. dazu Hochschild (1983), Putnam/Mumby (1993); Fineman (1996, S. 553 ff.). Dass wir ein echtes, warmherziges Lächeln intendiert gerade nicht hervorbringen können, lässt sich übrigens neurobiologisch exakt begründen. Wenn wir es versuchen, steuern wir nämlich unsere Gesichtsmuskeln willkürlich, unter Verwendung des motorischen Cortex. Was das limbische System (genauer: der Gyrus cinguli) mühelos zuwege bringt, können wir absichtlich kaum nachahmen: „Bitte recht freundlich" ist daher die paradoxale Aufforderung, willkürlich ein unwillkürliches Lächeln zu zeigen (Damasio 1997, S. 195). Wie Damasio (ebd.) bemerkt: „Die Karriere von Schauspielern und Politikern hängt von dieser so einfachen wie ärgerlichen Bedingung der Neurophysiologie ab" – und, wie man ergänzen könnte, die von Stewardessen, Managern, Verkäufern, Vertretern *et cetera*.

28 Vgl. auch Mumby/Putnam (1992); Aldrich (1999, S. 4). Eine mustergültige Analyse solcher Arbeit, hier: der Arbeit von Krankenschwestern in einem Hospital, enthält die Fallstudie von Menzies (1960/1974). Das Beispiel lehrt, dass wir uns gegenüber „emotional labour" nicht etwa organisatorisch abstinent verhalten können. Vielmehr stellt diese Art Arbeit eines der dringlichsten Felder vernünftiger institutioneller oder organisatorischer Arrangements dar, und zwar genau insofern, als viele der dort auftretenden Probleme organisational und nicht individuell induziert sind.

29 So, wie es Shiller (1998) mit Blick auf das Verhalten auf Finanzmärkten getan hat: „the behavioral principles discussed are: prospect theory, regret and cognitive dissonance, anchoring, mental compartments, overconfidence, over- and underreaction, representativeness heuristic, the disjunction effect, gambling be-

havior and speculation, perceived irrelevance of history, magical thinking, quasi-magical thinking, attention anomalies, the availability heuristic, culture and social contagion, and global culture" (ebd., S. 1). Allgemein zur ökonomischen Analyse von Entscheidungsanomalien: Eichenberger (1992) und Klose (1994). Zu „overconfidence" in Organisationen: Aldrich (1999, S. 97 f.). Natürlich tun sich dann gewaltige Probleme für die Theoriebildung auf, besonders die enorm gesteigerte Komplexität, verglichen mit „Als-Ob"-Rationalitätsannahmen, deren Funktion als „Ockhams Rasiermesser" man nun erst recht zu würdigen lernt. Ferner haben wir rekursive Schleifen zwischen jenen emotionalen (Re-)Aktionsweisen und ihren gesellschaftlichen Hervorbringungen – Finanzmärkten, Organisationen – zu berücksichtigen.

30 Jenen Gutachter indes, der „erwartet [hätte], dass dann so etwas wie eine Lerntheorie entwickelt wird", muss ich mit einem programmatisch bleibenden Hinweis enttäuschen: Max Millers Arbeit über „Kollektive Lernprozesse" (1986) mit ihrem Rekurs auf Piaget schiene mir der weit und breit vielversprechendste Startpunkt für eine solche Arbeit. Und natürlich ist alles, was ich im 9. Abschnitt über Schemata der Wahrnehmung gesagt habe, anschlussfähig an Nelsons und Winters Begriff organisationaler Routinen (1982) und darauf aufbauende Konzepte organisationalen Lernens, wie man am besten bei Aldrich (1999, S. 57 ff. und 141 ff.) vorgeführt bekommt. Vgl. auch Nelson (2000).

# Literaturverzeichnis


Adorno, T.W. (1995): Kants „Kritik der reinen Vernunft" (Nachgelassene Schriften, hrsg. von R. Tiedemann). Frankfurt a.M.

Akerlof, G.A. (1983): Loyalty filters. In: American Economic Review 73, S. 54-63.

Akerlof, G.A./Dickens, W.T. (1982): The economic consequences of cognitive dissonance. In: The American Economic Review 72, S. 307-319.

Albert, H. (1964): Probleme der Theoriebildung. Entwicklung, Struktur und Anwendung sozialwissenschaftlicher Theorien. In: Albert, H. (Hrsg.): Theorie und Realität. Ausgewählte Aufsätze zur Wissenschaftslehre der Sozialwissenschaften. Tübingen, S. 3-70.

Albert, H. (1967): Marktsoziologie und Entscheidungslogik. Neuwied und Berlin.

Aldrich, H.E. (1999): Organizations evolving. London etc.

Alloy, L./Abrahamson, L. (1979): Judgement of contingency in depressed and non-depressed students: Sadder but wiser? In: Journal of Experimental Psychology: General 108, S. 441-485.

Argyris, C. (1957): Personality and organization. The conflict between system and the individual. New York etc.

Balint, M. (1957): Contributions to reality testing. In: Balint, M. (Hrsg.): Problems of human pleasure and behaviour. London, S. 153-170.

Balint, M. (1959): Angstlust und Regression. Beitrag zur psychologischen Typenlehre. Stuttgart.

Baumann, Z. (1994): Dialektik der Ordnung. Die Moderne und der Holocaust. 2. Aufl. Hamburg.

Bolsinger, W. (1998): Was ist Dezisionismus? Rekonstruktion eines autonomen Typs politischer Theorie. In: Politische Vierteljahresschrift 39, S. 471-502.

Buchanan, J.M. (1979): What should economists do? Indianapolis.

Coleman, J.S. (1992): Grundlagen der Sozialtheorie. Zweiter Band: Körperschaften und die moderne Gesellschaft. München.

Commons, J.R. (1951): The economics of collective action. New York.

Conlisk, J. (1996): Why bounded rationality? In: Journal of Economic Literature 34, S. 669-700.

Damasio, A.R. (1997): Descartes' Irrtum. Fühlen, Denken und das menschliche Gehirn. München.

Dawes, R./Faust, D./Meehl, P.E. (1989): Clinical versus actuarial judgment. In: Science 243, S. 1668-1674.

Derrida, J. (1983): Grammatologie. Frankfurt a.M.

Derrida, J. (1991): Gesetzeskraft. Der „mystische Grund der Autoritäten". Frankfurt a.M.

Derrida, J. (1995): Dissemination. Wien.

Eichenberger, R. (1992): Verhaltensanomalien und Wirtschaftswissenschaft: Herausforderungen, Reaktionen, Perspektiven. Wiesbaden.

Eldredge, N./Gould, S.J. (1972): Punctuated equilibria: An alternative to phyletic gradualism. In: Schopf, T.J.M. (Hrsg.): Models in paleobiology. San Francisco, S. 88-115.

Elias, N. (1977): Über den Prozeß der Zivilisation. Soziogenetische Untersuchungen. Zweiter Band: Wandlungen der Gesellschaft. Entwurf zu einer Theorie der Zivilisation. Frankfurt a.M.

Elster, J. (1985): Sadder but wiser? Rationality and the emotions. In: Social Science Information 24, S. 375-406.

Elster, J. (Hrsg.)(1986): The multiple self. Cambridge.

Elster, J. (1987): Subversion der Rationalität. Frankfurt a.M. und New York.

Elster, J. (1989a): The cement of society. A study of social order. Cambridge.

Elster, J. (1989b): Solomonic judgements. Cambridge.

Elster, J. (1994): Rationality, emotions, and social norms. In: Synthese 98, S. 21-49.

Elster, J. (1996): Rationality and the emotions. In: The Economic Journal 106, S. 1386-1397.

Elster, J. (1998): Emotions and economic theory. In: Journal of Economic Literature 36, S. 47-74.

Elster, J. (1999): Alchemies of the mind. Rationality and the emotions. Cambridge.

Esser, H. (1990): „Habitus“, „Frames“ und „Rational Choice“. In: Zeitschrift für Soziologie 19, S. 231-247.

Esser, H. (1996), Die Definition der Situation. In: Kölner Zeitschrift für Soziologie und Sozialpsychologie 48 (1), S. 1-34.

Fehr, E./Schmidt, K. (1999): A theory of fairness, competition, and cooperation. In: Quarterly Journal of Economics 114, S. 817-868.

Festinger, L. (1957): A theory of cognitive dissonance. Stanford, CA.

Fineman, S. (Hrsg.)(1993): Emotion in organizations. London.

Fineman, S. (1996): Emotion and organizing. In: Clegg, S.R./Hardy, C./Nord, W.R. (Hrsg.): Handbook of organization studies. London etc., S. 543-564.

Flam, H. (1993): Fear, loyalty and greedy organizations. In: Fineman, S. (Hrsg.): Emotion in organizations. London, S. 58-75.

Flügge, J. (1963): Die Entfaltung der Anschauungskraft. Ein Beitrag zur pädagogischen Anthropologie. Heidelberg.

Foerster, H. von (1988): Wahrnehmen wahrnehmen. In: Baudrillard, J./Boehringer, H./Flusser, V./Foerster, H. von/Kittler, F./Weibel, P. (Hrsg.): Philosophien der neuen Technologie. Berlin, S. 27-40.

Foerster, H. von (1992): Ethics and second-order cybernetics. In: Cybernetics & Human Knowing 1 (1), S. 9-19.

Franck, E. (1992): Körperliche Entscheidungen und ihre Konsequenzen für die Entscheidungstheorie. In: Die Betriebswirtschaft 52, S. 631-647.

Franck, E./Müller, J.C. (2000): Zur ökonomischen Struktur des sogenannten Rattenrennens. In: Zeitschrift für betriebswirtschaftliche Forschung 52, S. 3-26.

Frank, R.H. (1988): Passions within reason. The strategic role of the emotions. New York und London.

Frank, R.H./Cook, P.J. (1995): The winner-take-all society. New York.

Freimuth, J. (Hrsg.)(1999): Die Angst der Manager. Göttingen.

Frey, B. (1997): Markt und Motivation. Wie ökonomische Anreize die (Arbeits-)Moral verdrängen. München.

Frey, B./Osterloh, M. (Hrsg.)(2000): Managing motivation. Wie Sie die neue Motivationsforschung für Ihr Unternehmen nutzen können. Wiesbaden.

Friedman, M. (1953): The methodology of positive economics. In: Friedman, M. (Hrsg.): Essay in positive economics. Chicago, S. 3-43.

Girard, R. (1992): Das Heilige und die Gewalt. Frankfurt a.M.

Glasersfeld, E. von (1991): Fiktion und Realität aus der Perspektive des radikalen Konstruktivismus. In: Rötter, F./Weibel, P. (Hrsg.): Strategien des Scheins. Kunst Computer Medien. München, S. 161-175.

Goleman, D. (1998): Emotionale Intelligenz. München.

Gould, S.J. (1994): Bravo, Brontosaurus. Die verschlungenen Wege der Naturgeschichte. Hamburg.

Gould, S.J. (1997): Ultra-Darwinismus. Die Evolutionstheorie zwischen Dogmatismus und Offenheit. In: Lettre International, Herbst, S. 82-90.

Gould, S.J./Lewontin, R.C. (1979): The spandrels of San Marco and the Panglossian paradigm: A critique of the adaptionist program. In: Proceedings of the Royal Society of London. Serie B 205, S. 581-598.

Gould, S.J./Eldredge, N. (1993): Punctuated equilibrium comes to age. In: Nature 336, S. 225-227.

Greif, S./Kurtz, H.-J. (1999): Angstkontrolle in turbulenten Innovationsprozessen. Über Desparados, Betonköpfe und Schwarze-Peter-Spiele. In: Freimuth, J. (Hrsg.): Die Angst der Manager. Göttingen, S. 33-68.

Günther, K. (1988): Der Sinn für Angemessenheit. Anwendungsdiskurse in Moral und Recht. Frankfurt a.M.

Hatch, M.J. (1999): Exploring the empty spaces of organizing: How improvisational jazz helps redescribe organizational structure. In: Organization Studies 20, S. 75-100.

Hirschman, A.O. (1967): Development projects observed. Washington.

Hirschman, A.O. (1978): Exit, voice, and loyalty. 6. Aufl. Cambridge.

Hirschman, A.O. (1980): Leidenschaften und Interessen. Politische Begründungen des Kapitalismus vor seinem Sieg. Frankfurt a.M.

Hochschild, L.E. (1983): The managed heart: Commercialization of human feeling. Berkeley.

Hofstadter, D.R. (1985): Gödel, Escher, Bach – Ein Endloses Geflochtenes Band. Stuttgart.

Huy, Q.N. (1999): Emotional capability, emotional intelligence and radical change. In: Academy of Management Review 24, S. 325-345.

Johnson-Laird, P.N./Oatley, K. (1992): Basic emotions. Rationality, and folk theory. In: Cognition and Emotion 6, S. 201-223.

Kandel, E./Lazear, E.P. (1992): Peer pressure and partnerships. In: Journal of Political Economy 100, S. 801-817.

Kappelhoff, P. (1999): Handlungssysteme als komplexe adaptive Systeme: Überlegungen zu einer evolutionären Sozialtheorie. Manuskript. Wuppertal.

Kappelhoff, P. (2000): Komplexitätstheorie und Steuerung von Netzwerken. In: Sydow, J./Windeler, A. (Hrsg.): Steuerung von Netzwerken. Konzepte und Praktiken. Opladen und Wiesbaden, S. 347-389.

Kauffman, S.A. (1993): The origin of order. Self-organization and selection in evolution. Oxford.

Kauffman, S. (1996): Der Öltropfen im Wasser. Chaos, Komplexität, Selbstorganisation in Natur und Gesellschaft. München.

Klose, W. (1994): Ökonomische Analyse von Entscheidungsanomalien. Frankfurt a.M.

Kräkel, M. (1997): Rent-seeking in Organisationen – eine ökonomische Analyse sozial schädlichen Verhaltens. In: Zeitschrift für betriebswirtschaftliche Forschung 49, S. 535-555.

Kräkel, M. (1999): Organisation und Management. Tübingen.

Langlois, R.N. (1986): Rationality, institutions and explanation. In: Langlois, R.N. (Hrsg.): Economics as a process. Essays in the new institutional economics. Cambridge etc., S. 225-255.

Leiber, T. (1996): Kategorien, Schemata und empirische Begriffe. In: Kant-Studien 87, S. 1-41.

Lewinsohn, P./Mischel, W./Chaplin, W./Barton, R. (1980): Social competence and depression: The role of illusory self-perceptions. In: Journal of Abnormal Psychology 89, S. 203-212.

Lohmar, D. (1998): Erfahrung und kategoriales Denken. Hume, Kant und Husserl über vorprädikative Erfahrung und prädikative Erkenntnis. Dordrecht etc.

Lübbe, H. (1971): Theorie und Entscheidung. Studien zum Primat der praktischen Vernunft. Freiburg.

Luhmann, N. (2000): Organisation und Entscheidung. Opladen und Wiesbaden.

Martin, A. (1998): Affekt, Kommunikation und Rationalität. München und Mering.

Martin, A. (2000): Teams und ihre Entwicklung. In: Universitas. Zeitschrift für interdisziplinäre Wissenschaft 55, S. 895-910.

Martin, A./Drees, V. (1999): Vertrackte Beziehungen. Die versteckte Logik sozialen Verhaltens. Darmstadt.

Menzies, J.E.P. (1960/1974): A case-study in the functioning of social systems as a defense against anxiety: A report of a study of the nursing service of a general hospital. In: Human Relations 13 (1960), S. 95-121; deutsch (1974): Die Angstabwehrfunktion sozialer Systeme - Ein Fallbericht. In: Gruppendynamik 5 (3) (1974), S. 183-216.

Miller, M. (1986): Kollektive Lernprozesse. Studien zur Grundlegung einer soziologischen Lerntheorie. Frankfurt a.M.

Mitroff, I.I./Pauchant, T.C. (1990): We're so big and powerful nothing bad can happen to us: An investigation of American's crisis prone corporations. Secaucus, NJ.

Morgenstern, O. (1928): Wirtschaftsprognose. Eine Untersuchung ihrer Voraussetzungen und Möglichkeiten. Wien.

Mumby, D.K./Putnam, L.L. (1992): The politics of emotion: A feminist reading of bounded rationality. In: Academy of Management Review 17 (3), S. 465-486.

Neisser, U. (1979): Kognition und Wirklichkeit. Prinzipien und Implikationen der kognitiven Psychologie. Stuttgart.

Nelson, R.R. (2000): Recent evolutionary theorizing about economic change. 2. Aufl. In: Ortmann, G./Sydow, H./Türk, K. (Hrsg.): Theorien der Organisation. Die Rückkehr der Gesellschaft. Opladen, S. 81-123.

Nelson, R.R./Winter, S.G. (1982): An evolutionary theory of economic change. Cambridge.

Neuberger, O. (2000): Dilemmata und Paradoxa im Managementprozess. Grenzen der Entscheidungsrationalität. In: Schreyögg, G. (Hrsg.): Funktionswandel im Management: Wege jenseits der Ordnung. Berlin, S. 173-220.

Ortmann, G. (1976): Unternehmungsziele als Ideologie. Zur Kritik betriebswirtschaftlicher und organisationstheoretischer Entwürfe einer Theorie der Unternehmungsziele. Köln.

Ortmann, G. (1995a): Formen der Produktion. Organisation und Rekursivität. Opladen.

Ortmann, G. (1995b): Heuchelei, Bigotterie, Intrige. Eine Apologie. In: Volmerg et al. (Hrsg.): Nach allen Regeln der Kunst. Macht und Geschlecht in Organisationen. Freiburg, S. 99-136.

Ortmann, G. (1995c): Organisation und Psyche. In: Volmerg et al. (Hrsg.): Nach allen Regeln der Kunst. Macht und Geschlecht in Organisationen. Freiburg, S. 205-250.

Ortmann, G. (1995d): Unter der Hand. Über die Virulenz verpönter Interaktion. In: Volmerg et al. (Hrsg.): Nach allen Regeln der Kunst. Macht und Geschlecht in Organisationen. Freiburg, S. 251-269.

Ortmann, G. (1999a): Organisation und Dekonstruktion. In: Schreyögg, G. (Hrsg.): Organisation und Postmoderne. Grundfragen – Analysen – Perspektiven. Wiesbaden, S. 157-196.

Ortmann, G. (1999b): Kalte Füße – Neun Facetten der Entstehung und Beschwichtigung von Angst in Organisationen. In: Freimuth, J. (Hrsg.): Die Angst der Manager. Göttingen, S. 69-96.

Ortmann, G. (2001a): Regeln. Verfehlungen. Risse im Sozialen (in Vorbereitung).

Ortmann, G. (2001b): Zonen des Schweigens. Über die Notwendigkeit und stillschweigende Duldung von Regelverletzungen. In: Ortmann, G.: Regeln. Verfehlungen. Risse im Sozialen (in Vorbereitung).

Ortmann, G. (2001c): Norm, Interesse, Mimesis. Was gesellschaftliche Ordnung zusammenhält und unterminiert. In: Ortmann, G.: Regeln. Verfehlungen. Risse im Sozialen (in Vorbereitung).

Ortmann, G. (2001d): Organisation und Dekonstruktion (in Vorbereitung).

Ortmann, G. (2001e): „... die Natur, rot an Zähnen und Klauen". In: Ortmann, G.: Organisation und Dekonstruktion (in Vorbereitung).

Ortmann, G. (2001f): Spandrillen der Organisation. In: Ortmann, G.: Organisation und Dekonstruktion (in Vorbereitung).

Ortmann, G./Windeler, A./Becker, A./Schulz, H.-J. (1990): Computer und Macht in Organisationen. Mikropolitische Analysen. Opladen.

Ortmann, G./Zimmer, M. (1998): Strategisches Management, Recht und Politik. In: Die Betriebswirtschaft 58, S. 747-769. Wieder abgedruckt in: Ortmann, G./Sydow, J. (Hrsg.)(2001): Strategie und Strukturation. Wiesbaden (im Erscheinen).

Osterloh, M./Frey, B. (Hrsg.)(2000): Managing Motivation. Wie Sie die neue Motivationsforschung für Ihr Unternehmen nutzen können. Wiesbaden.

Osterloh, M./Rota, S. (2001): Fairnessnormen als Beitrag zur Lösung der sozialen Dilemmata in Teams. Beitrag zum Workshop der Kommission „Organisation" des Verbandes der Hochschullehrer für Betriebswirtschaft e.V. vom 1. – 3. März 2001 in Lüneburg.

Osterloh, M./Frey, B./Frost, J. (1999): Was kann das Unternehmen besser als der Markt? In: Zeitschrift für Betriebswirtschaft 69, S. 1245-1262.

Palaver, W. (1999): Mimesis and nemesis: The economy as a theological problem. In: Telos 31 (3), S. 79-112.

Popper, K.R. (1963): Conjectures and refutations. The growth of scientific knowledge. London.

Putnam, L.L./Mumby, D.K. (1993): Organizations, emotion and the myth of rationality. In: Fineman, S. (Hrsg.): Emotion in organizations. London S. 36-57.

Rafaeli, A./Sutton, R.I. (1990): Busy stores and demanding customers: How do they affect the display of positive Emotion? In: Academy of Management Journal 33 (3), S. 623-637.

Rafaeli, A./Sutton, R.I. (1991): Emotional contrast strategies as means of social influence: Lessons from criminal interrogators of bill collectors. In: Academy of Management Journal 34 (4), S. 749-775.

Ridley, M. (1996): Die Biologie der Tugend. Warum es sich lohnt, gut zu sein. Berlin.

Rorty, A.O. (1986): Self-deception, *akrasia* and irrationality. In: Elster, J. (Hrsg.): The multiple self. Cambridge, S. 115-131.

Salovey, P./Mayer, J.D. (1990): Emotional intelligence. In: Imagination, Cognition and Personality 9, S. 185-211.

Schanz, G. (1998): Der Manager und sein Gehirn. Neurowissenschaftliche Erkenntnisse im Dienste der Unternehmensführung. Frankfurt a.M. etc.

Schauenberg, B. (1978): Zur Bedeutung der Transitivitätsvoraussetzung in der Entscheidungstheorie. In: Zeitschrift für die gesamte Staatswissenschaft 134, S. 166-187.

Schauenberg, B. (1985): Jenseits von Logik und Empirie – Anmerkungen zur Pragmatik betriebswirtschaftlicher Entscheidungstheorie. In: Stöppler, S. (Hrsg.): Information und Produktion. Festschrift für W. Wittmann. Stuttgart, S. 277-292.

Schmitt, C. (1985): Politische Theologie. Vier Kapitel zur Lehre von der Souveränität. 4. Aufl. Berlin.

Schütz, A. (1971): Gesammelte Aufsätze 1. Studien zur phänomenologischen Philosophie. Den Haag.

Schütz, A. (1972): Gemeinsam Musizieren. Die Studie einer sozialen Beziehung. In: Schütz, A. (Hrsg.): Gesammelte Aufsätze II. Studien zur Soziologischen Theorie. Den Haag, S. 129-150.

Schütz, A. (1974): Der sinnhafte Aufbau der sozialen Welt. Eine Einleitung in die verstehende Soziologie. Frankfurt a.M.

Selten, R. (1988): Anticipatory learning in two-person games. Discussion paper No. B-93 (Sonderforschungsbereich 303. „Information und die Koordination wirtschaftlicher Aktivitäten"). Bonn.

Selten, R. (1990): Bounded rationality. In: Journal of Institutional and Theoretical Economics 146, S. 649-658.

Shiller, R.J. (1998): Human behavior and the efficiency of the finance system. In: http://cowles.econ.yale.edu/p/cd/d116/d1172.pdt – (auch in: Handbook of Macroeconomics 1997).

Sievers, B. (1987): Motivation und Sinnersatz. In: Gruppendynamik 18, Teil 1: S. 159-178; Teil 2: S. 269-295.

Sievers, B. (1994): Work, death, and life itself. Berlin und New York.

Simon, H.A. (1993): Homorationalis. Die Vernunft im menschlichen Leben. Frankfurt a.M. und New York.

Smith, A. (1759/1966): The theory of moral sentiments. Oxford.

Soeffner, H.-G. (2000): Gesellschaft ohne Baldachin. Über die Labilität von Ordnungskonstruktionen. Weilerswist.

Sousa, R. de (1987): The rationality of emotion. Cambridge.

Stäheli, U. (2000): Sinnzusammenbrüche. Eine dekonstruktive Lektüre von Niklas Luhmanns Systemtheorie. Weilerswist.

Steedman, J./Krause, U. (1986): Goethe's *Faust*, Arrow's possibility theorem and the individual decision-taker. In: Elster, J. (Hrsg.): The multiple of self. Cambridge, S. 197-231.

Telser, L. (1980): A theory of self-enforcing agreements. In: Journal of Business 53, S. 27-44.

Thévenot, L. (1984): Rules and implements: Investments in forms. In: Social Science Information 23, S. 1-45.

Tietzel, M./Weber, M. (1991): Von Betrügern, Blendern und Opportunisten: Eine ökonomische Analyse. In: Zeitschrift für Wirtschaftspolitik 40, S. 109-137.

Uexküll, J. von (1956): Streifzüge durch die Umwelten von Tieren und Menschen. Ein Bilderbuch unsichtbarer Welten. Reinbek.

Uexküll, J. (1980): Kompositionslehre der Natur. Biologie als undogmatische Naturwissenschaft. Nachgelassene Schriften. Hrsg. und eingeleitet von Thure von Uexküll. Frankfurt a.M.

Vaihinger, H. (1922): Philosophie des Als-Ob, 7. u. 8. Aufl. Leipzig.

Volmerg, B./Leithäuser, T./Neuberger, O./Ortmann, G./Sievers, B. (1995): Nach allen Regeln der Kunst. Macht und Geschlecht in Organisationen. Freiburg.

Wagner, A./Lorenz, H.-W. (Hrsg.)(1995): Studien zur Evolutorischen Ökonomik III. Evolutorische Mikro- und Makroökonomik. Berlin.

Watzlawick, P. (1985): Wirklichkeitsanpassung oder angepaßte „Wirklichkeit"? Konstruktivismus und Psychotherapie. In: Foerster, H. von/Glasersfeld, E.v./Hejl, P.M./ Schmidt, S.J./Watzlawick, P. et al. (Hrsg.): Einführung in den Konstruktivismus. München, S. 89-107.

Wegner, G. (1995): Regelwahl, Regelbefolgung und ökonomische Entwicklung. In: Wagner/Lorenz (1995), S. 59-76.

Weibel, A./Rota, S. (2000): Fairness als Motivationsfaktor. In: Frey, B./Osterloh, M. (Hrsg.): Managing Motivation. Wie Sie die neue Motivationsforschung für Ihr Unternehmen nutzen können. Wiesbaden, S. 193-206.

Weick, K.E. (1985): Der Prozeß des Organisierens. Frankfurt a.M.

Weise, P. (1995): Elemente einer evolutionären Theorie der Moral. In: Wagner, A./Lorenz, H.-W. (Hrsg.): Studien zur Evolutorischen Ökonomik III. Evolutorische Mikro- und Makroökonomik. Berlin, S. 35-57.

Wenger, E. (1996): Kapitalmarktrecht als Resultat deformierter Anreizstrukturen. In: Sadowski, D./Czap, H./Wächter, H. (Hrsg.): Regulierung und Unternehmenspolitik. Methoden und Ergebnisse der betriebswirtschaftlichen Rechtsanalyse. Wiesbaden, S. 419-458.

Winter, S. (1964): Economic „natural selection" and the theory of the firm. In: Yale Economic Essays 4, S. 225-272.

Winter, S. (1975): Optimization and evolution. In: Day, R.H./Groves, T. (Hrsg.): Adaptive economic. New York, S. 73-118.

Witt, U. (1995): Moralität versus Rationalität – Über die Rolle von Innovation und Imitation in einem alten Dilemma. In: Wagner, A./Lorenz, H.-W. (Hrsg.): Studien zur

Evolutorischen Ökonomik III. Evolutorische Mikro- und Makroökonomik. Berlin, S. 11-33.

Wolf, U. (1985): Zum Problem der Willensschwäche. In: Zeitschrift für philosophische Forschung 39, S. 21-33.

Prof. Dr. Günther Ortmann
Universität der Bundeswehr Hamburg
Lehrstuhl für Allgemeine Betriebswirtschaftslehre
Holstenhofweg 85
D-22043 Hamburg

In Vorbereitung:

## Managementforschung 12, 2002
hrsg. von Georg Schreyögg und Peter Conrad

Informationstechnologie und Organisation

Bereits erschienen:

## Managementforschung 1, 1991
hrsg. von Wolfgang H. Staehle und Jörg Sydow

Selbstorganisation und systemische Führung

Inhalt:

Neuerungen durch selbstorganisierende Prozesse, *H. Kasper*

Unternehmungen als „autopoietische" Systeme?, *W. Kirsch & D. zu Knyphausen*

Systementwicklung als Managementproblem, *R. Klimecki, G.J. Probst & P. Eberl*

Annäherungen an Informationsmanagement, *H. Krcmar*

40 Jahre „Work Activity"-Forschung, *F. Schirmer*

Der Managementprozeß – neu gesehen, *G. Schreyögg*

Ökonomische Analyse von Unternehmensnetzwerken, *H. Siebert*

Redundanz, Slack und lose Kopplung in Organisationen, *W.H. Staehle*

Entwicklung von Leitmotiven verhaltensorientierten Managementwissens, *E. Walter-Busch*

## Managementforschung 2, 1992
## hrsg. von Wolfgang H. Staehle und Peter Conrad

### Flache Hierarchien und organisatorisches Lernen

Inhalt:

Betriebspolitische Aspekte des Bürokratieabbaus in Industrieunternehmen, *K. Brünnecke, Ch. Deutschmann & M. Faust*

Verhaltenswissenschaftliche Ursprünge in der Betriebswirtschaftslehre, *J. Deters*

Unternehmenskultur und ökonomische Theorie, *S. Föhr & H. Lenz*

Auswirkungen globaler Informations- und Kommunikationssysteme auf die Organisation weltweit tätiger Unternehmen, *J. Griese*

Betriebliche Qualifikationsstrategien und organisationales Lernen, *P. Pawlowsky*

Strategische Netzwerke und Transaktionskosten, *J. Sydow*

Vom Personalwesen zum Strategic Human Resource Management, *W. Wächter*

## Managementforschung 3, 1993
## hrsg. von Wolfgang H. Staehle und Jörg Sydow

### Autonomie, Flexibilität und Effizienz

Inhalt:

Mitbestimmung und logistische Kette, *W. Däubler*

Management Buyouts, *J. Drukarczyk*

Zur Flexibilisierung der betrieblichen Beschäftigungs- und Entgeltpolitik, *H.-D. Hardes & P. Grünzinger*

Ökonomik und Ethik als Grundlage organisationaler Beziehungen, *A. Löhr & M. Osterloh*

Industrieökonomik und Strategieforschung, *M. Minderlein*

Akquisitionsmanagement als Organisation des Wandels, *G. Müller-Stewens & J. Spickers*

Soziologie des Managements: Eine Prozeßperspektive, *G. Schienstock*

Effizienz und Autonomie in Zuliefernetzwerken, *K. Semlinger*

## Managementforschung 4, 1994
## hrsg. von Georg Schreyögg und Peter Conrad

Dramaturgie des Managements – Laterale Steuerung

Inhalt:

Zur Ästhetisierung des Managements, *O. Neuberger*

Die Mentalität des Managers, *K.P. Hansen*

Konzernmanagement durch Kontextsteuerung, *H. Naujoks*

„Lean" – Zur rekursiven Stabilisierung von Kooperation, *G. Ortmann*

Verhandlung und Struktur, *K. Sandner & R. Meyer*

Risikoallokation im Arbeitsvertrag, *K. Pull*

Abgang von Top Managern in turbulenten Zeiten, *T.J. Gerpott*

## Managementforschung 5, 1995
## hrsg. von Georg Schreyögg und Jörg Sydow

Empirische Studien

Inhalt:

Störungen zwischenbetrieblicher Kooperation, *E. Endres & Th. Wehner*

Ausbreitung und Auswirkungen von Electronic Data Interchange,
*A. Picot, R. Neuberger & J. Niggl*

Personelle Verflechtung als Ressourcenmanagement,
*G. Schreyögg & H. Papenheim-Tockhorn*

Neue Managementkonzepte und industrielle Beziehungen, *K. Dörre & J. Neubert*

Produktivitätsfolgen (über-)betrieblicher Interessenvertretungen, *B. Frick*

Mittlere Manager in Deutschland und Großbritannien, *P. Walgenbach & A. Kieser*

Modern times für Frauen im Management?,
*U. Schumm-Garling, R. Martens & U.L. Fischer*

Betriebliche Weiterbildung in kleinen und mittleren Unternehmen,
*H. Wagner, M. Wehling & M. Weingärtner*

## Managementforschung 6, 1996
## hrsg. von Georg Schreyögg und Peter Conrad

Wissensmanagement

Inhalt:

Wissensmanagement im Unternehmen, *J. Rehäuser & H. Krcmar*

Organisatorische Intelligenz, *H. Oberschulte*

Cognitive Mapping, *J.M. Lehner*

Organisationales Lernen und Macht, *A. Hanft*

Interorganisationales Lernen, *C. Prange*

Wissensintensiv durch Netzwerkorganisation, *J. Sydow & B. van Well*

Arbeit und Wissen im Produktentstehungsprozeß, *I. Lippert, U. Jürgens & H. Drüke*

Dimensionen des Wissensmanagements, *H. Willke*

## Managementforschung 7, 1997
## hrsg. von Georg Schreyögg und Jörg Sydow

Gestaltung von Organisationsgrenzen

Inhalt:

Systemrationalisierung an ihren Grenzen – Organisationsgrenzen und Funktionen von Grenzstellen in Wirtschaftsorganisationen, *V. Tacke*

Die Gestaltung von Systempartnerschaften zwischen Automobilherstellern und ihren Zulieferern – eine spieltheoretische Analyse, *M. Kleinaltenkamp & H. Wolters*

Vertrauen und Macht in zwischenbetrieblichen Kooperationen – zur Rolle von Wirtschaftsrecht und Wirtschaftsverbänden in Deutschland und Großbritannien, *R. Bachmann & C. Lane*

Auslandseinsatz als Instrument des informationellen Grenzmanagements international tätiger Unternehmen – eine systemtheoretische Analyse, *W. Mayrhofer*

„Grenzenlose“ Unterstützung – „Grenzenlose“ Personalwirtschaft?, *J. Eigler*

Die Internet-Unterstützung Virtueller Unternehmen, *P. Sieber*

Organisationale Transformation – grenzenlos? Struktur- und Prozeßmuster in der kollektiven Bewältigung von Unsicherheit, *R. Klimecki & M. Gmür*

Zur Fehlkonstruktion des deutschen Konzernrechts – Kritik und Neuansätze in interdisziplinärer Perspektive, *Ch. Kirchner*

## Managementforschung 8, 1998
## hrsg. von Dietrich Budäus, Peter Conrad und Georg Schreyögg

New Public Management

Inhalt:

Von der bürokratischen Steuerung zum New Public Management – Eine Einführung, *D. Budäus*

New Public Management – Theoretische Grundlagen und problematische Aspekte der Kritik, *S. Borins & G. Grüning*

Benchmarking in der öffentlichen Verwlatung. Anwendungspotentiale und Grenzen aus theoretischer und empirischer Sicht, *W. Burr & H. Siedlmeier*

Interkommunale Kooperation in der Region: Auf der Suche nach einem neuen Steuerungsmodell, *D. Rehfeld & J. Weibler*

Verwaltungsmodernisierung als Machtspiel. Zu den heimlichen Logiken kommunaler Modernisierungsprozesse, *J. Bogumil & L. Kißler*

Human Resource Management – Auswirkungen des New Public Management auf ein zeitgemäßes Personalmanagement in der öffentlichen Verwaltung, *W. A. Oechsler & S. Vaanholt*

Zur Konzeption wirkungsorientierter Planung und Budgetierung in Politik und Verwaltung, *Th. Haldemann*

Industrielles Produkt- und Prozeßdesign für Verwaltungs-Dienstleistungen, *W. Kraemer, A. Köppen & A.-W. Scheer*

## Managementforschung 9, 1999
## hrsg. von Georg Schreyögg und Jörg Sydow

Führung neu gesehen

Inhalt:

Führung als Schlüssel zur organisationalen Lernfähigkeit, *W.R. Müller & M. Hurter*

Arbeitsengagement aus freien Stücken: Zur Rolle der Führung, *H.W. Bierhoff & M.J. Herner*

Zur Entwicklung interpersonalen, interorganisationalen und interkulturellen Vertrauens durch Führung – Empirische Ergebnisse der sozialpsychologischen Vertrauensforschung, *W. Neubauer*

Führung und Interaktionsstrukturen, *S. Föhr*

Charisma in Organisationen – Zum Stand der Theorienbildung und empirischen Forschung, *J. Steyrer*

Charismatische Momente und Trajekte – Das Projekt als Plattform charismatischer Führung, *D. Blutner, U. Holtgrewe & G. Wagner*

Rebellion in der Organisation – Überlegungen zu einer Führungstheorie des radikalen Wandels, *P. Eberl, J. Koch & R. Dabitz*

Führung in Netzwerkorganisationen – Fragen an die Führungsforschung, *J. Sydow*

## Managementforschung 10, 2000
### hrsg. von Georg Schreyögg und Peter Conrad

Organisatorischer Wandel und Transformation

Inhalt:

Zwischen Freiheit und Reglementierung – Widersprüchlichkeiten als Motor inkrementalen und transformationalen Wandels in Organisationen – eine Kritik des punctuated equilibrium-Modells, *D. Gebert*

Von der Episode zum fortwährenden Prozeß – Wege jenseits der Gleichgewichtslogik im Organisatorischen Wandel, *G. Schreyögg & Ch. Noss*

Organisationales Lernen – Zur Integration von Theorie, Empirie und Gestaltung, *R. Klimecki, H. Laßleben & M. Thomae*

Entwicklung, Evolution oder Archäologie? Ansätze zu einer postmodernen Theorie des organisatorischen Wandels, *D. Holtbrügge*

Organisationaler Wandel als konstruktive Destruktion, *J. Deeg & J. Weibler*

Jenseits der Machbarkeit – Idealtypische Herausforderungen tiefgreifender unternehmerischer Wandelprozesse aus einer systemisch-relational-konstruktivistischen Perspektive, *J. Rüegg-Stürm*

Evaluation in Veränderungsprozessen, *S. Hornberger*

Strategie, Management und hierarchische Organisation – Barrieren organisationalen Wandels am Beispiel der Wirtschaftskrise in Südkorea, *M. Pohlmann*

4513112R00203

Printed in Germany
by Amazon Distribution
GmbH, Leipzig